本书为国家社科基金项目"英属非洲殖民地社会变迁研究（1890－1960）"（项目编号：13CSS023）最终成果

浙江师范大学非洲研究文库

非洲研究新视野系列
总主编　刘鸿武

殖民主义与非洲社会变迁

以英属非洲殖民地为中心（1890－1960年）

COLONIALISM AND AFRICAN SOCIAL CHANGE:

A Study Focus on British Colonial Africa, 1890-1960

李鹏涛　著

社会科学文献出版社
SOCIAL SCIENCES ACADEMIC PRESS (CHINA)

总　序
非洲学是一门行走的学问

刘鸿武[*]

学术研究是一种思想性的探索活动，我们做学问，以学术为志业。不会无缘无故，也不能漫无目标，总该有一番意义与价值的思考和追求在里面。[①]做非洲研究，可能尤其如此，非洲大陆距我们很遥远，地域极为广袤，国家林立，文化多样，从事研究的条件亦比较艰苦。在过往年代，非洲研究一直为清远冷辟之所，少有人问津，近年来随着中非关系快速升温，非洲研究逐渐为人所重视而热闹起来，然而，在非洲研究这样一个相对遥远陌生、复杂多样的学术领域要能长期坚守，做出真学问，成得一家言，并不是一件容易的事。

中国古人治学，讲求"博学之，审问之，慎思之，明辨之，笃行之"，[②] 在我看来，若我们立志以非洲研究为人生的事业，则在开始之时，必得先有一番关于此项事业之价值与意义的深入思考，仔细思量一下，非洲研究有何意义？我们为什么要选择做非洲研究？它里面是否有某种不一样的精神追求？我们又该如何做才可更好地认识非洲、把握非洲，并进而可对国家、对民族有所贡献？[③] 对这些所谓的"本体性"问题，我们若在一开始时有所思考，有所明了，能寻得一安身立命于此的信念置于心头并努力践行之，那我们或许就能在非洲研究这个相对特殊而艰苦的领域走得远，走得坚定，并最终走出一条自己的路来。

---

* 刘鸿武，教育部"长江学者"特聘教授、国务院特殊津贴专家、浙江省特级专家、钱江学者特聘教授、浙江师范大学非洲研究院创始院长。

① 钱穆：《中国历史研究法》，生活·读书·新知三联书店，2005，第1页。

② 《礼记·中庸》。

③ 刘鸿武：《国际关系史学科的学术旨趣与思想维度》，《世界经济与政治》2006年第7期，第78—79页。

一 非洲学何以名

非洲研究，也可称之为非洲学，是对那些有关非洲这片自然与人文区域的各种知识、概念、思想、方法的研究活动及其所累积成果的总和性统称，"这是一门专以非洲大陆的自然与人文现象为研究对象、探究非洲文明历史进程及其当代政治、经济与社会发展问题的综合性交叉学科"。① 换句话说，"非洲学是一门在特定时空维度上将研究目光聚集于非洲大陆这一空间区域，对这块大陆的自然与人文现象进行综合性、专门化研究的新兴学科"。② 其内容既包括人们所进行的对非洲大陆方方面面的自然和人文事象作认知研究的探索活动与探索过程，也包括由这些探索活动所积累而成的系统化的关于非洲的概念与方法、知识与思想。③

非洲地域辽阔，国家众多，文化多样，所涉及的领域与问题也很广泛复杂，为此，我们可以对"非洲学"做广义与狭义两种理解。广义的"非洲学"，包括一切以非洲这块"地域""大陆"为研究对象的所有知识与思想领域，诸如从人文科学、社会科学、自然科学、工程技术等各学科领域所做的各种研究活动和成果。狭义的"非洲学"，则主要是指以"非洲大陆的文明进程及当代政治、经济与社会发展问题"为研究的核心内容的一门综合性学科，主要包括从人文科学、社会科学层面开展的非洲研究。

从实际的情况来看，今天人们开展的"非洲学"活动，主要还是狭义概念方面的，且大体上集中于两大领域，一是侧重于研究非洲大陆以往历史进程的"非洲文明研究"，二是侧重研究非洲大陆现实问题的"非洲发展研究"。④ 总体上来说，"非洲文明研究"重在历史，重在非洲传统；"非洲发展研究"重在当代，重在非洲现实。前者为背景研究、基础研究，后者为实践研究、运用研究。当然，这两部分其实也是一体之两面，互为基础的。

---

① 刘鸿武：《非洲学发凡：理论与实践六十问》，人民出版社，2019，第 2 页。
② 刘鸿武：《初论建构有特色之"中国非洲学"》，《西亚非洲》2010 年第 1 期，第 5—10 页。
③ 刘鸿武："非洲学"的演进形态及其中国路径》，《国际政治研究》2016 年第 6 期，第 41—63 页。
④ 刘鸿武：《非洲研究的"中国学派"：如何可能》，《西亚非洲》2016 年第 5 期，第 3—31 页。

一般来说，"非洲学"与"非洲研究"两个概念可以换用，但表达的意义有所不同。"非洲研究"这一概念的内涵很清楚，无须特别解释就能明白，一切与非洲有关的研究活动、研究领域、研究内容，但凡与非洲有关的各类研究活动都可统其门下。而"非洲学"这一概念的指向则有所提升，突出了非洲研究的学科主体性、学理建构性、知识系统性和理论专业性。当我们使用"非洲学"一词时，便是更多地关注非洲研究的理论旨趣、学科路径、体系建构、方法创新等问题，侧重于讨论它的学科建设过程与学科表现形态的某些问题，并且期待它能成为一门相对独立的新兴学科。①

二 非洲学何以立

那么，"非洲学"能够成立吗？有必要建立这样一门学科吗？以我自己多年的实践经历与感受，及目前中非关系面临的客观需求与知识期待，我的基本看法，一是有可能但不容易，二是有必要但需勤为之。总体上说，这门学科的建立与发展，是客观情势所迫，对拓展中国域外知识以完善当代中国学术体系，对积累中非共享知识以助中非命运共同体建设，都是一项意义重大但又必须付出巨大努力才有可能向前推进的事业。②

第一，"非洲学"之所以成立，在于非洲这块大陆一方面无论是作为一个自然区域还是一个人文区域，无论是在历史上还是在当代，内部差异很大而呈现高度多样性与多元性；但另一方面，却一直具有一些泛大陆的、泛区域性的共同属性，整个大陆在自然、地理、历史、社会与文化诸多方面，都一直有一些共同的内在联系与普遍特征，这一切使我们可以对这块大陆做出整体性、联系性、宏观性的认识与把握。而事实上，在过去百年，许多现代非洲的历史学家、知识精英和思想者、政治领袖们，都普遍地主张将非洲大陆作为一个有整体性联系的区域来看待，一个有共同历史遭遇与现代命运的整体来对待，他们一直强调要特别重

---

① 刘鸿武：《国际思想竞争与非洲研究的中国学派》，《国际政治研究》2011 年第 12 期，第 89—97 页。

② 刘鸿武：《创造人类共享知识 助推人类命运共同体》，中国社会科学网，http://www.cssn.cn/zx/bwyc/201807/t20180728_4512627.shtml。

视把握非洲大陆各文明各地区间的"具有悠久历史的社会和民族纽带"。① 正是因为这些联系和纽带的历史与现实存在，要求我们必须以一种"整体与联系的眼光"来看待非洲，形成"专门化的"有关非洲的知识与学术体系。

第二，在今日世界体系中，这块大陆又面临着一些共同的发展任务与发展目标，它不仅有共同的历史遭遇，更有共同的现实命运，而这些共同的问题、共同的目标，是可以作为共同的学术问题与现实问题来进行研究的。现代非洲的思想家、政治家们都清楚地知道"非洲大陆乃是一历史文化与现实命运的共同体"，如非洲统一组织创始人之一的加纳首任总统恩克鲁马所说，非洲"要么统一，要么死亡"。因而过去百年，非洲泛大陆的一体化努力持续不断，前有 20 世纪初叶民族解放运动时期声势浩大的"泛非主义运动"，继之为独立后 20 世纪中期的"非洲统一组织"的建立与发展，进入 21 世纪以来"非洲联盟"的地位和作用日显重要，而今天，一个统一的非洲自由贸易区也在推动建设之中，非洲许多政治家依然在追求建立"非洲合众国"的终极理想。也就是说，"非洲学"之存在，是因为"非洲问题"问题之存在，对"非洲问题"之研究的活动、探索、思考及积累的知识与思想，就自然构成了"非洲学"形成与发展的现实基础。②

第三，相对于世界其他地区，有关非洲的知识与思考，本身也已经形成悠久的传统，今天则面临着更大的现实需要。作为一个具有历史命运共同体的大陆，如要对非洲大陆之各国各地区的复杂问题有整体而宏观之把握，则必须对非洲大陆"作为一个具有共同历史属性与联系性的"自然区域与文明区域的根本问题，既所谓的"非洲性"或"泛非性"问题，有一整体之认知，有一整体之理解。比如，我们时常说非洲大陆是世界上发展中国家最集中的大陆，非洲 54 个国家全部是发展中国家，发展问题是非洲问题的核心，是非洲面临的一切问题的关键，因而需要建立一门面向发展的、发展导向的学科来专门研究非洲的发展问题，等等。所谓把握大局，挈其大纲，如此，则如登临高峰而小天下，举其大纲而通览四野，求得对非洲大陆之普通性、共同性问题的全景式通览。③

第四，对非洲的研究需要整体与局部、大陆与国别、领域与地域相结合的综

---

① 阿马杜－马赫塔尔·姆博：《序言》，载 J. 基－泽博主编《非洲通史（第一卷）：编史方法及非洲史前史》，计建民等译，中国对外翻译出版公司，1984，第 xxiii 页。
② 刘鸿武：《非洲学发凡：理论与实践六十问》，人民出版社，2019，第 4 页。
③ 刘鸿武：《新时期中非合作关系研究》，经济科学出版社，2016，第 57 页。

合视野。也就是说，在对非洲大陆做整体把握的同时，我们又必须对非洲大陆之各国别、各地区、各专题之多样性问题、差异性问题，有更进一步具体而细致的研究与把握，分门别类地开展非洲东西南北中各区域与次区域、54 个国家各自所在的区域研究与国别研究，以及一些跨区域、跨国别的重大专题的深入研究，从而得以有"既见森林也见树木"的认知成效。① 因而非洲学是一门将领域学、区域学、国别学、专题学融于一体的学问。②

第五，今天在世界范围内，一个相对有聚合性的、联系性的非洲研究学术群体也在逐渐形成，有关非洲研究的学术机构、智库团体、合作机制也日见增多，非洲研究的相对独立地位也在政府管理部门得到某种程度的认可，如 2013 年度本人当选为教育部"长江学者"特聘教授，就是以"非洲研究"的岗位名称而入选的。③ 在国家人才奖励计划中专门设置"非洲研究"特聘教授岗位，说明非洲研究日益得到国家的重视。又如在"中国社会科学网"的"跨学科频道"栏目中，专门设立的学科栏目有"非洲学""边疆学""敦煌学""藏学""江南学""徽学"等。④ 可见，学术界已经逐渐对"非洲学"作为一个专门化的知识领域，给予了相应的重视和认可。⑤

第六，一门学科之能否成立，大体看是否具备如下特征：一是有自己的研究目标与研究对象；二是有独特的研究价值与研究意义；三是有基本的研究方法与技术手段；四是有突出的社会需求与应用空间。⑥ 总体来说，今日非洲大陆发展问题的紧迫性、中非发展合作的丰富实践与现实需要，都在日见完备地提供这些必要的基础与条件，使得我们可以通过持久的努力，逐渐地形成专门化的认识非洲、理解非洲、言说非洲的知识体系、研究路径、研究方法，从而为我们建构一门相对统一的"非洲学"开辟前进的道路。

---

① 刘鸿武：《非洲文化与当代发展》，人民出版社，2014，第 9 页。
② 刘鸿武：《非洲国别史研究的意义》，《非洲研究》2016 年第 1 卷，中国社会科学出版社，2016，第 250 页。
③ 《教育部关于公布 2013、2014 年度长江学者特聘教授名单的通知》，教育部门户网站，http：//old. moe. gov. cn/publicfiles/business/htmlfiles/moe/s8132/201502/xxgk_ 183693. html. 最后登录日期：2018 年 1 月 20 日。
④ 中国社会科学网—跨学科频道：http：//indi. cssn. cn/kxk/，最后登录日期：2018 年 3 月 30 日。
⑤ 刘鸿武：《非洲研究的"中国学派"：如何可能？》，中国社会科学网：http：//indi. cssn. cn/kxk/fzx/201709/t20170918_ 3644181. shtml，最后登录日期：2015 年 2 月 12 日。
⑥ 刘鸿武：《人文科学引论》，中国社会科学出版社，2002，第 148 页。

三　非洲学何以行

对人类知识与思想活动进行类型化标注或体系化整合，从而形成各种各样门类化的"学科"或"专业"，是服务于人类认识世界、把握世界、开展学术研究的一种工具与手段。[①] 考察人类的知识形态演进过程，一方面，由于人类的学问汪洋四溢，知识无边似海，因而得归类、分科、条理，成专业化领域，才可挈纲统领，把握异同，因而学术之发展总需要"分科而治""分科而立"，科学科学，"分科而学"，大致就是对"科学"的最一般性理解。另一方面，因为人类知识本有内在联系，为一整体，一系统，固而在分化、分科、分治之后，又要特别注重各学科间的统一灵魂及其综合与联系，因而学术之发展又需要"整体而治"，需要"综合而立"，多学科融合方成鼎立之势。[②] 就比如我们今天经常用的所谓"政治学""经济学""物理学""生物学"等概念，也并非自古就有，未来也会有变化，有发展。事实上，科学与学术，往往是在那些边缘领域、交叉领域、跨学科领域获得突破而向前推进的。作为以地域为研究对象的、具有综合性和交叉性学科特质的"非洲学"，其成长也一样要走这种"综合—分化—综合"的螺旋式上升道路。[③]

"非洲学"是一门以聚焦地域为特征的"区域学"学科，它重视学科知识的地域适应性和时空关联性，特别重视从非洲这块大陆的特定地域与时空结构上来开展自己的适宜性研究，建构自己的适地性知识体系，形成可以系统说明、阐释、引领非洲问题的"地域学"学科群落。从目前我们国家的学科建构与体制来看，"非洲学"这样一种新兴学科、交叉学科的建设与发展，正可以对目前我国以"领域学"为特征的区域国别研究和国际问题研究学科建设起到积极的平衡与补充作用，从而让我们更好地把握和理解世界的多样性与复杂性。

中国传统学术与思想，也有知识划分的传统及"领域学"与"地域学"的

[①] 刘鸿武：《故乡回归之路——大学人文科学教程》，清华大学出版社，2004，第208页。

[②] 刘鸿武：《人文科学引论》，中国社会科学出版社，2002，第20页。

[③] 刘鸿武：《打破现有学科分界是人文学科的发展之路》，中国社会科学网，http://www.cssn.cn/gd/gd_rwhd/gd_mzgz_1653/201406/t20140624_1225205.shtml，最后登录日期：2016年8月22日。

意识。在"领域学"方面，则如传统意义上的"经、史、子、集"或"诗、书、礼、乐、易"等的划分，到唐代，杜佑撰《通典》将天下之事分为"食货""选举""官职""礼""乐""兵""刑"等领域，大体上如今日之经济学、政治学、行政管理学、社会学、艺术学、军事学、法学等等，宋元之际马端临撰《文献通考》对学科领域之划分更细，有"二十四门"之说，略当今日之"二十四科"，或二十四门领域学。

不过，中国传统学术，在重视对社会事物做分门别类之领域划分和把握的同时，又始终十分重视对人类事象与国家治理的时空关系的综合把握，重视人类文化在地域和时空方面的整体性、差异性和多样性的综合理解，重视文明发生发展的地域制约性、时间影响力的观察世界的传统。因为人类的文化与制度，都是在一定的地理空间与生态环境中，于历史进程中生成和演变的。各不相同的地域空间，中原与边疆，内陆与沿海，北方与南方，西域与南洋，如形态各异的历史大舞台，在什么样的舞台上就唱什么样的戏，一直是文明研究的核心问题。也就是说，我们要特别重视历史和文明的环境因素、时间关系、发展基础与演化动力，不能离开这些具体的环境与条件而侈谈空洞抽象的普世主义。以这样的眼光和理念来研究非洲，我们就不能离开热带非洲大陆这片土地的基本属性，离开它的具体的历史背景与社会环境因素，来做抽象的概念演绎，从书本到书本，而必须沉入非洲这块大陆的时间与空间环境中去，站在非洲的大地上来做非洲的学问，这就是非洲学这样的"区域学""国别学"的基本特点。

区域研究并非舶来品，作为一个特别具有"文明发展的时空意识"的民族，中华学术传统中一直就有区域学的历史精神与丰富实践，有特别重视文明发生发展的地域制约性、时间影响力的观察世界的传统。从学术传统上看，中国人看待世界，特别倡导要有一种"文明发展的时间与空间意识"的认识眼光与思维模式。大体可以这样说，所谓"文明发展的时间意识"，指中国人传统上十分重视事物发生发展演变的历史进程与时间关系，凡物换星移，自川流不息，而时过境迁，当与时推移，也就是说，要重视历史的时间背景、基础与动力。每一个国家，每个区域，每个民族，其历史之不同，传统之相异，我们认识它、把握它也得有所不同。而"文明发展的空间意识"，则指中国学术重视事物生存空间环境的差异多元，每个国家，每个区域，环境不同，生态相异，因而需要"入乡随俗"，"到什么山唱什么歌"，因地制宜，分类施治。如此，方可得天时地利之便，求国泰民安人和之策。

从学术史的角度看，两千多年前的孔子整理之《诗经》一书及其所体现出的认识世界的理性觉悟与思想智慧，大致可以看成中国最早的一部"区域研究"著作。[①] 我们知道，《诗经》凡三百篇，大体可分为"风、雅、颂"三部分，其中之"风"则有所谓的"十五国风"，如秦风、郑风、魏风、卫风、齐风、唐风、豳风等等，此即时人对于周王朝域内外之十五个区域（"国"）的民风民情（"区域文明"）的诗性文字表述。在当时之人看来，采集这十五个地方的民歌风谣，可观风气、听民意，从而美教化、移风俗、施良策、治天下。孔子就曾提出"中土退出则四夷之，四夷进入则中土之"的文化与环境相互作用的理性概念及治理国家的基本原则。《诗经》的这种精神传统，深刻影响了后来中国学术对于区域、地域、文明等"时空概念"的独特理解。

尔后延及汉代，中国知识思想体系渐趋于成熟，汉代大学者班固撰《汉书》，专门设《地理志》之部，承继了《诗经》写十五国风的传统，分别推论自远古夏商以来的国家疆域沿革变迁、政区设置、治理特点，详细记述疆域内外各地区的历史传统与文化特点，及广阔疆域及其周边世界的经济物产、民风民情，以求为治理天下提供知识依托。《汉书·地理志》这一传统后世连绵传承，促成中国古代史上形成了发达的具有资政治国意义的"疆域地理学"或"政区地理学"，历朝历代治国精英与天下学人皆毕一生心力，深入分析国家政区内外的各种自然地理和人文地理现象的相互关系，从国家治理与经济发展的角度来编写历史著述，从而使得在中华学术框架下，各类区域的、国别的政区治理学著述不断面世，流传久远。

受这一传统的影响，中国历史上一向高度重视把握特定时空环境下各地区不同的气候、江河、物产、生产、交通、边民情况，详细描述各民族不同的精神状态、心理特征及政治制度的演进与相互关系，从而积累起中国古代成熟发达的国家治理思想与知识体系。如东汉山阴人赵晔著《吴越春秋》以丰富史料和翔实的纪年记载了春秋末期吴越两国争霸天下而兴亡存废之事。北宋苏洵著《六国论》纵论天下治乱得失之道，"气雄笔健，识更远到"，一时洛阳纸贵，名动天

[①] 刘鸿武：《从中国边疆到非洲大陆——跨文化区域研究行与思》，世界知识出版社，2017，第52页。

下。所有这一切，与今日中国要建立区域国别研究学科、"一带一路"沿线国家研究学科的宗旨，可谓是"古今一理"，本质相通。就如我们今天要理解非洲，研究非洲，当注重对非洲民风民情的调研考察，掌握真实的非洲大陆及各次地区、数十个国家之具体情况，关注非洲发展之大趋势做深入扎实的研究，而不拿抽象的标签来贴非洲丰富的生活世界，才可真正认识非洲，懂得非洲。

中华民族是一个崇尚务实精神的民族，尊奉实事求是、理论来自实践的认识原则，由此而形成了中华学术区域研究中"由史出论、史地结合"的治学传统，及"天时、地利、人和"三者必统筹考虑的思维模式。历史上中国人就有比较突出的时空交错、统筹把握的文化自觉，因而管理社会，治理天下，历来主张既要通盘考虑天下基本大势，把握人性之普遍特点，此所谓"天时"，又要把握各国各地国情民状之不同，需因地制宜，一国一策，一地一策，此所谓"地利"，由此而因材施治，将普遍性与特殊性有机结合，方可政通人和，国泰民安，此为"人和"。

历史上，中国发达的方志学、郡国志、地理志，皆可视为历史上中国的"区域研究"知识传统。在中国文化的思想传统里，所谓国有国史、郡有郡志、族有族谱，州、府、县、乡亦有治理传统与本土知识。故而说到国家治理、社会协调、区域管理，中国人都明白"入乡随俗"的道理，因为"一方水土养一方人"，明白"一山有四季，十里不同天"。在中国人看来，人处于不同区域，风土人情、制度文化各有差异，因而无论是认知他人、理解他人，还是与他人相处，都应该是"因地制宜""到什么山唱什么歌"。好的治国理念原则、有效的社会治理模式，必然是注重人类文明的地域结构与环境生态的差异性与历史多样性，动用时空结构层面上开阔整体的"会通"眼光，依据对象的真实情况，即所谓的区情、国情、社情、民情、乡情，实事求是地努力去了解、理解、适应、建构生活在此特定时空环境中的"这一方水土与一方人"的观念、文化、情感与制度。①

这一传统也为中国共产党人所创新性地继承，当年毛泽东同志撰写的《湖南农民运动考察报告》，开创了中国共产党人反对本本主义和教条主义，重视调查研究、实事求是的工作作风，影响深远。毛泽东后来在延安时期写的《改造

---

① 刘鸿武等：《中国少数民族文化简史》，云南人民出版社，1996，第12页。

我们的学习》一文中，更明确地提出了开展深入的区域调查研究的重要性，他说，"像我党这样一个大政党，虽则对于国内和国际的现状的研究有了某些成绩，但是对于国内和国际的各方面，对于国内和国际的政治、军事、经济、文化的任何一方面，我们所收集的材料还是零碎的，我们的研究工作还是没有系统的。二十年来，一般地说，我们并没有对于上述各方面作过系统的周密的收集材料加以研究的工作，缺乏调查研究客观实际状况的浓厚空气"。他还一针见血地指出，"几十年来，很多留学生都犯过这种毛病。他们从欧美日本回来，只知生吞活剥地谈外国。他们起了留声机的作用，忘记了自己认识新鲜事物和创造新鲜事物的责任。这种毛病，也传染给了共产党"。针对这些问题，毛泽东同志明确指出，中国革命要成功，就"要从国内外、省内外、县内外、区内外的实际情况出发，从其中引出其固有的而不是臆造的规律性，即找出周围事变的内部联系，作为我们行动的向导"。①

这一传统在中国共产党的几代领导人那里得到了很好的传承与发扬，邓小平同志一生的最大思想智慧就是根据实际情况治理国家，准确把握世情、国情、区情、社情来处理内政外交，他的思想都是很务实、很接地气的。"地区研究"的最大特点就是倡导思想与政策要"接地气""通民情"。习近平同志早年在河北正定县工作，通过深入调查正定县的基本情况，提出一个区域发展理念，就是"靠山吃山，靠水吃水，靠城吃城"的二十字方针，叫"投其所好，供其所需，取其所长，补其所短，应其所变"。②这"二十字方针"，就是一个根据中国的实际情况发展自我的方针，很有理论意义。当时，著名经济学家于光远在正定农村考察后，建议创办"农村研究所"，研究中国特色社会主义新农村建设问题，解决中国自己的发展问题，这些，也是中国区域研究传统的现代发扬。

新中国成立后，中国在与广大的亚非拉国家和民族接触过程中，也形成了基于自身民族传统智慧与精神的对外交往原则。早在新中国成立之初，中国政府提出"求同存异"的原则，提出亚非合作"五项原则"、万隆会议的"十项原则"和后来对非援助的"八项原则"，都基于中国人对自我、对他人、对世界文明与人类文化多样性的理解能力与对传统的尊重。这正是中非合作关系走到世界前

---

① 毛泽东：《改造我们的学习》，《毛泽东选集》第 3 卷，人民出版社，1991，第 796、801 页。
② 参见赵德润《正定翻身记》，《人民日报》1984 年 6 月 17 日，第 4 版。

列、成为中国外交特色领域的根本原因。从这个意义上说，今日的中国要与非洲友好相处，要让中非合作关系可持续发展，也自然先得要在观念上、文化上懂得非洲，理解非洲，多从非洲的特定区域的时空结构上来理解非洲人的过去、现在与未来。

这些优良的知识传统，这些积累的思想智慧，在今日我们认识中国以外的其他地区和民族，包括认识复杂的非洲大陆的区情、国情、民情、社情时，都是可以继承和发扬的。所以我们一直强调，要把学问做在非洲的大地上，做在非洲各国各地区真实的环境里，而不是仅停留在书本和文献中做文字推演和概念分析。遵循这样一种历史时空意识而开展的"区域国别研究"，要求研究者当深入到该特定区域、地域、国别的真实环境里去做长期的调研，也就是"深入实际"的、通过调查而开展研究，而不是只待在象牙塔中、静坐在书斋里。它要求研究者要"换位思考"，在对象国有"一线体验、一流资料、一流人脉"，把自己努力融入研究对象之中，在"主位与客位"之间穿梭往来，内外观察，多元思维，多角度理解。

这种深入实际的、实事求是的实地研究，有助于研究者超越僵化刻板地套用某种"普世主义"绝对教条，来理解生生不息、千姿百态的天下万物。在中国人看来，认识世界、治理国家，唯有"因时因事因地而变"，方可穷变通久，长治久安，若滞凝于某种僵化刻板的"绝对理念"，从教条的概念来推演丰富的现实，或用"这一方水土这一方人"的观念来强求"那一方水土与那一方人"，一把尺子量天下万物，必然是削足适履，缘木求鱼，得不到真理。

中国传统学术特别强调学术与思想的实践性与参与性。如果说西方的学术传统强调学以致知，追求真理，比如古代希腊的思想家、哲学家柏拉图是纯粹的思想家，那么中国的学术传统强调学以致用，追求尽心济世。总体上看，中国历史上没有像柏拉图、卢梭、孟德斯鸠那样的单纯的政治思想家，他们是通过自己的著书立说来实现对于现实政治加以影响的理想与抱负，而中国古代的政治学家首先是政治家，他先是登上了政治的历史舞台，参与了实际的国家治理，如果他的政治抱负与政治理想因其参与了实际政治而有所发挥，有所实现了，则是否还要著书立说似乎已不重要。如钱穆所言："当知中国历代所制定所实行的一切制度，其背后都隐伏着一套思想理论之存在。既已见之行事，即不再托之空言。中国自秦以下历代伟大学人，多半是亲身登上了政治舞台，表现为一实际的政治家。因此其思想与理论，多已见诸当时的实际行动实际措施中，自不必把他们的理论来另自写作一书。因此在中国学术思想史上，乃似没有专门性的有关政治思想的著作，乃似没有专门的政论家。但我们的一部政治制度史，却是极好的一部政治思想史的具体材料，此事值得我们注意。"①这大致也就如王阳明倡导的那样，知行合于一，知行本一体，两者自不可分离，"知是行之始，行是知之成"，因为"知已自有行在，行已自有知在"，行中必已有知，知则必当行，唯有知行合一，知行合成，方能显真诚，致良知，致中和，最终求得古今道理，成得天下大事。②

四　非洲学何以成

中国古代学术历来是与国家民族的发展、国计民生的改善结合在一起的，立足实践，实事求是，学以致用，经国济世，这些精神品格与文化传统，与今天要建设非洲研究学科、推进中国海外国别与区域学科建设可有对接的历史基础，是值得今日挖掘的学术精神源泉。虽然今天的时代与古代已大不一样，但一些基本的道理还是相通的，一致的。我们今天从事非洲研究，从事非洲政治学的研究，要做得好，做得有益，学者们还是一样要深入中非合作的实践，深入非洲的社会生活，努力了解国家对非战略与政策的制定与实施过程，观察中国在非企业和公司的实际运作情况，将田野考察与理论思考真正结合起来，由史出论，因事求理，理论与实践紧密结合，才可获得对非洲和中非关系的正确把握，我们的著书立说，我们的资政建言，也才会有自己的特色、风格、思想的产生，才可能是管用、可用、能用的。

"区域研究"（也可以叫作"地区研究""地域研究"）的基本特点是"区域性"、"专题性"、"综合性"和"实践性"的综合性运用，它要求有纵横开阔的学术视野与灵活多维的治学方法，有服务于现实的实践可操作性，从目前的趋势来看，这一学科的发展，有可能成为我国哲学社会科学研究创新发展的一个重要突破点。

---

① 钱穆：《中国历史研究法》，生活·读书·新知三联书店，2001，第29页。
② 王阳明著、叶圣陶点校《传习录》，时代华文书局，2014，第8页。

"区域性"是指以某个特定自然地理空间为范畴的研究，这"区域"之空间范围可根据对象与需要之不同而有所不同，可以很大，也可以较小，诸如非洲、拉美、西亚、中东、东亚、南亚、中亚等等，或做更进一步的划分，比如，非洲研究中就可划分为东非、西非、北非、中非、南非的研究，或撒哈拉以南非洲、非洲之角、非洲大湖地区、萨赫勒非洲等各特定区域的研究，也可有按照非洲语言文化、宗教传统与种族集团而开展的专门化研究，如"班图文化研究""斯瓦西里文化研究""豪萨文化研究"等等。

"区域化"研究，其实也是"国别化"研究，即按照"国家"这一政治疆域开展专门化的国别研究，比如非洲区域研究中就可有非洲54个国家的专门化研究，可以形成某种意义上的"国别研究"，诸如"埃及学""尼日利亚学""埃塞学""南非学"等等。事实上，历史有关非洲文明的研究中，早已有类似的知识积累与学术形态，国际上也有所谓的"埃及学""埃塞学"的学会、机构与组织的存在。甚至在一国之内，也可还进一步细化，比如像尼日利亚这样相对国土面积比较大，内部经济、宗教、文化差异突出的国家，则可有尼日利亚的北部、东南部、西南部研究的细分；正如古代埃及之研究，从来就有上埃及与下埃及之分野一样。

在此类"区域化"研究活动中，人们总是将某一特定的或大或小的、自然的或文化的或历史的"区域"，作为一个有内部统一性、联系性、相似性的"单位"进行"整体性研究"，探究这一区域上的一般性、共同性的种种政治、经济、社会、文化的结构与关系、机制与功能、动力与障碍、稳定与冲突等问题。而"区域与国别"研究之下，则可做进一步的"专题性"研究。"专题性"则是指对此特定区域和国别的问题做专门化研究，比如，对非洲大陆这一区域的政治、经济、环境、语言、安全等问题的专题研究等等，既"非洲+学科"的研究，如非洲政治学、非洲经济学、非洲历史学、非洲语言学、非洲民族学、非洲教育学等等。

而"综合性"则是指这类区域研究又往往具有跨学科、跨领域的综合交叉特点，需要从历史与现实、政治与经济、军事与外交、文化与科技等不同角度，对这一区域的某个专门问题进行综合交叉性研究。比如，研究非洲的安全问题，就不能就安全谈安全，因为非洲的安全问题总是与其经济、环境、民族、资源、宗教等问题联系在一起的。非洲某个国家的安全问题，其实又是与其周边国家、所在区域的整体安全问题纠缠在一起的。事实上，非洲的许多问题都具有跨国境、综合联动的特点，因而非得有学科汇通与知识关联的眼光，非得有跨学科综合研究的能力不可。[①] 非洲问题往往很复杂，比如，非洲的政治问题、经济问题，其实与非洲的文化、宗教、种族、生态都是搅在一起的，是一个整体问题，相互关联的问题，要回答这些问题，就需要从不同领域、不同学科对它开展研究。因而我们说，"非洲学"应该是"领域学""地域学""国别学"的综合，既吸收经济学、政治学等"领域学"的一般性理论与方法，但又特别重视它的地域属性，以区域研究的视野，如东非、西非、南非、北非的研究，同时，它还是"国别学"，要对非洲一个一个的国家开展研究；最后它也是"问题研究"，要切入一个一个的重大问题来综合研究。

这些年，在学科建设方面，我一直在带领学术团队做综合性的实践探索。比如我们非洲研究院在过去十多年中所聘的二十多位科研人员，考察他们在博士期间所学，其专业背景可以说来自于七八个一级学科，如社会学、历史学、宗教学、民族学、法学、教育学、政治学，甚至还有影视学、传播学。这些不同学科背景的人，进入非洲研究领域后，围绕非洲研究院的学科规划与核心主题，开展聚焦于非洲问题的研究，形成了"非洲 + "的交叉学科态势。这些年，每当年轻博士入职，我们尽量派其前往非洲国家做一段时间的留学调研，获得非洲体验，掌握一线知识。然后再从不同学科视角来研究非洲这块大陆各地域各国别的若干共同问题。

为此，非洲研究院建院之初，我提出要聚焦于两个重大问题，一个是"非洲发展问题研究"，另一个是"中非发展合作研究"，这两个重大问题的研究，可以把全院的七八个一级学科的二十多个科研人员聚合在一起，可以从人类学、语言学、经济学、政治学等不同学科角度研究非洲的发展问题，因而学科虽然散，但是问题很聚焦，形散而神聚。经过十多年的发展，我们逐渐提炼出关于非洲发展研究的话语体系，这就是专门化的"非洲学"知识形成的过程。

这些年来，随着中国当代社会发展进程的深入及所面临的问题日趋复杂，我国现行的"一级学科"设置与建设模式不适应现实发展的问题日趋突出，其阻

---

① 刘鸿武：《发展研究与文化人类学：汇通与综合——关于非洲文化研究的一种新探索》，《思想战线》1998 年第 1 期。

碍新兴学科、交叉学科、特殊学科成长的弊端及解决出路的讨论逐渐引起人们的重视，对此，学术界已有一些研究，提出了许多建议与构想，在国家管理层面也陆续出台了一些积极的措施。比如，2016 年 5 月 17 日，中国国家主席习近平同志在出席"全国哲学社会科学工作座谈会"上指出，"现在，我国哲学社会科学学科体系已基本确立，但还存在一些亟待解决的问题"。他把这些问题归纳为三个方面：一是一些学科设置同社会发展联系不够紧密，二是学科体系不够健全，三是新兴学科、交叉学科建设比较薄弱。针对这些问题，他提出的解决办法是：一是要突出优势，二是要拓展领域，三是要补齐短板，四是要完善体系。他进一步提出，"要加快发展具有重要现实意义的新兴学科和交叉学科，使这些学科研究成为我国哲学社会科学的重要突破点"。①

习近平同志所述中国哲学社会科学学科建设与发展的情形，在中国的非洲研究领域有着更突出的表现。因为非洲学正是一个新兴学科、交叉学科，它既是目前我国学科建设中的"短板"，应该努力补齐，同时它也可能是中国哲学社会科学尤其是国际问题研究实现创新发展的"重要突破点"。从根本上说，要促进中国非洲学的成长，就要克服长期以来中国高校与哲学社会科学学科建设与划分的"这些短板"，需要在认识方面、体制方面、政策方面有一些创新变通的切实举措，通过设立"非洲学"这样的新兴学科与交叉学科，并赋予其相对独立的学科地位与身份，同时，在国家的学科建设、学科评估、学科投入方面，给予相应的关注与重视，这些学科短板才能逐渐得到加强提升。②

非洲研究在当代中国出现和发展的一个基本特点，就是它是伴随着当代中国对非交往合作关系的推进，随着当代中国对非洲认知领域的拓展，而逐渐成长成熟起来的。因而这一学科，一开始就带有两个最基本的特点，一是它具有十分鲜明的面向当代中国发展需要或者说面向中非合作关系需要的时代特征与实践特点，具有突出的服务当代中非发展需求的问题导向特征与经世致用精神。二是它作为当代中国人认识外部世界的努力，一开始就不可能是一个简单引进移植他人的舶来品，虽然在此过程中也包含着借鉴移植他人尤其是西方成果的持久努力，

---

① 习近平：《在哲学社会科学工作座谈会上的讲话》，参见人民网，http://politics.people.com.cn/n1/2016/0518/c1024 - 28361421.html. 最后登录日期：2016 年 5 月 25 日。

② 刘鸿武：《中非发展合作：身份转型与体系重构》，《上海师范大学学报》2011 年第 6 期，第122—129 页。

但它一开始就必须是扎根在中华学术古老传统的深厚土壤上的中国人自己的精神创造，是中国传统学术走向外部世界、认识外部世界的一种表现形式与产物，因而它必然会带上中国学术的某些基本的精神与品格。①

时代性和中国性，决定了当代中国的非洲研究必须面对中非合作中的中非双方自己的问题，建构自己的根基，塑造自己的品格，拓展自己的视角，提炼自己的话语，而这一切，又离不开当代中国学人自己扎根非洲、行走非洲、观察非洲、研究非洲的长期努力。② 概而言之，中国立场与非洲情怀，再加上一个全球视野，是中国非洲学的基本品格。

与其他传统学科相比，目前中国的非洲认识和研究，总体上还处于材料积累与经验探索的早期阶段，在基础性的学理问题、体系问题、方法问题研究方面，尚没有深入而专门的成果问世，这是这门学科现在的基本情况。③ 然而另一方面，过去六十年中非交往合作的丰富实践，过去六十年中非双方在知识与思想领域的交往合作，却又已经为这门具有中国特色中国非洲学新兴学科的成长提供了充沛的思想温床与知识土壤，因而使得中国的非洲学极有可能成为一门最具当代中国知识创新品质的新兴学科、特色学科。

还在十多年前，我在一篇纪念中国改革开放三十周年的文章中就明确提出，"自1978年中国实行改革开放政策以来，中国社会及中国与外部世界的关系都已发生重大变革，其中中非新型合作关系构建及中国发展经验在非洲影响的扩大具有时代转换的象征意义。30年来，中非关系的实践内容在促进中非双方发展进步方面所累积的丰富经验与感受，已为相关理论及知识的创新提供了基础条件。中国的学术理论界需要对30年来中非关系丰富经历做出理论上的回应，以为新世纪中国外交实践和中非关系新发展提供更具解释力和前瞻性的思想智慧与知识工具"。④ 那么，中国的非洲学建设之路应该怎么走？我想，正如当代中非发展合作和中国对非政策本身是一个实践的产物，是在实践中逐渐完善一样，中国的

---

① 刘鸿武：《从中国边疆到非洲大陆——跨文化区域研究行与思》，世界知识出版社，2017，第9页。
② 张明：《外交部副部长张明对中方研究机构加强对非洲原创性研究提出新要求》，中华人民共和国外交部，http://www.fmprc.gov.cn/web/wjbxw_673019/t1492905.shtml。
③ 张宏明：《中国的非洲研究发展述要》，《西亚非洲》2011年第5期，第3—13页。
④ 刘鸿武：《论中非关系三十年的经验累积与理论回应》，《西亚非洲》2008年第11期，第13—18页。

非洲学也一样只能在建设的实践中来完善提升，这需要许多人的创造性参与、探索与实践。

五　非洲学何以远

学术是人的一种主体性追求与创造，依赖于人的实践与探索，并无一定之规，不可能有什么普适主义的理论或主义可以照着去做，当代中国参与到这一进程中来的每一个人，都可以去探索一条基于自己实践的道路，积累自己的成果，形成自己的思想。人们常说条条道路通长安，学术在于百花齐放、百家争鸣。这几年，由于国家的重视与时代的需要，国内涌现出了不少非洲研究的机构，仅在教育部备案的非洲研究机构就有二十来家了，这是一个可喜的现象，但这些机构能否坚持下去，成长起来，还是有一些不确定的因素。这些年时常有一些研究机构负责人来我们非洲研究院交流调研，我也到其中的一些机构作过讲学，交流学科建设与人才培养的感受体会。

在我看来，作为一个探索中的学科，一个新的非洲研究机构，若要走得远，走得高，走出一条自己的路来，在刚开始的时候还是有一些基本的理念与原则可以遵循。第一，有一番慎思明辨、举高慕远之战略思考与规划构想，遵循古人所说"博学之，审问之，慎思之，明辨之，笃行之"的精神传统，在努力设定好自己的建设宗旨、发展目标与前行路径的基础上，再以严谨勤奋之躬身力行，在实践中一步一步探索、完善、提升。第二，要有一种与众不同、开阔包容之治学理念与精神追求，形成一种独特的学术文化与研究品格，并将其体现在事业发展的方方面面。第三，要有高屋建瓴之建设规划、切实可行之实施路径，并在具体的工作中精益求精，做好每个细节，每个环节，积少成多，聚沙成塔，切忌只说不做，纸上谈兵。第四，要逐渐搭建起开阔坚实的学科建设与发展平台，积累丰富多样的学术资源，汇集起方方面面的资源与条件为创新发展提供空间。第五，要有扎实严谨、亲历亲为的勤奋工作，敏于行而讷于言，在实践中探索，由实践来检验，并在实践中完善提升。第六，要培养出一批才情志意不同凡响的优秀人才，有一批志向不俗的志同道合者，这些人应该是真正热爱非洲、扎根非洲的人，有高远志向，有学术担当，能长期坚守于此份事业。

记得2007年我到浙江金华筹建非洲研究院，每年非洲研究院招聘人才时，会给前来应聘者出一道必答题，一道看似有些不着边际的，与非洲无关的题目："试论学问与人生的关系"，由应聘者自由作答，各抒己见。为什么要考这么个题呢？我们知道，在中国文化的传统世界里，学问从来不是自外而生的，学术本是人生的一种方式，有什么样的人生追求，就会有什么样的学术理想，从而影响其做事、做人、做学问。孔子当年讲"三十而立"，这"立"，并不仅仅是讲"成家立业"，找到一份工作，分到一套房子，有一个家，可能更多的是"精神之立""信念之立""人格之立"。中国传统学术，讲求"正心诚意、格物致知"，而后"修身、齐家"，最后"治国、平天下"。学问虽广博无边，无外乎"心性之学"与"治平之学"两端，学者唯有先确立内在人格理想，然后推己及人，担当天下，服务国家。只有这内在的人生信念与志向"立"起来了，精神人格上才能做到"足乎内而无待于外"，那么无论外部环境怎么变化，条件是好是差，自己都能执着坚定地走下去。如果这方面"立"不起来，或"立"得不稳，终难免患得患失，朝秦暮楚，行不高，走不远，即便有再好的科研与生活条件，也难成大事业。过去非洲研究条件艰苦，国家能提供的支持和资助很少，往往不易吸引优秀人才，这些年，国家日益发展，也开始重视非洲研究，提供的条件日益改善，这当然是好事情，非洲研究的吸引力明显提升了。但是，学术研究和真理追求，更多是一种精神世界里的事业，它的真正动力与基础还是来自人的精神追求，学术创新的内在支撑力量也来自研究者对这份事业的精神认同，因而一个人如果只是为稻粱谋，只看重名利，其实是很难在非洲研究领域长期坚持下来，很难长期扎根于非洲大陆做艰苦而深入的田野调研的。

非洲研究院成立后这些年，我着力最多也最操心的，就是招聘人才、组建团队、培养人才。那么，招聘什么样的人才、培育什么样的团队呢？当然应该是愿意从事和有能力从事非洲研究的人才和团队。中国古人讲，知之不如好之，好之不如乐之，乐之不如行之，行之不如成之，正所谓"知行合一"，是为真诚。学问之事，总是不易的，聪明、勤奋自不待言，才、学、识，行动与实践，缺一不可。但做非洲研究，却还有一些特殊之处，它面临许多做学问的挑战，诸如研究对象国之气候炎热、疾病流行、政治动荡、文化差异、语言障碍等，使得做非洲研究不仅相对辛苦，也不易坚持，因而必得有一种精神的追求与心灵的爱好，有一种源自心底的情感牵念，你若爱上非洲，爱上远方，便能于苦中作乐，视苦为乐，如此，方可坚持前行，行远而登高。我常说，非洲研究既难也易，说难，是因为有许多艰苦的地方，它也挑战人对学术的理解是否单纯本真；说易，是说在此领域，毕竟中国人做得还不多，有许多空白领域，所谓门槛还不太高，不一定是特别聪明特别优秀的人才可以做。所以，在非洲研究这个新兴的世界里，在这个中国学术的"新边疆"里，但凡你只要有一真心，扎根于非洲，用你的双脚去做学术，用你的真诚去做学问，长期坚持不懈，就迟早会有所成就。

《浙江师范大学非洲研究文库》是我院成立之初启动的一项中长期的学术建设工程，历十二年之久，已经出版各系列著作 80 多部，作者汇集了我国非洲研究领域的众多老中青学者，所涉及的非洲研究领域也很广泛，大体上反映了这些年来我国非洲研究的前沿领域与最新成果，2008 年首批丛书出版时我曾写过一篇序言《非洲研究——中国学术的新边疆》，于中国非洲研究之发展提出若干思考。[①] 十多年来，中非关系快速发展，随着研究进程的深入，本次推出的《非洲研究新视野系列》，聚焦于非洲研究的一些基础性、学术性成果，多是我院或我院协同机构科研人员承担的国家社会基金项目或教育部项目的成果。这一系列的推出也反映了我在建院之初提出的建设理念，即"学术追求与现实应用并重、学科建设与社会需求兼顾"，既考虑研究院自身的学科建设与学术追求，又密切关注国家战略与社会需要，努力实现两方面的动态平衡，及"学科建设为本体，智库服务为功用，媒体传播为手段，扎根非洲为前提，中非合作为路径"的发展思路。[②] 希望本系列著作的出版与交流，将对我国非洲研究基础性领域的拓展提升起到积极的作用，有不当之处，也请同行方家批评指正。

---

① 参见刘鸿武、沈蓓莉主编《非洲非政府组织与中非关系》，世界知识出版社，2009，第 11 页。
② 刘鸿武：《中国非洲研究使命光荣任重道远》，《中国社会科学报》2019 年 4 月 16 日，第 1 版。

目 录
CONTENTS

序　言

一　研究问题

欧洲人最早是在 15 世纪抵达非洲,不过主要是集中在沿海飞地,从事象牙、黄金和奴隶贸易。到 19 世纪晚期,欧洲列强开始大规模瓜分非洲,此后进入了殖民征服与殖民统治时期。从 1890 年前后英、法等国对非洲殖民统治的大致确立,到 20 世纪 60 年代大多数非洲民族国家实现独立,这 70 年左右的殖民统治时期是非洲史承上启下的重要阶段。在殖民统治之下,非洲社会经历了巨大变迁;与此同时,非洲社会变迁也对殖民统治政策理念、方式和手段的发展演变产生了极大影响,这也成为非洲殖民化的社会背景。非洲人是非洲历史的主体,即便是殖民统治之下也是如此,这是本书的基本观点。

殖民统治时期是非洲社会发生剧烈变革的时代,而殖民主义是非洲社会变迁的重要推动力量。在殖民统治之下,欧洲殖民者对非洲社会进行了极其残暴的剥削与压迫。这二者之间并不矛盾,而且,恰恰是因为殖民统治力量脆弱,所以愈发残暴。[①] 在承认殖民统治残暴性的同时,我们也需要关注殖民霸权的有限性,着力研究非洲殖民地国家[②]的性质、基本特征及其历史演变。殖民统治在非洲确立时间较晚,并且相对短暂,这与拉丁美洲有着明显不同。拉丁美洲早在 16 世纪初就已经落入西班牙和葡萄牙殖民统治之下,并一直持续了 300 年。非洲只是在 19 世纪末 20 世纪初才遭受殖民征服。到 20 世纪 60 年代,殖民统治在非洲基本上宣告结束。在非洲大陆很多地区,殖民统治只持续了两代人时间。非洲与拉丁美洲在殖民统治经历方面的差异还在于,拉丁美洲土著人口遭遇了灾难性的人口减少,有些地区甚至是文化毁灭,而大部分的非洲文明十分顽强,在殖民征服

---

① John Parker, and Richard Rathbone, *African History: A Very Short Introduction*, Oxford: Oxford University Press, 2007, pp. 109 – 110.

② "Colonial State"是指一种国家形态,而不仅仅是指殖民地的政府机构,因此笔者将其译作"殖民地国家",以区别于"殖民列强/国家"("Colonial Power")。

过程中大体保存下来。欧洲统治充满强制与种族主义，时常是暴烈的、剥削性的，给非洲社会带来巨大创伤。与此同时，殖民统治的影响存在不均衡性，在不同时期、不同地区、不同殖民地之间，在男女之间，在年轻人与年长者之间存在着巨大差异。对于某些非洲人来说，殖民统治代表着一种威胁，但是对另一些人则是机会。对于很多人来说，可能是二者兼具。①

殖民时代的非洲社会变迁是本书所讨论的核心内容。在借鉴以往国内外学界有关非洲殖民统治的研究基础上，本书将"自下而上地"分析殖民时代非洲社会变迁。本书所讨论的殖民时期非洲社会变迁，是指非洲社会在殖民主义和资本主义的推动下，在被纳入世界市场体系的过程中所发生的深刻变化。这一变化体现在政治、经济和社会等诸多领域。在殖民统治过程中，殖民者出于统治需要和自身文化价值观念而采取一系列政策，推动非洲社会发生结构性变化，这一变化体现在经济、政治、生态环境、城镇化、性别与家庭、宗教和教育等领域的变革进程之中。

需要指出的是，殖民者的政策理念与实际执行过程在很多情况下是两回事。殖民者尝试推行某些政策，但是这些政策的实际效果很多时候与殖民者的意图大相径庭，例如英国殖民者试图在尼日利亚北部地区推动棉花大规模种植，然而，棉花并未随之大规模出现。农民更愿意种植花生，花生价格要高于棉花，而且即便是歉收或者遇到其他灾祸也可以食用。英国殖民者原本为了运输棉花而修建的铁路，却为花生运输提供了便利。英国人为刺激一种商品作物生产而修建的铁路，却导致另一种农作物的发展。加纳的可可种植业的兴起情况有所不同，可可生产基本上是在殖民地政府不经意情况下出现的。19世纪80年代，黄金海岸开始种植可可，并且在不到一代人的时间里成为世界最大的可可生产国。黄金海岸的可可经济兴起，并不是殖民政府的财政压力所致，也不是殖民者所青睐的欧洲种植园所实现的，而是由英国殖民者原本没有料到的非洲小农完成的。这一案例再次表明，殖民政策在某些情况下取得成功，但是在某些情况下归于失败，成败与否的一个关键因素是非洲社会对于这些政策的反应。本书尤其强调非洲社会的能动性（Agency），即便是在殖民主义结构之下受到严重限制的能动性（Agency

① John Parker, and Richard Rathbone, *African History: A Very Short Introduction*, Oxford: Oxford University Press, 2007, pp. 91 – 92.

in Tight Corner)。①

本书也将着重分析非洲史与英帝国史之间的关联。非洲殖民地在英帝国之中处于相对边缘地位。对于帝国决策者而言，更重要的是澳大利亚、新西兰、南非等白人移民殖民地，或者是印度，而非洲殖民地很少是帝国决策者优先考虑的对象。尽管如此，在帝国的"边缘"，帝国本土力量和非洲当地社会力量相互作用，塑造着非洲当地的社会变迁。通过研究这一交互影响，不仅有助于深入理解处于"帝国"边缘的非洲社会变迁，而且有助于全面认识处于"中心"的帝国本土历史。正因为如此，非洲史学家弗里德里克·库珀呼吁"将帝国本土历史和殖民地历史置于同一分析框架之中"。②殖民地与欧洲本土的历史联系是难以分割的；从非洲和其他海外获得的财富和劳动力是欧洲资本主义发展的基本组成部分；对于殖民地的认知和表述（Representation）对于欧洲文化和欧洲认同的建构而言是基本的，正如弗朗茨·法农所说，在一定程度上"欧洲事实上是第三世界的创造物"。③

长期以来，英帝国史研究侧重于政治、行政、军事和经济层面，通常关注帝国本土将权力和观念向边缘地区的投射，直到近年来才开始关注不同殖民地、不同帝国之间的交流。④近年来勃兴的全球史研究尽管声称关注欧美世界以外的地区历史，但是很多研究实际上仍然只是重复帝国史的世界观念。非洲史学家斯蒂文·费尔曼（Steven Feierman）认为，非洲史并不是强化之前的以欧洲为中心的世界史叙述，而是从根本上颠覆了这一叙述，"在以往的历史表述中，变革推动力量来自欧洲，而非洲历史不过是提供了非洲当地的色彩，为处于中心的戏剧性事件提供生动的背景（Picturesque Setting）。非洲史研究推动我们超越了这一观念"。⑤然而，即便是一些试图摆脱"西方中心论"的全球史著作中，非洲在其

① John Lonsdale, "Agency in Tight Corners: Narrative and Initiative in African History," *Jounal of African Cultural Studies*, Vol. 13, No. 1 (2000), pp. 5 – 16.
② Frederick Cooper, and A. L. Stoler, *Tensions of Empire: Colonial Cultures in a Bourgeois World*, Berkeley: California University Press, 1997, p. 4.
③ Frantz Fanon, *The Wretched of the Earth*, New York: Grove Press, 2004, p. 58.
④ John MacKenzie, "The British Empire: Ramshackle or Rampaging? A Historiographical Reflection," *The Journal of Imperial and Commonwealth History*, Vol. 43, No. 1 (2015), p. 100.
⑤ Steven Feierman, "African Histories and the Dissolution of World History," in R. H. Bates, et. al., eds., *Africa and the Disciplines: The Contributions of Research in Africa to the Social Sciences and Humanities*, Chicago: University of Chicago Press, 1993, pp. 167 – 212.

中的地位仍然是十分微弱,譬如 C. A. 贝利的《现代世界的诞生》。贝利是南亚史专家,他试图挑战"现代性"产生的欧洲中心论,将现代性产生进程从西方扩大到广泛的、相互联系的世界。然而,在贝利的这部全球史开创性著作中,撒哈拉以南非洲仍然是缺失的。[1] 世界史研究很少关注非洲,尤其是撒哈拉以南非洲。著名的全球史著作只有当非洲同西方进行奴隶贸易或者资源贸易时才会提及非洲大陆。[2] 而且,即便提及非洲大陆,通常也是自外而内的,也就是说只有当非洲与世界其他地区贸易和交流时才会被提及,非洲被视作消极对象,而且是被欧洲人、阿拉伯人和南亚人所支配或者控制的。与此同时,非洲史研究者较少参与全球史讨论,部分原因在于他们更在意于揭示非洲有自身历史,并且这一历史并不是起源于外来干预。[3] 非洲史是世界史的重要组成部分,而不是只处在这一世界体系的边缘地位。为此,我们应当着重分析非洲社会相对于其他地区的共性和特性,以及与其他地区的联系。[4] 我们需要恰当理解非洲发展内部因素与外部因素之间的关系,以及非洲历史发展进程中的非洲社会主动性与全球力量的影响之间的关系。

二 研究现状

殖民统治时期非洲社会变迁是近年来非洲史研究的重要主题之一。20 世纪 80 年代以来,英美的非洲史学界重新审视殖民时期非洲史,在研究内容、方法和观点等方面取得重大突破,从而极大地丰富甚至改变了我们对于殖民时期非洲史、英帝国史以及非殖民化的认知。近年来国内学界日益关注国外的非洲史研究成果,不过主要侧重于 20 世纪六七十年代的非洲民族主义史学,对于国外学界的最新研究动向关注相对较少。以下简要回顾近半个世纪以来殖民时期非洲史研究的演进脉络。

在非洲民族国家独立背景下,建立民族主义史学、消除殖民史学的影响成为

① C. A. 贝利:《现代世界的诞生》,于展、何美兰译,商务印书馆,2013。
② R. B. Marks, *The Origins of the Modern World: A Global and Ecological Narrative from the Fifteenth to the Twenty-first Century*, Lanham: Rowman & Littlefield, 2007.
③ Ralph Callbert, "African Mobility and Labor in Global History," *History Compass*, Vol. 14, No. 3 (2016), pp. 116–127.
④ Patrick Manning, "African and World Historiography," *The Journal of African History*, Vol. 54, No. 3 (2013), p. 329.

当时非洲大陆非洲史研究的主要任务，这些研究强调从非洲人的视角"自下而上地"研究非洲历史，而不是帝国史。相关研究主要关注非洲人对于殖民统治的抵抗，以及前殖民时代的非洲国家形态和贸易。作为当时国际非洲史研究的中心，尼日利亚的伊巴丹、坦桑尼亚的达累斯萨拉姆以及塞内加尔的达喀尔吸引了大批非洲本土以外的学者。例如，"达累斯萨拉姆学派"的主要成员包括英国学者特伦斯·兰杰（Terrence Ranger）、约翰·隆斯达尔（John Lonsdale）、约翰·伊利夫（John Iliffe）、约翰·麦克拉肯（John McCracken）和爱德华·阿尔珀斯（Edward Alpers），以及来自南美洲圭亚那的非洲裔学者沃尔特·罗德尼（Walter Rodney），他们在非洲民族主义史学创建过程中扮演了重要角色。这一点也反映出非洲民族主义思潮对于当时国际非洲史学界的影响。

在非洲民族主义潮流的影响下，英美学界的非洲史从传统"帝国史"之中蜕变出来，逐渐发展成为专门的学科门类。在英国，罗纳德·奥利弗（Ronald Oliver）从1948年起在伦敦大学亚非学院教授非洲史，这是英美学界的第一个非洲史教职。从1953年起，奥利弗旗帜鲜明地强调非洲史不同于帝国史，并提倡自下而上地进行研究。奥利弗和J. D. 费奇（J. D. Fage）于1960年共同创办《非洲历史杂志》，并于1975—1986年共同主编八卷本《剑桥非洲史》。在美国，从1957年非洲研究协会成立到20世纪70年代中期，设立非洲研究项目的高校达到30多所，《国际非洲历史研究杂志》和《非洲研究评论》等专业刊物相继创办，一批学者开始专门从事非洲研究。[1] 例如，著名非洲史学家让·范西纳（Jan Vansina）的非洲口述史研究就开始于这一时期。范西纳认为，非洲拥有丰富的可以辨识和认知的史料来源，能够像西方书面资料那样加以理解；因此，非洲不仅拥有自己的历史，而且与欧洲历史一样是可知的。[2]

在当时的英美学界，非洲史学家通常将殖民主义视作阻碍非洲历史前进的"拦路石"，他们并不关注殖民主义本身，而是更感兴趣于研究非洲民众反抗的过程与后果，代表人物有巴兹尔·戴维逊（Basil Davidson）和托马斯·霍奇金（Thomas Hodgkin）。当代著名非洲史学家弗里德里克·库珀（Frederick Cooper）

---

[1]　William G. Martin, "The Rise of African Studies (USA) and the Transnational Study of Africa," *African Studies Review*, Vol. 54, No. 1 (2011), p. 60.

[2]　David Newbury, "Contradictions at the Heart of the Canon: Jan Vansina and the Debate over Oral Historiography in Africa, 1960 – 1985," *History in Africa*, Vol. 34 (2007), pp. 213 – 254.

曾谈及，当年在他就读研究生期间（1969—1974 年），只有前殖民时代历史或者殖民抵抗才算得上真正的非洲史，倘若研究殖民统治则会被贴上"重回帝国史老路"的标签。库珀还回忆道，当时有学者甚至认为，"关于殖民主义，只要读读法农的著作，知道殖民主义是多么恐怖就足够了"。[①]

到 20 世纪 80 年代前后，英美学界的非洲史学家开始重新审视殖民时期非洲历史，反思殖民统治与非洲社会变迁之间的复杂关系。这一重要转变的背景主要包括：首先，20 世纪 80 年代非洲国家普遍出现的经济和政治危机。在这一背景下，非洲史学家对于非洲民族国家建构产生幻灭感，不再关注于通过重新发现非洲古老历史来为非洲民族国家提供合法性，而是试图从殖民时期历史中探寻非洲民族国家遭遇发展挫折的原因。其次，英美学界日益关注欧洲与前殖民地之间的历史互动。随着 20 世纪 80 年代非洲国家高校普遍出现经济困难，大批非洲学者移民发达国家，这在客观上加速了非洲研究的国际中心由非洲大陆转向英美两国。这些供职于英美高校的非洲学者关注殖民地与帝国本土之间的历史联系，并且强调殖民经历对于理解世界历史进程的重要性。再次，20 世纪 70 年代以来，殖民历史档案的相继开放为重新审视殖民时期历史提供了客观条件，而欧美史学研究的整体发展态势也影响到非洲史研究的发展走向。最后，其他发展中国家历史研究的发展也为非洲史研究提供重要借鉴，譬如印度的"庶民研究"。[②] 一系列的理论框架和分析范式使得历史学家能够思考殖民主义的复杂性。非洲史学家越来越认识到非洲人在殖民地历史进程中的能动性，与此同时，非洲史学家也意识到"殖民时期"这一划分也存在问题，他们对于非洲史划分为前殖民、殖民和后殖民阶段提出质疑，并且思考三个时期之间的延续和变迁模式。

在此前的非洲民族主义史学的基础上，非洲史学家首先对于殖民时期历史进行深入研究，并且强调殖民宗主国与殖民地之间的互动关系，从而使得非洲史和帝国史的研究领域趋于接近；其次，就研究内容而言，研究者在对殖民统治本身进行反思的同时，深入探讨族群、法律、宗教、婚姻、家庭与性别关系等领域的社会变革，并将其置于殖民统治与非洲社会的互动关系之中加以考察；再次，研究

---

① Frederick Cooper, *Colonialism in Question: Theory, Knowledge, History*, Berkeley: California University Press, 2005, p. 34.

② Frederick Cooper, "Conflict and Connection: Rethinking Colonial African History," *The American Historical Review*, Vol. 99, No. 5 (1994), pp. 1516 – 1545.

方法趋于多样化，相关研究日渐强调借鉴人类学、政治学和社会学等学科的研究方法。正如库珀所说，殖民史研究经历了"兴起、衰落、复兴"的演进过程。①

殖民时期非洲史研究所取得的进展，还表现为研究范围拓展以及研究方法日趋多样化。相关研究不再局限于传统的政治和经济领域，而是拓展到妇女、城市、医疗、家庭、宗教和文化等诸多领域，研究成果颇丰。受到 E. P. 汤普逊（E. P. Thompson）和詹姆斯·斯科特的影响，20 世纪七八十年代的非洲史学家试图揭示"农民和试图剥削他们的劳动力、租金、粮食和税赋的那些人之间持续的日常斗争"。② 之前的研究者关注非洲人针对白人征服者的抵抗战争，社会史学家则关注于日常斗争：种植园工人和他们的监管者之间的日常斗争；独立教会的非洲人敏锐地利用基督教的象征意义；非洲工人坚持自身对于时间的认知，而不愿接受白人的时间观念。这样一种抵抗范式的问题在于，由于它集中关注殖民者与被殖民者之间的关系，很难认识到被殖民者本身沿着年龄、阶层和政治观念而发生的内部分化。③

与此同时，这一时期的研究创新还表现在史料和研究方法方面。丰富的殖民档案文献极大地推动了殖民时期非洲史研究。然而，非洲史研究者日益认识到这些殖民档案的局限性，并强调利用口头资料、司法记录、照片图像资料以及非洲文学作品等殖民档案之外的史料，试图更为全面地展现殖民时代的非洲社会变迁。另外，殖民时期非洲史研究方法也日趋多样化，例如借鉴人类学、艺术史以及环境研究的研究方法。④

在认识到英美学界关于殖民时期非洲史研究所取得成就的同时，我们更应当注意相关研究所存在问题：第一，尽管近三十年来非洲史研究取得长足进展，但是某些重要领域仍然亟待研究。与殖民时期非洲社会史蓬勃发展形成鲜明对比的是，殖民时期经济史研究自 20 世纪 80 年代以来长期陷入停滞。仅有的相关研究主要以微观和个案为主，宏观研究严重缺失，并且主要研究成果多出现在 20 世

① Cooper, *Colonialism in Question*, p. 33.

② Allen Isaacman, "Peasants and Rural Social Protest in Africa," *African Studies Review*, Vol. 33, No. 2 (1990), p. 31.

③ Frederick Cooper, "Conflict and Connection: Rethinking Colonial African History," *The American Historical Review*, Vol. 99, No. 5 (1994), pp. 1516 – 1545.

④ Heather J. Sharkey, "African Colonial States," John Parker, and Richard Reid, eds., *The Oxford Handbook of Modern African History*, New York: Oxford University Press, 2013, pp. 151 – 170.

纪 90 年代以前。殖民时期非洲经济史研究陷入停滞与后现代主义的兴起密切相关。自 20 世纪 90 年代以来，随着后现代主义的兴起，非洲史学界将注意力从物质转向文化因素，忽视了对于非洲大陆而言极为严峻的贫穷和发展问题，而日益关注种族、身份认同和性别等发端于西方世界的研究话题，非洲史学家更多关注的是欧洲殖民者对于非洲社会的认知如何影响到殖民统治。① 再譬如妇女史研究，尽管这一研究领域的重要性已为学界所认可，并且多部妇女史著作荣获美国的非洲学界最高奖项 "梅尔维尔·J. 赫斯科维茨奖" （Melville J. Herskovits Award），但是妇女史研究在整个殖民时期非洲史研究中的影响仍然极小。②

第二，现有研究淡化或者低估了前殖民时期与殖民时期历史的内在联系。自 20 世纪 80 年代以来，随着殖民档案的开放，重新解读殖民时期历史成为非洲史研究的重点，而前殖民时代历史研究逐渐被边缘化。这种对于现代历史的过分关注，导致英美的非洲史学界普遍接受了前殖民时代历史的简单化认识，并且有意无意地忽视了前殖民时代与殖民时代的历史联系。非洲史学家理查德·里德（Richard Reid）将这一倾向概括为 "唯今主义" （Presentism），认为这将导致研究者所关注的历史时段被严重缩短。③ 针对这一状况，一些学者提倡从长时段来研究非洲历史。例如，有学者强调阿散蒂（Asante）这样的前殖民时代权威体制对于殖民和后殖民时代非洲社会的影响。④

第三，现有研究以英属和法属非洲殖民地历史为主，其他非洲殖民地研究相对较为薄弱。当然，这并非否认其他非洲殖民地研究业已取得的成绩。例如，艾伦·伊萨克曼（Allen Issacman）和马里萨·莫尔曼（Marissa Moorman）关于葡属莫桑比克和安哥拉的研究，以及孟洁梅（Jamie Monson）关于德属坦噶尼喀的研究，这些都充分展示了葡属和德属殖民地经验对于理解殖民时期历史的独特价值。尽管如此，在英美学术界，无论是在期刊文章、学位论文选题还是研究人员

---

① A. G. Hopkins, "The New Economic History of Africa," *The Journal of African History*, Vol. 50, No. 2 (2009), pp. 155 – 177.

② Jean Allman, et al., eds., *Women in African Colonial Histories*, Bloomington: Indiana University Press, 2002, p. 3.

③ John McCracken, "African History in British Universities: Past, Present and Future," *African Affairs*, Vol. 92, No. 367 (1993), p. 246.

④ T. C. McCaskie, *State and Society in Pre-colonial Asante*, Cambridge: Cambridge University Press, 1995.

数量方面，其他非洲殖民地历史研究均无法与英属和法属非洲殖民地历史研究相提并论，这在客观上制约了殖民时期非洲历史研究的深化。以"梅尔维尔·J.赫斯科维茨奖"为例，从该奖项 1965 年创立至今年，获奖作品基本是以英语和法语非洲为研究对象，以非洲其他地区为研究对象的获奖作品极少。

最后，也是最为重要的一点，尽管这些研究极大地拓展了殖民时期非洲史的研究领域，但是殖民统治对于非洲社会的奴役压迫不容否认。正如本书所提及的，强调殖民霸权有限性，这已经成为近年来英美的殖民时期非洲史研究中的流行话题。这些研究倾向于将殖民主义视作殖民者和被殖民者的"共有"文化，淡化了殖民者与被殖民者立场的根本对立。正因为如此，有非洲学者批评指出，虽然这些研究有助于全面认识身份认同、历史记忆以及反殖民斗争，但是我们不能遗忘如下基本史实：殖民者与被殖民者之间存在着权力等级关系；帝国对于帝国本土和殖民地造成了截然不同的影响；殖民统治归根结底仍然是以经济和军事力量作为支撑，而不只是依靠观念和意识形态。[①]

三　研究范围

本书研究的时间跨度是 1890 年前后至 20 世纪 60 年代这 70 年左右的殖民统治时期。本书研究主要涵盖肯尼亚、坦桑尼亚、乌干达、苏丹、赞比亚、津巴布韦、马拉维、尼日利亚和加纳等英属非洲殖民地。

英国对于这些殖民地的控制程度差异很大。肯尼亚、乌干达和北罗得西亚、南罗得西亚有着规模大小不一的白人移民人口。这些白人将英国文化和政治影响带到殖民地，有时也抵制帝国本土施加影响。南非有着大量的英国白人居民，也有大量的阿非利加人口，影响到英国将南非作为英帝国的一部分的意图。南非于 1910 年成立联邦，取得自治领地位，并最终于 1961 年脱离英联邦。南罗得西亚从 1923 年起取得自治殖民地地位，英国很少干预其内部事务，它不属于英国殖民部管辖，而且与其他自治领一样归联邦关系部管辖。[②] 相比之下，冈比亚、尼日利亚和黄金海岸的英国人规模极小，只是由侨居的殖民官员统治，这些殖民官

[①]　Paul Tiyambe Zeleza, "African Studies and Universities since Independence," *Transition*, No. 101 (2009), pp. 130 – 131.

[②]　潘兴明：《中非"白人国家"及其崩溃之原因》，《世界历史》1993 年第 6 期。

员需要依赖与土著人口的合作。"一战"后，英帝国还获得了德国殖民地西南非洲、多哥兰、坦噶尼喀和喀麦隆。苏丹在 1898 年之后处于英埃共管之下，但是实质上处于英国统治之下。此后直至 1956 年独立时，它一直处于英国殖民统治之下，尽管它从未在名义上成为英国殖民地，是由英国外交部主管，也不属于殖民部，英国成立了"苏丹政务机构"来管理苏丹。而诸如坦噶尼喀、尼亚萨兰和贝专纳兰被视作是"帝国的灰姑娘"（Cinderella of Empire）。帝国决策者不重视这些殖民地，认为它们发展前景黯淡，并且没有大规模的白人移民。坦噶尼喀在"一战"后成为英国委任统治地。1922 年，国联要求英国"尊重土著人口的权利，并且捍卫他们的利益"，这是英属坦噶尼喀早期立法的基础。英国殖民部确保坦噶尼喀将像西非国家一样，"首先是黑人的国度"，它不像东非和中非那样面临白人移民政治影响。①

就经济关系而言，西非主要是以非洲小农经济为主，而东非和南部非洲的一些殖民地则有着力量大小不一的白人移民经济，当然这其中也有特殊情况，例如乌干达。西非殖民地的土地并未被白人所控制，殖民地经济主要关注的是运用非洲小农场主生产产品。税收政策也不是为了迫使民众从事迁徙劳动，而是为了推动非洲家庭生产经济作物，并且将这些农产品卖给欧洲商业公司。西非存在移民劳动力，但是并未像南非那样，发生针对维持生计农民的大规模土地剥夺。西非主要城市并非新的矿业中心或者白人移民城镇，很多西非城镇是历史悠久的贸易中心，也有一些原本作为殖民地行政中心而后发展成为贸易中心。

尽管这些殖民地存在极大差异，但是遭受殖民统治的共同历史在相当大程度上塑造了这些非洲国家的发展轨迹。本书将通过大量的具体案例研究来分析不同殖民地在发展轨迹方面的普遍性与差异性，力图揭示出不同殖民地之间以及同一殖民地内部不同群体之间的具体经历，在论述过程中试图探讨发展轨迹的普遍性和差异性的形成原因。

本书主要关注的是英属非洲殖民地，但这并不等于否认或者割裂与非洲其他地区之间的历史和现实联系。为了更好认识不同殖民地发展道路的差异性，我们在论述过程中会适当论及非洲其他地区的情况。另外，1910 年南非联邦成立，此后南非在英帝国之中是自治领，而非英国的殖民地。尽管如此，它在很多方面

---

① 王三义：《英国在热带非洲和西亚的委任统治比较》，《复旦学报》（社会科学版）2010 年第 3 期。

的发展与其他的英属非洲殖民地有着很大相似性，而且也深刻影响到周边英属非洲殖民地的发展，这些也是本书讨论的重要内容。

同样需要特别指出的是，本书关注时段是 1890—1960 年殖民统治与非洲社会变迁之间的关联。这并不等于否认或者低估殖民统治之前、殖民时代以及后殖民时代之间的历史联系。事实上，殖民时代社会变迁与殖民统治时代之前的历史有着千丝万缕的联系。资本主义发展、欧洲文化尤其是基督教的传播，这些历史进程并非直至殖民时代才开始的，而是之前已经存在的非洲文化交流混合的延续。殖民统治时期的历史特殊性在于，原本是非洲社会中已经存在的文化交融，开始由外来力量将社会、文化和政治制度变革强加于非洲社会，这一点尤其体现在西非的大西洋沿海社会。①

四 本书框架

本书在尽可能吸收借鉴近年来国内外非洲史学界相关研究成果的基础上，力图从不同角度来分析英属非洲殖民地社会变迁的大致趋势。本书首先分析殖民地国家建立的背景及其特征，以及殖民地国家极力推动"传统的发明"及其限度。然后，本书从不同角度着力分析殖民地社会经济变革，例如经济变革、城镇化、性别、家庭与人口、种族关系、娱乐休闲、大众文化与教育等。最后，本书将探讨非洲社会变迁与非殖民化之间的内在关联。囿于篇幅限制，譬如生态环境变迁这样的重要领域，本书未能专门论及。

本书除序言、结语之外，主要有七章。第一章"殖民地国家与'传统的发明'"，分别讨论殖民统治迁徙的非洲社会、殖民地国家的建立、殖民地国家的霸权限度、殖民统治的内在悖论以及"传统的发明"及其限度。

第二至六章从不同角度来分析殖民主义与非洲社会变迁之间的复杂关系，分"经济变革""城镇化""性别、家庭与人口""种族关系""大众传媒、娱乐休闲与教育"等章节来讨论。

第七章"'第二次殖民占领'时期的非洲社会变迁与非殖民化"，试图从殖民地社会变迁的视角来理解非洲非殖民化。

---

① Rebecca Shumway, "From Atlantic Creoles to African Nationalists: Reflections on the Historiography of Nineteenth-Century Fanteland," *History in Africa*, Vol. 42 (2015), p. 143.

第一章
殖民地国家与"传统的发明"

> （殖民时代之前）非洲人并未处于民族国家之中，却能够相当和平地生活在一起，这一文明技艺堪称非洲人对于人类历史的最独特贡献。
>
> ——约翰·隆斯达尔[*]

1661 年，英国在冈比亚河上的詹姆士岛建立据点，英国在非洲的殖民主义肇始于此。此后两百年时间里，英国殖民主义的影响主要集中在西非和南部非洲边缘地带。到 1880 年，英国殖民地包括冈比亚、塞拉利昂、阿散蒂、黄金海岸、开普殖民地和德兰士瓦。1884—1885 年柏林会议开启了瓜分非洲狂潮，英帝国逐渐扩张到内陆地区和非洲大陆东部。到 1914 年，英国已经征服了大约 1/3 的非洲大陆，英国殖民地包括尼日利亚、北罗得西亚、南罗得西亚、贝专纳兰、斯威士兰、合并后的南非、巴苏托兰、乌干达、肯尼亚（英属东非）、索马里兰和桑给巴尔，此外英国在苏丹和埃及也有极大影响力。两次世界大战之间，英帝国在领土和人口方面达到历史最高水平。与此同时，殖民统治也面临着剧烈变动。本章将在概述殖民统治前夕非洲社会状况基础上，分析殖民地国家的建立过程，探讨殖民地国家霸权有限性以及殖民统治的内在悖论，并分析殖民主义所推动的非洲社会结构变革及其局限性。

第一节　殖民统治前夕的非洲社会

直到殖民统治确立之后很长一段时期，在撒哈拉沙漠以南非洲大部分地区，

---

[*] John Lonsdale, "States and Social Processes in Africa: A Historiographical Survey," *African Studies Review*, Vol. 24, No. 2/3 (1981), p. 139.

可耕地和可放牧土地相对于可开发这些资源的劳动力而言极为丰富。然而，当时非洲大陆矿业资源在前工业化时期是未探明的，或者是难以获取的，或者在当时海外市场还没有价值。土地贫瘠使得集约农业难以实现，昏睡病致使非洲社会很难使用牲畜来进行农业种植或者交通运输，无论是森林地带还是稀树草原均是如此。非洲大部分地区的降雨量年度分布呈现出明显的季节性，这导致旱季很难进行农业劳作。因此，非洲很多地区农业技术的典型特征是土地密集型，尽可能地节约劳动力；然而，土壤贫瘠严重限制了劳动力的回报。所有这些因素有助于解释在持续数百年的大西洋奴隶贸易时期，非洲劳动力生产效率在非洲之外远高于非洲大陆。奴隶贸易更是加剧了撒哈拉以南非洲的劳动力匮乏。与此同时，提高粮食产量和确保粮食安全的主要来源是选择性地采用来自亚洲或美洲的大蕉、玉米和木薯等外来栽培作物，以取代种植区域相对狭小的非洲本土作物。①

在欧洲殖民统治确立之前的数百年里，非洲已经被逐渐纳入世界体系之中。非洲与外部世界的奴隶贸易对和平的经济活动造成影响。不过，随着1807年以后大西洋奴隶贸易逐渐废止，西非面向非洲本土和国外市场的农林业产品生产获得发展。由于劳动力相对较为稀缺且生产缺少一定规模，在殖民时代之前，非洲劳动力市场主要表现为奴隶贸易，这是撒哈拉沙漠以南非洲的普遍情况。

在撒哈拉沙漠以南非洲大陆，由于土地相对富足，政治集权化很难实现与维持。非洲政治碎片化刺激了欧洲殖民征服。在这方面，埃塞俄比亚的情况恰恰相反。肥沃的中部省份和较大规模的农业盈余支持了长期稳固的国家，并且使得埃塞俄比亚国家拥有充足的国力基础，足以在19世纪末欧洲瓜分非洲时击败意大利的入侵。②非洲大陆遭受殖民征服的重要背景，是欧洲工业化创造或者扩大了多种产品的市场，这些产品可以在非洲生产。土地－劳动力比率，环境对于集约型农业的限制，非洲大陆不同地区的特定类型土地，这些因素都使得非洲在粗放

① Gareth Austin, "Resources, Techniques and Strategies South of the Sahara: Revisiting the Factor Endowments Perspective on African Economic Development, 1500 – 2000," *Economic History Review*, Vol. 61, No. 3 (2008), pp. 587 – 624.

② Gareth Austin, "The Economics of Colonialism in Africa," in Celestin Monga, and Justin Yifu Lin, eds, *The Oxford Handbook of Africa and Economics*, Vol. 1: *Context and Concepts*, Oxford: Oxford University Press, 2015, pp. 524 – 525.

型出口农业方面具有潜在的比较优势。在殖民化时期，尤其是在西非地区，非洲土著人口利用这些优势，以及日益扩大的市场机会。从塞内加尔到喀麦隆，当地非洲人将成千上万吨的花生、棕榈油以及橡胶销售给欧洲商人。①

殖民时代与前殖民时代历史存在着极大的延续性。欧洲殖民统治时间大体上是19世纪80年代至20世纪60年代，南部非洲部分地区从17世纪中叶持续到20世纪90年代中期。然而，在殖民征服之前的数百年时间里，欧洲以及一定程度上的伊斯兰文明对于非洲的影响一直存在。在非洲西海岸，奴隶制和奴隶贸易可追溯至15世纪90年代，它们重塑了西非政治与经济，在强化非洲社会某些社会群体力量的同时，也削弱了另一些社会群体的力量。自17世纪中叶以后，南非被荷兰移民殖民，到19世纪初成为英国殖民地。北非和撒哈拉沙漠南缘地区以及东非沿海，西方对于广大的伊斯兰社会产生影响。与外部世界的政治、经济和文化接触的早期历史，对非洲社会产生了深远影响。

尽管有外部影响的存在，非洲社会内部以及沿海地区和沙漠沿海地带，土著的政治、经济和宗教体系十分复杂，既包括有着强大统治者和清晰的社会等级模式的权力集中的王国，也包括以扩展性家庭和氏族为基础建立的小规模社会。这些社会在经济上也有着很大差别，一些社会极度依赖农耕，而另一些依靠畜牧，还有一些则依靠地方和长途贸易。尽管非洲大部分地区是农村社会，但是沿海地区和撒哈拉沙漠边缘地带发展出了土著的城镇文化、经济和建筑。②

19世纪，非洲大部分地区发生剧烈变化。从塞内加尔到苏丹的整个萨赫勒地带，伊斯兰改革主义者出现并对现状提出挑战，试图实现宗教信仰的纯洁，并建立起全新的伊斯兰国家。基督教传教活动也开始进入更为激进的历史阶段，清教教派与天主教教会极力传播福音，并对抗穆斯林力量的壮大。与这一宗教进程相关联的，是奴隶制和奴隶贸易的变化。继1807年英国废除奴隶贸易之后，仍有300万非洲人被运输至美洲，不过大西洋奴隶贸易逐渐停歇。印度洋的奴隶贸易出口逐渐扩大，而非洲大陆内部的奴隶制度也得以发展。与此同时，在美洲和西非的克里奥（Creole）社会之中，一些有文化的非洲精英，在基督教和废奴主

---

① Robin Law, ed., *From Slave Trade to "Legitimate" Commerce: The Commercial Transition in Nineteenth-Century West Africa*, Cambridge: Cambridge University Press, 1995.

② Iris Berger, *Women in Twentieth-Century Africa*, Cambridge: Cambridge University Press, 2016, p. 3.

义推动下，开始重新想象自身的身份认同。

除了这些进程之外，影响非洲与外部世界关系的另一重要因素是欧洲帝国主义扩张。就直接的政治控制而言，直至瓜分非洲之前，欧洲人在非洲大陆的存在极为有限。除了一些沿海飞地作为奴隶贸易的发展结果外，欧洲人直接统治地区仅限于非洲南部和北部，主要包括英国的前哨基地开普殖民地、纳塔尔（Natal）和独立的布尔人共和国，另外包括始于 1830 年的法国殖民地阿尔及利亚。整个19 世纪，欧洲工业文明的政治和经济影响力日益增强，欧洲与非洲的力量平衡在逐渐发生变化。欧洲国家日益介入非洲事务，这在废除奴隶贸易方面表现得尤为明显。在 18 世纪非洲奴隶贸易期间，英国船只所运送的奴隶是欧洲各国之中最多的，而依靠非洲奴隶劳作的加勒比群岛蔗糖园对英国经济做出了重要贡献。1807 年，废奴主义游说团体推动英国议会禁止英国人从事奴隶贸易。随后数十年里，英国要求其他从事奴隶贸易的国家效仿，并且动用海军对西非沿海地区实施封锁，甚至威胁对巴西也这样做。到 19 世纪 50 年代，非法奴隶贸易大规模减少。英国人废除奴隶贸易是经济自利与人道主义共同作用的结果。对于西非沿海的很多依靠奴隶输出的王国来说，奴隶贸易的废除，也就意味着它们丧失了最主要的出口收入。随后，欧洲国家打着道德的旗号鼓励棕榈油、花生等商品出口，也就是所谓的"合法贸易"。到维多利亚时代，"基督教、文明和贸易"被认为是拯救愚昧黑暗非洲大陆的关键。从奴隶贸易向"合法贸易"的转变在整个非洲大陆以不同方式表现出来。在西非沿海地区，棕榈油和花生逐渐取代了奴隶出口，某些地区的小生产者和商人也积累起一定的财富。合法贸易推动者主要是塞拉利昂、利比里亚、黄金海岸等地文化精英，他们成为非洲和欧洲之间的全新类型的"中间人"，取代了以往的以奴隶贸易为生的贵族。例如在达荷美，原本从事奴隶贸易的贵族转而从事棕榈油生产，不过继续绕过皇家海军的巡逻从事奴隶走私。

大西洋奴隶贸易逐渐被废止之后，非洲本土的奴隶制并未就此终结。原本针对美洲的奴隶劳动力出口，转而在非洲接受更为严苛的剥削，并且时常是由于"合法贸易"所推动。伴随着索克托哈里发这一新的伊斯兰国家的形成，出现了大量的"异教徒"俘虏。很多俘虏被送到沿海地区作为奴隶被非法出口，更多俘虏则成为农业工人。1888 年巴西废除奴隶制之后，索克托哈里发成为当时世界上最大的奴隶社会，1/3 的人口遭受奴役。在非洲东北部，异教徒遭受奴役成为国家建设的典型特征，穆哈默德·阿里及其继任者试图将埃及统治扩展到尼罗河下游，进入苏丹赤道地区。

暴力、奴役和政治斗争在西非、东非和南部非洲十分普遍。在这些地区的商业转型中，居于主导地位的不是农业产品，而主要是象牙。随着象牙贸易边界从非洲东海岸和西海岸向刚果盆地扩张，无数的大象遭受屠杀。枪支以及全新的商业财富，改变了很多地区的政治力量。一些稳固的王国，例如卢安达（Lunda）和卢巴（Luba）王国因为外部力量入侵或者内部分歧而岌岌可危。在其他地区，新的统治领域逐渐出现，例如来自桑给巴尔的象牙和奴隶贩子蒂波·蒂普（Tippu Tip）在刚果东部建立起统治。[1] 在南非和阿尔及利亚，白人移民由边疆逐渐向内陆扩展，引发暴力和剥夺。

第二节　殖民地国家的建立

殖民主义在非洲始于发现非洲南部沿海（1488 年）和美洲（1492 年）的航路。在工业革命之后，军事技术以及资产阶级的文化自信，使得欧洲精英相信他们的生活组织方式不仅是有力的，同时也代表着进步。正是在这一背景下，"非洲成为改革帝国主义（Reformist Imperialism）的明显目标，因为它被描述为奴隶制肆虐的大陆，处于暴君统治之下，孤立于商业贸易的有利影响之外"。[2]

尽管葡萄牙和荷兰早前曾经在南部非洲边缘建立起殖民地，而法国也在阿尔及利亚建立起殖民地，但是非洲大陆大部分地区遭受殖民征服较晚，是在1879—1905 年非洲大瓜分期间被征服的。19 世纪最后 25 年，欧洲对非洲的缓慢渗透突然转变为领土争夺。英国、法国和葡萄牙有着重要的商业利益和沿海飞地。而德国、意大利和比利时的利奥波德国王在非洲并没有太大联系。势力日益衰退的西班牙也获得少数几个面积较小的殖民地。这些新来者进入非洲，尤其是新统一的德国，威胁到英国的地位，当时英国商人控制着非洲与外部世界的主要

---

① Heinrich Brode, *Tippoo Tib: The Story of His Career in Zanzibar & Central Africa*, London: Arnold, 1907.

② Frederick Cooper, "Colonialism and Imperialism: An Overview," in John Middleton, ed., *Encyclopedia of Africa South of the Sahara*, 4 Vols., New York: Charles Scribner's Sons, 1997, pp. 316 – 321.

贸易。法国在 19 世纪 80 年代推行"前进政策",法国军队挺进内陆地区,并且鼓励法国代理人同当地统治者缔结协定。对于欧洲列强来说,非洲贸易的价值极小,不到英国海外贸易的 5%(并且主要是与埃及和南非)。但是在当时欧洲经济下滑、对于非洲内陆地区日益了解的情况下,通过强有力地"开发"内陆地区将会获得潜在财富的吸引力,所有这些都说服欧洲政客默许帝国狂热者和投机者的诉求。

相比于北美和欧洲市场,非洲市场在英国经济中处于边缘地位。非洲殖民地所能吸引的投资和资本较少,并未吸纳大量的英国制造业剩余。而且,在 19 世纪前 75 年时间里,热带殖民地,尤其是非洲,并非关键的原料供应地。由于这一原因,英国议会一直在讨论放弃除弗里敦之外的西非属地。对于英国来说,南非和埃及对于控制前往亚洲的航运而言具有极高的战略重要性,但是在英国帝国主义计划之中,对于英国经济力量的维持而言,非洲的重要程度较低,而对于捍卫核心商业利益而言也并非基本的。印度和各自治领才是英国殖民和外交政策的关注焦点。①

然而,到 19 世纪末,热带殖民地以及帝国扩张成为英国政治的重要议题。热带殖民地越来越被认为对于英国未来稳定和繁荣是至为重要的,特别是在面对德国、俄国和美国迅速崛起的情况下。19 世纪下半叶,英国开始由沿海向内陆地区扩张,寻找新的市场和原料供应地。1861 年,英国殖民者兼并了约鲁巴兰的主要港口拉各斯。英国主要运用军事和政治力量来保护商业利益,并不寻求商业或者政治垄断。只要非洲内陆国家运转良好足以组织贸易,并且其他欧洲国家不干预,英国人会维持尽可能少的政治控制。

1865 年后,英国人逐渐走向直接干预。1874 年,英国人将黄金海岸变为殖民地。随着 1881 年法国占领突尼斯、1882 年英国占领埃及,殖民列强瓜分非洲逐渐加剧。统一后的德国总理俾斯麦对于这一争夺表示关注,希望从中分得"一杯羹"。1884—1885 年,俾斯麦邀请争夺非洲的欧洲列强在柏林举行会议。在这次会议上,欧洲列强同意承认其他国家已经声称或觊觎的领土,并且各国只有通过"有效占领"来确认对于这些领土的控制;也就是说,必须建立殖民统

① Michael Havinden, and David Meredith, *Colonialism and Development: Britain and Its Tropical Colonies*, *1850 - 1960*, London: Routledge, 1993, pp. 24 - 69.

治的基本框架。这一规定改变了欧洲帝国主义的性质。自此之后，欧洲列强声称有权对殖民地建立强有力的集权统治，并且认为这是有必要的。它们还认定自己有权在殖民地境内制定政策并获取税收。与此同时，它们以"文明使命"来证明自己的行动合法性，声称是传播宗教观念、理性思想、自由和正义等理念。19世纪末的英国处于帝国力量顶峰时期，它拥有最佳的军事和外交手段。因此，英国"得到称心的地盘"。① 人口稠密、当地居民愿意开展商业关系，并且很少针对殖民入侵展开有组织抵抗，这些地区往往最受殖民者青睐。②

19世纪末欧洲列强争夺非洲更多是为了排除竞争对手，"对于它们来说，重要的是占有，而不是发展"③。这场针对非洲的瓜分显然是投机性的，目的是将竞争对手排除在潜在的有利可图地区以外，而不是为了保护既得利益。索尔兹伯里勋爵本人曾经回忆道："当我1880年离开外交部时不曾有人想到过非洲。当我1885年重返外交部时，欧洲国家之间为了得到非洲某块领土而争吵不休。"④ 霍布森将殖民主义和资本主义联系起来，认为欧洲本土的消费不足是帝国主义扩张的主要驱动力。由于西方国家工人工资极低，并且资本家将更多利润投资于生产，西方资本家很快就面对国内市场不足的问题。西方国家的民族主义力量向政府施加压力，要求开发全新的殖民地市场。英国商品传统销路的衰退以及世界市场保护主义的兴起，使其对非洲市场的兴趣在1880—1895年间逐渐增强，这是英国直接介入西非地区事务的重要原因。⑤ 列宁认为，垄断资本主义需要殖民地主要是由于它需要垄断利润，而殖民地的新作用正是提供垄断利润，殖民地的"资本少，地价比较贱，工资低，原料也便宜"。⑥ 概括起来，欧洲殖民征服非洲的过程具有如下特点。

---

① Jane Burbank, and Frederick Cooper, *Empires in World History：Power and the Politics of Difference*, Princeton：Princeton University Press, 2010, p. 315.

② Erik Green, "On the Size and Shape of African States," *International Studies Quarterly*, Vol. 56, No. 2（2012）, pp. 229 – 244.

③ 罗兰·奥利弗、安东尼·阿特莫尔：《1800年以后的非洲》，李广一等译，商务印书馆，1992，第145页。

④ 巴兹尔·戴维逊：《现代非洲史：对一个新社会的探索》，舒展、李力清译，中国社会科学出版社，1989，第75页。

⑤ Ronald Robinson, and John Gallagher, *Africa and the Victorians：The Climax of Imperialism in the Darke Continent*, New York：St. Martin Press, 1961.

⑥ 列宁：《帝国主义是资本主义的最高阶段》，人民出版社，2014，第60页。

　　第一，欧洲列强在征服非洲过程中呈现出巨大优势。征服本身极为复杂。列强之间竭力避免冲突的发生，而对于非洲竞争对手则并非如此。谈判和协定是殖民征服的重要手段，但是殖民者在很多地区遭遇到顽强抵抗。例如，1896 年南罗得西亚的恩德贝莱人（Ndebele）反抗，1900 年黄金海岸阿散蒂人（Ashanti）反抗，1904 年德属西南非洲的赫雷罗人（Herero）反抗。不过，最激烈抵抗是德属坦噶尼喀的马及马及起义。面对欧洲工业文明的压倒性优势，非洲人的抵抗往往以失败而告终。1830 年，法国入侵阿尔及尔时，它在武器技术方面并没有多少优势，因此陷入长达 17 年的消耗战，大量法国士兵死亡。但是到 19、20 世纪之交，"帝国的工具"在非洲所向披靡。这些工具不仅包括枪炮，而且包括医学、舰船、铁路、电报以及工业化社会的组织能力。当然，这其中最关键因素仍然是武器，1898 年的乌姆杜尔曼（Omdurman）战役中，苏丹马赫迪士兵一次次迎着英军的机关枪发动进攻，一共有 11000 名马赫迪士兵死亡，而英军只有 49 人死亡。欧洲技术推动了帝国主义扩张。随后，其他欧洲列强也开始使用空中轰炸，意图平定反抗殖民统治的非洲社会。防治热带疾病和传染疾病方面的进步极为重要，因为这大大提高了欧洲人在热带非洲的存活概率。奎宁的投入使用极大降低了殖民者的死亡率。1874 年英国军队入侵阿散蒂王国表明了奎宁的疗效以及卫生措施的改善的重要性。英国精心组织了 2500 名欧洲人士兵组成的入侵军队。英军待在黄金海岸的时间限定在两个月之内，当时的死亡率为每千人 17 例，英国军队彻底镇压了阿散蒂人的反抗。①

　　第二，殖民征服还通过广泛招募非洲士兵得以实现，从而大大降低了殖民征服的成本。很多非洲士兵是获释奴隶，通过推翻非洲土著权力结构，他们能够获得解放。在征服非洲过程中，欧洲殖民者大量利用非洲人，从而降低了欧洲人士兵伤亡。在这方面，1874 年阿散蒂战争是极罕见情况，当时的英国军队主要是由白人构成。法国人、英国人、德国人和葡萄牙人大量招募非洲人组建军队，由欧洲人充当军官。非洲国家规模相对较小，并且数量较多，这使得欧洲人很容易找到盟友和募兵。

　　第三，土著社会状况影响到殖民征服的速度。在某些地区，殖民征服主要是

---

① P. D. Curtin, *Disease and Empire: The Health of European Troops in the Conquest of Africa*, Cambridge: Cambridge University Press, 1998.

通过说服或者强制非洲领导人签署协定接受"保护";但是在其他一些地区,则是通过军事征服。存在集权国家的地区要比分权社会更容易建立起殖民统治。当"平定"等级结构的社会时,欧洲人发现可以通过威逼利诱或者大规模军事征服来迫使非洲土著权力中心合作。然而,在"平定"无政府地区时,欧洲人发现没有政治中心可以合作或者攻击。以英国对于尼日利亚的征服为例,英国通过武器优势击败了约鲁巴邦国伊杰布(Ijebu),导致临近的约鲁巴王国认识到直接用军事反抗英国殖民主义是徒劳的。到19世纪90年代末,所有重要的约鲁巴邦国统治者都同英国签署协约。1897年,一支英国远征军对贝宁王国发动袭击并获胜,同样还包括北方的索克托哈里发国。英国军事力量在这一地区所向披靡,英国指挥官发现很容易制服有国家的社会。[①]

然而,尼日利亚东南部地区的伊博人社会是没有中央政府的,殖民征服极为困难,当地的小规模政治实体很容易被推翻,但是社会很难被征服。[②] 英国殖民者击败抵抗的城镇并将它们洗劫一空。但是,英国殖民者还需要征服邻近类似的城镇。1901—1917年,多个伊博人群体与英国人发生武装冲突。其中一些是单个村庄抵制英国殖民干预,而另一些则是多个群体联合起来对抗英国人。类似模式也存在于东非和中非。当英国军队进入布干达王国之后,巴干达人"卡巴卡"(Kabaka,意为国王)很快就签署协定。然而,在权力分散的兰吉(Langi)地区,情况截然不同。"大约20年时间里,新来的殖民宗主国被无数的小规模氏族联合所阻遏,对于帝国统治造成严重影响。"在无政府地区对付分散而零星的抵抗,要比针对军队或者大规模反抗派别的战役"更耗费精力,更影响士气"。[③] 在19世纪90年代的南罗得西亚,无政府的绍纳人起义要比集权的恩德贝莱人更难应对。英国很快与恩德贝莱人酋长订立协定,但是只能同分散而独立的绍纳人地区进行"全面战争"。

第四,欧洲殖民瓜分非洲的过程并不完全是竞争,也存在着合作与妥协。1884—1885年的柏林会议是欧洲列强之间合作的鲜明体现,它们试图解决领土

---

① Toyin Falola, *Colonialism and Violence in Nigeria*, Bloomington: Indiana University Press, 2009.
② 沐涛:《试论黑奴贸易与伊格博族奴隶制的发展》,《西亚非洲》1988年第1期。
③ John Tosh, *Clan Leaders and Colonial Chiefs: A Political History of an East African Stateless Society, c. 1800－1939*, Oxford: Clarendon Press, 1978, pp. 243－244.

争端并确定领土兼并的规则。此后直到"一战"前夕,欧洲国家并未在非洲开仗。[1] 在列强瓜分非洲过程中,边境的划定时常是随意确定的。某些边界划分反映的是之前诉求,而另一些则是为了相互交换利益诉求。例如,英国承认了法国在纽芬兰沿海的捕鱼权,因而获得尼日利亚北部部分地区。殖民官员甚至试图根据地理和文化地理学而调整边境,但是这显然是异想天开。例如,1913 年,英国派人对英国控制下的苏丹和乌干达边境做出微调,遵循原则是考虑尼罗河的流向以及非洲"部落"的完整性。来自苏丹的英国军官凯利(Kelly)上尉认为应当将阿乔利人(Acholi)中间的两支划归苏丹,因为"他们对于服装和铜管乐队这类文明标志的热爱",所以他们是"进步的"。[2] "一战"后,德国海外殖民地被接管,这是非洲大陆最为重要的殖民地管辖权重组事件。德国的四个非洲殖民地,多哥、喀麦隆、德属东非(坦桑尼亚、卢旺达和布隆迪)和德属西南非洲(纳米比亚)被划归英国、法国、比利时和南非委任统治。

第五,尽管殖民瓜分非洲的速度很快,但是殖民征服过程一直持续了数十年时间。殖民地政府建立后,它们试图促进商品出口;发展交通和通信设施以促进商品出口;促进生产,并将最宝贵资源留给殖民者;按照自身理念和设想来保护非洲资源与自然环境。19 世纪末至 20 世纪初,很多殖民地政府依赖非洲自然资源来维持统治,所采用的手段是借助于私人资本。在肯尼亚和尼日利亚,英国利用私人公司进行统治,因为政府担心得不到议会同意获取新殖民地,如塞西尔·罗德斯的英属南非公司创建了北罗得西亚和南罗得西亚殖民地。在有些情况下,特许公司成为获取私人资本建造铁路的重要手段。交通设施建设成为大多数殖民地政府早期的主要关注点。

正如杰弗里·赫伯斯特分析指出的,"这场瓜分非洲最值得注意的,并不是这场瓜分的发生,而是它到很晚才发生,速度又如此之快,并且殖民者之间并未爆发大规模冲突"。[3] "一战"前后,欧洲殖民者对于非洲的瓜分宣告结束。1912 年摩洛哥和利比亚分别落入法国和意大利统治之下。除埃塞俄比亚和非洲裔美国

---

[1] John Parker, and Richard Rathbone, *African History*: *A Very Short Introduction*, p. 96.

[2] G. H. Blake, ed., *Imperial Boundary Making*: *A Diary of Captain Kelly and the Sudan-Uganda Boundary Commission of 1913*, Oxford: Oxford University Press, 1997, p. 21.

[3] Jeffrey Herbst, *State and Power in Africa*: *Comparative Lessons in Authority and Control*, Princeton: Princeton University Press, 2000, p. 66.

移民国家利比亚以外，非洲大陆都被纳入欧洲帝国版图之中。征服过程本身是暴烈的，导致严重的生态灾难和人口下降。尽管这所造成的土著人口死亡数量远远少于四百年前的美洲征服时期，并且非洲各地的情况有着显著不同，但是1870—1920年间，非洲人口仍然大量伤亡。同时，新的欧洲宗主国试图剥夺新领地的所有资源。它们最初通常是开掘自然资源，而后开始劳动力密集型生产方式。在某些情况下，例如西非森林地带，欧洲殖民者试图控制已经存在的原材料出口贸易网络。"一战"后，欧洲列强开始强化对于殖民地经济的控制，与此同时，包括英国人在内的欧洲殖民者酝酿提出"环境保护"话语，他们强烈指责非洲人应当为非洲自然资源遭受破坏而负责。

第三节 殖民地国家的霸权限度

詹姆斯·斯科特在《国家的视角》一书中，将"可读性"（Legibility）作为现代国家治理的核心问题。在斯科特看来，"可读性"作为一种组织原则，它包含着各种不相干的国家行为，例如人口统计、语言政策、城镇规划和姓氏甄别（Surname Recognition）。斯科特通过研究法律实践和官僚程序，以及土地利用和城镇设计等视觉和空间的显示，从而将"可读性"与权力直接联系起来，"国家所设想的操控程度越大，它需要实现的可读性程度越深"[1]。斯科特的理论无法完全适用于非洲殖民地国家，因为它们的权力远非统一的整体。斯科特关于现代国家的形象遭受质疑，尤其是它的单一性质。非洲史学家对于非洲殖民统治的性质存在不同看法。加纳历史学家A. 阿杜·博亨（A. Adu Boahen）认为，殖民统治者的首要目标是残酷地剥削非洲资源，这既是为了殖民力量自身利益，也为了本土的商业、采矿业和金融业企业。与之形成鲜明对比的是，英国非洲史学科奠基人，罗兰德·奥利弗和J. D. 费奇则为英国殖民统治进行辩护，他们认为殖民政府"试图维持和平和法治"，并从20世纪20年代开始，殖民统治试图完成推动非洲社会发展的"道德责任"。[2] 尽管这是两种截然不同的解释，博亨与奥利

---

[1] James Scott, *Seeing Like a State: How Certain Schemes to Improve the Human Condition Have Failed*, New Haven: Yale University Press, 1998, p. 183.

[2] A. 阿杜·博亨主编《非洲通史》第七卷，中国对外翻译出版公司，1991，第1—14页；罗兰·奥利弗、安东尼·阿特莫尔：《1800年以后的非洲》，李广一等译，商务印书馆，1992。

弗和费奇对于殖民地国家的运作方式却有着相似的认识：欧洲人是殖民者，非洲人是被殖民者，他们之间界限清晰；殖民地国家的政策制定和执行具有很大程度的一致性，因此殖民统治的理论和实践是一致的。[①] 然而，随着近年来非洲史研究的深入，史学家逐渐认识到殖民主义的日常表达要比想象的更为复杂，同时存在着"多种复杂声音，而不只是帝国霸权的单一声音"。[②]

1. 殖民地国家霸权有限性

人类学家安·劳拉·斯托莱（Ann Laura Stoler）批评道，"殖民主义"时常被认为是"抽象的力量，是强加在当地实践之上的结构"。[③] 约翰·科马洛夫（John Comaroff）主张承认存在着"相互竞争的殖民主义"，包括殖民地政府、传教士和移民。科马洛夫反对将殖民主义视作"具有内在凝聚力的过程"，而是强调关注"帝国的内在紧张，而不只是它的胜利；关注殖民主义的悖论，而不是它的压倒性胜利"。[④]

关于非洲殖民主义的政治经济研究通常较多关注非洲大陆如何被纳入资本主义世界体系之中，以及不同殖民地为了适应帝国本土资本的需求而发生的复杂的生产重组过程。然而，殖民主义同样包含着极为重要的政治统治和控制形式的变化。殖民地国家发展的早期阶段同时也是非洲生产发生剧烈重组的时期，殖民地国家是这一重组的关键角色。殖民地国家原本只是行政控制机构，到20世纪四五十年代发展成为社会控制和经济管理的复杂机构。在这一过程中，殖民地国家对殖民地社会经济的介入也逐渐加深。

非洲学家杰夫里·赫布斯特反对把殖民地国家理解为一种绝对主义制度，因为这过高估计了欧洲人的实际权力以及霸权计划的范围。在赫布斯特看来，非洲较低的人口密度使得前殖民时代非洲国家边境不断流动，因为征税的边际成本极高，远远超出潜在税收。欧洲人或许能够在地图上确定非洲边界，但是他们无法"控制"内陆地区。英属非洲殖民地的财政制度是尽可能减少行动，而非税收最

---

① Heather J. Sharkey, "African Colonial States," in John Parker, and Richard Reid, eds., *The Oxford Handbook of Modern African History*, New York: Oxford University Press, 2013, p. 151.

② John Parker, and Richard Rathbone, *African History: A Very Short Introduction*, pp. 67 – 68.

③ Ann Laura Stoler, "Rethinking Colonial Categories: European Communities and the Boundaries of Rule," *Comparative Studies in Society and History*, Vol. 31, No. 1 (1989), pp. 134 – 135.

④ John L. Comaroff, "Images of Empire, Contests of Conscience: Models of Colonial Domination in South Africa," *American Ethnologist*, Vol. 16, No. 4 (1989), p. 662.

大化。非洲殖民地国家起初只是一种"雏形"，所谓的英国殖民统治在很多地区"只不过是两个人加上一条狗"。①

殖民政府权力有限使其至少在一定程度上必须考虑到非洲不同阶层民众的利益。正如杰夫里·凯在关于黄金海岸案例的研究中所指出的：

> 殖民统治是极其谨慎的。殖民政府的政治管理者凭着直觉意识到……自身地位的脆弱性，他们也清楚知道，如果加纳民众进行有组织反抗，那么他们就无法维持自身权力……尽量刻意地自我约束，竭尽所能地避免对抗局面的出现，这是贯穿（殖民）官方行动和表态的一根红线：殖民统治者践行着"治人者先治己"的信条。②

近年来非洲史学家已经摒弃了所谓的统一而强大的殖民地国家形象。虽然欧洲人的统治常常是强制性的、破坏性的，但是殖民地国家按照自身意愿控制并塑造非洲社会的能力极为有限。在农村地区，殖民官员行动范围有限。非洲乡村地区的秩序维持，"同时需要哄骗和同意"，"殖民地机构，外来法律的展示以及法律和秩序的力量很少触动非洲乡村"。③ 城镇对于殖民地国家极为重要，城镇构成了殖民地经济、社会和文化变迁的关键变量。即便如此，殖民地政府对于城镇地区的控制也是有限的，"殖民控制仍然是……选择性的，通常也只是表面的"。④ 我们需要对殖民地国家的政策和实践做出严格区分，"实践"是殖民地国家实际的所作所为，而"政策"则是殖民地国家的意图或者后来声称做过某事。⑤

---

① Ewout Frankema, and Marlous van Waijenburg, "Metropolitan Blueprints of Colonial Taxation? Lessons from Fiscal Capacity-building in British and French Africa, c. 1880 – 1940," *The Journal of African History*, Vol. 55, No. 3 (2014), p. 375.

② Geoffrey Kay, *The Political Economy of Colonialism in Ghana*, Cambridge：Cambridge University Press, 1972, p. 9.

③ David Killingray, "The Maintenance of Law and Order in British Colonial Africa," *African Affairs*, Vol. 85, No. 340 (1986), p. 437.

④ Andrew Burton, "'Brothers by Day'：Colonial Policing in Dar es Salaam under British Rule, 1919 – 1961," *Urban History*, Vol. 30, No. 1 (2003), p. 64.

⑤ David Robinson, "French 'Islamic' Policy and Practice in Late Nineteenth Century Senegal," *The Journal of African History*, Vol. 29, No. 3 (1988), pp. 415 – 435.

2. 殖民霸权有限性的成因

殖民霸权有限性之所以形成，主要是由于殖民地国家内部存在巨大的利益冲突，殖民地国家的资源有限性，以及非洲社会历史进程对殖民地国家的塑造作用。殖民地国家在试图改造非洲社会的过程中，往往受到非洲当地社会关系和当地社会发展进程的制约，它需要在殖民地社会相互冲突的利益之上维持岌岌可危的主权。①

第一，殖民地财政自给自足原则。非洲的殖民统治所带来的利益很少能够达到欧洲政府和公司的期望，无法满足行政管理成本费用，更谈不上实现盈余。某些地区要比另一些地区有更大的贸易潜力，在很大程度上取决于各种环境和人的因素，其中包括可开发的自然资源、经济作物和劳动力等。就商业利益而言，殖民政府期望私营公司能够增强社会和经济稳定，但是这些私营公司时常是贪婪的。这在1890—1900年的比属和法属赤道非洲地区表现得尤为突出。特许公司为了获得橡胶而不顾一切，激起当地民众强烈不满，其结果是国际人权运动的兴起以及刚果改革协会的出现。1908年，比属刚果由利奥波德国王的个人领地变为比利时国家的殖民地。一些英国殖民地起先也采用特许公司的方式来经营。正如亚当·斯密所说，"有些国家，以其殖民地全部贸易，交给一个专营公司经营……要妨碍新殖民地的自然发展，在一切可想象得到的方策中，自以设立公司为最有效"。②

这些特许公司是殖民统治确立过程中过渡阶段的产物，是在19世纪末争夺非洲的过程中为了推动帝国主义扩张而出现的。卢加德勋爵承认，这些特许公司顶多只能算作一种不完善的统治形式，"它们是在（大英帝国）政府面对其他大国的挑战而必须做出决定的时候出现的，自然是要躲避直接管理大片地区的责任，而其统治成本难以估量"。③殖民地政府授予私营公司对于所在地区的人口及其所在土地的控制权。这是一种权宜之计，帝国本土政府希望借此避免殖民地

---

① Emily Lynn Osborn, "'Circle of Iron': African Colonial Employees and the Interpretation of Colonial Rule in French West Africa," *The Journal of African History*, Vol. 44, No. 1 (2003), p. 49.

② 亚当·斯密：《国民财富的性质和原因的研究》（下卷），郭大力、王亚南译，商务印书馆，1983，第146页。

③ Frederick Lugard, *The Dual Mandate in British Tropical Afirca*, Edinburqh: William Blackwood & Sons, 1922, p. 23.

发展的资本投入，因而放弃了这其中的利润，并且容忍私营公司滥用权力。19世纪末的英国"特许公司"就是明显例子，在南北罗得西亚，经过调整的特许公司统治一直延续到1923—1924年。[①] 包括英国在内的殖民列强都希望从殖民地获取财富，并控制殖民统治成本。某些英属非洲殖民地（同时也包括法国和德国殖民地、刚果自由邦、葡属殖民地、西班牙殖民地和意大利殖民地）都曾希望由私营公司承担殖民统治费用，这可以看作殖民统治的"外包"。这些公司证明了殖民统治的存在，并且维持殖民地社会秩序；作为回报，他们获得劳动力和利润。基督教传教士也成为殖民统治的工具。殖民当局希望传教士提供社会福利（例如诊所），创办学校以培养非洲人作为工人和殖民地公务员，并增强殖民统治的道德合法性。例如皇家尼日尔公司、英属南非公司、英帝国东非公司等，这同时也是为了以极低成本实现行政管理。这些私人公司处于日益扩张的殖民地国家的商业和政治"边疆"。通过特许公司进行统治，正如卢加德所说的，这使得欧洲人"可以说服自己相信，不用鸡蛋就能煎出蛋饼"。[②]

图 1-1　部分英属非洲殖民地的出口和公共开支（1911 年）

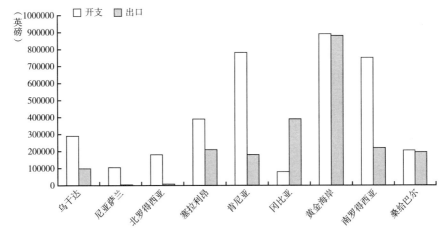

资料来源：Leigh A. Gardner, *Taxing Colonial Africa*：*The Political Economy of British Imperialism*, Oxford：Oxford University Press, 2012, p. 5。

---

①　C. C. Wrigley, "Aspects of Economic History," in A. D. Roberts, ed., *Cambridge History of Africa*, Vol. 7, Cambridge：Cambridge University Press, 1986, p. 107.

②　Frederick Lugard, *The Dual Mandate in British Tropical Africa*, p. 17.

然而，殖民政府很快发现特许公司的统治方式效率低下，因为这些特许公司的生存都成问题，很多公司由于管理不善以及非洲人的抵抗而破产，而且它们的行政管理通常是业余甚至是极为笨拙的；大多数特许公司到20世纪20年代已经被政府权威所取代。而且，这一私营公司体系很容易导致权力滥用，并且很少关注于长期投资，极端案例是1908年之前的刚果自由邦。不过，在热带地区更普遍的情况是，生产在很大程度上是由非洲农民生产者自行决定，殖民政府认可他们的效率，至少在殖民统治初期是如此。

事实上，很多非洲殖民地并未实现财政自给自足原则，而是依靠英国本土的拨款，这成为英国本土控制殖民地事务的依据和手段。而一些能够实现财政自给自足的殖民地往往以此要求有更大的自主权。例如，北罗得西亚拥有丰富的铜矿资源，这使它得以实现财政自给自足，并为英国国库贡献大量的铜矿收入。1930—1959年，北罗得西亚殖民地政府一共从英国政府获得432.4万英镑。而1930—1945年，英国从北罗得西亚获得收益为881万英镑。因此，白人控制的殖民地立法会和媒体激烈反对英国本土干预殖民地事务，尤其是"非洲人利益至上"原则问题。[①]

第二，殖民统治制度的权力分散性。从更广阔的角度看，英国殖民统治的权力分散性也决定了各殖民地之间缺少或者根本没有协调，导致各殖民地总督为所辖殖民地规定了大相径庭有时甚至是相互对立的政策。例如，尼日利亚的殖民地政府意图限制基督教传播和鼓励伊斯兰教传播，而基督教传教团在黄金海岸则受到热烈欢迎与支持。与法国的同化政策相比，英国的间接统治尽管建立在更明确的目标和假设之上，它的实际应用却导致出现更加复杂多样的殖民地管理制度。[②]

殖民决策过程具有扩散特征。决策来自不同地区，因为权力存在于多个地区，有时甚至是未曾预料到的地区。当殖民政策问题浮出水面时，会出现很多不同声音，甚至权力中心也变得复杂。例如在北罗得西亚，殖民地政府并不只是代表英国意愿，权力同样也是从开普敦"渗透"过来。[③] 类似的，对于苏丹和尼

① Helmuth Heisler, "The Creation of A Stabilized Urban Society: A Turning Point in the Development of Northern Rhodesia/Zambia," *African Affairs*, Vol. 70, No. 279 (1971), pp. 136–137.

② 埃里克·吉尔伯特、乔纳森·T. 雷诺兹：《非洲史》，黄磷译，海南出版社，2007，第297—298页。

③ Richard Hall, *Zambia, 1890–1964: The Colonial Period*, London: Longman, 1976, p. vii.

罗河流域来说，权力中心不只是伦敦，也包括开罗。对于英属东非地区而言，印度的影响同样十分重要。英国的帝国统治并非单纯的帝国本土与殖民地之间的垂直关系，而是水平的帝国权力"网络"关系，从而将不同殖民地联系起来。英属印度的法律、建筑风格、军事和劳动力，确保了英国在东非的帝国统治。[①]

在非洲殖民地的欧洲人中间，存在着一些显而易见的权力和权威拥有者：行政当局官员、军事官员、商业行政人员，肯尼亚等殖民地的白人大土地所有者，此外还包括传教士。一些传教士团体对于殖民统治持批评态度。例如在北罗得西亚，无论是殖民政府或者矿业公司的欧洲雇员，还是白人矿工，他们都对黑人劳工的诉求持保守态度。而传教士尽管是统治结构的一部分，但是他们相对独立，并且有独特的思想框架，使其有可能成为殖民秩序的激烈批评者。[②]

此外，殖民地权威不仅包括负责殖民地行政运转的殖民官员，也包括技术和专业部门人员，到20世纪30年代，英国驻肯尼亚官员的90%以上都是这些人员。推动这些部门发展的主要原因是欧洲民众的需要。具体而言，农业、兽医、铁路、医疗、教育以及邮政和公共工程等，主要是推动白人种植园和贸易发展，并为欧洲移民提供基本的现代社会服务设施。[③]

表 1-1　肯尼亚殖民政府中的欧洲职员数量（1919—1939 年）

部门	1919	1921	1928	1931	1933	1935	1939
行政	127	145	127	140	130	118	114
教育	37	47	94	161	138	140	138
警察	54	82	113	138	102	104	125
医疗	65	89	158	200	159	154	160
农业	17	28	50	79	73	63	90
兽医	54	56	61	69	67	61	67
林业	23	27	26	29	25	24	25
公共工程	49	61	116	207	97	86	87

① Thomas R. Metcalf, *Imperial Connections: India in the Indian Ocean Arena, 1860 – 1920*, Berkeley: University of California Press, 2007, p. 1.

② Sean Morrow, "'On the Side of the Robbed': R. J. B. Moore, Missionary on the Copperbelt, 1933 – 1941," *Journal of Religion in Africa*, Vol. 19, No. 3（1989），pp. 244 – 263.

③ Bruce Berman, *Control and Crisis in Colonial Kenya*, London: James Currey, 1990, p. 85.

续表

部门	1919	1921	1928	1931	1933	1935	1939
铁路	58	59	99	117	80	83	92
邮政	80	104	104	120	145	141	177
其他	139	211	231	271	249	278	323
总计	703	909	1179	1531	1265	1252	1398

资料来源：Bruce Berman, *Control and Crisis in Colonial Kenya*, p. 85。

　　深入研究非洲殖民地的科学技术、卫生、环境和城镇规划，我们发现殖民统治者内部存在着较为复杂的行为体。以林业专家为例，在 20 世纪初，很多林业专家提出关于非洲森林破坏和管理不善的环境危机话语，并以此来证明干预的合法性，而这将有利于欧洲移民及其公司。在尼日利亚南部的贝宁（Benin）地区，英国林业规章制度急遽改变了当地的耕作方式和土地所有权概念。1916 年，政府颁布的林业法案"禁止砍伐很多树种，除非向贝宁市政府缴纳许可费"，倘若违反这一法案将会被处以罚款和监禁。这一系列措施"实际上导致农业耕作成为犯罪，给当地民众带来极大困难，导致出现针对这一法案及其严格实施的广泛抗议"。[①] 在整个东部和南部非洲，兽医干预非洲人的牲畜养殖技术，对于很多以游牧为生的族群造成极大影响。

　　在诸如南罗得西亚这样的白人移民殖民地，所谓的殖民者并非统一的整体。1923 年，南罗得西亚由特许公司统治转变为责任政府，这对于殖民地政府的非洲土著政策产生重要影响。帝国政府维持对于非洲人事务的否决权，但是并非直接控制，而殖民地日常事务管理由南罗得西亚土著事务部（Native Affairs Department）负责。传教团体也同样参与到非洲人事务的决策过程之中，但是它们有着不同于殖民政府的诉求，它们希望改变而不是维持"异教徒"的现有生活方式。因此，土著政策是包括殖民官员、传教士和白人移民等在内的白人激烈争论的结果。这些相互冲突的利益使得白人移民殖民地的统治变得极为复杂。[②]

[①] Pauline von Hellermann, and Uyilawa Usuanlele, "The Owner of the Land: The Benin Obas and Colonial Forest Reservation in the Benin Division, Southern Nigeria," *The Journal of African History*, Vol. 50, No. 2 (2009).

[②] Wesley Mwatwara, and Sandra Swart, "Better Breeds? The Colonial State, Africans and the Cattle Quality Clause in Southern Rhodesia, c. 1912 – 1930," *Journal of Southern African Studies*, Vol. 42, No. 2 (2016), p. 336.

英帝国史学家 A. H. M. 柯克–格林尼（A. H. M. Kirk-Greene）曾担任英国派驻北尼日利亚的殖民官员，他认为英国在非洲殖民地的力量极为分散，殖民官员数量极少，构成了"微弱的白线"（Thin White Line），尽管是"以钢铁为装饰"。格林尼得出结论称，英国在非洲的殖民统治如同"一场骗局，是白人的虚张声势"。① 然而，英国殖民者并不只是"虚张声势"，因为他们具备充分的技术优势，例如飞机、枪炮和广播等。更重要的是，他们还有着一大批的当地合作者。帝国统治同时也需要殖民者的自信和被统治者对于征服的接受，"英帝国话语霸权的建构过程，是个英国和殖民地相互塑造、双向建构、共同生长的过程，是一种文化的相互作用和流动"。②

由于殖民地政府财政资源有限，它们通常只能维持较少人手。20 世纪 30 年代，肯尼亚的白人行政官员与非洲人口的比例是 1∶19000，法属西非是 1∶27000，尼日利亚为 1∶54000。1939 年前后，英属热带非洲的 4311.4 万居民中间一共驻扎了 938 名白人警察和士兵、1223 名行政官员、178 名法官，总体比例约是1∶18432。③ 倘若考虑到殖民时代非洲人口数量被低估，这一比例实际上应该更低。由于财政和人力资源较为有限，殖民政府依赖于酋长等非洲中间人，以节约资金，同时希望这些酋长拥有更大程度的合法性。这是一种妥协：酋长在民众中间要维持合法性，就必须时常影响殖民政府的行动，在黄金海岸等殖民地，单个酋长在臣属压力下常常遭到废黜。除了比属刚果以外，其他殖民地酋长或者欧洲总督都没有通常描述的那样强大。④

20 世纪六七十年代，受到马克思主义理论和"依附论"影响，当时非洲史研究通常将殖民地国家视作帝国本土利益的代理人，认为殖民地政府的存在仅仅是为了确保剩余积累的形成并向帝国本土转移。⑤ 然而，布鲁斯·伯曼

① A. H. M. Kirk-Greene, "The Thin White Line: The Size of the British Colonial Service in Africa," *African Affairs*, Vol. 79, No. 314 (1980), pp. 25, 44.

② 洪霞：《英帝国话语霸权的兴起及其消解》，《北京大学学报》（哲学社会科学版）2013 年第 4 期，第 146 页。

③ A. H. M. Kirk-Greene, "The Thin White Line: The Size of the British Colonial Service in Africa," *African Affairs*, Vol. 79, No. 314 (1980), pp. 35, 38, 39.

④ Bruce Berman, and John Lonsdale, "Coping with the Contradictions: The Development of the Colonial State in Kenya, 1895–1914," *The Journal of African History*, Vol. 20, No. 4 (1979), pp. 487–505.

⑤ Mahmood Mamdani, *Politics and Class Formation in Uganda*, Portsmouth: Heinemann, 1976, pp. 142–143.

（Bruce Berman）、约翰·隆斯达尔等人在研究肯尼亚等非洲殖民地实际运作过程的基础上，对于所谓的殖民地国家作为帝国本土利益代理人的观点提出质疑。伯曼和隆斯达尔认为殖民地国家并不单纯是帝国本土利益的代理人，它的结构和行为不能仅仅从外部的帝国本土因素来解释，而是在很大程度上由殖民地内部因素所塑造。殖民地国家并不是帝国本土资产阶级的代理人，殖民地生产形式以及殖民地国家形态的决定力量来自殖民地之内。否则，我们无法理解特定殖民地种植特定的农作物，也无法解释不同殖民地为何形成不同的生产形态，例如小农商品生产、种植园生产、白人移民种植园农业，或者像肯尼亚这样的白人移民庄园农业与农民生产并存的状况。同时，我们也无法解释特定殖民地国家发展形势和发展轨迹的差异。这些解释框架忽视了各殖民地的内部结构力量，以及这些内部结构力量与外部力量相互交织的影响。

关于殖民地国家运转的实际过程，以往研究强调欧洲殖民者与被殖民者之间的明确界限，以及殖民地国家政策制定和执行之间的一致性。然而，近年来的非洲史学家更加关注殖民地国家内部复杂的权力分配，试图理解不同的社会群体如何塑造殖民地国家并影响其运转过程。他们认为，在殖民地国家塑造过程中扮演重要角色的社会群体，不仅包括非洲酋长、欧洲军官和文官精英阶层，而且还有做翻译、学校教师、税务官员的非洲人，以及身为林业专家、传教士和人类学家的欧洲人。按照这一观点，殖民者与被殖民者之间界限十分模糊。而且，殖民统治的具体实践比以往所认识的复杂得多，殖民政策的实施过程并非殖民官方所宣扬的那样有条理，而是时常表现出极大随意性。[1]

殖民地政府部门并不总是反映伦敦的意志，这在肯尼亚等白人移民势力较强的殖民地表现得尤为明显。肯尼亚殖民地政府试图同时面对帝国本土、欧洲移民、印度人和非洲人等社会力量，这些相互冲突的社会力量塑造着殖民地政治经济的发展进程。1944—1952 年，菲利普·米歇尔（Philip Mitchell）担任肯尼亚总督。尽管殖民部试图促进非洲人的经济和政治发展，而米歇尔则代表欧洲移民利益，采取有害于非洲人利益的政策。只是到约瑟夫·拜恩（Joseph Byrne）总

---

① John Parker, and Richard Rathbone, *African History: A Very Short Introduction*, pp. 67 – 68.

督任内，殖民地政府才开始与英国殖民部政策保持一致。[1]

英帝国本土赋予非洲殖民官员以自由裁量权，这其中的一个重要原因在于通讯困难。在 19、20 世纪之交，伦敦和东非之间公文的海路运输需要 6—8 周。电报联系这时已经开通，但是一般只在最紧急的政策发布或者出现突发事件时才使用。通讯不便，以及当地情况瞬息万变而需要立即采取行动，使得非洲殖民地官员往往需要自行决断，而后再报告殖民部。更重要的是，帝国本土当局认为，由于英帝国各地在社会和地理上的多样性，因此任何试图强加统一政策的尝试都是枉费心机的。因此，殖民部通常发布含混的"原则"，希望各殖民地根据其具体情况来执行。殖民部行政管理阶层人手较少，1929 年不到 35 人，1939 年也只有不到 50 人，它无法监管各殖民地政策执行进展情况。殖民部和单个殖民地之间的关系，与其说是直接命令，不如说是复杂的、漫长的讨价还价和协商的过程。帝国本土利益居于主导地位，这一点是毋庸置疑的，但是对于这些利益的内容，如何有效实行，以及如何避免破坏特定殖民地的经济和政治秩序，帝国本土和殖民当局时常有着很大争议。

第三，殖民地社会力量的分散性。殖民地国家不仅需要维持对于臣属民众的权力，同时也需要控制白人移民群体。以尼亚萨兰为例，1891 年英国正式建立殖民统治，这晚于英国和苏格兰传教协会的建立。基督教传教士培育出的西式教育阶层对于殖民统治权威提出挑战，除了 1915 年奇仑布韦起义之外，持续时间更长的挑战是 20 世纪二三十年代的土著协会。因此，传教团成为国家制度之外的殖民统治力量。除此之外，欧洲移民是另一支殖民力量。他们早在 19 世纪 80 年代就已经在尼亚萨兰获取土地。英国早期干预主要就是为了保护英国移民利益免受葡萄牙人侵蚀。如同其他殖民地情况一样，白人移民利益时常与殖民地国家利益相冲突。1900 年至 20 世纪 30 年代，白人移民相继尝试种植咖啡、棉花和烟草，均未取得成功，殖民地国家开始质疑尼亚萨兰发展成为移民殖民地的可能性。殖民地政府先后于 1912 年和 1924 年颁布法令，将土著传统权威逐渐纳入殖民地国家机器之中，间接统治制度正式确立。1933 年，土著权威法令和土著法庭法令公布。[2]

---

[1]　D. W. Throup, *Economic and Social Origins of Mau Mau*, *1945 - 1953*, London: James Currey, 1988, pp. 33 - 47.

[2]　Christopher Joon-Hai Lee, "The 'Native' Undefined: Colonial Categories, Anglo-African Status and the Politics of Kinship in Briths Central Africa, 1929 - 1938," *The Journal of African History*, Vol. 46, No. 3 (2005), p. 461.

殖民统治者不仅需要调和自身内部在诉求方面的矛盾性，而且还要在被殖民者面前维持种族团结。在南罗得西亚，白人种族身份的界定和维持，需要确立殖民社会的种族礼仪。① 威望构成了界定殖民统治者的核心要素。相应地，威望依赖于殖民者内部以及殖民者与被殖民者之间的正确礼仪。

第四，国际社会的约束与限制。"一战"后，欧洲帝国对于殖民属地进行控制的国际环境也在发生变化。1919 年凡尔赛条约导致德国被剥夺了非洲属地，多哥、喀麦隆、德属东非（坦噶尼喀）、卢安达－乌隆迪和德属西非，这些原德属殖民地被分别交给英、法和比利时。不过，这些领地并不是按照 19 世纪八九十年代列强瓜分非洲时的原则进行划分的。原来的德属殖民地将变成国联托管地，国联负责监管这些"托管地"的移交工作，密切关注英、法两国提升当地"未开化"人口所做的努力，并且为他们在遥远的未来实现独立做准备。当然，英、法两国是国联的支配力量，并且坦噶尼喀与其他英属非洲殖民地极为相似。尽管如此，托管原则在政治观念方面开始强调非洲人的社会福利。②

3. 殖民霸权有限性的影响

殖民霸权的有限性深刻影响到殖民统治所采取的方式与手段，进而影响到殖民地社会与经济变革进程。

第一，殖民统治依靠非洲合作者。殖民统治不只是强加的，还通过协商谈判来进行。无论就实际还是意识形态而言，合作都是殖民者所青睐的策略。由于殖民地政府并不受到投票权的束缚，合法性只能通过间接的政治手段来实现。殖民统治的长期持续有赖于同关键的非洲当地利益群体达成妥协，接纳或者安抚大多数非洲民众。相应地，英国统治者在帝国范围内与当地精英结盟，包括王公、素丹、酋长或者西化精英阶层，并利用在帝国统治之下跨越了殖民界限的侨民和其他文化网络。这所导致的恩庇侍从关系，成为殖民地统治机构的基本组成部分。1972 年，罗纳德·罗宾逊（Ronald Robinson）提出"合作理论"，强调英帝国统治之所以能够运转，是因为英帝国当局找到了当地合作者，这些人愿意合作并且

① Robert Ross, *Beyond the Pale: Essays on the History of Colonial South Africa*, Johannesburg: Witwatersrand University Press, 1994; Robert Ross, *Status and Respectability in the Cape Colony, 1750–1870: A Tragedy of Manners*, New York: Cambridge University Press, 1999.

② Richard Reid, "Horror, Hubris and Humanity, The Internatioanl Engagement with Africa, 1914–2014," *International Affairs*, Vol. 90, No. 1 (2014), p. 147.

能够帮助维持殖民地秩序，因为在这一过程中这些合作者自身也积累起财富。①
罗宾逊的文章在英帝国史学界产生重要影响。然而，当时很多非洲史学家仍将帝
国史视作"白人历史"，因此不愿进行研究，他们认为殖民地国家的权力拥有者
是显而易见的，就是"头戴遮阳帽、佩戴手枪"的白人，此外，在实行间接统
治的农村地区还包括一些黑人，例如酋长和埃米尔。近年来，非洲史学家的研究
视角发生明显变化，他们所描绘的历史图景更为复杂，正如非洲史学家约翰·帕
克（John Parker）和理查德·雷斯伯恩（Richard Rathbone）所指出的：

> 我们越是深入探究殖民统治，就越发现它是碎片化、矛盾性并且是易受
> 影响的，（殖民统治）依赖于某些非洲人的积极参与，并且到处都是独立的空
> 间，其他一些人能够在其中追求自己的目标。非洲人不再只是对强加的异族统
> 治做出"回应"，也不仅仅是彻底"抵抗"或者"合作"这两种方式。②

基于白人的种族偏见，弗里德里克·卢加德认为，非洲人相信暴力，并且只
相信暴力，他在《英属热带非洲的双重使命》一书中强调，欧洲人有道义责任
来干预非洲大陆无休止的两败俱伤的战事。虽然非洲士兵在前殖民时代被认为是
"愚昧的野蛮人"，但是殖民主义带来了新秩序。因此，按照殖民者逻辑，欧洲
人的尚武精神更为"高级"，它的战争是伟大而光荣的；因此，在欧洲军队服役
的非洲人将接触到"文明使命"。19世纪八九十年代，各殖民地建立由非洲人组
成的军队并参与对非洲的瓜分。这些军队成为欧洲军事力量最为明显和持久的象
征，同时也是殖民秩序的维持者。1897年，皇家西非边境部队成立，主要是保
卫并控制新获得的尼日利亚广袤领土，而1896年成立的西非军团在塞拉利昂也
扮演着类似角色。在东非地区，来自印度次大陆的锡克和旁遮普穆斯林构成军队
的主体，他们参与殖民征服、镇压叛乱以及反奴隶贸易活动，军队指挥权控制在
英国军官手中。另外，东非的殖民地军队最初是从苏丹，后来也从乌干达和肯尼
亚招募了大量非洲人。1902年，这几个殖民地的军队合并组建皇家非洲洋枪队，

---

① Ronald Robinson, "Non-European Foundations of European Imperialism: Sketch for a Theory of
Collaboration," in Roger Owen, and Bob Sutcliffe, eds., *Studies in the Theory of Imperialism*,
London: Longman, 1972, pp. 117 - 142.

② John Parker, and Richard Rathbone, *African History: A Very Short Introduction*, p. 109.

仍然由各殖民地负责招募和维持各自军队。在东北非地区，在19世纪80年代苏丹起义发生之后，英国对埃及军队进行改组。到19世纪90年代末，雇佣非洲士兵的英埃军队最终击败了马赫迪国家。20世纪20年代，苏丹国防军成立。

殖民地军队通常是从遥远地方招募而来，由"异族"军队平定和防守新占领地区。而且，这些军队时常规模较小，欧洲军官数量极少。英属非洲殖民地通常没有必要维持较大规模军队。卢加德的西非边防军负责守卫尼日利亚北部，一共有2000—3000名非洲士兵，欧洲军官数量为100人左右。很多殖民地的军事控制能力很脆弱。20世纪初，英国人在整个撒哈拉以南非洲只有11000名士兵，军官只有不到300人。"一战"期间，殖民政府招募军队数量迅速增多。然而在殖民统治早期，军队和警察部队不仅负责维持内部秩序，而且负责征收税款，很少用作对外防御（除两次世界大战之外）。正是为了更有效地征税，政府才不得不增加警察和军队开支，这些开支主要来自帝国本土赠款。到1914年，英国殖民部停止提供类似的赠款，军事管理责任落在殖民地官员身上。

英国也很难向非洲殖民地派遣军队，殖民地军队和警察力量主要是在当地雇佣，这样经济成本往往更低。殖民地军队的招募通常也与殖民者对于非洲社会中特定族群"特质"的认知有关。殖民者认定某些族群适合当兵，因为这些族群理解"忠诚"的定义或者是"温驯的"；总体而言，殖民者对于"尚武"族群感兴趣，认为这些人是好战的，但同时也是可以被驯服从而为殖民统治服务的。这一"尚武种族"观念基本上是从印度传入非洲的，通常会将稀树草原和山地的居民视作是"有男子气概""好战的"。殖民者同时怀疑沿海和低地居民，认为这些人沾染了文明"陋习"并养成了"阴柔的"禀性。例如在西非地区，英国人试图从北方稀树地带招募士兵。然而，殖民征服时期的盟友并不一定是后来的征兵来源。例如，在布干达，干达人帮助英国殖民者建立保护地，但是此后他们在殖民地军队中数量极少。乌干达殖民地征服招募士兵主要来自北方地区，尤其是靠近刚果和苏丹边境的阿乔利人和其他规模较小的族群。在肯尼亚殖民政府，军队主要来自坎巴人和卡伦金人。对于殖民地政府来说，这些人数较少的族群更容易操控。① 殖民地军队构成上的这一不平衡将对于非洲民族国家独立之后的军

---

① Myles Osborne, *Ethnicity and Empire in Kenya: Loyalty and Martial Race among the Kamba*, *c.* 1800 *to the Present*, Cambridge: Cambridge University Press, 2014.

队发展造成重要影响。

在大约 70 年的殖民统治时期，欧洲殖民者尝试寻找非洲代理人。欧洲殖民者先是支持那些在征服过程中出现的新人，包括识字的基督徒或者穆斯林、退伍军士或者搬运工，这些人追求自身利益，有时甚至发动反抗。殖民官员随后寻求与"传统酋长"的结盟，认为他们是具有内在凝聚力的部落的代表，欧洲殖民者认为非洲人"天然"生活在部落之中。然而，这一间接统治并未成功。官员希望酋长行使更大的权力，而酋长认为这样是不明智的；酋长从臣属所获取的利润远远多于官员所希望的。20 世纪 30 年代的大萧条促使殖民统治进行改革。"二战"后，殖民地总督试图与非洲律师和商人等非洲现代精英建立伙伴关系。[1]

殖民地国家自身力量有限，他们依赖于非洲当地权威机构来实施统治。殖民统治的合法性建构在武力强制之上，但同时也需要被殖民者的承认与合作。由于殖民统治依赖传统权威、法律和习俗来维持，因此在围绕权力和资源获取而展开的持续斗争中，"传统"成为引发冲突的重要根源之一。在资源有限情况下如何确立有效控制是英、法所属非洲殖民地普遍面临的问题。正因为如此，萨拉·贝里将殖民地国家称作"低成本霸权"（Hegemony on a Shoestring）。[2] 就此而言，英、法殖民政府管理体系存在较大相似性，法国同样需要通过酋长制来实现统治，在某些情况下，甚至比英国殖民政府更坚定地支持"他们的"酋长。[3]

第二，竭力维持非洲社会的碎片化。殖民地政府还极力将非洲土著民众联合起来，从而实现有效统治。游牧的、小规模的，分散或者偏远社会对于殖民统治构成极为严峻的威胁，因为殖民地国家无法对这些社会实行统治或者征税。较大规模的社会单元，只要不是强大到足以构成威胁，是可以更容易地进行统治。因此，对非洲土著民众征服、分类和"文明化"的过程时常赋予这些土著以较强的身份认同感。在非洲，现存的政治实体例如布干达和阿散蒂获得殖民地国家的认可；新出现的族群得以固化，例如约鲁巴族；有的族群被创造出来，例如比属

---

[1] John Lonsdale, "Anti-Colonial Nationalism and Patriotism in Sub-Saharan Africa," in John M. Breuilly, ed., *The Oxford Handbook of the History of Nationalism*, New York: Oxford University Press, 2013, p. 325.

[2] Sara Berry, "Hegemony on a Shoestring: Indirect Rule and Access to Agricultural Land," *Africa*, Vol. 62, No. 3 (1992), p. 331.

[3] Peter Geschiere, "Chiefs and Colonial Rule in Cameroon: Inventing Chieftaincy, French and British Style," *Africa*, Vol. 63, No. 2 (1993), p. 153.

刚果的卢巴族（Luba）。后殖民时代的动荡不只是因为前殖民联系的碎片化，还因为殖民统治所认可或者创造的政治不平等。①

　　帝国扩张通常伴随着合法化的意识形态，尤其是"文明使命"，以表达和增强帝国统治本身的特征。帝国统治的扩张，与统治或者至少是管理其他族群的能力密切相关。但是，政治合并的程度受到多种因素的影响，例如臣属国家和民众臣属地位，非洲当地抵抗，以及帝国自身优先考虑的问题等。帝国意识到征税、贸易、战略和文官统治，所有这些通常都需要殖民者容忍甚至是利用族群、宗教和习俗差异。殖民者意图通过"间接统治"实现非洲社会碎片化和社会变革的双重目标。殖民统治者对土著酋长等非洲本土社会力量的依赖，将"部落"视作殖民地基本的行政单元，以及将族群分类作为非洲社会认同的基础，所有这些相互关联的政策，其目标都是要实现对于殖民地的"分而治之"，从而避免殖民地社会的内部融合。将非洲政治和社会力量限制在地方行政单元之内，这不仅有效避免了殖民地国家直接卷入复杂多样的地方性冲突，也遏制了非洲反抗力量在整个殖民地范围内的联合，以免它们对殖民秩序构成挑战。殖民官员遵循将不同社会层面尽可能碎片化的原则，因为跨地区或者跨族群的交流可能引起非洲民众的联合，进而威胁到殖民官方的间接统治。碎片化的非洲社会最有利于殖民统治，这也解释了间接统治何以成为殖民者的惯用手段。正因为如此，殖民地国家鼓励殖民地的文化多样性，而非文化同质性，并以此作为实现控制的工具，"治下民众越是复杂，越容易实现分而治之"。②非洲殖民地政府建立起国家，但是未能缔造民族，因为它们无法创造足够大的公共空间。建构社会公共空间，可能导致殖民地社会实现一定程度的团结，而这对于殖民统治可能是危险的。因此，"分而治之"成为殖民地国家的管理策略，并且时常导致非洲社会碎片化。

　　第三，殖民地国家高度关注自身的合法性。由于殖民统治的异族和非民主特征，武力也成为展示殖民力量的重要形式。1916年，当水上飞机出现在东非时，"土著民众似乎被迷住了，伸着胳膊朝天仰望，目瞪口呆，而后迅速'钻入丛林

---

① A. G. Hopkins, "Back to the Future: From National History to Imperial History," *Past & Present*, Vol. 164, No. 1 (1999), pp. 228 – 229.

② Heather J. Sharkey, *Living with Colonialism: Nationalism and Culture in the Anglo-Egyptian Sudan*, Berkeley: California University Press, 2002, p. 125.

之中，仓皇而逃"。① 空军力量成为展示殖民力量的重要手段。② 然而，倘若要劝说居于臣属地位的非洲民众接受人数极少的外来统治者的支配，就需要设计出较复杂的权力形式。在这一过程中，操纵象征和管理运用象征符号起到重要作用。通过模仿英国君主制的精心策划的公共仪式，将殖民统治者提升到臣属之上，并赋予他们权力，这成为成本低廉的统治方式。医学知识被用来为种族隔离提供合法性，强调需要设置"隔离带"（Cordons Sanitaires）以阻止疾病蔓延，通过保持距离来促进非洲人对于白人的尊敬。③ 殖民地国家试图通过各种方式来使自身的权威看起来是"合法而自然的，而非外来而专制的"。殖民地国家通常缺乏资源，故极力避免采取惩罚性暴力，而愿意通过建造新的殖民地首府、举办庆典活动等方式来显示帝国的力量。正是在这一意义上，"殖民主义者是自我表现者"（Exhibitionist），游行演出是殖民主义"象征秩序"的重要组成部分。④ 不过，非洲人在这些"力量展示"过程中并非被动的接受者，欧洲人也并非完全的主导者。⑤

殖民地现实打破了殖民官员的妄想，因为非洲人不断抵制来自殖民地国家的改造。在情感和威望方面，非洲人会表现出殖民者眼中的"不当行为"（Poor Manners）。礼仪是强制权威的组成部分，因此是殖民控制的基本工具。在南部非洲，适当的礼仪成为种族关系友善、政府权威以及白人移民社会团结的核心。而这一威望的维持在很大程度上也取决于白人社会内部的团结。尽管南罗得西亚政府采取种种措施来维持白人移民社会的团结，例如拒绝非英国白人的移民和非熟练劳工的移民申请，并采取各种措施实现新移民社会化，但是白人群体内部仍然是高度分化的。殖民地国家所管理的并非白人移民难以撼动的霸权，殖民地国家

---

① Byron Farwell, *The Great War in Africa*：*1914 - 1918*, New York：W. W. Norton & Company, 1987, p. 239.

② David Killingray, "A Swift of Government：Air Power in British Colonial Afirca, 1916 - 1939," *The Journal of African History*, Vol. 25, No. 4 (1984), pp. 429 - 444.

③ David Arnold, ed. , *Imperial Medicine and Indigenous Socities*, Manchester：Manchester University Press, 1988.

④ Jan-Georg Deutsch, "Celebrating Power in Everyday Life：The Administration of Law and the Public Sphere in Colonial Tanzania, 1890 - 1914," *Journal of African Cultural Studies*, Vol. 15, No. 1 (2002), pp. 93 - 103.

⑤ Andrew Apter, "On Imperial Spectacle：The Dialectics of Seeing in Colonial Nigeria," *Comparative Studies in Society and History*, Vol. 44, No. 3 (2002).

不断实行对于白人和非洲人创造性的统治方式，尤其是通过在白人移民和非洲人中间推行适当的礼仪。①

第四，与霸权有限性紧密相关的是，非洲殖民地国家尽可能做到成本低廉。无论是对于贫穷落后的葡萄牙，还是对于英帝国而言，均是如此。在19世纪末瓜分非洲的狂潮中，帝国主义者原本梦想非洲有取之不尽的资源，但这一期待很快就破灭了，取而代之的是，力量极为微弱的殖民地官僚机构为了维持法律与秩序，或者为了征税和动员劳动力而展开激烈斗争。整个非洲大陆，非洲民众从事经济作物生产，重塑家庭关系，迁徙到城镇，并且打破旧有的忠诚而创造出新的归属感。殖民者对非洲人的需求，包括缴纳赋税、种植新作物、为白人移民腾出土地，使得非洲人背井离乡到新地方工作。这所导致的经济制度与前殖民时代一样多样化，很多地区的变化正是基于19世纪的经济变革。在非洲农民已经形成富有竞争力的出口作物生产地区，主要是埃及和西非沿海和森林地带，殖民地国家期待非洲农民继续扩大商品生产。偏远、贫瘠的内陆地区，例如法属西非的苏丹地区，则会被采取强制征税措施，如惩罚性的人头税、强制劳动以及强制耕种农作物。强制也是法属和比属赤道非洲、葡属安哥拉和莫桑比克的典型特征。尤其是在赤道森林地带，早期的殖民地国家资源极为稀少，因此将大片殖民地的控制交给特许公司，这些特许公司的目的是尽快敛取财富，刚果河流域民众将这样的殖民地国家称作"碎石机"（Bula Matari），非洲史学家让·范西纳认为，殖民征服意味着赤道中非地区"古老传统的死亡"。②

第四节　殖民统治的内在悖论

殖民地国家对于非洲自然和人力资源的剥夺，引发广泛的社会变迁，这催生出殖民主义的内在悖论。由于这一悖论的持续存在，殖民地国家对于非洲社会的资本主义经济变革抱着一种矛盾心态。

一方面，它需要引导和推动殖民地经济社会变革，重新组织当地生产以满足

---

① Allison K. Shutt, "The Settlers' Cattle Complex: The Etiquette of Culling Cattle in Colonial Zimbabwe, 1938," *The Journal of African History*, Vol. 43, No. 2 (2002), pp. 285 – 286.

② John Parker, and Richard Rathbone, *African History: A Very Short Introduction*, Oxford: Oxford University Press, 2007, pp. 104 – 105.

帝国本土需求，并为殖民地国家提供税收来源。在这一过程中，殖民地国家促进了殖民地资本主义生产、交换和工资劳动的发展，而这些都推动了非洲社会变革，使其与帝国本土资本主义和世界经济联系起来。除西非沿海某些地区外，撒哈拉沙漠以南非洲的大部分地区都是在殖民时代被纳入资本主义经济体系之中的，这主要是商业资本活动和非洲人对于市场刺激的自觉回应这两方面因素共同作用的结果。殖民地国家被用来创造并维持资本主义生产方式与前资本主义社会的联结。殖民地国家最初的活动包括推动土著生产方式的变化，有时甚至不惜通过强制方式来进行。这所导致的结果是，小生产者开始被帝国本土资本所奴役。在西非以外的其他地区，非洲人商品生产遭到遏制，身体健康的非洲男性被招募从事工资劳动。传统商贩和商贸网络受到削弱，他们的地位被外来侨民的商业公司所取代。

为了重组非洲当地生产，殖民地国家通常运用强制手段迫使非洲人从事商品生产或者成为工资劳动力，常见形式有征收税赋、强迫劳动以及强制农作物生产。人头税或者"棚屋税"不只是为殖民地国家提供基本税收，也是为了刺激非洲人的金钱需求。控制非洲劳动力，并将其纳入可征税的经济活动之中，这是殖民地国家的中心任务之一。例如在坦噶尼喀和肯尼亚，德国和英国殖民者鼓励亚洲商人渗透到内陆地区，以刺激非洲当地人产生对于廉价进口产品的喜好，并逐渐开始熟悉金钱生活，从而打破非洲人的自给自足经济。①

另一方面，殖民地国家必须将殖民地经济社会变革限定在可控范围之内。欧洲人关于非洲社会的主导观念是欧洲统治者普遍相信，非洲社会是停滞不变的、"传统的""原始"社会，而保护这一"传统"社会，无论是对于殖民统治，还是对于土著民众而言，都是十分必要的。殖民地国家具有明显的家长制特征，它认定自己懂得如何保护非洲土著民众的利益。相应地，殖民地国家意识到它自身利益与非洲土著人口以及帝国本土资产阶级的利益之间存在着严重冲突，而它必须扮演起冲突调和者的角色。殖民地国家的这一角色意味着包含着复杂的社会管理进程，而这取决于如下因素：当地经济和政治制度的特征；土著经济融入或者联结资本主义体系的具体过程；殖民地的白人移民数量；发现或者创造当地合作

---

① Andrew Coulson, *Tanzania: A Political Economy*, New York: Oxford University Press, 1982, pp. 39 – 40, 60 – 61.

者；殖民地具体的财富积累方式和特定资源，这些因素主导着白人移民资产阶级的经济利益。①

殖民地国家的劳动力政策明显表现出这一点。殖民统治确立后，殖民地国家更多需要依靠欧洲贸易公司、特许企业、矿业公司和侨民等来获取税收和财富，而这些欧洲资本的利润依赖于充足而廉价的非洲劳动力供应。然而，直至"二战"前后，殖民地国家一直不希望非洲劳动力彻底实现无产阶级化，而更愿意维持移民劳动体系。在新兴的城镇、矿山和港口码头，大量涌入的非洲移民劳动力仍旧保持着与乡村紧密的经济和社会联系。对于殖民地国家而言，移民劳动力体系在解决殖民地资本主义发展所需劳动力的同时，又将非洲劳动力的社会再生产成本转嫁给非洲农村家庭。②

殖民统治对于非洲资本主义变革的矛盾态度，同样也表现在农业生产领域，例如黄金海岸殖民当局对于非洲农民可可生产的态度。殖民当局意识到，非洲农民的前资本主义生产关系是维持可可低廉价格的关键，因而采取措施保护传统土地所有制，维持移民劳动力体系，并且设立可可市场销售局，阻止非洲本土资本积累，遏制非洲农民内部的阶级分化，使其依附于欧洲资本所控制的市场体系。③

正是由于这一能力限制，殖民当局在社会管理方面极为谨慎。英、法两国取缔了殖民地原有的奴隶制。例如，当19世纪中叶英国兼并拉各斯时，英国人认为个人财产权是经济进步的关键。④ 然而在19世纪末新获得的很多殖民地，殖民政府在很多年里仍然容忍奴隶制，因为立即释放奴隶将会导致酋长经济和社会地位受到削弱，并且将加剧劳动力短缺问题。在瓜分非洲之后，英国人和当地非洲人更愿意在农村酋长的监管下维持家庭和集体土地所有权，因为担心贫穷农民卖光土地之后沦为城镇无产阶级，或者甚至沦为无业游民。在英属西非这样的非洲小农占主导地位的殖民地，维持现存土地所有制的另一原因是，这符合树科作

---

① Nii-K. Plange, "The Colonial State in Northern Ghana: The Political Economy of Pacification," *Review of African Political Economy*, Vol. 11, No. 31 (1984), p. 30.

② Thaddeus Sunseri, "Labour Migration in Colonial Tanzania and the Hegemony of South African Historiography," *African Affairs*, Vol. 95, No. 381 (1996), pp. 581 – 598.

③ Beverly Grier, "Underdevelopment, Modes of Production and the State in the Colonial Ghana," *African Studies Review*, Vol. 24, No. 1 (1981), pp. 22, 33 – 34.

④ A. G. Hopkins, "Property Rights and Empire-building: Britain's Annexation of Lagos, 1861," *Journal of Economic History*, Vol. 40, No. 4 (1980), pp. 777 – 798.

物种植的大规模投资需求，黄金海岸尤其如此，它很快成为世界上最大的可可生产国。这不仅有利于阿肯人（Akan）的小农经济，而且有利于提高政府关税收入以及欧洲商人利润。阿肯人的土地所有制度获得殖民地法庭的认可，保护树木种植者对于树木及其果实的所有权，至少是种植者在世期间。①

欧洲殖民者通过获取自然资源以及生产用于出口的经济作物，使得非洲殖民地在经济上是可行的。为达到这一目标，殖民地政府鼓励或者强制非洲人从事工资劳动或者经济作物农业，究竟采用何种制度，取决于是否存在白人移民群体、主要经济财富来源。在这一体制中，非洲人也将支付税收，从而为殖民统治买单。在政治方面，殖民政府尽可能通过"传统"权威来统治非洲人，这在财政上是适宜的，并且殖民者认定这在文化上是合法的，因为能够保护非洲人免受令人困惑的现代性的影响。

殖民地国家面临着一项双重任务，既要将土著非洲人融入殖民地社会，同时也要在一定程度上将他们排斥在外。② 对于殖民地国家来说，西化的非洲精英要比"野蛮的土著"（Raw Native）更让他们感到恐惧。塞西尔·罗得斯主张"所有文明人一律平等"，而这些非洲精英对"文明"的界定提出挑战。③ 譬如，1930 年南罗得西亚政府颁布《土地使用法案》（Land Apportionment Act），其中创立了土著购买地区。法案规定"保留地"土地不得买卖，因为这些土地是由政府划出来专门满足保留地居民利益的。在土著购买地，非洲土著可以从政府手中购置土地。殖民政府之所以推出这一法案，正是因为土著保留地内部的分化，一些数量极少的非洲新兴阶层，他们逐渐积累起财富，要求购买属于自己的产权土地。这些"进步"农民无法找到合适土地，保留地内部的内在"土地所有权不稳"阻碍了他们的发展，并且受到"酋长和首领的限制"，以及"部落土著的偏见"的限制。土著购买地的规模是"单个"家庭农场面积，面积足以让一家

① Gareth Austin, *Labour*, *Land and Capital in Ghana*: *From Slavery to Free Labour in Asante*, *1807 – 1956*, Rochester: Rochester University Press, 2005.

② Lisa A. Lindsay, "Domesticity and Difference: Male Breadwinners, Working Women and Colonial Citizenship in the 1945 Nigerian General Strike," *American Historical Review*, Vol. 104, No. 3 (1999), p. 786.

③ Michael West, "'Equal Rights for All Civilized Men': Elite Africans and the Quest for 'European' Liquor in Colonial Zimbabwe," *International Review of Social History*, Vol. 37, No. 2 (1992), pp. 376 – 397.

人舒适地生活，但不足以同欧洲人竞争。这折射出殖民地国家在面对非洲精英时所表现出的矛盾心态。在整个非洲殖民地，欧洲殖民官员以"文明使命"以及针对非洲人的"家长"责任来为自己的统治权力辩护。"文明使命"应当扩展到非洲人，但是不能危及殖民地种族秩序。南罗得西亚的殖民官员试图回避这一悖论，主要通过维持购买地区作为"现代"或者"文明"农业"飞地"，建立这些"飞地"与其说是为了促进非洲中产阶级农民的发展，不如说是为了给"先进的土著"在地理上创造单独的家园。殖民地国家并未给这些单个的非洲农场主提供扶持，他们只能依赖自身实现发展。结果是，非洲小农场直至"二战"后一直发展十分缓慢。[1]

第五节 "传统的发明"及其限度

20世纪70年代末至80年代初，非洲史学界曾经掀起过一场关于殖民统治与非洲社会变迁之间关系的热烈讨论。围绕着间接统治、族群和习惯法的形成过程，当时的非洲史学界出现了一大批研究著作，这其中影响较大的是特伦斯·兰杰于1983年提出的"传统的发明"概念。[2] 这些研究强调，传统、法律和族群是殖民当局所主导的社会建构过程的产物。殖民者意在保存传统和社会秩序的同时，迫使非洲社会屈服于殖民统治，从而确立殖民霸权，此即所谓的"传统的发明"。这些研究触及殖民统治话语的基本悖论，即殖民主义在保存过去、促进经济发展的同时，又试图保护非洲人免受现代性创伤。[3] 20世纪80年代末以来，非洲史学家日益强调殖民"发明"是有限度的，不应当夸大殖民者操纵非洲制度以建立霸权的能力；传统、族群和习惯法并非能够轻易制造或者操纵的，殖民统治依靠这些制度而得以维持，但与此同时，这也对殖民力量构成限制。

1. 殖民统治与族群的形成

前殖民时代的非洲并不是由界限鲜明的部落所组成的僵化停滞的社会。在前

---

① Allison Shutt, "Purchase Area Farmers and the Middle Class of Southern Rhodesia, c. 1931 – 1952," *The International Journal of African Historical Studies*, Vol. 30, No. 3 (1997), pp. 555 – 581.

② 特伦斯·兰杰：《殖民统治时期非洲传统的发明》，艾瑞克·霍布斯鲍姆、特伦斯·兰杰主编《传统的发明》，顾杭、庞冠群译，译林出版社，2004，第270—337页。

③ Thomas Spear, "Neo-traditionalism and the Limits of Invention in British Colonial Africa," *The Journal of African History*, Vol. 44, No. 1 (2003), p. 4.

殖民时代，非洲人隶属于家庭、血统、宗教秘密团体、乡村共同体和酋长领地等流动的、相互重叠的社会网络，当时并不存在政治界限明确的部落或者"族群"。尽管大多数非洲族群的文化根源可以追溯到前殖民时代，但是制度和意识上的成形则要到殖民统治时期。[①] 以尼日利亚的约鲁巴族为例，前殖民时代的约鲁巴兰是一个多元社会，群体众多，国家林立，未曾实现过整体统一；但是这些群体和国家通过奥杜杜瓦神话和通婚纽带联系起来，建立起包含血缘、亲缘、贸易、战争、文化交流等形式的互动网络，使其具有一体化的向心力。不过，约鲁巴族的民族意识则是在 19 世纪跨大西洋经济文化交往以及殖民时代历史变迁进程中形成的。[②]

"部落"的概念与帝国话语密切联系，罗马征服者这样称呼北非的土著柏柏尔人（Berber）、不列颠人（Britons）、高卢人（Gauls）和日耳曼人。然而，这一概念的现代运用是在欧洲帝国扩张过程中形成的。到 19 世纪末，欧洲政治家相信他们所创造的民族国家是历史上最高级的社会组织形式。他们认为现代国家是理性的现代建构，是对于原有的、不民主的帝国和王国的替代。运用"部落"一词来描述非洲社会，为的是颂扬欧洲民族国家，与此同时也贬损其他社会的内在低劣性。

"部落非洲"作为殖民统治的一种"发明"，被用来证明殖民统治的合法性，并且在殖民权威运用有限资源和权威控制新占领地区方面极为重要。对于殖民官员来说，酋长和年长者的控制，与殖民者对于当地文化习惯和等级关系的理解紧密相关。殖民地国家依靠他们来维持法律和秩序，并且征集税收，获取劳动力供应。由于在很大程度上依赖于当地合作者，因此殖民地国家是强制的、令人反感的，并且是彻头彻尾的压制性的，极其反动的。殖民地国家更关注于控制殖民臣属，而非殖民地发展。结果是，殖民地权威担心"去部落化的"土著，这些人一旦从传统权力的枷锁之中解放出来，将会导致殖民统治变得极其脆弱。由于殖民地国家的局限性，以及欧洲工业化和城镇化的经历，殖民官员试图发现并界定

① Terrence Ranger, "Missionaries, Migrants and the Manyika: The Invention of Ethnicity in Zimbabwe," in Leroy Vail, ed., *The Creation of Tribalism in Southern Africa*, London: James Currey, 1989, pp. 118 – 150.

② 蒋俊:《从多元到聚合：尼日利亚约鲁巴民族的历史透视》,《世界民族》2015 年第 4 期。

他们能够一道合作的部落以及部落首领，这一过程时常包含着全新族群的形成。①

非洲很多地区的殖民统治需要利用与前殖民时代政治实体的合作，而这些政治实体的主权已经被殖民征服所破坏。殖民统治需要利用原有非洲国家的统治者来维持和平、征收赋税、修建道路、征用劳动力。这些分权的地方政府体系基于合法化的部落地区。这些区划有时与前殖民时代的归属范围保持一致，但也有一些时候是不一致的。在没有可以辨别的王国的地区，或者是殖民统治者所说的"酋邦"，殖民者鼓励当地非洲社会推选出部落酋长。在尼日利亚东南部，在没有首领的伊博语地区产生出所谓的"授权酋长"（Warrant Chiefs），这些酋长的合法性靠的是英国政府委任授命。在很多地区，酋长缺少传统合法性，但是在军队或者警察力量组建方面能够为殖民地国家提供帮助。

"部落"或"族群"形成于殖民统治时期，受到殖民主义的社会、经济、文化和政治力量的深刻影响。对于非洲社会而言，殖民统治之下急遽的社会变革无异于一场道德和物质危机，族群正是在相互交织的社会文化、经济和政治变革进程中形成的。殖民统治的结构特征，以经济作物生产和工资劳动力为基础的殖民地经济，殖民政府对于政治边界的划定以及对于非洲民众的分类，所有这些急遽地改变了非洲的社会结构和空间组织，成为塑造族群认同的形式与内容的结构因素。在这一过程中，殖民地官员、传教士和人类学家扮演了重要角色。②

在英属非洲殖民地，酋长、首领和地方首领成为国家和社会之间关系的关键，因此他们构成分配政府资金的主要渠道，同时也是殖民政府实现控制的重要工具，因此很多非洲人愿意与族群首领维持联系。相应地，共同的亲属关系成为非洲人同殖民官员打交道的手段，而族群差异可以用来质疑行政权力的合法性或者族群"外来者"的存在。殖民官员鼓励这一策略，对于族群诉求予以支持，同时压制在全殖民地范围内的利益诉求表达或者组织抵抗。

非洲人在族群认同的"发明"方面具有一定的能动性，正如非洲史学家特伦斯·兰杰所说，"欧洲人有关种族、部落或者语言的分类和发明，事实上创造

---

① John Iliffe, *A Modern History of Tanganyika*, Cambridge: Cambridge University Press, 1979.
② Bruce Berman, "Ethnicity, Patronage and the African State: The Politics of Uncivil Nationalism," *African Affairs*, Vol. 97, No. 388 (1998), p. 311.

出一系列的‘空盒子’，有着明确界限，但是没有内容。关于‘恩德贝莱人’或者‘基库尤人’这样的认同的含义是一个复杂的、有争议的进程”，它必然涉及非洲社会内部的激烈斗争。① 在兰杰看来，现代非洲族群是在殖民时代建构形成的。殖民地行政和经济活动、欧洲传教士和人类学家的影响、非洲人的反应，正是在这些因素的共同作用下，欧洲人发明了“部落非洲”的殖民观念，这同时也是非洲人所想象的。非洲人不只是“想象”了族群单位的内容。殖民官员借以将非洲人划定为不同部落的信息是由非洲合作者提供的。这些“知识”使得合作者能够按照自身的理解和意愿来影响和操纵“发明”的过程。而且，“发明”和“想象”的过程并不是在真空条件下发生的，而是严重依赖于现实和真实的语言、文化和社会相似性和差异性。②

　　例如，在英国征服肯尼亚时，面对一系列流动的社会群体，殖民官员希望将被殖民民众转变为易于管理的行政单元。在将地理空间与族群认同联系起来时，肯尼亚保留地体系认定每个“部落”都有自己的故土。然而，肯尼亚中部高原的保留地很快变得拥挤不堪，发生社会混乱，因为保留地难以容纳人口增长对于商业、农业的土地需求。殖民官员声称自己是落后部落的守护人，他们试图消除这一问题，推动将“多余”人口“吸纳”到人口相对较少的部落之中。一个较大群体同意并入梅鲁人，而另一个群体则公开挑战殖民地国家和当地梅鲁人，坚持声称自己是基库尤人。梅鲁保留地里的基库尤人的不同反应，表明殖民时代的非洲社会群体在自己的身份认同上是有选择权的，可以扮演不同的政治和社会角色。③

　　殖民统治在非洲族群形成过程中发挥了重要作用，但是自从前殖民时代以来非洲人的社会认同也表现出显著的延续性。以乌干达为例，非洲史学家似乎对于阿乔利（Acholi）、布吉苏（Bugisu）和特索（Teso）等由英国人“想象的”群体更感兴趣，而较少关注在前殖民时代业已存在的群体身份认同基础上形成的族

① Terrence Ranger, "The Invention of Tradition Revisited: The Case of Colonial Africa," in Terrence Ranger, and O. Vaughan, eds., *Legitimacy and the State in Twentieth Century Africa*, Basingstoke: Macmillan, 1993, p. 27.

② Carol Lentz, and Paul Nugent, eds., *Ethnicity in Ghana: The Limits of Invention*, Basingstoke: St. Martin's Press, 2000.

③ Timothy Parsons, "Being Kikuyu in Meru: Challenging the Tribal Geography of Colonial Kenya," *The Journal of African History*, Vol. 53, No. 1 (2012), pp. 65 – 86.

群认同，例如布干达（Buganda）和布尼奥罗（Bunyoro）。① 与此同时，也有一些族群一直保持着显著的流动性，其族群界限不仅在前殖民时代含混不清，在殖民时代也仍然如此。②

约鲁巴族居住在如今的尼日利亚和贝宁共和国。20 世纪初的"约鲁巴"含义与一百年前有着很大不同。事实上，"约鲁巴"原本是从稀树草原前往北方的豪萨人对于奥约居民的称呼。奥约是该地区众多的邦国之一，邦国之间的语言和文化具有相似性，正是这些城邦王国提供了政治和族群认同的聚焦点。19 世纪初，最强大的奥约王国在豪萨和弗拉尼穆斯林攻击下衰退，该地区陷入数十年战争之中。难民大量离开，新的城镇得以建立，大量的俘虏被卖给沿海的欧洲奴隶商贩，很多人终生在巴西和古巴当奴隶。有些人被英国皇家海军的反奴隶贸易船只截获，在沿海的塞拉利昂获得解放。正是在这里，"约鲁巴"的观念开始重新形成。这一过程中的关键力量是接受过西式教育的有文化的基督徒，例如塞缪尔·阿贾伊·克劳瑟（Samuel Ajayi Crowther），他于 1822 年从葡萄牙奴隶主那里获释，1843 年，克劳瑟成为安立甘宗牧师。正是在这一年，克劳瑟在伦敦出版了《约鲁巴语言与词汇》一书。次年，在塞拉利昂首府弗里敦，克劳瑟开始在教会中使用约鲁巴语。1845 年，克劳瑟作为教会传教协会（Church Missionary Society）代表返回家乡，与其他的塞拉利昂人和来自巴西的获释奴隶一道返回，以创造复兴的、现代的约鲁巴族。尽管这两个群体中都有穆斯林存在，但是基督教处于这一塑造全新的、扩大的族群意识的核心。另一位塞拉利昂牧师塞缪尔·约翰逊（Samuel Johnson）在《约鲁巴人历史》（*History of the Yorubas*，该书于 1897 年完成，1921 年出版）一书中强调，他自己的祖先奥约统治者实际上源自《旧约》中的人物，他们的宗教曾经是一神教的。因此，皈依基督教代表着回归到古老的约鲁巴观念，这已经被约鲁巴政治碎片化和奴隶贸易所侵蚀。现代约鲁巴族是基督教精英重新修补和扩大归属观念的典型案例。③

新的认同是被重新想象出来的，这是殖民干预和土著力量共同作用的结果。

---

① Richard Reid, "Past and Presentism: The 'Precolonial' and the Foreshortening of African History," *The Journal of African History*, Vol. 52, No. 2 (2011), p. 148.

② Justin Willis, "Hukm: The Creolization of Authority in Condominium Sudan," *The Journal of African History*, Vol. 46, No. 1 (2005), pp. 29 – 50.

③ John Parker, and Richard Rathbone, *African History: A Very Short Introduction*, p. 43.

例如，肯尼亚的穆克格多人（Mukogodo）主要以狩猎和采集蜂蜜为生，他们在20世纪上半叶放弃了自我认同，转而将自己视作马赛人。推动这一过程的是英国殖民者将最为肥沃的高原土地划给白人移民。殖民政府判定穆克格多人是这一土地的原住民，他们也分得一块保留地，因而开始发展畜牧经济。邻近的马赛人一直认为蓄养牛畜是一种优越的生活方式：马赛人侮辱性地将食物采集者称作"没有牛的穷人"（Il-torobo），但是英国人错误地理解这是部落名称"多罗博"（Dorobo）。多罗博人处在马赛人的形成过程之中。对于经历了这一转变的群体来说，这包含着放弃旧有认同，尤其是所讲的独特语言雅库（Yakuu），而接受全新生活方式，开始讲一种毫不相关的语言马赛语（Maa），此外还包括其他的文化适应。一些现在认为自己是马赛人的群体，也是外人所认定的，他们在两代人之前有着截然不同的身份认同。①

2. 间接统治的理念与实践

所谓"间接统治制度"是指："殖民当局承认现存的非洲传统政治机构，将它们置于监督、控制之下，通过这些传统势力来统治广大民众，指导传统首领适应地方统治的职能，它被证明是一种有效地处理土著事务、强化对于殖民地基层统治的'良策'。"② 间接统治体系主要由土著政权、土著法庭和土著金库这三方面构成。③

弗里德里克·卢加德是间接统治理论的主要提出者。卢加德（1858—1945）是英帝国史上的重要人物之一。卢加德出生于印度，后来毕业于桑德赫斯特的陆军学院。卢加德曾经在阿富汗、苏丹、尼亚萨兰和缅甸参战，并曾经代表英国商业利益在东非和南部非洲探险，而后出任乌干达军事官、北尼日利亚高级专员、香港总督以及尼日利亚总督等职。尼日利亚领土辽阔，人口众多，且文化和地理上具有较大多样性，它成为"间接统治"理念的实验地，卢加德在后来的《英属热带非洲的双重使命》详细阐述了这一观念。

间接统治意味着确认并培育当地酋长和其他世袭的统治者，并将他们视作殖民治理的中间力量。正如卢加德所描述的，间接统治的基本假定是英国人有着一

---

① Lee Cronk, *From Mokogodo to Maasai: Ethnicity and Cultural Change in Kenya*, Cambridge: Westview Press, 2004.
② 陆庭恩、彭坤元主编《非洲通史》（现代卷），华东师范大学出版社，1995，第46—47页。
③ 高晋元：《论英国在非洲的"间接统治"》，《西亚非洲》1989年第3期。

种"双重使命",英国人一方面需要从非洲获取财富,另一方面也需要帮助落后民众实现进步。卢加德坚持认为非洲人是"落后的","世界上未开化的种族","我们需要对他们的福祉负责"。① 这一间接统治理论还认定,英国人可以维持"真正的"和"传统的"当地文化,同时保护非洲人免受现代文明的冲击。卢加德对于"欧化的非洲人"(或者"去部落化的黑人")持蔑视态度。卢加德认为,通过娴熟的行政管理,英国能从非洲获取财富,革新并拯救非洲人,同时阻止变革进程。卢加德的这一理论对于一整代英国殖民官员产生重要影响,成为英国在整个非洲的政策。卢加德的间接统治理念很快被帝国政府所接受,"起先是作为有用的行政手段,然后是作为政治信条,最终是作为宗教教条"。② 一些早年曾与卢加德一起供职的殖民官员和当时研究非洲问题的学者,成为间接统治理论的实践者和宣传者,其中以唐纳德·卡梅伦和玛杰里·佩勒姆最为突出。

间接统治理念之所以受到广泛接受,这与殖民官员的自身经历和理念以及他们对于非洲社会的认知密切相关。以苏丹文官政治部(Sudan Political Service)为例,它的官员几乎无一例外都来自英国乡村家庭,或者是原本来自英国乡村的帝国文官部门或者职业阶层。这些官员在乡村环境中长大,他们从一开始就被灌输有关乡绅的使命、职责和特权观念。这些官员相信他们的"使命"是苏丹人所无法理解的。这样一种乡绅的社会背景并不意味着苏丹文官政治事务部官员抵制苏丹社会发生变化。他们主张非洲社会变化应当是选择性的、演进性的,应当遵循伯克的传统。缓慢的、渐进的变化,遵循所在社会自身的传统生活方式,这在这些英国官员看来是最为合理的。因此,他们更相信维多利亚时代的托利主义,而非激进主义。正因为如此,他们推崇卢加德的间接统治理念。③

间接统治与英国殖民者对非洲社会的想象和认知有着密切关系。欧洲殖民者往往认定非洲人是由部落、村庄和亲缘群体等相互排斥的社会文化单元所组成,它们的习俗和内在结构一直未曾发生过变化,"每个部落应被视作是独特单

---

① Frederick Lugard, *The Dual Mandate in British Tropical Africa*, London: Frank Cass, 1965, pp. 65, 72.
② Lord Hailey, "Some Problems Dealt with in An African Survey," *International Affairs*, Vol. 18, No. 2 1939, p. 202.
③ Robert Collins, "The Sudan Political Service: A Portrait of the 'Imperialists'," *African Affairs*, Vol. 71, No. 284 (1972), p. 302.

元……每个部落皆处于酋长统治之下"。① 欧洲殖民者起初认为非洲"部落"社会处于社会进化的较低阶段，根本不值得加以保护。然而到 20 世纪 30 年代前后，殖民官员开始认识到"保存"部落传统对于维持有效控制的重要性，并试图重新发现"传统"的价值，使其成为殖民行政机构的基础。通过赋予当地传统权威更大权力，间接统治意在"阻止阶级形成"，使得"小资产阶级"在政治上无足轻重。就此而言，英国殖民当局是"自然保护主义者，无论对于野生动物，还是对于非洲人而言，都是如此"。②

间接统治的实施与运行，尤其是酋长的选择，是一个复杂过程，它受到一系列因素影响，例如当地社会经济结构与历史文化、酋长和殖民官员的个人特点。殖民当局试图通过确认和操纵非洲统治者，从而利用它们的合法性，以达到确立殖民霸权的目的。在没有酋长的地区，殖民政府会创造出酋长；在业已存在酋长的地区，殖民政府所青睐的候选人往往胜过非洲民众的选择。酋长首先必须满足殖民者的土地、劳动力和税收需求，并且常常为此牺牲对于当地社会的责任。

酋长作为代理人和负责人的差别是很难准确区分的。酋长实际上有着个人意愿、期待和具体情况，酋长制既不只是统治者手中的工具，也并不仅仅取决于从殖民政府那里获取支持的能力。殖民时代非洲酋长的角色和认同并不是确定的，在 1937—1938 年加纳可可停产运动过程中，酋长与非洲生产者联合起来对抗殖民国家，揭示出酋长作为资本家和臣属的政治代表的双重身份。酋长认同于不同利益，这通常取决于当地情境和具体环境。简而言之，酋长在多大程度上可以被称作殖民当局的代理人，这必须在当地社会经济变迁的广阔视野下来加以考虑。③

间接统治制度是以一种动态的形式存在的，整个英国殖民统治时期，间接统治的含义和实际不断变化。这包括英国人如何设想自己在坦噶尼喀的角色，以及非洲臣属如何理解权威表现手段的变化。就实际含义和意图而言，间接统治在

---

① Erik Green, "Indirect Rule and Colonial Intervention: Chiefs and Agrarian Change in Nyasaland, c. 1933 to the Early 1950s," *The International Journal of African Historical Studies*, Vol. 44, No. 2 (2011), p. 250.

② P. J. Cain, and A. G. Hopkins, *British Imperialism 1688 – 2000*, Harlow: Pearson Education, 2002, p. 579.

③ Gareth Austin, "Capitalists and Chiefs in the Cocoa Hold-Ups in South Asante, 1927 – 1938," *The International Journal of African Historical Studies*, Vol. 21, No. 1 (1988), p. 93.

20 世纪 20 年代和 20 世纪 50 年代有着不同含义。[①]

间接统治制度并非存在于各殖民地。例如，南罗得西亚并没有间接统治制度，它的"土著政策"并非来自伦敦的指令，而是来自当地殖民官员，最初是英属南非公司，而后是南罗得西亚的白人移民。南罗得西亚的白人群体包括殖民官员、传教士和移民，它和土著政策是白人群体利益冲突的产物。他们的"土著政策"是由他们对于非洲文化、诉求和潜力的认知，以及他们本身对于土著人口的诉求所决定的。欧洲殖民者运用一系列模式来看待非洲社会，有时甚至是矛盾的方式。他们对于非洲社会的认知是不断借用欧洲文化观念，包括圣经、古典著作、大众小说、大众历史以及社会理论等。这些不同视角扭曲而非明确了他们对于非洲社会及其民众的认知。[②]

在桑给巴尔，英国殖民统治建立在殖民征服基础之上，它宣称是为了"解放"所有桑给巴尔人，包括奴隶主和奴隶，免受奴隶贸易的破坏影响。英国殖民者在暴力征服之后，也开始采用间接统治形式。桑给巴尔的殖民统治转变过程较为缓慢，从而使得桑给巴尔素丹国在整个英属非洲殖民地成为异常现象。在19 世纪 80 年代殖民征服过程中，英国和德国瓜分了素丹国的大陆领土，但是素丹王通过接受英国"保护"从而维持自身主权。1890 年，桑给巴尔成为"受保护的阿拉伯国家"。英国并未任命总督，最高级别的英国官员也只是担任原来的代办和总领事；他的职务主要是为素丹和素丹内阁提供政策咨询，但这只是一种表象，因为英国代办攫取了素丹的几乎所有权力，大批英国官员在这一"阿拉伯国家"担任高级职务。1913 年，英国代办改称常驻代表，由向外交部负责转变为向殖民部负责，与其他殖民地总督相似。桑给巴尔出现了一种独特的间接统治形式，其中的行政统治思想体现的是阿拉伯"次帝国主义"（Sub-imperialism）。[③] 具

① Jesse Bucher, "The Skull of Mkwawa and the Politics of Indirect Rule in Tanganyika," *Journal of Eastern African Studies*, Vol. 10, No. 2 (2016), pp. 284 – 302.

② Diana Jeater, "Imagining Africans: Scholarship, Fantasy and Science in Colonial Administration, 1920s Southern Rhodesia," *The International Journal of African Historical Studies*, Vol. 38, No. 1 (2005), p. 1.

③ 这里的"次帝国主义"是指，在 19 世纪中叶至 20 世纪上半叶英国殖民征服和统治东非地区的过程，英属印度和布干达王国作为英帝国臣属力量，它们借机在帝国框架内对其他的臣属群体实现政治、经济或文化控制。参见 Marcia Wright, "East Africa, 1870 – 1905," in Ronald Oliver, and G. N. Sanderson, eds., *The Cambridge History of Africa*, Vol. 6, Cambridge: Cambridge University Press, 1985, pp. 579 – 584。

体而言，大多数英国殖民官员信奉如下观念："治下人口都应贴上种族标签，种族表明了某种功能；非洲人是地主和丁香种植者，印度人是商人和金融家，而非洲人则是劳动力。"①

殖民统治导致非洲社会发生转变，这一转变是不均衡的，同时也是不可逆转的。它将旧有的非洲生产模式嫁接到新的资本主义体系之上。这一过程增强了旧有的权力和社会分层形式，并且破坏了其他的权力和社会分层形式。这一过程还创造出新的社会不平等和边缘化形式。旧有权力结构的增强主要是通过间接统治以及"习惯法"的法典化来实现。通过间接统治和习惯法，欧洲殖民者认可了某些已经存在的权力安排和文化习俗，从而确保殖民制度稳定。"族群"的形成建立在非洲社会结构演变的基础之上，是非洲现代化经历的重要组成部分。包括族群在内的"传统发明"是殖民征服、统治和剥削过程中的一个复杂的动态进程，它贯穿于整个殖民统治时期。当殖民政府试图利用非洲传统时，它们也受制于这一难以掌控的话语，"旧有传统不断被重新解释，习俗不断被讨论，而族群界限是可以跨越的，这些都是动态的历史进程"。② 间接统治制度的形成与完善，在稳定大英帝国殖民统治的过程中起到了重要作用，同时也在某种程度上成为导致英帝国解体的催化剂，并对那些在战后获得独立的英属殖民地社会发展产生了深远影响。这套间接统治制度在注重于保留土著首领的权力以及社会制度的同时，却忽视了一个影响力日益增强的社会群体，即受西方教育成长起来的新一代土著知识分子，而这些人成为促使非殖民化运动产生与迅速发展的重要因素。③

3. 殖民统治与习惯法的变革

法律、法庭、警察和监狱构成了欧洲殖民者维持统治的基本要素。"在英国殖民政府手中，法律是名副其实的工具，在很多方面比机关枪更为强大。"④ 然而，由于帝国的内在紧张和含混性，殖民统治不能简单地理解为殖民者主动性与被殖民者的回应，"殖民者"和"被殖民者"类别忽视了每一类型内部的紧张和

---

① J. E. Flint, "Zanzibar, 1890 – 1950," in Vincent Harlow, and E. M. Chilver, eds., *History of East Africa*, Oxford: Clarendon Press, 1965, p. 651.

② Thomas Spear, "Neo-traditionalism and the Limits of Invention in British Colonial Africa," *The Journal of African History*, Vol. 44, No. 1 (2003), p. 25.

③ 高岱：《英法殖民地行政管理体制特点评析（1850—1945）》，《历史研究》2000 年第 4 期。

④ Omoniyi Adewoye, *The Legal Profession in Nigeria, 1865 – 1962*, Ikeja: Longman, 1977, p. 6.

含混性。因此，法律并非单纯的殖民控制手段。它同时也成为一个"舞台"或者"战场"，非洲人和欧洲人相互作用，围绕着劳动力、权力关系和权威，以及有关道德和文化的解释展开激烈竞争。简而言之，英属非洲殖民地的法律运用是多面向的，有着多重目的。

英国殖民政府将英国本土法律观念移植到非洲法庭的企图，在很大程度上是为了推行间接统治。在这一体系中，某些本地酋长被授予殖民政府的官职。为了与这一计划相适应，非洲人当地法庭由"土著权威"来掌管，这就显得极为现实并富有政治意义。当然，这些法庭的审判权在殖民法律之下是极为有限的，并且断断续续地受到殖民官员审查。不过，由于是非洲人掌管法庭，非洲人接受审判，而且适用的是非洲"习惯法"，因此英国人认为这些法庭基本上是非洲的制度，同时也是将本土制度"与现代观念和较高标准"相适应的手段。英国殖民者的官方"神话"是，一旦接触到最为基本的、经受住时间考验的英国法律和程序概念，非洲人将会接受这些观念并认为是合情合理、切合实际的，因而会改革土著制度来适应这些观念，从而加速法律变革的"自然"进程。

移植法律观念和制度的设想与实践大相径庭。大多数负责监管坦噶尼喀土著法庭机构的英国官员，他们并非律师，未曾接受过法律方面专门培训。1957年殖民政府备忘录中明确规定了殖民官员应该掌握的基本知识。备忘录为行政管理者指出了英国法律文化遗产中最为"神圣"的部分以及非洲法律中最"值得赞扬"之处。备忘录中提到"非洲思想"、"非洲传统法律程序"和"非洲习惯法"时，似乎是假定不需要区分不同非洲群体的差异，其中只有少数几处提到不同"部落"的差异，即便如此，这些差异也只是被视作细微差别。殖民者的总体态度是，这些非洲人是有着正确的法律"传统"的诚实之人，只需要得到引导来确保将来的法庭和法律能沿着"正确"的轨道演进。[1]

在殖民时代的尼日利亚，英国司法体系的引入，表面上意在将与英国本土相同的权利、自由和法律标准扩展至殖民地，事实上更多是为了证明殖民统治的合法性。正因为如此，殖民地法律体系存在着严重悖论：一方面，它宣扬致力于法制以确保个人权利；另一方面则是强制性运用法律。对于非洲人来说，权利话语

---

[1] Sally Falk Moore, "Treating Law as Knowledge: Telling Colonial Officers What to Say to Africans about Running 'Their Own' Native Courts," *Law & Society Review*, Vol. 26, No. 1 (1992), pp. 16 – 17.

也存在类似悖论。非洲精英有关权利的讨论也存在着内在矛盾的目的。非洲精英反对殖民法律，理由是它们限制了传统统治者的政治权利，而同时又抗议其他一些试图强化传统统治者相对于非洲精英的权威法律。然而，对于殖民当局而言，扩展英国权利和司法标准到殖民地，这更多是为了"保护英国政府的名望"，实现殖民统治的合法化以及殖民主义暴力的合理化，从而证明英国殖民统治的"仁慈"。法律不仅"提供了更为有效的殖民控制手段，而且在权利话语的条件下，殖民者提供了帝国的合理性，为被殖民者提供了反抗的话语框架"。[1] 在这一过程中，欧洲人运用法律来实现殖民霸权；而非洲人在同欧洲人的斗争过程中运用法律作为资源，并且由于非洲人在法律冲突中更多是面对非洲人而非欧洲人，因此法律在非洲人内部不同的利益关系中处于核心地位。[2]

随着面向市场的农业生产和移民劳动的发展，殖民时期非洲农村社会围绕着劳动力、财富和土地的控制权而出现新的紧张关系。年长者和酋长们日益强调传统的道德规则和亲缘关系，希望以此来维持自身对于日趋分化的家庭和新的财富形式的控制权。在这些酋长和男性年长者所提供信息的基础上，殖民者对习惯法进行了整理，主要用于规范"部落"民众的婚姻、土地与财产权。在这一过程中，殖民当局将基督教教义、普通法，以及用于实现社会控制的行政规章纳入习惯法之中。这些经过编纂的习惯法在确保殖民行政统治、改造殖民地经济、确立殖民地道德秩序以及实现殖民统治合法化方面发挥了关键作用。1907年，英国殖民政府在斯威士兰推行殖民法律，导致传统的斯威士兰社会不同群体发生分化。受益者主要是受过教育的年轻女性，针对传统酋长法庭的歧视以及强迫婚姻，她们诉诸殖民地法庭从而寻求保护。这一全新法律体系的最大受害者是那些专门从事宗教仪式活动的个人，他（她）们被殖民当局视作"巫术"从事者，因此是对于文明活动和殖民统治的管辖权的威胁。由于很多的巫医从事者是女性，在这样一种性别剥削严重的社会之中，斯威士妇女获取独立地位和向上流动的空间受到严重限制。同样地，酋长的权力也因为殖民地法庭体系的设立而受到

---

① Bonny Ibhawoh, "Stronger than the Maxim Gun: Law, Human Rights and British Colonial Hegemony in Nigeria," *Africa*: *Journal of the International African Institute*, Vol. 72, No. 1 (2002), pp. 55 – 83.

② Kristin Mann, and Richard Roberts, eds., *Law in Colonial Africa*, Portsmouth: Heinemann, 1991, p. 3.

削弱，这些酋长的权力与仪式主持者之间是一种共生关系，因此他们的权力受到削弱。①

与此同时，非洲民众在习惯法的成文化和实施过程中扮演重要角色。在由非洲人和欧洲人、基督徒和穆斯林、传统性与现代性所构成的殖民地法律体系之中，习惯法是在围绕着财产、劳动力、权力和权威的争夺过程中形成的。非洲人在习惯法创制方面的主动性并不亚于殖民者，殖民地国家很少介入事关非洲社会内部冲突的法律领域，而非洲人则会诉诸法律来捍卫自身利益，"法律规则和程序不仅是欧洲人的统治手段，同时也是非洲人抵抗、适应和革新的工具"。② 例如，土著法庭为试图逃脱不满意婚姻的妇女提供了机会。③

这些经过整理而成的习惯法并不单是殖民官员、非洲酋长和男性年长者意志的体现，更是非洲社会内部剧烈变革的反映。早在习惯法成文化之前，非洲社会内部已经就习惯法的内容发生激烈争论，而成文化只是使得这一争论变得更为激烈。事实上，英国殖民官员为了能够灵活地应对不同情况，常常反对习惯法成文化，这使得非洲人对于习惯法往往做出与殖民官员不同的解释。④

---

① Alan R. Roth, "'European Court Protect Women and Witches': Colonial Law Courts as Redistributors of Power in Swaziland, 1920 – 1950," *Journal of Southern African Studies*, Vol. 18, No. 2 (1992), pp. 253 – 275.

② Kristin Mann, and Richard Roberts, "Law in Colonial Africa," in Kristin Mann, and Richard Roberts, eds., *Law in Colonial Africa*, Portsmouth: Heinemann, 1991, pp. 3 – 8.

③ Richard Roberts, "Text and Testimony in the Tribunal de Premiere Instance in Dakar during the Early Twentieth Century," *The Journal of African History*, Vol. 31, No. 3 (1990), pp. 447 – 463.

④ Brett L. Shadle, "'Changing Traditions to Meet Current Altering Conditions': Customary Law, African Courts and the Rejection of Codification in Kenya, 1930 – 1960," *The Journal of African History*, Vol. 40, No. 3 (1999), pp. 411 – 431.

第二章
经济变革

> 20 世纪初的黄金海岸，20 世纪 20 年代以后的尼日利亚，20 世纪 40 年代以后的科特迪瓦，这些殖民地的可可生产之所以发展迅速，主要是由于殖民者缺乏种植这一作物的主动性。
>
> ——非洲史学家弗里德里克·库珀[*]

英帝国史学家 D. K. 菲尔德豪斯（D. K. Fieldhouse）认为，1870—1945 年的现代殖民主义最重要的特征是"殖民力量完全控制了帝国境内的附属社会的政府"。菲尔德豪斯认为，尽管殖民统治有时会让非洲人感到痛苦，但是"从历史上看，这是 19 世纪末大多数土著民众所面临的两大危害中相对较轻的一个"，他认为另一可能的罪恶是对非洲人"放任不管"。[①] 菲尔德豪斯认为殖民统治是谨慎管理、严格控制并且意图良好。菲尔德豪斯的观点遭到非洲史学家激烈批评。菲尔德豪斯强调的是有效的官僚制度、系统的法律法规，以及连贯一致的政策，而很多历史学家关注殖民"制度"的偶然性、不连贯性以及难以预料的严酷残暴。克劳福德·杨将非洲殖民地国家描述为"碎石机"（Bula Matari），尽管很少非洲史学家质疑杨所描述的刚果自由邦的残忍与罪恶，但是他们认为殖民力量通常是变化无常和不均衡的。[②] 殖民时代的经济变革程度并非均衡的。在殖民时

---

[*] Frederick Cooper, "Colonialism and Imperialism: An Overview," in John Middleton, ed. , *Encyclopedia of Africa South of the Sahara*, New York: Charles Scribner's Sons, 1997, p. 319.

[①] D. K. Fieldhouse, *Colonialism, 1870 – 1945: An Introduction*, New York: St Martin's Press, 1981, pp. 11 – 12, 22 – 23, 48.

[②] Crawford Young, *The African Colonial State in Comparative Perspective*, New Haven: Yale University Press, 1994.

代，非洲社会逐渐成为世界经济体系的一部分。不同的非洲社会是以不同方式、在不同时间被纳入资本主义体系之中的。

第一节　交通变革

殖民征服导致非洲社会被并入到比原来更大、更为稳固的政治秩序之中。殖民秩序使得长期投资成为可能，咖啡和可可等树科植物开始在非洲大陆广泛种植。更重要的是，殖民统治在客观上推动了殖民地交通运输的发展。热带非洲是从头扛货物直接进入铁路和货车时代的。铁路是极为昂贵而又脆弱的固定资本，需要极为广泛的地区政治安全。这是促使"无形帝国"向"有形帝国"转变的重要推动力之一。倘若不实现这一转变，也就无法进一步榨取非洲资源。[①] 交通设施领域是殖民地国家运用技术的最明显表现。殖民地政府意图通过公路和铁路来"开发"非洲内陆，机械化在某些地区是一种变革力量。乌干达铁路是这方面的典型。乌干达铁路从 1896 年开始建造，到 1901 年修建完成。它穿越了沿海地区，进入肯尼亚高地，并最终将内陆地区与印度洋联系起来。这在一代人或者两代人之前是难以想象的；20 世纪 40 年代至 60 年代，英属非洲殖民地推出了一系列类似计划，这些反映出殖民地国家推动变革的力量。[②]

铁路对于非洲殖民地经济面貌造成剧烈影响。铁路线的选址往往会决定某些地区成为商品生产地，而另一些地区则成为劳动力供应地。在肯尼亚，乌干达铁路选址主要是为了利用这些地区与乌干达贸易的潜力，并且确立英国对于肯尼亚和乌干达的控制。这条铁路线经过凉爽而肥沃的肯尼亚高地，为白人农场主定居做准备。在肯尼亚和乌干达这两个殖民地，直至 20 世纪，远离铁路线的地区成为劳动力储备地，为白人种植园输出劳动力。到 1910 年，资源采集时代已经结束。东非和南部非洲的大象数量急遽减少，而西非地区也几乎完全消失。东南亚（也包括一定程度上的西非）的种植园橡胶成为中非雨林地带野生橡胶的替代物。取代这一资源开采的是商品生产，在某些情况下，如同西非大部分地区，这

---

①　高岱：《帝国主义概念考析》，《历史教学》2007 年第 2 期。

②　Richard Reid, *A History of Modern Africa*, Chichester：Willey-Blackwell, 2012, p. 190.

意味着原本已经存在的非洲人生产扩展到新地区，并且也增加了一些新作物。在非洲大陆某些地区，欧洲移民建立新的种植园，在另一些地区则是矿业发展；种植园和矿业发展都依赖于相对低廉的非洲劳动力。生态环境条件和殖民地政府的意图，这是确定何种生产方式居于主导地位的关键因素，而非洲社会则会对强加的变化做出灵活应对与抵抗。

在非洲大部分地区，除了塞内加尔、尼日尔和刚果河流域之外，头扛仍然是19世纪末货物运输的唯一方式。在河流地带，急流和瀑布也使得河流运输十分昂贵。殖民地政府试图建造铁路来利用潜在的出口市场，并且促进有效的行政控制。殖民政府一旦建立，它们就必须建造铁路来证明自身存在的合法性。大多数铁路线很容易证明其存在价值，它们为原本无法利用的资源提供了获取途径。到1914年，除南非已经建成铁路网络之外，其余的非洲殖民地仅有零星的、试验性的铁路项目，并无总体规划。殖民地政府尽可能将成本控制到最低程度，每个殖民政府都是从沿海向内陆建造铁路，希望获得内陆地区的财富资源。有些资源是真实存在的，而另一些则是殖民者的想象。铁路通常会尽可能延伸到可航行水域，接下来就是通过轮船来转运货物。因此，著名的乌干达铁路贯穿肯尼亚高地，并于1901年修到维多利亚湖东端。以通航的希雷河（Shire）下游为起点的一条铁路线一直通往尼亚萨兰，而南非铁路网一直延伸到南北罗得西亚，1897年修到布拉瓦约（Bulawayo），1902年修到索尔兹伯里（哈拉雷），1906年修到布罗肯·希尔（Broken Hill）矿区；早在1899年，索尔兹伯里也通过一条短得多的铁路线与贝拉海岸联系起来。在英属西非，各殖民地政府争相将所谓的西苏丹财富吸引到自己的港口；尽管从科纳克里（Conakry）到坎坎（Kankan）的铁路线于1914年完工，但是从阿比让往北的铁路线则因为非洲人的抵抗以及招募劳工的高死亡率而长期延误。在英属西非殖民地，塞拉利昂内地大部分地区到1908年已经与弗里敦联系起来，而从黄金海岸港口塞康第（Sekondi）通往库马西的铁路也于1903年完工，从而极大地推动了金矿开采和可可种植业发展。然而，铁路修建影响最大的要数1896年开始从拉各斯（Lagos）修建的铁路，它最终于1912年抵达卡诺（Kano），这使得尼日利亚有可能成为统一国家。这时已经有另一条主要借用尼日尔河的现有航线，后来东部也修造了一条通往北部的铁路线，从而奠定了后来尼日利亚国家不稳定的三角结构。几乎所有的铁路都是从内陆通向沿海港口，整个铁路体系都是为了运送非洲的大宗商品，并且将大量的制成品运入非洲大陆。[①]

非洲大陆上的铁路线如同一把"钢钳",决定着哪些资源将会被利用,而哪些资源则会被弃而不用,人们将在哪里生活或工作,甚至新的国家将采取何种形式,以及它们将依赖于哪些社会群体。[②] 以坦噶尼喀为例,坦噶尼喀南部是马及马及起义最为激烈的地区,德国殖民者刻意避免在这一地区建造铁路,坦噶尼喀南部在殖民地经济之中只是作为劳工输出地而存在。[③] 而乌苏库玛(Usukuma)的棉花种植业发展表明,交通在很大程度上决定了不同地区融入殖民地经济的节奏。"二战"结束以前,劳动力迁徙一直是这一地区的主要收入来源。随着铁路延伸到姆万扎,乌库苏玛的棉花生产得以发展。1939 年,乌苏库玛一共出口了30000 包棉花,1957 年增至 150982 包。[④] 乌苏库玛和乌尼亚姆维齐逐渐发展成为农作物出口地。与此同时,其他原本的经济作物出口地区发生显著变化。中央铁路贯穿坦桑尼亚中部的乌戈戈(Ugogo)之后,这一地区在20 世纪二三十年代生产了大量谷物和花生。到 20 世纪 40 年代,这一地区经济状况恶化,这不是由于旱灾或者环境恶化,而更多是因为殖民地经济的结构性调整。随着坦噶尼喀西部和南部地区的发展,减少了中部地区在粮食供应方面的优势地位。随着农业产量的增多,乌苏库玛和乌尼亚姆维齐维持着大量的劳动力,导致东部剑麻种植园的劳动力短缺。经济变迁和殖民政策促使中部地区人口成为流动劳工。[⑤]

公路修造是殖民地交通革命的另一重要内容。1914 年之前的十年时间里已经有少量汽车出现,汽车大规模出现要到 20 世纪 20 年代。正是在这一时期,公路开始扩展到乡村地区,从而使得交换经济的范围远远超出了孤立的铁路系统的

---

① C. C. Wrigley, "Aspects of Economic History," in A. D. Roberts, ed., *Cambridge History of Africa*, Vol. 7, Cambridge: Cambridge University Press, 1986, p. 80.

② C. C. Wrigley, "Aspects of Economic History," in A. D. Roberts, ed., *Cambridge History of Africa*, Vol. 7, Cambridge: Cambridge University Press, 1986, p. 83.

③ 直至坦桑尼亚独立后,中国政府援建的坦赞铁路极大地改变了该地区的经济社会面貌,伊林加(Iringa)、姆贝亚(Mbeya)、鲁伍马(Ruvuma)和鲁夸(Rukwa)生产了大量的粮食和经济作物。参见 Jamie Monson, *Africa's Freedom Railway: How a Chinese Development Project Changed Lives and Livelihoods in Tanzania*, Bloomington: Indiana University Press, 2011。

④ Marilyn Little, "Native Development and Chronic Malnutrition in Sukumaland, Tanganyika, 1925 – 1945," Ph. D. Thesis, University of Minnesota, 1987.

⑤ Gregory Maddox, "Famine, Impoverishment and the Creation of a Labor Reserve in Central Tanzania," *Disasters*, Vol. 15, No. 1 (1991), pp. 35 – 41.

限制。除了非洲大陆最南端之外，直至"二战"后，在非洲城镇之外基本上没有任何柏油路。

第二节 非洲劳动力的流动与控制

1. 殖民地经济的劳动力需求

殖民地经济发展需要大量的非洲劳动力。欧洲移民种植园的劳动力需求主要分布在东部和南部非洲。据英国官方统计，若以 100 英亩为计算单位，种植咖啡需要劳动力 45 人（收获季节增加为 80 人）、茶叶需要 150 人、剑麻需要 18 人（收获季节需要 34 人）、玉米和小麦需要 5—6 人（收获季节增加一倍）。这些欧洲农场发展需要大量的非洲劳动力，公共工程建设也需要大量劳动力，例如修建铁路、公路和港口。[①] 大量非洲人离家在外工作或长或短一段时间，从而进入到交换经济之中。南部和中部非洲矿山对于体力劳动的无休止需求，导致非洲大陆出现了前所未有的移民迁徙。整个南部非洲地区可以被称作"非洲劳动力储备地"。[②] 在非洲其他地方也出现了职员、家仆和杂工，在西非地区还有小商人和修理工，这些人稳定地流入到逐渐发展的政治中心。除此之外，商业农业生产的扩张，不管是在欧洲人还是非洲人的控制之下，只有大规模的移民才能成为可能，这些移民主要是来自自然条件或者交通投资的某一方面或者两方面都差的地区。每年成千上万的非洲人从上沃尔特和黄金海岸的北部领地进入到南部的可可树林，从乌干达的边远地区、卢旺达（Ruanda）和乌隆迪（Urundi）人口稠密地区到富庶的布干达棉花和咖啡农场，还有一些非洲人从坦噶尼喀西部和南部迁徙到殖民地北部和东部的剑麻种植园。

劳工迁徙通常是成群结队。他们时常在有经验的头领带领下前往，或者在劳工招募者的安排下乘坐汽车或者火车前往务工地点。没有其他经济收入来源的非洲人通常只能接受条件极为难苦的工作。这些非洲劳工遭受殖民者的蔑视，例如这些非洲劳工在东非地区被欧洲人称作"马纳巴"（Manamba，意为

---

① 舒运国：《1890 年代—1930 年代东非人口发展的历史考察》，《世界历史》1992 年第 4 期，第 57 页。

② Samir Amin, "Underdevelopment and Dependency in Black Africa: Origins and Contemporary Forms," *The Journal of Modern African Studies*, Vol. 10, No. 4 (1972), pp. 503 – 524.

"数字")。在西非，20 世纪 50 年代大约有 20 万名摩西人在黄金海岸工作。苏丹的"吉泽拉计划"严重依赖于前往麦加朝觐的西非务工人员。中非人则涌入铜矿区和黄金矿区。对非洲劳工需求最大的是采矿业。铜带地区和南非兰德的矿山对于劳动力的需求极大，矿业公司获取劳动力的途径因政治和地理状况的特殊性而极为复杂。铜带人口密度较低，能在矿山劳动的本地人很少，这里所用劳工很大部分是在其他欧洲列强的殖民地招募的。比属刚果需要到英属非洲殖民地招募劳工。

大多数种植园和矿山的非洲工人并非真正的无产阶级，而是拥有一定土地权的流动劳工。北罗得西亚矿区于 1932 年之后实现了快速发展。这些矿业公司试图实现劳动力供应的稳定化，但是它们仍然鼓励工人退休后回到乡村。不太复杂的行业仍然依赖于短期移民劳工，但是由于非洲人口增长、税收和其他现金需求，已经没有必要继续采取直接强制措施。1934 年，尼亚萨兰 60% 以上的男性离开了偏远的北部地区，而南方地区只有 10% 男性人口离开。大多数移民劳工十分贫穷，例如恩德贝莱王国的，但是在最为偏远的地区，几乎所有男性都必须迁徙，有时是不断迁徙。非洲劳动力有时会放弃一个工作，而继续寻找相对好点的工作，甚至一直向南到南非金山。[①] 殖民地政府鼓励男性劳工偶尔回到乡村地区。往返迁徙（Oscillating Migration）是非洲农村穷人与欧洲或者拉丁美洲农民的重要区别。

殖民地政府通过多种方式来获取非洲劳动力。

第一，奴隶制。奴隶制是较为极端的劳动力控制方式，这尤其表现在西非地区，有经济史学家认为，奴隶制是对于土地富余而劳动力紧缺经济的利润最大化的制度设计。[②] 在苏丹北部、肯尼亚沿海以及尼日利亚北部，英国官员试图将前奴隶转变为守纪律的工资劳动者，从而在新兴的建筑、运输、服务和经济作物生产领域劳作。[③] 在桑给巴尔，1897 年英国推行废除奴隶制度，宣称奴隶的法律地

---

① Elias Mandala, *Work and Control in a Peasant Economy: A History of the Lower Tchiri Valley in Malawi, 1859 – 1960*, Madison: University of Wisconsin Press, 1990.

② G. Austin, *Labour, Land and Capital in Ghana: From Slavery to Free Labour in Asante, 1807 – 1956*, Rochester: Rochester University Press, 2005, p. 156.

③ Frederick Cooper, *From Slaves to Squatters: Plantation Labor and Agriculture in Zanzibar and Coastal Kenya, 1890 – 1925*, New Haven: Yale University Press, 1980.

位，但是并非经济或者社会自由地位。废除奴隶制的影响最初是难以觉察的。奴隶并非完全获得自由，他们必须在法庭上实现这一地位，必须证明自己不仅有地方居住，而且拥有工作。殖民政府同时也制定了严厉的流浪汉惩治法，防止奴隶不工作。只有10%的岛屿奴隶在法庭上提出独立诉求，不过很多奴隶借此增强了自身相对于奴隶主的谈判权。

非洲奴隶制的历史表明，殖民主义和资本主义并不一定会发生急剧变迁或者彻底断裂。到20世纪初，奴隶制在世界其他地区已经废除，但是它仍然存在于非洲大部分地区。很多奴隶在种植园耕作，从事香料、蔗糖和其他粮食的生产，也有一些奴隶作为搬运工、商贩、武士、仪式主持者和宫廷奴仆而继续存在。消除奴隶制和奴隶贸易成为殖民者征服非洲大陆的借口。但是一旦殖民征服结束之后，殖民者不愿意将废奴主义话语付诸实施。殖民官员担心奴隶的离开会导致社会动荡，并且影响到殖民者与酋长精英之间的关系，而进行间接统治的殖民机构依赖于这些酋长的支持。废除奴隶制的任务受到影响，也是因为很多的殖民地国家依赖于强制劳动或者征募劳动力。英国、法国、比利时和葡萄牙需要男性劳动力从事没有报酬的工作，从事公路和铁路修建以及其他公共工程的建设，也极大地削弱了"自由劳动力"的话语和原则。

第二，强制。殖民地国家依靠多种强制手段，例如军队和警察，同时也包括一些酋长豢养的私人武装。少数的欧洲人控制着非洲殖民地的武装力量，但是非洲人也是殖民地武装力量的重要组成部分。非洲殖民地军队中除了少量的欧洲军官之外，士兵大多是非洲人。一些非洲人是自愿加入殖民地军队或者警察部队的，但是很多人更多是被迫加入；一旦进入军队之中，他们发现这是份稳定的工作，也是提升个人地位的机会。在1898年击败马赫迪起义的军队主要由苏丹人组成。在两次世界大战中，成千上万的非洲士兵在英国和法国军队之中，参与了1914—1918年的欧洲西线战事和20世纪40年代的缅甸战争。在一些殖民地，士兵和警察之间界限较为模糊。以黄金海岸殖民地警察力量为例，它是从1865年建立的武装边境力量发展起来的，仿照的是皇家爱尔兰警察部队和埃及准军事武装。殖民政府招募"豪萨人"，也就是北部内陆地区的穆斯林，并利用他们巩固英国人于1896—1900年征服的阿散蒂和北方领地，阻止罢工和劳动力纠纷，并且监管劳改犯，守卫银行。这些"豪萨人"有机会获得社会地位提升，也获得了相当大的权力，在一些情况下成为裁决当地刑事和民事案件的法官。正如非洲史学家戴维·基林格雷（David Killingray）所说："警察制服通常成为掠夺的许可证，结果是豪萨警察和芳蒂族（Fante）警察遭到民众鄙视。民众将他们视作外来的、不负责任的殖民统治代表，强制推行一系列意在实现社会控制的新法律和措施，而这些不具备民众同意的任何表象。"①

强制劳动的问题在于，它会削弱殖民地国家及其代理人的威望。在大萧条时期，殖民政府加强对殖民地的干预和剥夺，同时也导致反殖民斗争的增多，其中包括针对强制劳动招募。尽管强制劳动招募在广大的非洲殖民地十分普遍，但是它从未被视作理想的劳动力招募形式，而只是一种粗鲁的、极度渴望获取殖民地劳动力的手段。在英属非洲，强制劳动现象逐渐减少。在法属和葡属殖民地，强制劳动持续到 1930 年，国际劳工组织取缔了非洲的强制劳动制度。此后，即便是在法属和葡属殖民地，运用强制劳动也变得极为少见。在大部分非洲殖民地，移民劳动体系逐渐出现并取代了强制劳动制度，或者两者同时存在。殖民地公司企业同他们签署短期合同，为他们提供临时住宿，并且要他们在合同期满后重返农村。殖民地政府也支持移民劳动体系，将它视作相对廉价的劳动力获取方式。②

第三，税收。殖民地政府运用直接的、统一的税率迫使非洲男性进入货币经济。缴纳税收的需要迫使很多非洲人离开家乡到欧洲人控制的企业，例如矿山、工厂或者农场务工。在非移民型殖民地，殖民地国家拥有近乎绝对的权力来创造攫取型制度。在财政事务方面，这包括确定税率以及选择税收来源。很多非洲史学家也强调，财政政策加强了非洲殖民地国家的霸权和权力投射，特别是针对土著的棚屋税和人头税，这被认为是实现殖民政府一系列政策目标的核心手段。直接税意在推动非洲人融入市场经济，并实现殖民臣属"文明化"，通过向他们灌输维多利亚时代英国资产阶级观念，从而创造出"可以统治的臣民"（Governable Person）。③

第四，推动非洲社会融入商品经济。最有效的刺激因素是新需求的发展：进口消费品被纳入日常必需品或者普遍渴求的物品范围之内，而这些必需品只能通

---

① David Killingray, "Guarding the Extending Frontier: Policing the Gold Coast, 1865 – 1913," in David Anderson, and David Killingray, eds., *Policing the Empire: Government, Authority and Control, 1830 – 1940*, Manchester: Manchester University Press, 1991, p. 119.

② Moses Ochonu, "African Colonial Economics: Land, labor and Livelihoods," *History Compass*, Vol. 11, No. 2 (2013), p. 96.

③ Crawford Young, *The African Colonial State*, p. 1.

过金钱才能获得。这一进程在整个殖民时代稳步发展，导致强制劳动逐渐减少。很多新的劳动形式需要非洲人艰苦跋涉，抛妻别子，无论是在矿山、种植园还是小规模农场中工作，这些劳动都是重复性的、令人筋疲力尽的。非洲劳动者并无从事这些工作的迫切需求，因为他们依靠土地能够维持生计。而且，殖民者也无法为非洲劳动者提供丰厚回报，因为在大多数情况下这会消除利润，并耗尽政府税收。在殖民统治初年，饥荒有时成为迫使非洲人从事工资劳动的重要因素。

新引入的货币经济也使得非洲人成为欧洲工业产品消费者，从而将新的消费文化引入非洲。在南罗得西亚，欧洲制造商将"卫宝"（Lifebuoy）牌香皂销售给非洲男性，因而逐渐改变了其个人卫生观念。非洲人用工资购买的商品通常并非必需品，而是带来短暂快乐的消费品，例如香烟、啤酒，或者是布料、饰品等，这些不仅是具有实用性，更是作为地位象征。因此，当英国人修建乌干达铁路时，只能从印度招募32000名契约劳工，这其中不到7000人在铁路建成后留在东非。随着乌干达铁路开通，大批印度人涌入东非内陆地区。伴随着军事官员、行政人员的相继进入，以及英国国内需求的持续增加，乌干达的棉花生产有了较快发展。印度人从事长途贸易，成为东非与外部世界贸易的"中间人"。[①] 印度人成为东非经济的中间阶层，他们推动了帝国贸易、商业和治理在东非的扩展。

第五，剥夺非洲人的谋生途径。英国殖民者认为，非洲人的生活环境决定了他们不愿意努力工作，因此他们的劳动是不值钱的，他们的报酬应该相应更低。如果懒散的非洲人对低工资工作不感兴趣，那就应该用提高工资以外的手段驱使他们工作。殖民者还认为，非洲人是"目标工人"（Target Worker），他们从事工资劳动时有一个工资目标，只要达到这一目标就会停止工作，因此提高工资只会让这些非洲人更快达成工资目标，然后退回到自给自足经济之中。因此，殖民者认为获取充足劳动力就要采取强制手段。[②] 这一问题最明显的解决途径是剥夺非洲人的维生手段。从1913年开始（除了城镇地区和开普外），南非政府不允许"班图人"在保留地之外获得土地权，但是保留地已经远远不能养活保留地非洲人口。不过，这一解决办法甚至在南非也只是部分实施，因为当局认识到，倘若工人成为完全的无产阶级，那么矿山、市镇当局或者殖民地政府将不得不负担养

① M. Twaddle, "The Founding of Mbale," *Uganda Journal*, Vol. 30, No. 1 (1968), pp. 25–38.
② 埃里克·吉尔伯特、乔纳森·T. 雷诺兹：《非洲史》，黄磷译，海南出版社，2007，第302页。

活矿工家庭的成本，并且为他们提供城镇生活所需要的永久居所和其他设施。因此，南非当局认为更为有利的方式是允许维持生计领域继续承担发展所需的费用。为非洲人划定的保留地要足够小，从而迫使大部分男性至少寻求临时工资雇佣，同时也不能过于小，以免这些非洲人将妻儿老小带到城镇，这些土地能够为非洲人在退休之后提供生计。①

白人移民和殖民地国家对于非洲人土地的剥夺，是非洲人外出从事工资劳动的重要原因。例如在斯威士兰，到 1909 年只有 1/3 的土地是土著人口可以耕种的，更多的土地在白人移民、土地公司和英国王室之间分配。② 白人移民所占有的土地成为资本主义农业生产的"飞地"，殖民地农村围绕着这些"飞地"。斯威士人占有的 1/3 土地又被分为 32 个保留地。到 1914 年，超过 20000 名斯威士人是没有土地的。因此，剥夺土地成为殖民地政府改变农村人口劳动分工的重要途径。保留地经济状况的恶化促使更多妇女外出从事工资劳动。20 世纪 30 年代初，很多斯威士妇女，包括已婚和未婚的，前往南非寻找工作机会，很多并未得到家中男性的许可。而且，在斯威士男性大批前往南非务工的情况下，非洲妇女成为殖民地重要的劳动力，在"二战"后更是如此。③ 很多妇女外出主要从事酿造和销售啤酒工作，面向非洲劳工销售。

不过，非洲劳动力供应在一定程度上也是非洲农业劳动力需求变化的反映。例如，在 20 世纪 10 年代南罗得西亚的布海拉（Buhera）地区，当地殖民官员发现"那些登记工作通行证的人在 3 月份外出找工作，到 10 月和 11 月份返回家中种地"，这期间是农闲时期。④ 再以坦噶尼喀为例，劳动力移民在选择种植园或地区方面有一定的选择权，包括食物供应、雇佣费用以及种植园的名声，等等。移民会就合同期谈判，还有人会选择不订立合同，为的是控制自己的时间。种植园主为了招到

---

① C. C. Wrigley, "Aspects of Economic History," in A. D. Roberts, ed., *Cambridge History of Africa*, Vol. 7, Cambridge: Cambridge University Press, 1986, p. 125.

② J. Crush, "The Colonial Division of Space: The Significance of the Swazil and Land Partition," *The International Journal of African Historical Studies*, Vol. 13, No. 1 (1980), pp. 71 – 86.

③ Hamilton Sipho Simelane, "Colonial Policy, Male Opposition and the Integration of Swazi Women into Wage Employment, 1935 – 1955," *African Historical Review*, Vol. 43, No. 1 (2011), pp. 48 – 72

④ Jens A. Anderson, "Administrators' Knowledge and State Control in Colonial Zimbabwe: The Invention of the Rural-Urban Divide in Buhera District, 1912 – 1980," *The Journal of African History*, Vol. 43, No. 1 (2002), pp. 124 – 125.

工人而相互竞争，时常为了招徕邻近地区的劳工而开出更为优厚的条件。种植园还会为移民提供土地，为的是让非洲工人待下来。尽管时常会发生种植园主滥用权力，相关证据却显示工人控制着工作节奏、种植园的社会生活、工资水平以及食物供应，倘若情况难以接受则选择离开。种植园容易受到工资劳动力经济行为的影响。在大多数情况下，劳动力成本作为种植园的主要支出，往往决定着种植园能否成功。[①]

2. 劳动力流动

劳动力流动不仅在殖民地内部不同地区之间，而且还会跨越殖民地边界，例如在南部非洲。南非兰德地区吸引了大量来自南北罗得西亚、尼亚萨兰、坦噶尼喀以及葡属莫桑比克的非洲人前来务工。1902 年南非布尔战争结束后，德兰士瓦矿业公会（Transvaal Chamber of Mines）开始考虑在周边殖民地招募劳动力。在当地非洲人极力抵制低工资和不健康工作条件的情况下，矿山资方希望通过从中非"热带"地区招募劳工来满足劳动力需求。到 1905 年，大约 5000 名中非工人在南非矿山工作，到 1911 年增至 25000 人。不过，从一开始，使用中非劳工就面临诸多问题，尤其是对于德兰士瓦的政府官员、伦敦的帝国政府官员、中部非洲殖民地政府官员来说。特别是因为肺炎、脑膜炎、流感以及以一系列疾病在中部非洲工人中间，要比其他的非洲工人更容易造成死亡。最初几十年里，来自中非的工人死亡率高达 10%，并且其中一半死于肺结核。作为对于极高死亡率的回应，南非政府于 1913 年停止在中非招募劳动力。矿山企业试图重新获得中非劳动力，它尝试研制针对肺炎的疫苗，虽然一直未获成功，却重新获准招募中非劳动力，因而操控有关中非工人身体的政治话语，将公众注意力从矿业劳工的不健康工作状况转移开，转而归结为所谓工人的"生物特性"，从而建构出全新的社会类型"热带工人"或者"热带人"。[②]

南非对于非洲劳动力的吸引力，对于这些殖民地国家对本殖民地的劳动力的控制提出挑战。更为野蛮的强制不是强迫非洲人进入劳动力市场，而是要阻止他们最合理地利用劳动力市场：这样才能让他们在南北罗得西亚、安哥拉和莫桑比克等地的弱小企业或者是南非白人的农村地区从事工资低得多的工作。1936 年，

① Thaddeus Sunseri, "Labour Migration in Colonial Tanzania and the Hegemony of South African Historiography," *African Affairs*, Vol. 95, No. 381 (1996), p. 597.

② Randall Packard, "The Invention of the 'Tropical Worker': Medical Research and the Quest for Central African Labor on the South African Gold Mines, 1903 – 1936," *The Journal of African History*, Vol. 34, No. 2 (1993), pp. 271 – 292.

北罗得西亚、南罗得西亚和尼亚萨兰签署协定，希望限制与南非的矿业资本在劳动力问题上的竞争，但是效果并不理想。1933 年，南非联邦放弃金本位制以后，它的黄金产量迅速增加。为满足兰德日益增长的劳动力需求，金山土著劳动力协会（Witwatersrand Native Labour Association，WNLA），作为南非矿业协会的劳动力招募机构，开始在整个南部非洲寻找劳动力。[1] 在尼亚萨兰，英国为维护自身利益而修建泛赞比西铁路（Trans Zambesia Railway）和赞比西大桥，但是费用都要尼亚萨兰负担，到 20 世纪 30 年代中期一共欠下 500 万英镑债务。在这一情况下，尼亚萨兰政府感到只能鼓励尼亚萨兰人到南部非洲矿区务工。尼亚萨兰逐渐沦为南部非洲的劳动力输出地，这在很大程度上界定了尼亚萨兰的社会经济变迁。到 1948 年，40% 的尼亚萨兰成年男性在国外谋生。马拉维民族主义领袖黑斯汀斯·班达曾经表示："我们马拉维人在本质上是旅行者和冒险者……我们愿意在国外游荡，'到国外工作、学习或者做其他事情'。"[2]

尼亚萨兰政府愿意同金山土著劳动力协会合作，目的是规范原本难以控制的劳动力流出。金山土著劳动力协会同意提出最低的雇佣条件，并且在合同期满之后遣返这些尼亚萨兰劳工。更重要的是，南非方面同意等这些劳工返回尼亚萨兰的时候才发给他们工资，这样他们的工资就会在尼亚萨兰消费。南北罗得西亚政府则竭力阻挠金山土著劳动力协会在尼亚萨兰的活动，因为南北罗得西亚同样将尼亚萨兰视作移民劳动力的主要来源地。到 1947 年，南罗得西亚的索尔兹伯里城雇用 36873 名非洲人，其中的 41% 来自南罗得西亚，其余 59% 主要来自尼亚萨兰和葡属东非殖民地。这一状况一直持续到 20 世纪 50 年代。[3]

尼亚萨兰不只是输出劳动力，而且也吸引了来自临近葡属东非的劳动力。由于葡属东非殖民政府的残暴统治，大规模移民涌入希雷高地，他们自称是罗姆韦人（Lomwe）。白人土地所有者对此表示欢迎，他们给予土地以换取所急需的劳动力，建立起桑噶塔（Thangata）制度。租户通常需要工作一个月来支付税收，

---

[1]　D. Yudelman, and A. Jeeves, "New Labour Frontiers for Old: Black Migrants to the South African Gold Mines, 1920 – 1985," *Journal of Southern African Studies*, Vol. 13, No. 1 (1986), pp. 101 – 124.

[2]　Henry Mitchell, "In Search of Green Pastures: Labour Migration from Colonial Malawi, 1939 – 1960," *The Society of Malawi Journal*, Vol. 66, No. 2 (2013), pp. 16 – 38.

[3]　Brian Raftopoulos, "Nationalism and Labour in Salisbury, 1953 – 1965," *Journal of Southern African Studies*, Vol. 21, No. 1 (1995), p. 82.

再一个月支付租金，而这两个月都是在关键的雨季。尼亚萨兰种植园经济的存在是以利用廉价的罗姆韦劳动力为基础的。[1]

东非的坦噶尼喀南部，早在德国殖民统治时期已经开始面向南部非洲矿区的移民劳工流动，这一流动在"一战"后加速，尤其是在赞比亚铜带发展起来以后，并在"二战"后达到高潮。坦噶尼喀男性劳工前往北罗得西亚铜矿、南罗得西亚农场甚至是南非兰德金矿务工。这一迁徙一直持续到坦噶尼喀独立时，坦噶尼喀民族主义政府试图取缔境外的移民流动，尤其是白人统治的南部非洲。在坦噶尼喀，罕噶扎族（Hangaza）和苏比族（Subi）男性拒绝待在坦噶尼喀殖民地之内，很多人选择前往较为富裕的乌干达。劳动力向外迁徙，引起殖民地政府担忧，因为缺少强壮劳动力，将会损害殖民地的经济作物生产。而且，殖民地政府农业部为了消灭萃萃蝇而专门组织清理过这一地区的灌木丛。这一劳动力外流意味着灌木丛会重新滋长。但是这一劳动力流动在20世纪五六十年代逐渐停歇，主要是受朱利乌斯·尼雷尔和坦桑尼亚政府政策的影响。[2]

3. 殖民地政府对于劳动力流动的控制

人口流动是殖民统治者与被统治者关系的关键问题之一。不允许特定的非洲群体进入特定地区，这是殖民政府政策的基石之一。因此，一些地区被意识形态化为"白人的"，作为非洲人只能在特定时间短暂进入。在这些地区，非洲人被吸引进入或者成群移动，受到监管约束，这在很大程度上依靠的是殖民地经济的劳动力需求。允许非洲人获得内在流动性的地区则被视作"土著村庄"（Native Kraals）、"保留地"（Reserves）或者"定居点"，并且被认为是原始的。在这两类空间之间存在着物质和意识形态的屏障，从而确保它们之间只能按照殖民地国家的要求相互交往。殖民者关注并控制土著人口的流动。它首先关注于限制由"土著"空间向"白人"空间的流动，其次也关注追踪"土著"在殖民地范围内的流动。南非、肯尼亚和南罗得西亚实行通行证法案正是出于这一目的。[3]

① Robin Palmer, "Working Conditions and Worker Responses on Nyasaland Tea Estates, 1930 – 1953," *The Journal of African History*, Vol. 27, No. 1 (1986), p. 106.
② Jill Rosenthal, "From 'Migrants' to 'Refugees': Identity, Aid and Decolonization in Ngara District, Tanzania," *The Journal of African History*, Vol. 56, No. 2 (2015), p. 269.
③ Teresa A. Barnes, "The Fight for Control of African Women's Mobility in Colonial Zimbabwe, 1900 – 1939," *Signs*, Vol. 17, No. 3 (1992), p. 586.

　　殖民地国家的劳动强制不仅表现在劳动力招募问题上，而且也表现为确保非洲人不逃离工作。殖民地政府为此颁行法律，例如肯尼亚先后于 1906 年、1910 年和 1916 年颁布主仆法令（Masters and Servants Ordinance）。土著登记法案（Registration of Natives Ordinance）构成了复杂的劳动力控制的基石。这一法案于 1915 年通过，并于 1919—1920 年开始推行，法案要求每个十五岁以上的非洲男性都需要在殖民官员面前登记并摁手印，殖民政府会给他签发一份登记许可证（Kipande），显示他的个人体貌特征以及他在土著保留地之外的就业记录，包括所从事的工作类型、获得的工资和配给。许可证副本也要送给内罗毕的土著登记总监。当非洲人离开保留地的时候必须携带登记许可证，每次离开或者进入保留地，雇主必须在他的许可证上签字。到 1920 年，肯尼亚政府一共签署了 194750 份许可证，到 1924 年底签署了 519056 份，到 1931 年签署了 1197467 份。这一土著登记制度将几乎所有的非洲成年男性置于控制之下，并能够追溯到保留地，逃离的非洲人将遭到逮捕。[①] 在肯尼亚殖民政府所颁行的一系列殖民地法律之中，这一法律成为非洲人奴役地位的象征，因此最招致非洲人仇恨。肯尼亚尤其需要通过强制来维持这一劳动体系，这可以通过指控违反主仆法令和土著登记法令的数量说明，1922 年分别为 2187 起和 2949 起。将这些数字同其他英属非洲殖民地的数字加以对比，可以明确看出肯尼亚这样的白人移民殖民地与依靠非洲小农商品生产的殖民地之间的区别。

表 2 - 1　英属东非和西非根据主仆法案（或者类似法案）的指控数量（1929 年）

单位：项

	指控数	定罪数		指控数	定罪数
肯尼亚	2105	1492	桑给巴尔	115	67
尼亚萨兰	771	755	黄金海岸	7	4
坦噶尼喀	666	500	尼日利亚	180	154
乌干达	238	190			

　　资料来源：Bruce Berman, and John Lonsdale, "Crisis of Accumulation, Coercion and the Colonial State: The Development of the Labor Control System in Kenya, 1919 - 1929," *Canadian Journal of African Studies*, Vol. 14, No. 1 (1980), p. 72。

---

① W. McGregor Ross, *Kenya from Within: A Political History*, London: Frank Cass, 1968, pp. 189 - 190.

在诸多英属非洲殖民地，肯尼亚的劳动力控制范围和程度相当高，甚至高于南部非洲的白人移民国家。这并不是因为肯尼亚的移民更为残暴或者种族主义观念更重，而是因为更深刻的社会力量。白人移民农业依赖于帝国本土资本和国际商品市场，并且因为它们的波动而遭受破坏；白人移民农场主缺少资本和技术技能，种植园生产无法建立完全的资本主义生产关系。因此，白人移民庄园的生产扩张和资本积累需要更为系统地控制劳动力，而不是通过生产方式的不断变革。这也决定了生产关系是极为强制和严苛的，并且通过一种矛盾性方式将庄园生产与土著非洲人的生产模式结合起来，从而以低于劳动力再生产成本的方式获取劳动力。为实现这一劳动力控制，肯尼亚殖民地政府对于农村人口的控制也远超过其他英属非洲殖民地。就基层殖民官员与人口之间的比率而言，肯尼亚是乌干达和尼日利亚的两倍。[①]

4. 移民劳动的社会经济影响

在整个非洲大陆，殖民地国家的劳动力动员导致大规模移民迁徙。由于远离家乡且薪酬较低，这些非洲劳工事实上已经重新定居和城镇化。一位历史学家在谈论北罗得西亚的铜矿经济时写道："到 20 世纪 30 年代后期，所谓的铜带工人基本上是暂时离家外出务工的农村部落人口的说法，显然已经站不住脚。"[②] 与此同时，这一城镇化进程使得卢加德维持"传统"非洲乡村文化的观念也遭遇危机。

劳动力迁徙对非洲农村社会的影响并非单一的。在特定地区和时期，劳动力迁徙会产生破坏影响，尤其是在 20 世纪 30 年代大萧条时期。在稀树草原地带，劳动力的丧失导致灌木、野生动物、萃萃蝇的自然生态体系战胜了农业生产。关于这一模式最为经典的描述是戈德弗雷·威尔逊（Godfrey Wilson）和奥德雷·理查兹（Audrey Richards），他们认为男性劳工迁徙削弱了农业生产，这两方面是相互影响的。[③] 在北罗得西亚铜带地区，奔巴族年轻人获得对于他妻子的权

① Raymond Leslie Buell, *The Native Problems in Africa*, Vol. 1, New York: Macmillan Company, 1928, p. 361.

② L. J. Butler, *Copper Empire: Mining and the Colonial State in Northern Rhodesia, c. 1930 - 1964*, Houndmills: Palgrave Macmillan, 2007, pp. 47, 50.

③ G. Wilson, *An Essays on the Economics of Detribalization in Northern Rhodesia*, Livingstone: Rodes-Livingston Institute, 1941 - 1942; Audrey Richards, *Land, Labour and Diet in Northern Rhodeisa: An Econmic Study of the Bemba Tribe*, Oxford: Oxford University Press, 1939.

利，不是通过支付彩礼，而是通过提供婚姻劳作（Bride Service）。在订婚时，男子就要搬到他妻子的村庄，并且待在那里十年或者更长时间，为他的岳父工作。数年时间，他都不能拥有自己的田园，而是完全在他岳父的田地里劳作；甚至在获准拥有自己的田地之后，他还必须在数年时间里将产出贡献给他岳父，尽管他妻子偶尔开始拥有自己的小米来碾磨、烹饪和分发。只有在生了两三个孩子，妻子的父亲决定接受年轻人作为他的女婿之后，这个年轻人才有权离开村庄，和妻子一道回到自己的家里，或者留在妻子的村庄，作为一个经济独立、社会上受到尊重的个人，控制自己的谷仓和田地。最终，这个男人的目标一般是拥有自己的村庄，从而控制他妻子、女儿和女婿的劳动力。因此，老人能够控制女儿和年轻男人的劳动力。非洲劳动力向铜带的迁徙彻底挑战了这一生产方式，理查兹详细记录了其在三十年代中期"饥饿年代"所造成的灾难性影响。[①]

另一种情况则是，劳动力迁徙推动农业生产。移民同时也可能是革新者，回来时带回新作物、宗教和观念。例如在北罗得西亚的通加平原，尤其是在东北部，农业生产并不存在明显的性别分工。而且劳动力迁徙会推动通加人带回资金购买更多牲畜。通加移民劳工运用工资劳动攒下的积蓄来增强家庭的经济基础。他们逐渐增加耕牛数量，运用牛耕，并且出口农产品。[②]

殖民地国家对于非洲劳工迁徙持矛盾心态。殖民地官员对于劳动力迁徙的后果和土著制度衰败感到不安。殖民地官员"相信在保留地维持秩序的最佳途径……是确保每个非洲人都处在酋长权威之下，任何个人倘若没有正当理由不得离开。（非洲人）离开家乡将会削弱酋长权威。因此，英国人应当避免劳动力诉求削弱部落经济和政治稳定，尤其是酋长的地位，并且避免暴力发生"。[③]

移民流动大部分是循环的。非洲工人离开家少则一季，多则一年，更多的人则是数年时间，不过很少外出务工一辈子。前往城镇、矿山或者白人农场的非洲人，很少有人不打算返回故乡，事实上大多数最终都回来了。不过也有例外，在

---

① George Chauncey Jr., "The Locus of Reproduction: Women's Labour in the Zambian Copperbelt, 1927 – 1953," *Journal of Southern African Studies*, Vol. 7, No. 2 (1981), p. 154.

② Kenneth P. Vickery, "Saving Settlers: Maize Control in Northern Rhodesia," *Journal of Southern African Studies*, Vol. 11, No. 2 (1985), p. 218.

③ Robert Tignor, *Colonial Transformation of Kenya: The Kamba, Kikuyu and Maasai, 1900 – 1939*, Princeton: Princeton University Press, 2015, p. 153.

布干达，越来越多的移民劳动力获得了永久的耕作租期。英国殖民当局将他们所谓的"去部落化"（Detribalisation）看作对于殖民者所珍视的非洲"传统"社会秩序的严重威胁。殖民地社会中，农村共同体成员资格以及随之而来的土地权利，这一切所提供的物质和精神安全，在殖民地社会中任何"现代"领域都无法找到替代。男人们大部分时间生活在城镇中的营地内，而妇女们则含辛茹苦地养育孩子，无法得到丈夫的物质和精神支持。[1]

第三节　农业生产

殖民主义在急剧重构长期的农业生产和贸易模式中扮演了重要角色，重塑非洲农村地区朝着市场化发展。殖民地国家往往决定着种植何种经济作物、农产品价格，并且控制着市场。殖民地国家成为经济变革的推动力量，主要是为了促进资本主义形式的生产和交换。殖民地国家这样做部分是为了应对帝国本土所要求的各殖民地财政自给自足。然而，实际过程要依赖于特定地区的当地殖民官员的处置方式。殖民地国家的行动自由程度时常是由殖民地当地社会因素所决定的。这其中包括需要依赖当地税收，而非帝国本土财政，从而使得殖民地国家以一种极为直接的方式与非洲人的生产和交换紧密结合起来。殖民地国家需要推进英国资本的利益，保护自身的利益和生存，并且促进非洲当地阶级的利益。这所导致的最终结果是，殖民地国家只能是"相对独立"。[2] 这意味着殖民地国家必须持续地重新界定它在殖民地政治经济进程中的角色，作为对于殖民地经济结构危机的有效回应。非洲农村家庭的行为对于殖民地政府的政策及其行动的塑造产生了重要影响。此外，环境和地理因素同样制约着殖民地经济变革，而不只是殖民地国家的政策以及非洲当地社会的能动性。[3]

殖民地政府通过强制手段刺激非洲农业生产。在坦噶尼喀，东非战役还未结

---

[1]　C. C. Wrigley, "Aspects of Economic History," in A. D. Roberts, ed., *Cambridge History of Africa*, Vol. 7, Cambridge: Cambridge University Press, 1986, p. 129.

[2]　Bruce Berman, and John Lonsdale, "Coping with the Contradictions: The Development of the Colonial State in Kenya, 1895 - 1914," *The Journal of African History*, Vol. 20, No. 4 (1979), p. 490.

[3]　Robert M. Maxon, *Going Their Separate Ways*, Madison: Fairleigh Dickinson University Press, 2003, pp. 19 - 23.

束，仓促成立的"占领区政府"就已经迫不及待地鼓励维多利亚湖地区的棉花生产。当饥荒在"一战"后对中部地区民众造成严重死亡情况下，英国仍然鼓励饥荒地区的棉花出口。在英国殖民时代，殖民政府渗透到非洲社会的能力增强。在 20 世纪 30 年代大萧条时期，这一能力受到严峻挑战。坦噶尼喀出口作物剑麻、咖啡和棉花的国际市场价格下跌，导致殖民地政府经济出现严峻危机。殖民政府鼓励南部沿海地区的棉花种植，而阻挠面向市场的水稻生产，因而导致水稻大量进口。英国殖民政府还鼓励中部地区的花生和谷物种植，而阻挠这里的牲畜蓄养。英国殖民者认定，非洲人无法对眼前的需求和机会做出判断和回应。[1]

殖民地政府的推动能否成功，取决于多种因素。无论是伦敦的殖民部还是各个殖民地政府，它们都并非简单的帝国本土商业利益的工具；殖民地政府通常有着自己利益，有时甚至是与帝国本土政府的方向截然不同。殖民地政府希望非洲臣属生产那些回报最高的产品，因为这能让非洲臣属感到满意，从而更容易实现统治稳定，同是也是因为应税收入的最大化也最有利于殖民政府。因此，尽管伦敦希望尼日利亚北部的农民种植棉花，但是当大多数农民决定种植花生的时候，尼日利亚殖民当局并未予以阻拦。另外，在帝国本土压力已经消失的情况下，东非政府仍然热衷于棉花生产。负责管理南罗得西亚的英属南非公司试图找到适合的出口产品，也愿意种植棉花。这既是为了增加政府税收，同时也是为了将非洲人变成"经济人"，也就是商品消费者和生产者，这是所谓的殖民者"文明使命"的一部分。1903 年，南罗得西亚土著事务部的一位官员总结道，"如何才能刺激非洲土著工作？答案是，为（土著）创造尽可能多的需求，诱导他采用现代耕作技术，并且使他远离酒壶。"[2]

事实上，19 世纪以及整个殖民时代的经济增长和进步是由非洲移民工人、可可农民、花生收购者和公路运输者所推动的。殖民地国家的某些成功更多的归功于非洲人的主动性。非洲人对于市场机会的回应以及殖民政府的资源限制，这使得非洲殖民地的经济变革在很大程度上归因于非洲人的主动性。西非的非洲人

---

① D. M. P. McCarthy, *Colonial Bureaucracy and Creating Underdevelopment：Tanganyika，1919 – 1940*，Ames：Lowa State University Press，1982，pp. 5 – 52.

② Timothy Burke, *Lifebuoy Men，Lux Women：Commodification，Consumption and Cleanliness in Modern Zimbabwe*，Durham：Duke University Press，1996，p. 86.

出口生产快速发展，导致英国内部的政策辩论有利于黄金海岸和尼日利亚成为"农民"殖民地。在白人移民殖民地，非洲人抓住了面向矿业和行政上的城镇中心种植谷物的最初机会。当政府试图迫使非洲人退出农产品生产转而从事劳动力雇佣时，肯尼亚和罗得西亚的农民生产仍然非常有活力，以至于政府被迫调整政策。即便如此，非洲人经济机会最多的仍然是在"农民"殖民地，尤其是英属西非。然而，即便是英属西非，面对欧洲人的进出口贸易垄断和银行金融领域激烈竞争，非洲商人予以反击，主要表现为尼日利亚的独立金融运动和黄金海岸的可可停产。①

1. 经济作物

殖民时代大多数非洲人生活在自给自足的农村地区。殖民地政府将这些农村地区视作未开发的劳动力储备地和农业生产地，必须要由外来刺激才能实现发展。殖民地政府试图迫使非洲人生产可供市场销售的农产品，或者是外出务工。在某些地区，非洲农民早在19世纪就已经开始商品生产。尤其是在西非，欧洲人争夺贸易商路控制权，将棕榈油和花生运送到沿海地区。非洲农民通常是以家庭为组织进行经济作物生产，这在一定程度上是作为粮食作物生产的补充。在没有白人移民或者矿业开采行业的地区，殖民地政府极力鼓励这一农民生产。殖民地政府也试图促进棉花等战略作物生产。从19世纪末开始，殖民地政府采用一系列手段来推动棉花生产。

殖民政府试图通过强制人头税迫使非洲人生产市场经济作物。在很多地区，殖民地政府最初允许非洲人以实物形式缴税，但是很快又规定必须以现金形式缴纳。殖民地政府鼓励种植经济作物，而不是粮食作物。在很多情况下，殖民地政府采用强制手段迫使非洲人生产某种农作物。19世纪末20世纪初，这些新需求往往导致生存危机，特别是在降雨量和环境条件正常变化的情况下。非洲农村家庭需要年轻人努力从事生产以增加农作物产量，或者销售更多牲畜。总体而言，这些经济活动的回报较低，其中大部分被收税人收走。面对殖民地国家的要求，非洲家庭发生剧烈变革。在很多地区，经济作物生产是由非洲男性主导，这时常是殖民地政府积极鼓励的。粮食作物生产几乎完全是非洲妇女的事情。这些对于

① A. G. Hopkins, "Economic Aspects of Political Movements in Nigeria and the Gold Coast, 1918 – 1939," *The Journal of African History*, Vol. 7, No. 1 (1966), pp. 133 – 152.

非洲妇女经济机会的限制，与殖民地新的"土著法"条件下对于非洲妇女地位的限制是相符的。到"一战"时，战时需求，资源有限，再加上殖民地政府试图限制非洲人的流动性，以及无法将粮食运送到发生饥荒的地区，导致粮食匮乏和饥荒的发生。[①]

殖民地政府和传教士往往将非洲农民所面临的问题，归结于非洲农民的保守或者种族特征。然而在非洲各地，农民以各种全新方式对于殖民时代的新需求和机会做出积极回应，从而极大地改变了农村面貌。殖民地政府有时会鼓励这一变化，但在另一些情况下则会试图限制这一变化对于社会秩序或自然环境的影响。在黄金海岸，非洲人土地所有者雇佣来自殖民地北方和邻近殖民地的移民劳动力，清除森林土地。他们急剧扩大了可可生产，而可可生产也扩展到临近殖民地，尤其是象牙海岸。在东非高原地带，乞力马扎罗山麓和梅鲁山麓以及布科巴（Bukoba）地区的农民开始生产咖啡，他们将咖啡种植纳入家庭周围的香蕉种植之中。在非洲的很多平原地区，棉花成为主要作物。除了环境和土壤条件之外，经济作物的成功种植依赖于多种因素。很多农作物生产有赖于交通运输业发展来保证较高收益。姆万扎（Mwnanza）地区的非洲农民成为主要的棉花生产者，而乌干达农民也生产了大量的棉花和咖啡，因为铁路和湖域运输使得棉花能够以较为低廉的价格销往国际市场。

殖民地政府的财政政策以及对于市场销售的控制影响经济作物种植的成败。殖民地政府时常试图将商品销售限制在获得特许权的商人。这些商人大多是移民，在东非是印度次大陆居民，在西非则是中东或者地中海居民。这些控制措施，尽管并未有效阻止非洲人从事贸易，但是却压制了付给农民的价格。作为回应，非洲农民支持建立合作社，以实现对于他们所销售农作物的更大程度的控制。在英属非洲（和法属非洲），殖民地政府建立销售局，确定农作物的最高和最低价格，当价格过低则提供补贴。

20世纪二三十年代，小规模的非洲农民继续在热带非洲大部分地区主导着经济作物生产。塞内加尔和尼日利亚盛产花生，棕榈油是尼日利亚殖民地经济中的重要产品，科特迪瓦、安哥拉、坦噶尼喀和乌干达经济依赖于棉花和咖啡。所

[①] Gregory Maddox, "Njaa: Food Shortages and Famines in Tanzania between the Wars," *The International Journal of African Historical Studies*, Vol. 19, No. 1 (1986), pp. 17 – 34.

有这些殖民地都揭示出非洲生产者积极应对殖民地经济所提供的机会。在殖民统治早期，农村社会变革的主要推动力量是铁路；20世纪二三十年代，公路是主要交通方式。汽车进入乡村地区，将商业、农业带入之前的全球贸易难以达到的地区，并且为农村地区创造商业机会，市场城镇发展起来。非洲种植者，大多控制着女性劳动，能够开垦新土地来种植经济作物；他们将商业、农业推进到新地区。在军事征服和政治动荡年代之后，20世纪20年代是稳定、相对繁荣和人口增长时期。农业加速发展，并且更加多样化；很多非洲地区开始感受到人口压力，农民如同前殖民时代一样迁徙到新土地上，这一迁徙因为殖民地国家所带来的和平和安全而成为可能。①

在西非地区，英国统治者鼓励非洲农民生产面向出口的经济作物。成功的经济作物生产是一系列因素共同作用的结果，包括非洲人的主动性、外部需求、政府鼓励、税收体系的货币化（农民需要获取现金来支付税收）、铁路和公路等交通设施的修建。在西非沿海的很多地区延续了19世纪的发展。19世纪"合法贸易"中，已经有花生和棕榈油销售，这些作物仍然是殖民统治早期的主要经济作物。不过，到这一时期，经济作物生产规模已经明显扩大，并且也日益多样化。从20世纪初开始，尼日利亚的铁路修建使得殖民当局得以鼓励约鲁巴人的可可生产，而豪萨农民利用全新的交通网络，评估实际面临环境以及他们面前的选择，最终他们选择种植花生。尽管殖民政府试图予以引导限制，但是非洲人往往能够决定种植何种作物。在尼日利亚，英国殖民者在西南部引入了可可，而在北部则试图推动棉花的大规模种植。棉花在西非萨赫勒地区的种植已经有数百年之久。尼日利亚北部城市卡诺的染布业十分闻名，这里的棉布甚至销往萨赫勒地区，有些还穿过撒哈拉沙漠销往北非。尼日利亚北部的气候和土壤也适合棉花生长，因此英国人坚信大规模商业种植棉花在这里能够成功。1912年，通向卡诺的铁路通车，主要目的是促进卡诺周围的棉花生产。在铁路开通时，英国棉花种植者协会在尼日利亚北部开展工作，建立棉花加工厂，分发种子和肥料。1912年铁路通车，但是棉花种植并未随之大规模出现。英国棉花种植协会给出的价格并不比本地商人高，因此大部分当地出产的棉花像以往那样就地销售。农民更愿意种植花生，而不是殖民政府所鼓励的棉花。花生价格要高于棉花，而且即便是

---

① Richard Reid, *A History of Modern Africa*, p.204.

歉收或者遇到其他灾祸，农民还可以吃花生。1912 年，尼日利亚北部发生大饥荒，饿死约 3 万人。在此之后，种植花生的农民越来越多，而棉花则越来越少。英国人为刺激一种商品作物生产而修建的铁路，却导致另一种农作物的发展，这条铁路线上运输的不是棉花，而是花生。[①]

黄金海岸是非洲农民生产取得成功的典型案例之一，这里的农民占据主要地位。可可作为一种主要经济作物，于 19 世纪 80 年代引入黄金海岸，在不到一代人时间里黄金海岸成为世界最大的可可生产国。尽管可可出口开始于 1891 年，但是不到二十年时间里出口达到 4 万吨。这一增加是极为显著的：1923 年的出口超过 20 万吨，而 20 世纪 30 年代中期超过 30 万吨。尽管 19 世纪、20 世纪之交的欧洲殖民官员通常并不认为非洲人会种植这样一种需要多年培育才能有回报的经济作物，但是到 20 世纪 20 年代黄金海岸可可产业的成就已经是举世瞩目。直至 20 世纪 70 年代，在阿克拉的数百万阿夸佩姆人（Akwapim）小农生产一直在持续扩张。

尽管铁路建造使得很多其他地区的经济作物生产成为可能，但是黄金海岸的库马西－阿克拉铁路只是到 20 世纪 20 年代初才发挥影响，到这时非洲生产者已经推动可可生产的急剧扩张。铁路所起到的作用，只是将可可运至沿海的可可购买者。黄金海岸的经济成就也不是由于财政压力，因为黄金海岸的税赋水平与其他殖民地相比而言并不算高。欧洲贸易公司在可可产业发展方面扮演了重要作用，但是非洲社会的能动性更为重要。阿夸佩姆人并非出口贸易的新手，早在 19 世纪已经向欧洲商人出售野生橡胶和棕榈油；随着 19 世纪末这些产品价格下降，阿夸佩姆人开始转变观念，寻找新市场和新产品。如同其他的经济作物生产者一样，他们也必须平衡出口作物和粮食作物种植，并相应地分配土地，这一压力一直持续存在。而且，他们选择种植可可也是因为长期的经济理念：可可需要大片土地，清除灌木丛需要大批劳动力，而可可树需要 15 年时间才能成熟，因此，可可种植代表着对于未来的投资。非洲农民的可可生产十分有效，然而英国殖民官员很少相信土著农民能够迅速而有效地对于市场刺激做出回应。黄金海岸殖民政府决定支持土著农民，这是可可繁荣的结果，而非可可繁荣的原因。这与尼日利亚情况截然不同，尼日利亚殖民政府明文禁止欧洲种植园发展。与象牙海

---

① 埃里克·吉尔伯特、乔纳森·T.雷诺兹：《非洲史》，黄磷译，海南出版社，2007，第 297 页。

岸和刚果的殖民官员一样，黄金海岸的殖民官员最初更青睐种植园，只是后来才改变立场，因为担心政治骚乱，同时也是因为认识到非洲可可种植有助于提高政府收入和欧洲企业利益。[①]

相比之下，东非地区的经济作物生产在 19 世纪末 20 世纪初发生剧烈变革。桑给巴尔属于例外情况，这里是丁香和其他香料的出口地。然而，商业农业发展很快向东非内陆地区扩展。乞力马扎罗山附近的查加人（Chagga）成为咖啡的大规模生产者。乌干达也经历了显著转变，深刻的经济变迁起源于布干达王国，这里有着高度集权化和等级制的政治体系。19 世纪下半叶，布干达的出口经济是以奴隶和象牙为基础，而购买者为阿拉伯商人；然而，这一贸易对于长期经济发展不利，19 世纪八九十年代最终衰落。然而，不到数年时间，乌干达成为主要的棉花生产国。与黄金海岸不同，殖民地国家在促进乌干达发展方面扮演着关键角色。殖民地政府强制非洲农民生产某些农产品。例如，德属东非农民的棉花强制种植是 20 世纪初马及马及大起义的诱因；尽管英国的手段通常并没有那么严苛，但是乌干达和东非、中非其他殖民地的出口农作物生产的启动也离不开强制，譬如棉花。"棉花要比其他经济作物更能推动非洲农民接受货币经济，因此为非洲各民族展现了全新的前景，不论其结果是好还是坏。"[②] 棉花一直是埃及对外贸易的主要支柱，到殖民时代中期，在苏丹和乌干达也取得了相似的主导地位，对尼亚萨兰和坦噶尼喀经济也是十分重要的，在莫桑比克、比属刚果和多个西非国家也具有一定的重要意义。棉花传统上在英国所进口的原料中占有特殊地位，在殖民时代之初，兰开夏的棉花业已经敏锐地瞄准了热带非洲，不仅将其视作布料市场，而且是潜在的棉绒供应地。在英属东非地区，尽管强制因素运用得更为巧妙，但是也同样存在于棉花种植的早期阶段。时任殖民部次官的温斯顿·丘吉尔也十分推崇棉花种植；而且，英国棉花种植协会，这个由兰开夏利益团体建立并得到政府小额资助的组织，也积极推动东非和西非的棉花生产；1919 年，它被另一个政府全额资助组织帝国棉花种植公司所取代，该公司强调棉花在整个英属热带殖民地的农业经济研究和推广中的重要地位。公司徽章图

---

① Corey Ross, "The Plantation Paradigm: Colonial Agronomy, African Farmers and the Global Cocoa Boom, 1870s–1940s," *Journal of Global History*, Vol. 9, No. 1 (2014), p. 61.

② A. N. Prentice, *Cotton, with Special Reference to Africa*, London: Prentice Hall, 1976, p. v.

案是不列颠女王坐在她的宝座上，担着担子的黑人和棕色人种将成捆的棉花放到女王脚下。①

禁止非洲人种植某些农作物，是强制农作物生产的另一表现形式。原产于赤道非洲的咖啡已经在乌干达、坦噶尼喀的维多利亚湖滨、安哥拉和科特迪瓦大量种植。高山咖啡主要为欧美市场提供口感上乘的咖啡豆，它的种植有着极为严苛的要求。生产咖啡这一最赚钱的农作物需要土壤和气候条件的完美结合，这些条件可以在乌干达的厄尔贡山、肯尼亚的阿伯德尔山脉和坦噶尼喀的乞力马扎罗和梅鲁（Meru）等地找到，这些地方因而经济繁荣，而在埃塞俄比亚高原的咖啡价值因为质量控制的缺失而下降。就咖啡而言，规模和组织问题更为含糊不清。当地的罗布斯塔（Robusta）咖啡已经在非洲多个地区经济中占有一定地位，经过阳光暴晒的咖啡豆可以很容易地进行集中的加工处理，因此没有必要担负外国人管理或者投资的成本。然而，更值钱的高山咖啡所需要的加工流程使得较大的生产单位而非一般的非洲家庭拥有更大优势。不过，这一优势并非决定性的，厄尔贡山和乞力马扎罗山麓的非洲咖啡种植者所取得的成功表明，咖啡的"当地人生产"并不存在障碍。肯尼亚和安哥拉的欧洲种植园主的实际垄断控制，更多是因为他们的政治权力，而不是更高的经济效率。

2. 粮食作物

殖民地经济对于农村家庭的新需求导致与粮食生产有关的农牧业生产的剧烈变化。20世纪上半叶，生产和采用新作物和新技术的速度加快。殖民地经济的创立对于非洲农村面貌的最大影响，是玉米和木薯这两种新世界经济作物的大规模推广。随着两次世界大战之间核心定居区的人口增多，牲畜从瘟疫肆虐之中恢复过来，稀树草原居民从游牧转向农业生产，核心定居地区面临很大压力。这些地区的耕作变得更加集约化。例如，伊博人完善了农业间作（Intercropping）技术，农业生产逐渐多元化。玉米种植继续扩大，而小米和高粱则减少。木薯耕作范围扩展更快，尤其是在人口稠密地区，它的产量能够实现劳动力和土地收益最大化，木薯作为主粮使得非洲人饮食结构中缺少蛋白质，而经济作物收入能够弥

① C. C. Wrigley, "Aspects of Economic History," in A. D. Roberts, ed., *Cambridge History of Africa*, Vol. 7, Cambridge: Cambridge University Press, 1986, p. 101.

补这一问题。尽管采取了这些不同的应对策略，核心地区仍然面临巨大压力。大部分非洲人仍然拥有充足土地，但是在伊博兰、条件较好的高地环境、经济作物地区出现土地稀缺。很多殖民地缩短了土地休耕时间。在灌溉条件较好的地区，玉米比传统的非洲谷物高粱和小米更受青睐。玉米产量较高，并且病虫害较少。自 20 世纪初，南非和肯尼亚的高度资本化白人农民开始种植玉米。到 20 世纪中叶，南非的玉米杂交品种开始在非洲大陆推广。非洲小农转而从事玉米种植，因为它的产量高，并且因为玉米价格高于高粱和小米。在很多雨量不定的地区，玉米种植完全是靠天吃饭。与此同时，木薯也在 20 世纪扩展到非洲很多地区。木薯种植时需要一定的劳动力投入，此后并不需要太多除草，劳动力投入总体不高。木薯可以储藏在地下很长一段时间。因此在容易发生旱灾地区以及土壤较为贫瘠的森林地区十分普遍。

以肯尼亚为例，非洲人的主食最初是豆类，而后迅速转变为玉米，这在基库尤人地区表现尤为明显，这其中的重要原因是玉米种植所需劳动力相对较少，不过更重要的原因在于英国殖民政策。内罗毕最初是作为铁路营地建立的。因此，在白人移民前来利用廉价的非洲劳动力之前，英属东非公司必须养活非洲工人。管理层所知的最廉价食物是玉米面（Cornmeal，或者 Posho）。这是南非人的主食。面向南非出口玉米，从一开始就是玉米在肯尼亚大面积种植的重要因素。玉米生长周期较短，产量较高。[1] 非洲农民将玉米纳入劳动、饮食和生活节奏之中。在肯尼亚西部地区，由于男性劳动力外出务工，妇女成为积极的革新者。1917 年，一种新的马齿型白玉米（White Dent Maize）品种引入，卢奥族妇女称这一新作物是奥罗毕（Orobi 或 "Nairobi"，肯尼亚首都名称），这意味着她们的经济生活进入全新阶段。[2]

殖民者认为，非洲殖民地的农业发展主要是依靠那些体积较小、价值较高的适合出口的经济作物。然而，很多地区将剩余的粮食作物销售到周边地区。经济作物和粮食作物的区别在一些地区并不明显，殖民政府未能认识到这一点，因而导致严重的政策失败。类似情况也发生在乌干达西南部的基盖济（Kigezi）地

---

[1] Clarie C. Robertson, "Black, White and Red All Over: Beans, Women and Agricultural Imperialism in Twentieth Century Kenya," *Agricultural History*, Vol. 71, No. 3 (1997), pp. 259 – 299.

[2] James McCann, "Maize and Grace: History, Corn and Africa's New Landscapes, 1500 – 1999," *Past & Present*, Vol. 218, Issue Supplement 8 (2013), p. 255.

区。经济作物生产是乌干达殖民政府的一项重要目标，这依赖于生产棉花和咖啡等经济作物，从而为殖民政府提供资金，并且满足英国产业发展和消费需求。然而，鼓励经济作物生产的成效在乌干达各地有很大区别。殖民者并未意识到原本存在的生产体系本身的活力和生产效率，试图引入咖啡和烟草等经济作物，但是基盖济农民早在前殖民时代已经依靠种植粮食作物赚钱，殖民政府的市场销售政策未能推动经济作物生产。正如非洲史学家约翰·托什所指出的，殖民时代"经济作物种植的成功，依赖于经济作物与已有的粮食作物生产之间的关系"，经济作物生产对于粮食作物生产是"复杂的，时常是阻碍的"。[1] 种植粮食作物要比经济作物更具吸引力，因为更能满足维持生计所需。

非洲种植者通常是用传统的开拓边界地区的方式作为回应。拥挤的高地居民扩展到周边的低地，以往不安全因素阻碍他们进入这一地区。1929 年，一位宗教仪式首领带领着讲库希特语（Cushitic）的依拉克瓦人（Iraqw）从坦桑尼亚北部家园出发，向北到卡拉图（Karatu）平原定居。尼日利亚蒂夫人（Tiv）突破英国殖民政府的限制而向外移民。这些开拓者往往从事面向市场的粮食作物生产。到 1936 年，北罗得西亚的通加农民拥有 4300 套犁具，他们为加丹加和铜带提供玉米。然而，殖民时代的非洲农民技术革新较为有限。大多数非洲人"进入殖民主义时候带着锄头，而走出殖民主义的时候仍然是带着锄头"。[2]

3. 市场控制

资本主义向非洲的渗透发生在殖民统治时期，但是这并不等同于"自由市场"的胜利。很多人认为，"自由贸易"的困难是殖民征服的重要理由。然而，政府干预市场，尤其是关键的农产品市场，构成了殖民统治的重要特征。"超市场活动"（Extra-market Operations），包括关税、许可、土地分配、禁止生产或者强制生产等措施。[3] 随着大萧条以及"二战"所引发的危机，还出现了另一种重

---

① John Tosh，"The Cash-Crop Revolution in Tropical Africa：An Agricultural Reappraisal，" *African Affairs*，Vol. 79，No. 314（1980），p. 80.

② Walter Rodney，*How Europe Underdeveloped Africa*，London：Bogle-L'Ouverture Publications，1972，p. 239.

③ P. Mosley，*The Settler Economies：Studies in the Economic History of Kenya and Southenr Rhodesia，1900 - 1963*，Cambridge：Cambridge University Press，1983，pp. 10 - 12.

要形式：垄断初级产品购买的销售局。独立后的非洲国家维持或增强了对于市场的控制，包括销售局体系，而这通常对非洲农民不利。[①]

关于市场在非洲殖民地经济发展过程中的作用，通常可以分为东非和西非两种不同类型。无论是在西非还是东非，最有利可图的、高度资本化的贸易领域，例如批发贸易和进出口贸易，均控制在外来移民群体手中。东非和西非的差别主要在于，是否允许非洲商人在大量收购农民产品并运送给出口商或者其代理人的过程中发挥作用。在大多数东非殖民地，土著非洲人在农产品收购和零售贸易中的作用极为有限。

20 世纪 30 年代末，恶劣的全球经济环境导致殖民地出现大规模抗议浪潮，包括西非可可停产以及西印度群岛骚乱。在这一背景下，英国官员考虑更大程度地干预殖民地经济。"二战"爆发后，联合非洲公司（United Africa Company，UAC）和其他公司要求控制销售以减少西非贸易的危险，而英国殖民部对此表示赞同。随着战事发展，英国政府实现对于帝国经济的中央集权控制，以协调资源利用，这一趋势随着战争债务而加重。帝国战争经济增强了经济干预鼓吹者关于殖民地发展的前瞻意识。与此同时，殖民官员也逐渐认为，将中央集权化的战时控制机构转变为殖民地政府，将是战后政治权力下放的重要组成部分，"英属西非殖民地接受了一套法定的销售体系……这首先是由英国商业利益所创造，并由英国政府自上而下地长期实行"。[②]

两次世界大战之间，非洲遭遇巨大贸易波动。正是在这一情况下，殖民地国家日益介入非洲经济。殖民地政府迫切需要建立经济控制机构。尽管各个英属非洲殖民地都面临着更大程度介入经济的压力，但是各殖民地的具体回应有着显著差别。农民和商业资本政治影响力的平衡影响着市场销售局的制度和政策，东非和南部非洲的白人移民农场主取得有利于自身的制度安排，而英属西非的非洲农民则受制于代表欧洲商业公司利益的机构。即便是黄金海岸和尼日利亚这样明显相似的环境下，殖民政府关于可可销售法律仍然存在相当大差异，这反映了黄金海岸经济更依赖可可，以及工会力量较弱。

---

① R. H. Bates, *Markets and States in Tropical Africa：The Political Basis of Agricultural Policies*, Berkeley：University of California Press, 1981.

② David Meredith, "The Colonial Office, British Business Interests and the Reform of Cocoa Marketing in West Africa, 1937 – 1945", *The Journal of African History*, Vol. 29, No. 2 (1988), p. 299.

20 世纪二三十年代的经济危机对农业出口造成严重冲击，随着大萧条来临，1929—1931 年农产品价格下降一半。南非和南罗得西亚要比北罗得西亚更依赖出口，因此更早开始采取市场控制措施。1931 年，南罗得西亚政府颁布玉米控制法案，所有玉米（特定地区除外）都必须出售给玉米控制局。由玉米控制局确定生产者和消费者的固定价格，并且负责玉米进出口。这是热带非洲第一个粮食销售局。① 肯尼亚的第一个类似机构是 1933 年成立的咖啡局，主要由欧洲种植者和政府代表组成。到 1945 年，肯尼亚先后建立了包括谷物、豆类和油籽在内的七个销售局。到独立时，除坦桑尼亚外，英属中非和东非国家均已建立玉米和其他农产品的销售局。② 在西非地区，英国殖民者于 1942 年成立西非控制局（West African Control Board），当时只是作为战时措施，这是西非地区的市场控制局的开始。1947—1949 年，塞拉利昂、冈比亚、加纳和尼日利亚等殖民地先后建立可可、花生、棕榈产品和棉花的出口控制机构。③

在黄金海岸，"二战"时期形成的政府控制可可销售，使得殖民政府对于殖民地经济的影响达到前所未有的程度。可可销售局的政策成为"二战"后至独立之前民族主义政党的重要斗争目标之一，而销售局的存在也关系到后殖民时代加纳的政治经济命运。从 1941 年年中开始，殖民部开始考虑将市场控制作为英属西非可可贸易的重要内容。殖民官员日益强调，政府应当在战后"稳定"市场波动方面扮演更为重要的角色。销售控制计划的核心是固定生产者价格。根据这一政策，销售局在征求英国购买者、运输方和制造商意见的基础上，有权确定稳定的生产者价格。英国政府担保以固定价格收购西非殖民地的经济作物，并且在世界市场上销售。在遭受贸易损失的情况下，英国政府将会补贴生产者。在出现贸易盈余的情况下，积累的基金将会退还生产者或者用在他们身上。④

在英属中部和东部非洲殖民地，由于土著非洲生产者和欧洲移民生产者同时

① Paul Mosley, *The Settler Economies: Studies in the Economic History of Kenya and Southern Rhodesia, 1900 - 1963*, Cambridge: Cambridge University Press, 1983, pp. 44 - 52, 64 - 68.

② N. R. Fuggles-Couchman, *Agricultural Change in Tanganyika, 1945 - 1960*, Stanford: Food Research Institute of Stanford University, 1964.

③ William O. Jones, "Food-Crop Marketing Boards in Tropical Africa," *The Journal of Modern African Studies*, Vol. 25, No. 3 (1987), p. 378.

④ 潘兴明：《英帝国经济治理的历史考察》，《贵州社会科学》2014 年第 3 期。

存在，农业销售变得更加复杂。在北罗得西亚，尤其是在铁路沿线，无论是对于非洲生产者还是对于白人移民而言，最重要的农作物都是玉米。大萧条时代的市场危机，以及黑人和白人之间的竞争导致国家干预，主要形式是 1935 年出台的玉米控制法案（Maize Control Ordinance of 1935）。根据该法案，玉米控制局成立，它是赞比亚独立后的国家农业销售局（National Agricultural Marketing Board，NAMBOARD）的前身。玉米控制成为殖民地国家维持白人农场生存的重要手段。白人农场生产的玉米主要面向殖民地政府、铁路、布罗肯希尔和坎桑希（Kansanshi）的新兴矿区，但是市场较为狭小，每年玉米销量只有不到 2 万袋。从 1910 年开始，白人农场面向比属刚果的加丹加地区出售玉米。随着北罗得西亚铜带地区的铜开采发展，欧洲人口从 1924 年的 3090 人增至 1931 年的 13846 人。矿区非洲工人数量从 1925 年的 5000 人增至 1930 年的 30000 人。铜带的兴起对粮食市场产生重要影响，以往从未出现如此大规模的工人聚集，因而需要大量粮食供给。而且，除了直接在矿山工作的非洲工人外，还有大量非洲人为白人从事服务业。据称，到 1930 年矿区非洲工资劳动力已经增至 80000 人。[①] 白人移民将铜业开采视作"救星"。铜带粮食需求不断增加，1930 年达到 30 万袋，远远超过了北罗得西亚所有生产者的产量，粮食价格也随之上涨。20 世纪 20 年代末的玉米每袋价格为 12 先令。然而，世界经济萧条在 1931 年席卷铜带。很多矿山关闭，矿山就业非洲人数从 1930 年的 30000 人降至 1932 年的 7000 人，就业人数从 80000 人降至 42000 人。而 1932 年玉米大丰收，很快整个殖民地出现粮食剩余，玉米价格降至 6 先令。正是这一危机直接导致玉米控制局的出现。

　　黄金海岸乃至整个西非地区销售局制度的创立，表明政府试图阻止当地的资本积累，并且阻止农民内部分化。赞比亚殖民政府建立玉米控制局以减少非洲农民和欧洲移民玉米生产之间的竞争，并将非洲农民从扩大的经济作物生产转向服务于欧洲农场的廉价农业劳动力市场。1939—1962 年，加纳和尼日利亚农民 1/3 到 1/2 的收入被国家销售局所剥夺，总额约为 7 亿英镑，这些资金被重新分配到加纳和尼日利亚以外的其他地方。[②]

① Kenneth P. Vickery, "Saving Settlers: Maize Control in Northern Rhodesia," *Journal of Southern African Studies*, Vol. 11, No. 2 (1985), pp. 212, 216.

② Beverly Grier, "Underdevelopment, Modes of Production and the State in Colonial Ghana," *African Studies Review*, Vol. 24, No. 1 (1981), p. 42.

第四节　白人移民

白人移民是影响殖民地经济发展的重要因素之一，在很大程度上塑造着很多英属中部和东部非洲殖民地的发展轨迹，其中以南罗得西亚和肯尼亚最为典型，这与英属西非殖民地形成鲜明对比。英国殖民当局通过掠夺土地、征收税赋、强迫劳动、扶植白人种植园主、压制非洲小农经济等方式加速推动殖民地经济的形成，并导致畸形经济结构。① 具体而言，20 世纪 20 年代，英属东非和中非殖民地在白人移民问题上采取了截然不同的政策。英国殖民决策者面临"西非方式"和"南非方式"的艰难抉择。所谓的"西非方式"，即经济发展在很大程度上依赖于非洲农民生产，而"南非方式"则是权力控制在白人移民手中。最终，英国决策者允许肯尼亚和南罗得西亚发展成为白人移民主导的殖民地，而乌干达和尼亚萨兰则发展成为非洲小农经济。北罗得西亚经济围绕着铜矿生产而组织起来。在坦噶尼喀，英国接受了德国统治者在马及马及起义中的教训，不再试图将坦噶尼喀变成白人移民殖民地，坚持自德国殖民统治时代以来形成的非洲农民、白人移民和种植园之间的平衡关系。②

1. 英属东非和中非的白人移民概况

白人殖民者在非洲发展农业的尝试遭遇极大困难。在南非政府推动下，南非白人取得成功。尽管如此，英属中非和东非的白人农场主并未发生类似变革，主要原因在于非洲劳动力大量存在压低了白人劳动力价格。③ 无论是不熟练和半熟练白人移民，还有半独立的白人自耕农，或者是在其他的非洲殖民地构成核心力量的独立农户，他们丧失了可以生存的经济空间。在最初被认为是欧洲定居的可能地区的乌干达等殖民地，非洲农民成功遏制了白人农场主力量，因为白人无法同高效的、小规模的非洲小农生产单位竞争。在东非地区，欧洲工匠和小商人还面对着强大的亚洲竞争者。因此，欧洲血统的人并未像有些人所希望的那样构成

---

① 李继东：《英属非洲白人种植园经济略论》，《西亚非洲》2004 年第 2 期。
② Andrew Coulson, *Tanzania: A Political Economy*, New York: Oxford University Press, 2013, p. 74.
③ Frederick Cooper, "Peasants, Capitalists and Historians: A Review Article," *Journal of Southern African Studies*, Vol. 7, No. 2 (1981), p. 299.

整个社会，而是组成了社会中上阶层，包括地主、城镇和农村资本家以及职业者在内，他们与土著民众之间的等级界限日渐明显。①

白人定居对殖民地经济变革产生了一系列影响。第一，重塑了殖民地的经济面貌。在白人移民殖民地，白人移民群体处于殖民地经济的中心。在白人移民集中的地区，非洲人在政治上处于边缘地位，他们只是为殖民地经济提供廉价的工资劳动力。在肯尼亚和南罗得西亚，白人移民受到殖民政府的扶持与鼓励。铁路和公路穿越白人移民定居地区。土地银行为白人移民提供资金支持，欧洲人农业很大程度上垄断了这些殖民地的出口生产，并且从小农谷物生产转变为种植园作物生产，例如肯尼亚的咖啡和茶叶，南罗得西亚的烟草。机械化也加速了这一趋势，在"二战"后的非洲殖民地表现得尤为明显。大多数欧洲人逐渐成为城镇居民，20世纪40年代末的肯尼亚白人城镇居民占58%。②

白人移民的生存严重依赖于殖民地国家的扶持。肯尼亚缺少矿业资源，从事经营的小农并未站稳脚跟，而小规模的白人农场主无法从事咖啡种植或者大规模经营，这些人的生存全凭他们的政治影响，他们通过政治特权得到了种种好处，其中包括技术扶持、支线铁路、差别运价、关税保护，等等，并且从1931年起他们还从国有土地银行获得优惠贷款。在南部非洲，白人农场和矿业企业之间显然存在着一种密切的甚至是共生的关系，仅仅是矿业企业就足以产生对于白人农场农产品的需求。城镇资本家痛苦地抱怨白人农业更多的是"寄生"而非"共生"，为了支持赔钱的白人农业，殖民地经济遭受严重扭曲。尽管如此，城镇白人资本家出于维护政治基础考虑而容许白人农场主剥削的存在。③

第二，白人定居是建立在对于非洲土著严重剥夺基础之上的。在南罗得西亚和肯尼亚，殖民统治意味着大量白人移民的到来。南罗得西亚（以及西南非洲、德属东非和莫桑比克）接受了来自南非的大量移民。白人移民殖民地依赖于适宜白人定居土地和土著居住土地之间的强制分割。白人农业发展和白人人口增长

---

① C. C. Wrigley, "Aspects of Economic History," in A. D. Roberts, ed., *Cambridge History of Africa*, Vol. 7, Cambridge：Cambridge University Press, 1986, pp. 109 – 110.

② John Iliffe, *Africans：The History of a Continent*, Cambridge：Cambridge University Press, 1995, p. 225.

③ Victor E. M. Machingaidze, "The Development of Capitalism Agriculture in Southern Rhodesia, 1908 – 1939," Ph. D. Thesis, University of London, 1980, p. 308.

导致很多的非洲人保留地变成了贫穷的劳动力储备地。罗得西亚和肯尼亚的白人移民都认为自己所在地方是无人居住的"自然",是等待他们"驯化"的。他们所设想的有条有理的谷物、咖啡、茶叶、剑麻或者棉花种植地,与非洲人"低效"的、不"科学"的农业形成鲜明对比。狩猎成为白人抵达非洲殖民地之后的首要活动,而后是迫使这些土地上的非洲人屈服。然而事实上,白人移民的生存是离不开非洲人的,尽管他们抢走了非洲人的土地,但是他们需要非洲人的劳动力,甚至是非洲人的知识才能在新"家园"生存。[①]

随着白人大规模定居,包括保留地在内的土地所有制问题开始变得极为重要。对于殖民地国家来说,根本问题在于,它致力于为白人殖民服务(包括提供大片肥沃的农业土地),同时也要保护非洲人的利益。然而,这是一个悖论。这两个目标的实现是基于殖民地财政自给自足。在肯尼亚殖民地建立之初,殖民地政府并无建立保留地的打算,因为最初政策只允许白人占领"荒地",也就是说非洲人土地不应当被侵占。然而事实上,白人随意占领非洲人的土地,导致一些殖民官员开始对白人移民扩张施加限制。这一情况不仅限于基库尤山,而且也包括马赛人居住地。当地殖民官员意识到非洲人可能会对土地丧失做出反应。因此,殖民地国家划定非洲保留地,并且自诩为非洲人权利的保护者,同时通过为欧洲人提供土地,它也被看作现代经济发展的推动者;通过实行间接统治和直接统治的混合,殖民地政府能够以较低成本满足法律和秩序责任。[②] 1895—1920年,肯尼亚殖民地政府制定和修订了有关非洲人保留地的政策,将大片土地划定为非洲土著保留地,而当时正值欧洲人大规模定居肯尼亚高地。这其中值得关注的,不只是建立土著保留地问题,还有选址、规模和管理问题。这些问题的解决方式揭示出肯尼亚的殖民地国家的目标和限制,以及空间隔离在殖民地社会成为政治控制和社会变迁的重要方式。肯尼亚是欧洲殖民者最后占领的殖民地之一,因此殖民地有很多以往经验可以借鉴。尽管如此,土著保留地的划定仍然引发较大的争论。

在欧洲人农场上生活和工作的非洲人,时常被称作"斯夸特"(Squatter),

---

① 威廉·贝内特、彼得·科茨:《环境与历史:美国和南非驯化自然的比较》,包茂红译,译林出版社,2011。

② J. D. Overton, "Social Control and Social Engineering: African Reserves in Kenya, 1895 – 1920," *Environment & Planning D Society & Space*, Vol. 8, No. 2 (1990), p. 165.

这是 20 世纪撒哈拉以南非洲白人移民社会的典型特征。"一战"期间，南非有 100 多万斯夸特，罗得西亚是 40 万，肯尼亚有 10 万。起先，白人农场主鼓励非洲斯夸特前来定居：清除土地、种植庄稼、放牧牲畜并提供季节性劳动力。后来，斯夸特被视作是"问题"："一种暗中滋生的疾病，很容易感染，但是很难对付"，或者"完全是不经济的，并不适应现代耕作的需要"。这些是 20 世纪 30 年代肯尼亚白人移民报纸《东非标准报》（*East African Standard*）的说辞。斯夸特与土地密切联系，抵制无产阶级化，正如基斯·汉科克爵士（Sir Keith Hancock）所指出的，斯夸特的存在"与种族隔离的理念完全不兼容"。[①] 无论是农业资本经济，还是土地利用的政治，都没有斯夸特的地位。

　　然而，斯夸特一直存在，特别是在罗得西亚和肯尼亚，它们没有像南非那样公然的种族隔离制度，也没有经历过工业化和矿业革命。尽管如此，"这三个国家是同一种类型，它们的共同因素是，各自的欧洲人口都根基深厚，都要求种族统治"。[②] 这一种族统治部分表现为在乡村地区实现种族隔离：将土地分为完全是欧洲人的土地，以及非洲人的保留地，压制或者严格限制非洲人在前者的财产权。然而，这并不意味着非洲人无法在白人所占有的土地上生活和劳作。尽管种族隔离已经立法，斯夸特一直存在。对于很多白人农场主来说，这代表着稳定的劳动力形式。1936—1937 年的南非，将近 89% 的非洲农场工人（658000 名工人中间有 588000 人）居住在白人农场，剩余约 11% 是非常驻的劳动力。[③] 类似的，在罗得西亚和肯尼亚，更多非洲家庭居住在白人土地而不是临近的保留地上。1925 年罗得西亚的一名地区土著事务专员估计，在 15000 名非洲人口中，只有 1600 名生活在保留地；其余 4500 名居住在王室土地上，7780 名居住在白人农场。对于拥有大片未开发土地的白人农场主来说，他们的农场，而非土著保留地提供了大量的廉价劳动力。斯夸特内部并非同质的，其中有着多种类型，包括卡菲尔耕种（Kaffir Farming，非洲人向不在欧洲的地主支付现金地租），提供一定

① W. K. Hancock, *Survey of British Commonwealth Affairs*, Vol. II, *Problems of Economic Policy*, *1918 - 1939*, Part 2, London: Oxford University Press, 1942, p. 26.

② Christopher Youé, "Black Squatters on White Farms: Segregation and Agrarian Change in Kenya, South Africa and Rhodesia, 1902 - 1963," *The International History Review*, Vol. 24, No. 3 (2002), p. 559.

③ S. van der Horst, *Native Labour in South Africa*, London: Oxford University Press, 1971, p. 287.

比例的农作物，以及劳动服务（Labour Tenancy），有时是三种同时存在的。在这三种类型中，对于欧洲人来说最有问题的是卡菲尔耕种。简而言之，非洲人越是像"独立农民"，作为自由的土地所有者或者"卡菲尔农民"，或者较低程度上的分成佃农，越是成为问题；越是像无产阶级，对于白人种族优越地位或者欧洲经济发展的影响程度越低。[1]

第三，白人移民经济的发展推动殖民地国家深度介入殖民地变革。在英国统治下的肯尼亚、南罗得西亚以及 1910 年以前的南非（以及法属北非），政府认为经济进步的主要推动力量应当是白人移民，而不是非洲生产者。在这些地区，"殖民主义"的含义有所不同。欧洲人规模较小，但是他们对于各自殖民地的经济和社会变迁拥有与其人口规模不成比例的影响。对于非洲民众而言，这一影响往往是有害的：白人移民通常攫取了最好的农业土地，并将之前生活在这些土地上的非洲人变成没有土地的劳动力或者索性将他们赶到拥挤不堪的"土著保留地"。在英属东非和南部非洲，大量印度移民的存在使得问题变得更加严峻，他们在殖民地种族等级结构中占居中间阶层的地位。

殖民当局不愿意变成白人移民利益的工具，无论是伦敦的帝国当局还是内罗毕的殖民官员都反对将白人移民利益等同于肯尼亚的"公共利益"。白人移民是政治进程的"合法"参与人，他们按照既定游戏规则争取自己的利益，而殖民官员予以接受。然而，殖民当局清楚非洲人利益与白人移民是截然不同的，再加上英帝国本土的土著权利游说团体，例如教会和传教士协会，人道主义和慈善组织，在它们的压力下，殖民当局抵制白人移民干预殖民地官僚机构，只有少数当地欧洲人能够进入殖民地政府任职。1923 年，英国殖民部发布了"土著利益至上"的德文郡宣言（Devibshire Declaration）。[2]

2. 肯尼亚

殖民地之间有着截然不同的经济、社会和政治发展轨迹。在肯尼亚，白人定居的影响深远。蒙巴萨－基苏木铁路极为关键，它促使政治活动中心从沿海转移到高地，内罗毕城作为铁路站点逐渐发展起来。这条铁路最初是由英国纳税人的

---

[1] Christopher Youé, "Black Squatters on White Farms: Segregation and Agrarian Change in Kenya, South Africa and Rhodesia, 1902 - 1963," *The International History Review*, Vol. 24, No. 3 (2002), p. 561.

[2] Bruce Berman, *Control and Crisis in Colonial Kenya*, pp. 175, 184.

钱建造的，早期的殖民政府试图创造能够自我维持的经济，从而偿还债务。肯尼亚殖民地基本上是干旱的稀树草原，降雨量较低，人口稀疏。唯一例外的是南部的裂谷地区以及周边高地，这里环境健康宜人，很快就被殖民政府认定是适合欧洲人定居的地区。就这一地区的社会政治组织而言，肯尼亚和周边的乌干达有着显著区分。布干达有着中央集权的君主制度，并且开始受到基督教影响，干达酋长在经济作物种植方面扮演着关键角色。然而，在肯尼亚内陆地区分散居住着大量"无国家的"群体，因此没有能够打交道的中间力量，也没有可以作为变革的推动力量，殖民地大多数土著人口，包括马赛人、基库尤人和卢奥人，更多属于游牧人口，肯尼亚土著人口的经济生活的显著特征是不仅保持着农业基础，而且维持着牲畜经济。因此，早期殖民官员认为非洲农民农业发展前景黯淡；从1903 年开始，殖民政府为白人移民农业提供财政鼓励。最初只是零星措施，但是到"一战"时已经形成规模虽小但是极为重要的白人移民群体；这些白人群体构成极其复杂，包括来自南非的阿非利加人，他们是躲避南非的英国帝国主义、拥有大片土地的英国贵族，他们享有政治影响力和财政支持；还包括捕杀动物的猎手，其中很多是探险家，他们构成了非洲殖民地最有活力的欧洲人群体。

　　早期的殖民者从基库尤人手中购买土地，基库尤人是这一地区的主要群体；殖民地政府逐渐开始剥夺基库尤人土地，并分配给白人移民。这些土地通常是最肥沃的，后来成为专门留给欧洲人定居的"白人高地"，非洲居民全部被赶走。到 1915 年，在肯尼亚中部地区，殖民政府从非洲人手里夺走了约 450 万英亩的肥沃土地，约 1000 名白人农庄主前来定居，到 20 世纪 50 年代白人农场主最多时，人数达到 4000 人，占地 730 万亩。[①] 尽管白人移民经济依赖于非洲人的劳动，但是非洲人在政治和经济上被边缘化，这是移民殖民地与其他殖民地之间的基本区别。税收压力迫使非洲人进入劳动力市场，这在 20 世纪 20 年代变得更加普遍。非洲土著人口进行了顽强抵抗，但是遭到残酷镇压；基库尤人和其他族群的土地遭到剥夺。白人移民在殖民地行政管理过程中的作用日益重要，尽管并不像南罗得西亚的白人力量那么强大。即便是肯尼亚这样的白人移民种植园生产占居主导地位的殖民地，非洲农民生产仍然具有极强的竞争力。在并未对白人移民农业构成挑战的地区，殖民官员会鼓励非洲农民生产。20 世纪 20 年代，非洲农

---

① 巴兹尔·戴维逊：《现代非洲史》，第 125—126 页。

民农业持续发展，主要不是在白人主导的农业出口方面，而是针对国内粮食市场，以养活城镇和白人种植园之中的非洲劳动力。而且，在两次世界大战之间，帝国本土资本一直怀疑白人移民种植园生产的经济可行性，一些公司一直参与销售非洲人生产的农作物。因此，无论是殖民地国家还是帝国本土资本一直存在着实现农民生产扩张的压力，尤其在种植园发展停滞时期。①

"一战"后直至1953年，英国对于肯尼亚的帝国计划似乎在"西非"和"南非"政策之间，或者说是非洲小农经济和白人移民经济之间摇摆不定。与此同时，非洲小农经济和白人移民经济也在不断形成之中，对殖民地国家造成巨大压力。"一战"期间，白人移民获得巨大的经济利益。通过内部市场调整，以及某些出口产品的市场扩张，白人移民生产者发展成为殖民地经济主导力量。与此同时，非洲人经济陷入衰落。虽然非洲人面临着很多机遇，但是繁重的军事招募和死亡，出口市场的损失，税收繁重和旱灾，这些使得非洲人经济状况逆转。而且，"一战"期间白人移民的政治影响力得以增强。殖民地国家迫切需要白人移民的支持。殖民政府要求白人移民进入总督战时委员会，这是应对战时经济事务的准行政机构。肯尼亚殖民政府也放松了对于白人移民经济活动的限制。《王室土地法令》（Crown Lands Ordinance）允许白人移民获得999年的土地租期，更自由的发展环境以及居住条件降低。殖民政府还对白人移民经济给予积极支持。1915年通过的《土著登记法案》（Natives Registration Ordinance）直至"一战"后才真正实行，为规范有序的人口流动奠定基础。很多白人移民获得大量的廉价劳动力，并且享有市场机遇。从而得以维持和扩大生产。②

3. 南罗得西亚

1905年之前，英属南非公司试图在南罗得西亚建立"第二个兰德"，但是以1903—1904年财政危机而告终。从1908年至"一战"爆发是"白人农业政策"阶段，在这期间，英属南非公司全面促进白人移民农业发展。"第二个兰德"的失败极大地推动了白人移民农业发展，公司开始关注农业生产以及土地财富的实现。1930年土地分配法案实现了土地分配的种族隔离，非洲人丧失了在殖民地

---

① Bruce Berman, and John Lonsdale, "Crisis of Accumulation, Coercion and the Colonial State," *Canadian Journal of African Studies*, Vol. 14, No. 1 (1960), p. 77.

② John Overton, "War and Economic Development: Settlers in Kenya, 1914 - 1918," *The Journal of African History*, Vol. 27, No. 1 (1986), pp. 79 - 103.

任何地区购买农村土地的权利，除了少数指定地区外。南罗得西亚白人将这一法案视作他们的"大宪章"（Magna Carta），是南罗得西亚白人社会的基石。正如1927 年南罗得西亚政府总理查尔斯·柯格兰爵士（Sir Charles Coghlan）告诉由白人移民组成的立法会："这是白人愿意待下去的国家，要确保这一点，必须将部分地区专门归白人所有。"① 白人移民资本主义农业发展，非洲人农业的落后以及非洲人总体的经济地位，这些都与白人移民的土地剥夺密切相关。

表 2 - 2　罗得西亚的土地分配（1930 年）

单位：英亩；%

土地类型	面积	比例	土地类型	面积	比例
土著保留地	21600000	22.3	未定	8540	0.1
土著购买地区	7464566	7.7	森林地区	90500	0.6
欧洲人地区	49149174	50.8	未分配地区	17790300	18.4

资料来源：George Kay, *Rhodesia*: *A Human Geography*, London：University of London Press, 1970, p. 51。

到"二战"后的农业繁荣时期，非洲人的土地状况变得更加糟糕，尤其是大量退伍士兵和新的白人移民大量涌入。"二战"后的十年时间里，85000 户非洲人家庭被赶出白人移民地区，被迫进入拥挤的保留地。②

4. 北罗得西亚

北罗得西亚的白人规模较小，20 世纪 30 年代的白人农场主只有 200—300人，他们时常面临劳动力匮乏的危机。影响北罗得西亚的劳动力供应的主要因素包括：首先，铜带矿业企业的劳动力需求，它主导着殖民地劳动力市场，并且要比农场主提供的工资更高；其次，劳动力向南迁徙到南罗得西亚，尽管南罗得西亚的黑人劳动力也向南迁徙到南非，南罗得西亚的雇主则从北罗得西亚获得劳动力；最后，铁路沿线非洲人的经济作物生产，尤其是通加人，意味着当地非洲人

① Victor E. M. Machingaidze, "Agrarian Change from above: The Southern Rhodesia Native Land Husbandry Act and African Response," *The International Journal of African Historical Studies*, Vol. 24, No. 3 (1991), p. 559.

② Victor E. M. Machingaidze, "Agrarian Change from above: The Southern Rhodesia Native Land Husbandry Act and African Response," *The International Journal of African Historical Studies*, Vol. 24, No. 3 (1991), p. 561.

有更多的就业选择。通加人的竞争不仅影响到白人农场主的劳动力供应,而且对于白人农场主的生存造成挑战。正是在这一背景下,北罗得西亚政府于 1936 年推出玉米控制计划,将 3/4 的玉米市场留给白人。①

"二战"期间,南、北罗得西亚和肯尼亚的白人移民利用战时粮食需求以获得殖民政府帮助。殖民地国家忽视了通过非洲农民生产以解决粮食需求的可能性,而是信赖白人移民。南、北罗得西亚,坦噶尼喀和肯尼亚等殖民政府在不同程度上强制招募劳动力来解决白人农场主劳动需求,白人移民"绑架"了殖民地国家。在北罗得西亚,殖民地政府建立了非洲劳工团(African Labour Corps)。这原本是政府的战时权宜之计,却一直维持到 1952 年。由于北罗得西亚被纳入南部非洲的资本主义经济体系之中,这使其能够获得多样的劳动力市场。矿业公司提供的工资最高,吸引了大量的非洲劳工。到 20 世纪 30 年代,其他行业只是第二选择。北罗得西亚的商业农场主无法吸引足够多的工人到他们的农场。一般的白人农场主,尽管要比苦苦挣扎的尼亚萨兰烟草种植园主境况好一些,但是在 20 世纪三四十年代仍然是资本不足和机械化程度较低的。这些白人农场主的生存依赖于大量廉价劳动力的稳定流入。然而,这些白人农场主开出的工资并不具有竞争力,20 世纪 40 年代初每 30 个工作日只有 5—10 先令。因此,白人农场主只能劝说殖民地国家强制立法,从而在前资本主义非洲经济中榨取劳动力。②

然而,北罗得西亚殖民政府对于白人农场主的扶持是有限度的。尽管它需要维持白人农场农业发展,但是它必须得到更为强大的资本主义力量的支持。推动当地矿业的发展,这符合殖民地政府的自身利益,因此它鼓励廉价劳动力的自由流动。它也不会公开限制非洲人自由选择雇主的权利,非洲人既可以在北罗得西亚境内,也可以在境外,尤其是 1948 年非洲民族主义者的反联邦主义运动兴起之后。境内和整个南部非洲地区的产业资本的联系,也使得北罗得西亚政府不可能禁止本殖民地劳动力进入南非市场。同样地,北罗得西亚政府也不会保护白人

---

① Kenneth P. Vickery, "The Second World War Revival of Forced Labor in the Rhodesias," *The International Journal of African Historical Studies*, Vol. 22, No. 3 (1989), p. 432.

② Kusum Datta, "Farm Labour, Agrarian Capital and the State in Colonial Zambia: The African Labour Corps, 1942 – 1952," *Journal of Southern African Studies*, Vol. 14, No. 3 (1988), pp. 371 – 392.

农场主免受南罗得西亚的关税和铁路货运政策的冲击。[①]

5. 尼亚萨兰

尼亚萨兰的白人从未超过 2000 人。[②] 白人农场农业发展面临严峻困难，例如缺少重要的国内市场、获取北罗得西亚铜带这样的潜在地区市场面临严重困难、从葡属东非向贝拉（Beira）港这一唯一出口通道的运费较高、劳动力匮乏、周边殖民地的白人农场主和殖民地内部非洲农场主的竞争、尼亚萨兰殖民政府较少支持白人农场主。尼亚萨兰的白人农场主先后尝试种植咖啡、棉花、烟草和茶叶，均未获得显著成功。尼亚萨兰的白人农业经历了结构性变迁，一方面是白人移民家庭农场的失败，另一方面则是资本雄厚的公司庄园的成功。另外，一些白人农场主退出直接生产，与黑人佃农达成分成生产协议。这一发展导致土地政策发生显著变化，从"罗得西亚模式"向"坦噶尼喀模式"转变，白人移民的政治影响力显著减弱。在土著的非洲土地所有者的土地被剥夺并被分配给欧洲移民之后，"桑噶塔"（Thangata）成为特定的劳动佃租形式。殖民主义推动资本主义渗透到传统生产方式之中，并且通过压制这些传统生产方式，创造出劳动力储备地。殖民地法律和政策的制定过程虽然是对于白人移民和帝国本土资本主义的反应，但这并非宏大设想，而是此消彼长的日常斗争、妥协、不确定的意图和错误政策的结果，这也是各殖民地法律制定过程的典型特征。20 世纪 30 年代以后，尼亚萨兰王室土地立法承认并保护非洲人的土地权利。[③]

---

① Ackson M. Kanduza, *The Political Economy of Underdevelopment in Northern Rhodesia, 1918 – 1960*, Latham: University Press of America, 1986.

② Robin Palmer, "White Farmers in Malawi: Before and after the Depression," *African Affairs*, Vol. 84, No. 335 (1985), pp. 211 – 245.

③ Clement Ng'ong'ola, "The State, Settlers and Indigenes in the Evolution of Land Law and Policy in Colonial Malawi," *International Journal of African Historical Studies*, Vol. 23, No. 1 (1990), p. 58.

第三章
城镇化

> 正是在城镇中，欧洲人最早失去了对于非洲的控制。
>
> ——非洲史学家约翰·伊利夫 [*]

　　非洲仍然是当今世界上城镇化程度最低的地区之一。尽管如此，快速的城镇化"一直是非洲大陆最为重要而普遍的社会经济趋势"。[①] 殖民主义对于撒哈拉以南非洲的城镇形成及其功能产生了深刻影响。[②] 卢加德在《热带托管地的双重使命》中认定部落是非洲社会基本单位，并以此为基础而设计出一套影响深远的间接统治制度。这一制度体系的基本假设是，非洲是乡村社会。然而，随着殖民地资本主义经济发展，一大批新兴殖民地城镇涌现出来。移民劳动力最初为矿业经济提供劳动力供应，来自农村地区的劳动力从事短期合同的工作，外出劳作三到六个月之后返回家中。殖民地国家将这种劳动力迁徙现象定义为"城镇部落主义"（Urban Tribalism），非洲劳工暂时参与工业城镇经济以获取现金工资，并将其用在"部落"家园。

　　然而，从20世纪20年代开始，从事长期合同的工人及其家庭定居在矿区，为城镇工人阶级的出现奠定基础，约翰内斯堡是典型例证。20世纪二三十年代，城镇在非洲大陆兴起，吸引了大量前来寻找工作机会的农村人口。拉各斯、利奥波的维尔、内罗毕、索尔兹伯里稳步发展。这种农村－城镇移民是非洲现代社会史上最重要的主题之一。城镇身份认同并非简单而明确的：早期的移民劳动力只

---

[*]　John Iliffe, *A Modern History of Tanganyika*, p. 381.

[①]　David Anderson, and Richard Rathbone, "Urban Africa, Histories in the Making," in David Anderson and Richard Rathbone, eds., *Africa's Urban Past*, London：James Currey, 2000, p. 1.

[②]　Andreas Eckert, "Urbanization in Colonial and Post-Colonial West Africa," in Emmanuel Akyeampong, ed., *Themes in West Africa's History*, London：James Currey, 2006, p. 208.

是暂时居民，他们的根源仍在农村地区，"部落主义"仍然具有很大影响力，尤其是在城镇环境中，这里的资源竞争最为激烈。尽管如此，城镇也开始成为文化"熔炉"。通婚、共同经历，以及思想、语言和习俗交流，产生出独特的"城镇文化"。在城镇环境中，新的生活习俗和生活方式逐渐形成。城镇创造出全新的行为方式，非洲妇女正是在城镇中找到逃离家庭和乡村父权制的机会，以及一定程度上摆脱男性控制的经济自由。城镇化进程对原有社会结构造成严重冲击，并对殖民统治带来全新挑战。本章首先概述英属非洲殖民地城镇发展概况，然后分析殖民地国家的城镇政策转变，以及城镇社会与文化。

第一节 殖民时期城镇化概况

仅次于人口增长，城镇化被认为是殖民统治对于非洲的主要社会影响。[1] 殖民时代非洲城镇化快速发展，尤其是在"二战"以后的殖民统治后期。据估计，1920 年的非洲城镇人口比例为 4.8%，到 1960 年增至 14.2%。[2] 20 世纪 40 年代农村—城镇迁徙加速，导致英属非洲快速的城镇人口增长。1936—1946 年，南罗得西亚的五个主要中心——索尔兹伯里、布拉瓦约、乌穆塔雷（Umtali）、圭洛（Gwele）和奎奎（Que Que）的非洲雇工数量从 43305 人增至 94929 人。这一时期非洲人城镇化的快速发展主要是由于工矿业发展所提供的大量工作机会，生育率提高所导致的非洲人口增长，以及大量的无地农民的无产阶级化。在蒙巴萨，肯尼亚的主要港口和第二大城市，1939—1945 年的非洲人口增长超过 50%，从 4 万增至 6.3 万。内罗毕的非洲人口到 1936 年增至 28000 人，十年之后已经超过 65000 人。[3]

尽管快速的城镇发展是"二战"以后出现的现象，但是非洲有着漫长的城镇历史。考古研究以及旅行记述等表明非洲有着复杂的前殖民时代城镇环境。在西非地区，作为对于 15 世纪以来跨洋贸易的回应，很多"贸易城镇"迅速发展

① A. E. 阿菲格博：《殖民统治的社会影响：新的社会结构》，A. 阿杜·博亨主编《非洲通史》（第七卷：殖民统治下的非洲，1880—1935 年），屠尔康等译，中国对外翻译出版公司，1991，第 394—410 页。

② Bill Freund, *African City History*, Cambridge：Cambridge University Press, 2012, p. 65.

③ J. Clyde Mitchell, *Cities*, *Society and Social Perception*, Oxford：Clarendon Press, 1987, p. 45.

起来。值得注意的是，威达（Ouidah）、伯尼（Bonny）和卡拉巴尔（Calabar）等城镇并不单纯是同一时期欧洲城镇秩序的回应，而是反映了非洲居民自身对于城镇空间的认知。19 世纪从奴隶贸易向"合法"贸易的转变，使得欧洲人对于非洲城镇规划和定居模式产生重要影响，弗里敦、拉各斯、达喀尔和杜阿拉等城镇兴起，而威达等城镇中心逐渐衰落。拉各斯人口从 1800 年大约 5000 人增至 1850 年的 25000 人，伊巴丹则有 50000 人。[①] 尽管以往的很多西非城镇中心在殖民统治确立之后变得更加重要，而其他一些在殖民和后殖民时期扮演重要角色的西非城镇，例如阿比让或者雅温得，则是在殖民时期形成的。"二战"后的十年也是非洲人从乡村到城镇大规模迁徙的年代。拉格斯人口从 1952 年的 267000 人增至 1963 年的 665000 人。[②] 城镇化发展的关键在于殖民地经济政策。"二战"后的教育和卫生服务发展主要集中在城镇地区。大批移民涌入城镇寻找就业机会。只有少数移民在正式领域找到工作。大多数移民从事小商贩或者服务业临时工作。

1. 概况

非洲现代城镇变革有着深刻的历史背景，内部变革与全球贸易的扩张，导致现有城镇网络的重构，并且创造出新形式的城镇生活。在西非地区，豪萨兰和约鲁巴兰有着悠久的城镇历史。在豪萨兰，索克托哈里发国的形成增强了伊斯兰教作为城镇文化凝聚力的角色的作用。在邻近的约鲁巴兰，数十年战争和迁徙重塑了城邦国家网络，并且出现了伊巴丹这一以武士和难民为主体的城镇。暴力的升级和非洲本土社会扩张也在东北部、东部和中部非洲催生出一系列全新的城镇中心：喀土穆建立于 19 世纪 20 年代，作为埃及征服苏丹的大本营，60 年后，马赫迪主义者在尼罗河对岸建立乌姆杜尔曼（Omdurman）城；坎帕拉是作为布干达王国首都而兴起；亚的斯亚贝巴创建于 1896 年，作为孟尼里克皇帝的埃塞俄比亚帝国首都。这些城镇受到商品、人口和观念全球流动的影响。

在西非沿海地带，港口城镇也发展起来，作为大西洋奴隶贸易时代的货物集散地，同样受到转向"合法贸易"和殖民统治的影响。从塞内加尔河口的圣路

① Ruth Watson, *Civil Disorder in the Disease of Ibadan*：*Chieftaincy & Civic Culture in a Yoruba City*, Athens：Ohio University Press, 2003.

② Margaret Peil, *Lagos*：*The City Is the People*, London：Belhaven Press, 1991, p. 19.

易斯，到黄金海岸的海岸角（Cape Coast）和阿克拉，再到威达和拉各斯，以及安哥拉的卢安达，这些沿海城镇在欧洲贸易堡垒周围发展起来，很快呈现出非洲特征。获释奴隶和美国非洲人返回者新创立的城镇也是如此，例如弗里敦和门罗维亚。这些城镇在19世纪一直维持着较小规模，因此无法主导周边的内陆地区：开普敦以及库马西和阿伯美（Abomey）通常只有15000—20000人。而且在阿克拉和威达等城镇，当地统治者、帝国监管者、宗教权威、欧洲－非洲混血人、移民群体以及欧洲官员，他们之间的相互竞争关系影响到城镇观念和制度。[1] 在这些沿海城镇出现了全新的生活方式、消费方式、技术和交流方式。

类似模式也出现在东非沿海地带，坦桑尼亚和肯尼亚的斯瓦西里文明，尤其是蒙巴萨和桑给巴尔。桑给巴尔是伴随着由奴隶劳作的丁香种植园的兴起，在阿曼素丹将首都迁到桑给巴尔之后出现的。到19世纪70年代，桑给巴尔是当时东非的最大城市，它的人口有大约5万人，主要包括斯瓦西里人、阿拉伯移民，另有3000名印度商人以及遭受不同程度奴役的非洲大陆人。富裕人口主要居住在石头城（斯瓦西里语为"Mji Mkongwe"，意为"老城"），贫穷人口从19世纪中叶分散居住在石头城外的"恩加莫"（Ng'ambo，意为"另一边"）。

某些城镇化发展是作为资本主义生产场所而发展起来的，尤其是矿业生产，例如北罗得西亚铜矿带的城镇化发展水平远高于同期其他非洲殖民地。殖民地首府吸引农村劳动力和海外移民（例如西非的黎巴嫩人、东非的印度人）大量涌入，而这些殖民地首府发展速度通常快于各省城镇。与此同时，也有一些城镇在殖民时期逐渐衰落。一些城镇的非洲统治者被殖民者击败，这些城镇也相应地衰败下去。一些城镇依赖于商队贸易，随着殖民边境的建立以及公路和铁路交通的发展，旧有城镇也就难以维持。现有贸易线路主要集中在将矿产品和农产品从非洲内陆运输至港口城镇，这其中包括很多的殖民地首府。从西方进口来的工业制成品也是从这里运至非洲各地。伴随着很多殖民地首府城市的兴起，它们的经济和人口快速扩张，而原本在殖民统治初期作为殖民指挥中心的城镇逐渐衰落下去。例如，在达喀尔、阿比让、阿克拉、布拉柴维尔、利奥波德维尔和

---

① John Parker, *Making the Town：Ga State and Society in Early Colonial Accra*, Portsmouth：Heinemann, 2000；Robin Law, *Ouidah：The Social History of a West African Slaving Port, 1727 - 1892*, London：James Currey, 2004.

达累斯萨拉姆等城镇兴起的同时，圣路易斯（St Louis）、班热维尔（Bingerville）、海岸角、利伯维尔、博马和巴加莫约等城镇则衰落了。殖民政府在修建交通网络的时候往往会绕过原有的非洲政治中心，有时甚至是有意为之。这一政策对于西非森林地区最强大的两个邦国的影响最明显：阿散蒂的首府库马西和达荷美首府阿伯美。1903 年，黄金海岸铁路抵达库马西中心地带，使它重新焕发活力，成为仅次于阿克拉的黄金海岸第二大城镇；而法国殖民者并未将铁路终点修到阿伯美。①

大多数殖民城镇，尤其是东非地区，其选址很少考虑经济因素。它们并未坐落于以往存在的政治中心、商业中心或者沿着以往的贸易线路，或者靠近可开采的自然资源。相反，它们更多是政治创造物，最初是作为军事和行政中心建立起来，是为了维持对于周边地区的政治统治。居于中心的则是兵营或者地区总部，时常还有一个传教团，它们是将帝国统治、社会和文化霸权投射到被征服内陆地区的"权力的熔炉"（Crucible of Power）。这些城镇往往是按照殖民意识形态精心设计而成。在英属印度，居住隔离早已是殖民地社会的一种控制手段，其中的城镇景观呈现出帝国统治理念。欧洲人居住区通常俯瞰"土著"居住区，欧洲人居住在风景如画的山脚下，"微风吹拂，风景如画"，象征着欧洲殖民者对于土著人口的社会和文化统治。欧洲殖民者推行种族隔离的借口无外乎以下几点：维持种族纯洁的重要性；强化人口居于少数的欧洲移民中间的文化认同；保护欧洲人免受当地人的噪音、混杂和瘟疫的侵扰。②

殖民统治对于非洲城镇的影响，在非洲南部表现得比非洲东部更为明显。从 18 世纪初开始，茨瓦纳地区已经高度城镇化，但是如同约鲁巴兰情况一样，很多城镇人口同时也是农民。茨瓦纳首都拉塔克（Latakoo）据称在 19 世纪初与开普敦规模相当，"它分散的茅屋居住着 5000—15000 人"。从 19 世纪开始，虽然非洲人仍然对于城镇性质产生较大影响，但是南部非洲城镇化在很大程度上是殖民干预的产物。开普敦创建于 1652 年，它基本上是一个殖民城镇，但是到 19 世

---

① John Parker, "Urbanization and Urban Cultures," in John Parker, and Richard Reid, eds, *The Oxford Handbook of Modern African History*, Oxford: Oxford University Press, 2013, p. 369.

② Thomas Spear, "'Town of Strangers' or 'A Model Modern East African Town'? Arush & the Arusha," in David M. Anderson, and Richard Rathbone, eds., *Africa's Urban Past*, London: James Currey, 2000, p. 110.

纪它的形式是由非欧洲人创造出来的。1806 年,开普敦人口为 16000 人,其中包括 7000 名自由人和 9000 名奴隶。到 1875 年,城镇人口总数已达到 45000 人,到 1904 年约有 17 万人居住在城镇。欧洲人主导着城镇管理,但是非洲人占人口大多数,他们被隔离到条件较差的城区生活。[1]

开普敦主要是作为港口城镇而存在。印度洋沿岸的德班在 19 世纪最后 25 年里也因为同样原因而发展起来,为金伯利和约翰内斯堡提供物资供应。这两个城镇兴起主要是因为金伯利发现钻石以及兰德发现黄金。它们是非洲少有的工业中心,从 1886 年金矿开采开始,约翰内斯堡到 1896 年已经有 10 万人。到 20 世纪 20 年代,约堡人口超过 25 万,成为非洲大陆最大的城镇。工业及其需求主导着南非这些城镇的发展。为白人保留工作机会,移民劳工制度以及种族隔离制度,这些都可以从南非工业城镇剧烈变迁之中找到根源。[2]

20 世纪南部非洲城镇普遍出现的种族隔离是殖民主义的结果。不过,很多非洲城镇从古至今一直在自由和非自由、精英和普通人之间做出区分,或者将特定地区划为商人或移民群体居住地。非洲城镇不仅是身份认同形成和重塑的舞台,同时也是身份认同得以强化的舞台。例如,弗里敦旧城的中心地带出现在 1794 年,在它的周围出现了一系列的定居点,这些定居点的名称表明了它们的族群身份。到 1800 年,弗里敦的地图上,分布着克鲁(Kroo)城、刚果(Congo)城、班巴拉(Bambara)城、富拉(Foulah)城和科索(Kossoh)城。[3] 在白人移民殖民地首府,城镇隔离主要是由于殖民者干预。这些城镇创建于 19 世纪 20 世纪之交,殖民者认为它们在功能和形式上都是欧洲人的,主要面向白人移民群体提供服务设施。这些城镇中的非洲和亚洲居民几乎从一开始就遭受隔离和限制,包括日常消费品配给制度和房屋出租,或者是卫生控制,或者是通过空间分区进行隔离。从被统治者角度来看,种族是决定一个人在殖民地城镇社会秩序中地位的首要因素,而族群只是次要因素。[4]

---

[1] Vivian Bickford-Smith, *Ethnic Pride and Racial Prejudice in Victorian Cape Town: Grou Identity and Social Practice, 1875 - 1902*, Cambridge: Cambridge University Press, 1995, pp. 10 - 13.

[2] John Iliffe, *African Poor: A History*, Cambridge: Cambridge University Press, 1987, pp. 260 - 268.

[3] A. N. Porter, ed., *Atlas of British Overseas Expansion*, New York: Simons and Schuster, 1991, p. 234.

[4] Dane Kennedy, *Islands of White: Settler Society and Culture in Kenya and Southern Rhodesia, 1890 - 1939*, Durham: Duke Univerisity Press, 1987, pp. 148 - 166.

表 3 – 1 殖民时期非洲城镇人口数量

单位：千

	约 1900 年	约 1939 年	约 1960 年
开罗，埃及	910（1897）	1312（1937）	2852（1959）
亚历山大里亚，埃及	*	686（1937）	1335（1959）
约翰内斯堡，南非	102（1896）	283（1931）	1097（1960）
卡萨布兰卡，摩洛哥	20（1897）	257（1936）	961（1960）
阿尔及尔，阿尔及利亚	*	264（1936）	834（1960）
伊巴丹，尼日利亚	210（1900）	387（1931）	600（1960）
阿克拉，加纳	18（1901）	61（1931）	491（1960）
亚的斯亚贝巴，埃塞俄比亚	35（1908）	300（1938）	449（1961）
利奥波的维尔，比属刚果	5（1908）	27（1935）	420（1961）
突尼斯，突尼斯	146（1901）	220（1936）	410（1956）
达喀尔，塞内加尔	18（1904）	92（1936）	383（1960）
拉各斯，尼日利亚	74（1910）	127（1931）	364（1960）
喀土穆，苏丹	77（1905）	176（1938）	315（1960）
索尔兹伯里，南罗得西亚	*	26（1931）	300（1961）
内罗毕，肯尼亚	12（1906）	119（1948）	267（1962）
塔那那利佛，马达加斯加	50（1900）	142（1945）	248（1960）
卢安达，安哥拉	20（1900）	51（1930）	220（1960）
布拉瓦约，南罗得西亚	*	53（1946）	195（1961）
库玛西，加纳	19（1911）	*	190（1960）
伊丽莎白维尔，比属刚果	*	*	190（1960）
蒙巴萨，肯尼亚	30（1906）	85（1948）	190（1960）
洛伦索马克斯，莫桑比克	10（1904）	47（1935）	184（1961）
阿比让，象牙海岸	1（1910）	17（1936）	180（1960）
卡诺，尼日利亚	30（1903）	89（1931）	176（1960）
杜阿拉，喀麦隆	*	28（1931）	150（1961）
达累斯萨拉姆，坦噶尼喀	25（1906）	69（1948）	140（1962）
布拉柴维尔，法属刚果	5（1900）	24（1936）	129（1961）
弗里敦，塞拉利昂	34（1911）	65（1947）	125（1960）
巴马科，法属苏丹	7（1910）	37（1945）	120（1960）
科纳克里，几内亚	6（1910）	26（1945）	113（1960）

资料来源：Bill Freund, *African City：A History*, New York：Cambridge University Press, 2007, p. 66。
"＊"代表无当年数据。

20 世纪中叶的现代非洲城镇并非一些殖民官员所担心的"文化熔炉",情况恰恰相反。城镇中围绕着工作、空间和权力展开的竞争日益激烈,并且很多是以族群形式展开的。1950 年拉各斯城镇人口统计表明,73% 的受访者认为自己是约鲁巴人,而 12% 认为自己是伊博人(Ibo)。23 万城镇人口中的 37% 出生在城镇之中,另有 39% 的城镇人口出生在西部地区(Western Region),而其中一半以上来自阿贝库塔和伊杰布(Ijebu),另有 11% 来自于东部地区(Eastern Region),只有 8% 来自北部地区(Northern Region)。如同这一时期的很多非洲城镇一样,拉各斯吸引了临近内陆地区的大量人口。① 在这一情况下,长期居民和社会中占居多数的群体捍卫他们的工作机会和生活空间,反对新来者的"侵入"。而处于少数的群体也联合起来获取影响力。这一分裂成为 20 世纪中叶阿克拉、布拉柴维尔、弗里敦、金沙萨、杜阿拉和利伯维尔等城镇的显著特征。

城镇非洲人境况十分糟糕,但是仍然有大批非洲人涌入城镇。尽管到 20 世纪 40 年代后期,城镇就业条件有所改善,但是这并非城镇化加速发展的重要因素,而且城镇失业问题也在这一时期出现并且因为非洲农村人口的涌入而变得更加严重。农村至城镇的人口流动,其原因主要包括:第一,城镇的吸引力,城镇被视作活力和现代的象征。例如在斯瓦西里文化中,城镇和文明之间关系密切。正是在东非沿岸的斯瓦西里城镇,富裕商人和种植园主奖掖伊斯兰学术、诗歌和音乐,而绚丽的城镇生活将出身显赫的、自由的穆斯林贵族(Mwnugwana)与非穆斯林的农村人或者奴隶(Mshenzi)区别开来。② 第二,农村地区状况恶化,这也是城镇化发展的另一重要原因。例如在肯尼亚,中部省的基库尤保留地的拥挤状况以及"斯夸特"被赶出欧洲人农场,这是 20 世纪 40 年代内罗毕人口迅速增长的重要原因。"二战"期间,坦噶尼喀殖民政府试图迫使农村人种植更多农作物,这导致大量人口从农村涌入城镇。第三,交通条件改善也是重要的促进因素。坦噶尼喀人口流动性日渐增强的重要表现是,铁路旅客数量迅速增加,从 1939 年的 47 万增至十年后的将近 200 万。与此同时,客车运输也日渐普遍。第

---

① Peter C. Lloyd, *Africa in Social Change*: *Changing Traditional Socities in the Modern World*, Hamondsworht: Penguin, 1967, pp. 112 – 113.

② Laura Fair, *Pastimes and Politics*: *Culture*, *Community and Identity in Post-Abolition Urban Zanzibar*, *1890 – 1945*, Athens: Ohio University Press, 2001, p. 16.

四，社会变迁是农村至城镇人口流动的重要因素。农村地区的代际和性别紧张关系，导致妇女和年轻男性涌入城镇。第五，教育是农村－城镇人口流动的重要原因，维持生计农业的前景无法满足日益增多的毕业生需求。第六，城镇非洲人口的快速增多也是由于货币经济渗透到非洲社会之中，以及越来越多人需要找到就业机会。[1]

2. 类型

殖民时代非洲城镇可大致分为以下三大类：第一，旧有城镇，至少表面看来是如此；第二，具有显著混合特征的城镇，这类城镇早在前殖民时代就已经存在；第三，殖民时代兴起的新城镇。[2]

第一类城镇主要包括桑给巴尔和伊巴丹。这些城镇早在殖民统治之前就已经存在，这不仅是空间和人口上的，而且是文化意义上的。尤其是大西洋沿海的西非有着悠久的城镇化历史，西非沿海地区在正式殖民统治之前已经经历了某种当地形式的城镇现代性。现代化进程对于这些城镇生活产生影响，但是在这些城镇中，延续性要比变化更为明显。伊巴丹是尼日利亚约鲁巴地区的最大城镇，在60年的英国统治期间，很大一部分伊巴丹人仍然每年有数周时间在市郊从事农业劳作。伊巴丹城镇居民的营生方式和商业生活似乎并无太大变化。旧有市场仍然保持着活力。在19世纪，伊巴丹并未被尼日利亚北方的伊斯兰国家所征服。然而到殖民时代，穆斯林占居人口多数。在伊巴丹边缘，大量尼日利亚人聚集起来，利用经济机会和殖民地交通设施。重要的豪萨语群体疏远伊巴丹的年长者权威，并且相对独立于城镇。类似情况还包括西非沿海的拉各斯，它在19世纪以前是约鲁巴人的渔村，在19世纪上半叶成为奴隶贸易中心，此后取得快速发展。来自内陆地区的约鲁巴和约鲁巴族以外的人口涌入城镇，受到经济机会的吸引。拉各斯的人口从1800年的5000人，增至1866年的25000人，1911年的75000人。19世纪中叶至19世纪末，来自塞拉利昂、巴西、西印度群岛和北美的较小规模获释奴隶也来到拉各斯。1861年，英国人兼并拉各斯，确立了直接殖民统治，意在消除奴隶贸易，并保护在这一地区的经济和政治利益。尽管英国有效压

---

[1] Andrew Burton, "Urbanisation in Eastern Africa: An Historical Overview, c. 1750 – 2000," *Azania: Archaeological Research in Africa*, Vol. 36 – 37, No. 1 (2001), p. 20.

[2] Bill Freund, *African City: A History*, pp. 65 – 101.

制了这一地区的奴隶贸易，拉各斯仍然得益于棕榈油和棕榈仁贸易而继续繁荣。从奴隶贸易向棕榈产品贸易的转变创造出新财富，并使得新财富集中在新兴社会阶层手中。[①]

第二类城镇具有显著的混合特征，例如阿克拉和蒙巴萨。在这些城镇中，城镇郊区最终吞噬了旧有城区，导致旧有城区边缘化，或者使得它们越来越脱离社会变革进程。例如，阿克拉源于三个古老的加人（Ga）定居区，这里有着长期的城镇传统。在英国统治确立之后，这些定居点逐渐被殖民城镇所主导。在这个殖民城镇中，加人数量日渐减少，而现代商业和行政地区得以建立。原有的加人中心地区对于整个城镇的重要性日渐减弱。加人的定居区并未被彻底边缘化，但是很难融入新的阿克拉城之中。欧洲统治者通常不愿意承认和维持非洲人口的财产权。在西非，破坏现有的非洲居住区的计划甚至在"一战"前已经开始。英国殖民政府计划拆毁蒙巴萨旧城，并且在鼠疫蔓延后甚至打算破坏阿克拉旧城。非洲人强烈抵制殖民种族政策。倘若旧有的城镇财产权和习俗遭受威胁，非洲人不愿意接受城镇改革，即便是出于交通、卫生或者城镇规划需要。

第三类新城镇包括南罗得西亚的布拉瓦约、肯尼亚首府内罗毕、北罗得西亚首府卢萨卡、西非的塞拉利昂和尼亚萨兰首府松巴（Zomba）。它们最初是从周边的乡村脱离出来而形成的城镇空间，殖民控制正是从这些城镇逐渐扩展开来，特别是在欧洲移民数量足以建立商业和居住地区的地方。

3. 殖民城镇规划与种族隔离

空间是殖民时代和后殖民时代日常生活中发生争议的重要领域。权力结构镶嵌在空间之中，而地理空间划分也界定了居住在其中的民众。维持种族距离是殖民统治的重要手段，在非洲殖民地，少数的欧洲群体面对着人数多得多的土著人口。殖民控制的基础较为薄弱，这使得城镇规划和建筑成为殖民霸权的重要象征。殖民规划并未促进融合，它也并未假装意图实现这一融合。相反，它强调的是差异和等级。

殖民城镇规划的最显著方面是将城镇空间分为两个部分，一个是人口稀少的"欧洲人城市"，提供各种现代设施与服务；另一种是"土著城镇"，通常是人口

---

① A. G. Hopkins, "Economic Imperialism in West Africa: Lagos, 1880 – 1892," *Economic History Review*, Vol. 21, No. 3 (1968), pp. 584 – 586.

拥挤的、设施匮乏的。这样一种二元主义在法律上体现为只允许部分非洲人进入特定的城镇空间。这一城镇设计在西非地区表现得尤为明显，原本是为了"保护"欧洲人免受"疾病"侵扰，殖民者认为这些疾病完全是由非洲人携带的，即所谓的"卫生综合征"（Sanitation Syndrome）①。城镇规划通常会推动"种族"隔离；在很多西非城镇，这一政策的其中一项重要内容是设立"隔离带"（Cordon Sanitaire），这是以热带卫生观念和疟疾预防为基础的。直至19世纪末，人们普遍认为疟疾是由"有毒空气"所致。科学家发现按蚊是疟疾的首要携带者，而非洲人尤其是非洲儿童是疟原虫的重要携带者。欧洲医疗专家的抗疟建议与当时的种族观念存在密切联系。殖民时代西非最为精心的抗疟计划发生在19世纪20世纪之交的弗里敦，这里在当时被认为是英帝国最容易发生疟疾的地区。肯尼亚和南非较早进行种族隔离。殖民政府进行种族隔离的借口是健康卫生。1901年之前，医生认为疟疾是由非洲婴儿及其家庭所传播的。正是基于这一观念，弗里敦建立种族隔离地区山城（Hill Station）。随着蚊虫被证明是鼠疫的重要传播媒介，鼠疫也被视作非洲人所传播的疾病。1902年开普敦、1914年在达喀尔、1924—1925年在拉各斯发生鼠疫，这些对于城镇的种族分区产生影响。②

大多数西非城镇在20世纪初都曾进行种族隔离的尝试，但是相关措施的实施程度存在很大差异，这不仅是由于当地官员的种族主义和沙文主义的态度，也是由于当地非洲精英的抗议。在拉各斯，英国总督威廉·麦克格雷格（William MacGregor）曾是一名医生，对于殖民部提出的拆除部分地区的想法表示反对，而是推出了针对政府官员和非洲人口在内的大规模奎宁预防措施。然而，1907年，殖民政府试图通过强征拉各斯的中心地带以推行卫生隔离，从而建立专门的欧洲人居住区。居住在这些地区的非洲人，主要是成功的商人和职业人员，立即动员起来予以反对。最终，欧洲人居住区形成，但是政府无法让所有的非

---

① M. Swanson，"The Sanitation Syndrome：Bubonic Plague and Urban Native Policy in the Cape Colony，1900 - 1909，"*The Journal of African History*，Vol. 18，No. 3（1977），pp. 387 - 388.

② Catherine Coquery-Vidrovitch，"From Residential Segregation to African Urban Centres：City Planning and the Modalities of Change in Africa South of the Sahara，"*Journal of Contemporary African Studies*，Vol. 32，No. 1（2014），p. 5.

洲人离开。① 类似情况也出现在冈比亚的巴瑟斯特（Bathurst）和阿克拉。

这类新兴城镇的社会地理和行政文化受到殖民形式的地方政府、行政管理和城镇规划的深刻影响，所有这些在独立之后很少发生变化，尽管"殖民城镇"这一名称无法反映城镇形式的复杂类别和变化，但是德国、英国和葡萄牙的城镇设计原则有一个关键的共同点：强调社会分化和统治的需要。城镇成为殖民和种族统治的工具。从城镇规划的视角来看，有序而有效的郊区布局是殖民城镇规划的思想和实践所要达到的目标。这些地区的居住者应当是殖民者，或者是与殖民力量密切相关的土著人口。20世纪前三十年，北欧地区流行的"花园城镇"理念对殖民城镇规划产生较大影响，殖民地政府试图用低密度郊区取代原有的脏乱不堪的城镇。不过，这所导致的结果是，殖民规划较少关注土著居住区。②

对于殖民统治而言，这些城镇中心具有重要意义。19世纪末开始，整个非洲大陆普遍出现种族隔离。种族隔离不仅与种族优越论联系密切，而且也是对于流行病的恐慌，以及维持殖民地统治阶级健康的需要。1911年，英国殖民部医疗顾问委员会称"欧洲人与土著的隔离，是保护欧洲人免受土著种族的流行疾病的最有效手段"。③ 1914年肯尼亚殖民政府有关"卫生事务"的报告呼吁将实现种族隔离作为一项基本的城镇政策，只允许"最高阶层的印度人"进入白人城镇，并以此作为白人移民和非洲劳工之间的屏障。④ 白人移民试图根据他们的需求完全重建环境，并以美国或者澳大利亚作为样板。

殖民地政府通常设在城镇中心、地势较高的地方，修建有三车道的马路，并且周边建有热带花园。附近是大片的欧洲人居住区，通常是按照欧洲本土的地主乡绅的住房建造。与欧洲人居住区保持一定安全距离的是中等密度的商业地区，这里包括店铺和住房，主要是亚洲人、黎巴嫩人或者希腊人居住。在宽阔的绿色保护带（通常是公园或者高尔夫球场）之外，是"土著居住区"，欧洲人认为这

---

① Philip Curtin, "Medical Knowledge and Urban Planning in Tropical Africa," *American Historical Review*, Vol. 90, No. 3 (1985), p. 602.

② Robert Home, *Of Planting and Planning：The Making of British Colonial Cities*, London：Routledge, 1997.

③ Philip Curtin, "Medical Knowledge and Urban Planning in Tropical Africa," *American Historical Review*, Vol. 90, No. 3 (1985), p. 606.

④ Luise White, *The Comforts of Home：Prostitution in Colonial Nairobi*, Chicago：University of Chicago Press, 1992, p. 48.

里疾病泛滥、嘈杂肮脏。①

　　西非塞拉利昂的沿海城镇弗里敦是种族隔离的典型案例之一。弗里敦城建于1788年，最初是获释奴隶返回非洲的中心。它在19世纪成为重要的商业城镇，出现"克里奥人"（Creoles）英国化的职业阶层，而白人移民分散居住于城镇各处。出于健康考虑，英国殖民政府试图改变这一局面：在弗里敦地势较高的山城（Hill Station），政府计划将这里作为仅仅面向白人居住的健康地区，大量建造殖民官员居住平房。从1902年开始，英国人在这里建造住房，并且修建铁路来满足白人需求。但是山城的效果并不理想，"它最初打算不让任何非洲人居住在白人居住区。但是，倘若没有一名仆人服侍，欧洲人是无法单独居住在这里的"。②尽管城镇重建或许能够推动卫生条件提高，但是所谓"卫生综合征"在很大程度上为种族隔离提供了合法性。疟疾在弗里敦城是普遍存在的，但是同时创建一个全部由白人居住的社区并配备专门面向白人的轨道电车，激起塞拉利昂克里奥精英的不满。

　　殖民城镇规划通常是不考虑非洲劳动力的住所需求的。肯尼亚新首都内罗毕，是乌干达铁路线上的重要城镇，建立于1899年。内罗毕郊区建有三车道公路，并未考虑公共交通需要，这是典型的热带花园城市，主要面向特权阶层。白人（以及少数印度人）在销售私有化土地的过程中获利丰厚。城镇中心的非洲人居住区只是后来才出现，毫无规划。非洲人居住区通常只是为了单身工人居住，他们在城镇中并不受欢迎。非洲移民劳动力对于城镇运转是必不可少的，但是他们的合法权益并未受到保护。倘若殖民政府认为非洲人居住区对于殖民统治带来不便，就予以拆除。内罗毕早期历史充斥着这类事件。殖民政府最初划定的非洲人居住地区，通常遭到政府忽视，随着市镇发展，土地要用作更为"重要"的目的，这些居住区通常会被拆除。

　　殖民城镇的空间分割反映了殖民者试图通过对于城镇社会空间的物质和象征控制，从而确立对于被殖民者的霸权。与此同时，这样一种空间分割也折射出殖民地的社会结构。殖民城镇设计以新方式确定了非洲城镇的基本框架，对进入城

---

① Anthony D. King, *Colonial Urban Development: Culture, Social Power and Environment*, London: Routledge & Kegan Paul, 1976, pp. 123 – 153.

② Michae Banton, *West African City*, London: Oxford University Press, 1957, p. 17.

镇的条件进行限制，对于城镇空间进行隔离，并且试图以"秩序"名义进行控制。这些政策目标较为宏大，但是很难真正取得成功。尽管如此，这些政策对于殖民城镇的基本面貌仍然产生了极大影响。面对欧洲殖民者对于城镇空间的控制，非洲人并非消极地接受，而是做出激烈反应。

殖民时代城镇规划和殖民主义有着密切的历史联系。例如，坎帕拉就是欧洲殖民规划的独特产物。在乌干达，随着肯尼亚—乌干达铁路的修建，居住、经济和行政中心的建立，坎帕拉成为殖民统治的关键"节点"，殖民者借此控制周边地区。城镇规划因此成为操控空间从而确立霸权的手段；为殖民官员和早期的欧洲殖民者提供可以接受的生活环境，运用种族和健康隔离政策，将土著非洲居民从城镇中赶走。①

到 20 世纪 30 年代，殖民统治理念发展重要转变，这对殖民城镇规划产生深刻影响。1939 年，英国殖民政府发行《殖民帝国营养委员会报告》（*Report of the Committee on Nutrition in the Colonial Empire*），黑利勋爵（Lord Hailey）出版《非洲概览》（*African Survey*）一书。英国殖民者意识到需要推动殖民地社会经济变革，需要重视非洲土著民众的"福祉"。基于种族隔离观念的城镇规划开始受到质疑。非洲人作为家庭工人和劳动力大量居住在欧洲人区，甚至占据主体地位。② 1940 年，英国政府推出《殖民地发展与福利法案》，每年为殖民地提供 500 万英镑，总计 10 年，以促进殖民地资源发展或者民众福祉。各殖民地纷纷推出发展计划，兴建基础设施，这一时期同时也是城镇规划大发展时期，特别是需要满足日渐增多的非洲人口需求。③

在殖民城镇中，殖民地国家和精英试图强加他们关于城镇空间的观念，然而殖民地国家试图创造更为"理性的"和"有秩序的"城镇阶层的努力一直遭遇失败。殖民地国家对于复杂的城镇空间的控制从一开始就是不完全的。城镇生活的难以控制使得殖民地国家无法将他们所设想的抽象法律界定和官僚统治强加到

① Andrew Byerley, "Becoming Jinja: The Production of Space and Making of Place in an African Industrial Town," PhD. Thesis, Stockholm University, 2005.

② J. L. L. Comhaire, "Urban Segregation and Racial Legislation in Africa," *American Sociological Review*, Vol. 15, No. 3 (1950), pp. 392 – 397.

③ Fredrick Omolo-Okalebo, et. al., "Planning of Kampala City, 1903 – 1962: The Planning Ideas, Values and Their Physical Expression," *Journal of Planning History*, Vol. 9, No. 3 (2010), pp. 151 – 169.

非洲城镇居民身上。殖民地国家试图实现城镇宏大计划的努力最终陷入混乱。殖民统治对于城镇空间的治理是不全面的，因为殖民力量缺少资源来实行隔离法令。① 即便是在殖民政府规章最严厉的东非和南部非洲殖民地，很多非洲人甚至能够绕过殖民政府的规章制度。"二战"后，殖民政府很难"有序地引导"非洲劳工进入城镇。娼妓或者蒸馏酒，殖民政府所认定的这些"非法"或者"犯罪"活动普遍存在。而且，"非法空间"成为工会活动和政治反对派的中心。

第二节　英国殖民政府的城镇劳动力政策

1. 间接统治制度与移民劳动体系

英帝国本土不愿为殖民地发展投入太多资金。由于无法依赖帝国本土财政支持，殖民地政府只能依靠非洲当地税收。直至"二战"前，殖民地财政自给自足一直是英国对非洲殖民地的一项基本政策。在财源有限的情况下，殖民地政府无法推动殖民地社会经济变革。在这一情况下，从20世纪20年代起，英国殖民政府逐渐将部落视作非洲社会的基本单位，开始在广袤的非洲殖民地推行间接统治制度。在当时人类学研究的支持下，殖民政府试图通过间接统治和部落来维持非洲社会秩序。欧洲殖民者认为，非洲人基本上是"部落"人口，农村根基和落后生产方式阻碍他们对于欧洲文明和商业做出回应。殖民政治结构也是相应建构起来的，非洲人有着部落归属和酋长权威。

殖民政府一方面需要维持传统权威和间接统治制度，另一方面需要非洲人外出务工。在这一情况下，殖民者认为移民劳动体系是可行的解决办法。通过维持移民劳动体系，非洲人仍旧处于传统酋长权威之下，他们的传统生活方式得以维持。特别是在20世纪30年代经济萧条席卷英属非洲的情况下，非洲移民劳动力返回乡村家中，仍能以较低成本从事农作物生产，而不是像白人农场主那样等待殖民政府救助。殖民政府因而认为移民劳动体系有助于减轻经济萧条对于非洲社会稳定的冲击。

到"二战"前夕，英属中部和东部非洲广泛实行移民劳动体系。在这一制

---

① William Cunningham Bissell, *Urban Design, Chaos and Colonial Power in Zanzibar*, Bloomington: Indiana University Press, 2011, p. 2.

度下，非洲人身份认同是部落性的，而城镇非洲人则是一种反常现象。长期处在城镇环境之中，将导致非洲人身份认同的丧失，严重威胁非洲社会稳定，即"去部落化"。非洲人离开农村家庭进入城镇，这将破坏部落权威的根基，农村地区的殖民统治和社会秩序将无法运转。对于一直认为非洲人天然应当生活在农村地区的殖民官员来说，在城镇生活状况糟糕的情况下，农村至城镇的人口流动仍旧不断增多，这只能证明"土著"的非理性。随着非洲城镇发展，旨在保存"传统"非洲乡村文化的间接统治将难以维持。因此，殖民国家认为没有必要将政治或法律权利扩展到居住在城镇中的非洲人，因为这将干预部落酋长的权威。在殖民政府看来，这既是不合适的，同时也是没有必要的。①

尽管如此，非洲人有着基本生活需求，否则他们无法工作。住房基本上是由非洲人自行解决，而非由市政府或者雇主提供。非洲人居住区的基础设施十分落后：道路缺少硬化和路灯、卫生状况糟糕、自来水供应范围极小、治安状况极为混乱。尽管一些殖民官员意识到问题的严重性，但是很难有所作为。涌入城镇的单身女性为非洲男性提供基本生活设施，甚至包括提供性服务。② 移民劳动力体系的存在表明，殖民地国家虽然能够创造和雇佣工资劳动力，却无法有效维持劳动力的社会再生产。

在南部非洲，矿业公司与殖民政府合作来控制工资劳动力，并运用短期雇佣和矿工宿舍来限制非洲矿工的组织力量。然而，非洲劳工逐渐有效率地组织起来，他们总结出新的策略将产业资本所需为自己所用，并且自内而外地限制这一体系的力量。在这一过程中，新的认同、群体和行为方式在殖民地经济现代性的考验中逐渐形成。③ 其中一些归属感限定在特定殖民地范围之内，作为塞内加尔人、尼日利亚人或者肯尼亚人的认同感在 20 世纪 30 年代逐渐出现。其他一些归属感则跨越了殖民地边界，创造出跨地区的联系和流通观念，对于少数非洲人来说，则是超出了非洲大陆。日益扩大的归属网络还包括工人阶级归属，以及作为

---

① Emily Lynn Osborn, "Work and Migration," in John Parker, and Richard Reid, eds., *The Oxford Handbook of Modern African History*, New York: Oxford University Press, 2013, p. 190.

② Luise White, *The Comforts of Home*, *Prostitution in Colonial Nairobi*, Chicago: University of Chicago Press, 1990, p. 221.

③ A. P. Cheater, "Contradictions in 'Modelling' Consciousness: Zimbabwean Proletarians in the Making," *Journal of Southern African Studies*, Vol. 14, No. 2 (1988), pp. 291 – 303.

非洲人或者黑人种族的认同。

2. "第二次殖民占领"与移民劳动体系的危机

第二次世界大战以来，非洲对于英国的重要性达到前所未有的程度。英国极为重视非洲殖民地的发展潜力，它需要非洲殖民地的矿产和农业资源，从而推动英国本土发展，并且赚取外汇偿还美国债务。1947 年，英国工党政府财政大臣斯塔福德·克利普斯（Stafford Cripps）强调，"英镑区的前途及其生存能力，有赖于我们快速而全面地开发非洲资源"，他希望"未来二至五年时间里……煤炭、矿石、木材、各种原材料和粮食的生产，能够节约美元或者在美元市场销售原料"。外交大臣厄内斯特·贝文（Ernest Bevin）也设想将非洲大陆矿产资源销往美国，"如果我们迅速开发非洲，不出四五年时间，美国将依赖于我们"。① 英国放弃了殖民地财政自给自足原则，为非洲殖民地发展注入大量资金，并积极推动殖民地全方位的经济社会变革。英国放弃了长期奉行的殖民地财政自给自足原则，开始为非洲殖民地发展注入大量资金，并积极推动全方位的殖民地经济社会变革，有非洲史学家称其为"第二次殖民占领"。②

在殖民宗主国和殖民地政府积极的推动下，非洲殖民地的资本主义商品和生产关系加速发展。交通设施改善也为农村向城镇的移民迁徙提供极大便利。例如在坦噶尼喀，铁路运送乘客数量从 1939 年的 47 万人次增至 10 年之后的将近 200万人次。在这一背景下，英属中部和东部非洲殖民地城镇化加速发展，城镇人口激增。③ 1936—1946 年，南罗得西亚的索尔兹伯里、布拉瓦约等主要城镇的非洲劳工数量从 43305 人增至 94929 人。④ 如前所述，肯尼亚第二大城市蒙巴萨港，以及内罗毕，非洲人口都快速增长。⑤

---

① Frederick Cooper, *On the African Waterfront*, *Urban Disorder and the Transformation of Work in Colonial Mombasa*, New Haven: Yale University Press, 1987, p. 263.

② D. A. Low, and John Lonsdale, "Introduction: Towards the New Order, 1945 – 1963," D. A. Low and Alison Smith, eds., *History of East Africa*, Vol. 3, Oxford: Clarendon Press, 1976, pp. 1 – 64.

③ Andrew Burton, "Raw Youth, School-leavers and the Emergence of Structural Unemployment in Late-colonial Urban Tanganyika," *The Journal of African History*, Vol. 47, No. 3 (2006), pp. 363 – 387.

④ J. Clyde Mitchell, *Cities*, *Society and Social Perception*, Oxford: Clarendon Press, 1987, p. 45.

⑤ David Anderson, "Corruption at City Hall: African Housing and Urban Development in Colonial Nairobi," *Azania*, Vol. 36 – 37, No. 1 (2001), p. 140.

随着城镇化发展，移民劳动体系的问题日益显露：首先，移民劳动体系导致严重的城镇问题；其次，罢工运动兴起，凸显殖民者对于非洲城镇劳动力的认知存在严重问题，促使殖民政府改变非洲城镇劳动力政策；再者，当时的人类学家所进行的社会调查研究披露了移民劳动体系的弊端，并为殖民政府的政策调整提供理论支撑；第四，英国对于非洲劳动力的态度变化，与英帝国政策的转变息息相关；最后，移民劳动体系的衰退，根本原因在于它难以适应"二战"后殖民地资本主义的发展需求。殖民政府对这一问题极为关注，并试图通过稳定化政策来解决这一问题。

3. "稳定化"政策的形成

到"二战"后，帝国本土和殖民地逐渐形成基本共识，开始实行劳动力稳定化政策，并以此作为殖民地城镇政策的核心内容。1955 年出版的东非皇家委员会报告写道，"很有必要消除阻碍非洲人完全参与城镇生活的障碍"。[1] 在 1958 年的一次会议上，乌干达、肯尼亚、坦噶尼喀、桑给巴尔和中非联邦的殖民政府代表一致认为，应当鼓励非洲劳动力在城镇地区永久定居。与会者认为，稳定化"是非洲人实现进步的基本条件……我们应当认真加以鼓励，并且相信这一变化必然是逐渐发生的"。事实上，一些行业领域已经逐步提高工人工资，并雇佣更为熟练的非洲劳动力。例如，在 1949—1955 年，北罗得西亚铜带地区的非洲工人平均工资增长了 116%，而物价水平仅上涨 28%。[2]

第一，殖民政府允许非洲工人组建工会，并开始关注劳工的生存状况。经历过罢工浪潮之后，中部和东部非洲殖民地政府开始接受城镇劳动力的存在。殖民地政府对于非洲工人的态度，由原本的傲慢无知，转变为对于他们社会状况的关注。战后关于殖民地城镇劳动力问题的讨论主要关注稳定化、生产效率、福利和产业关系等问题，殖民地政府和欧洲企业试图借此重新确立对于劳资关系的控制。20 世纪 50 年代，殖民地政府的流行观念是，非洲工人应当被视作工人，而不是非洲人，他们与欧洲工人并无太大区别，因此应当允许他们组织工会。殖民地国家试图创立一支稳定的、"去部落化"的城镇工人阶级，"与落后的非洲农

---

[1] Andrew Burton, *African Underclass*: *Urbanization*, *Crime and Colonial Order in Dar es Salaam*, *1919 - 1961*, London: James Currey, 2005, p. 32.

[2] Frederick Cooper, *Decolonization and African Society*, *The Labor Question in French and British Africa*, New York: Cambridge University Press, 1996, p. 346.

村区别开来，赋予其成员工作和职业升迁机会，并逐渐将其塑造成富有效率的、行为可预测的群体"。①

第二，接受非洲工人家庭在城镇中定居。"二战"前，尽管殖民者常常将他们的性别观念灌输给非洲精英和宗教皈依者，却不愿非洲工人复制欧洲人的家庭生活方式。殖民官员并不认为"家庭"对于非洲工人阶级的再生产而言是合适或者必要的。到"二战"后，这一观念开始受到挑战。殖民地国家试图接受城镇劳动力的"稳定化"，允许这些劳动力及其核心型家庭在城镇中生活，学习现代营养、教育和卫生知识，并免受农村陈旧习俗的影响。②

然而，非洲劳工稳定化政策也遭遇殖民地白人群体的强烈反对，尤其是在有着规模庞大的白人群体的南罗得西亚。南罗得西亚的白人群体认为，倘若接受非洲劳工及其家属在城镇中生活，将导致非洲劳动力成本极为高昂，并且打破以往在货币经济领域之外的非洲劳动力再生产。1943—1945 年，代表白人群体利益的索尔兹伯里市市长强调："倘若允许土著雇工将他们的妻儿老小带到城镇，并由白人雇主负责为提供住房，这对于白人种族而言无异于自杀。我们坚决反对实行这样的政策。"③

第三，殖民官员试图在新兴的城镇非洲人中间灌输公民责任，塑造与非洲城镇相适应的公民文化。稳定化政策对于城镇管理产生深远影响。在达累斯萨拉姆、内罗毕等殖民地城镇，随着快速的城镇发展和帝国观念的转变，殖民地政府的城镇政策发生调整，部分的非洲工人得以享有城镇居民权利。殖民政府对于非洲人的城镇化心态极为复杂，殖民政府一方面意识到这些人是非洲城镇的未来所在，另一方面对于这一新兴的城镇文化持反感或者忽视态度，认为非洲人并未为城镇生活做好准备，部分由于非洲城镇人口的部落背景，殖民政府认定部落人口缺少集体感。因此，殖民政府在向非洲人开放政治和社会空间的同时，也试图影响非洲人对这一空间的利用，并试图塑造体面的非洲城镇阶层。殖民政府所采取的主要活动包括城镇福利和社会发展计划，以及鼓励非洲人参与市镇政府。1941

---

① Frederick Cooper, *Decolonization and African Society*, p. 14.

② Frederick Cooper, *On the African Waterfront*, p. 247.

③ Teresa Barnes, "'So That a Labourer Could Live with His Family': Overlooked Factors in Social and Economic Strife in Urban Colonial Zimbabwe, 1945－1952," *Journal of Southern African Studies*, Vol. 21, No. 1 (1995), p. 105.

年，内罗毕公共卫生官员呼吁"接受一个基本事实，即土著能够作为城镇人口而存在"，并且"教育他接受作为公民的权利和责任"。[1] 殖民当局鼓励非洲人像英国工人那样生活，"一个工作，一个房子，一个妻子，不用再干农活"。[2]

第四，殖民政府极力控制由农村向城镇的人口流动。随着城镇人口的激增，维持城镇秩序成为殖民官员关注的问题。在殖民统治之下，城镇对于非洲民众的吸引力日益增强，这是殖民者必须面对的问题。由于殖民地经济并未发生显著变革，因此殖民政府面对的主要任务仍然是控制非洲人口的流动性。成千上万的非洲移民涌入城镇，尤其是失业人口的存在，这对欧洲移民群体构成严重威胁。在这一情况下，殖民官员强调"去部落化"城镇非洲人无法应对西方文明的潜在破坏力，需要对由农村涌入城镇的移民劳动力进行控制和引导。殖民政府试图通过各种立法来将非洲劳动力限制在乡村地区，并使得城镇移民重新回到农村保留地。例如，肯尼亚殖民政府先后颁布了《1902 年土著搬运工和劳动力法案》（The Native Porters and Labor Regulations of 1902）、《1906 年主仆法案》（Master and Servants Ordinance of 1906）以及《1915 年土著登记法案》（Native Registration Ordinance of 1915），这些法案都试图控制非洲劳动力由农村流入城镇。[3] 到 20 世纪 50 年代，尽管殖民政府承认了非洲城镇工人阶级的社会地位，但与此同时仍然试图清理那些与这一城镇观念不符的非洲人。

4. 稳定化政策的效果

殖民时期见证了非洲城镇的普遍兴起，这一城镇化进程产生了深刻的社会文化、经济和政治影响。[4] 在 20 世纪 30 年代之前，肯尼亚、坦桑尼亚和北罗得西亚等英属非洲殖民地，与南非在劳动力模式上并无太大差别。英国的"托管"殖民地和"白人"国家都存在种族隔离、单身男性的移民劳动，以及能

---

[1] Joanna Lewis, *Empire State-Building: War and Welfare in Kenya, 1925 - 1952*, Athens: Ohio University Press, 2000, p. 138.

[2] Luise White, "Seperating the Men from the Boys: Constructions of Gender, Sexuality and Terrorism in Central Kenya, 1939 - 1959," *The International Journal of African Historical Journal*, Vol. 23, No. 1 (1990), p. 9.

[3] Paul Ocobock, "'Joy Rides for Juveniles': Vagrant Youth and Colonial Control in Nairobi, Kenya, 1901 - 1952," *Social History*, Vol. 31, No. 1 (2006), p. 42.

[4] Andrew Burton, "The Haven of Peace Purged: Tackling the Undesirable and Unproductive Poor in Dar es Salaam, ca. 1950s - 1980s", *The International Journal of African Historical Studies*, Vol. 40, No. 1 (2007), p. 119.

够贴补农村家庭生活的最低工资。在这一情况下，非洲人不属于城镇。二战后，南非逐渐演化出僵化的种族隔离制度。相比于南非，英国殖民政府则将非洲人塑造成工资劳动力。这也折射出英属非洲殖民地和南非在发展轨迹上的巨大差异。

在英属中部和东部非洲殖民地，稳定化政策不仅是由于殖民地经济生产方式和国际政治趋势发生转变，而且是对急速发展的非洲城镇化的回应。殖民统治后期的稳定化政策主要关注城镇工人，目标是切断"流动人口"和定居的城镇工人之间的团结，并将潜在的"无序"流动人口转变为真正的工人阶级。殖民政府希望工人阶级在薪酬、职业提升等方面更加分化，从而确保非洲社会稳定。

然而，稳定化政策并未实现规训城镇工人的目标，反而使得城镇工人要求更大程度的社会和政治权利。殖民地国家并没有足够资源来控制这一进程。真正对非洲人开放政治空间，非但不会导致殖民控制的重新加强，反而导致非殖民化。达累斯萨拉姆、内罗毕等城镇成为殖民地国家转变和改造非洲社会表现最为明显的地方，同时也是非洲人逃避和质疑殖民统治并最终成功挑战英国统治的地方。[1] 正如历史学家约翰·伊利夫所说，"正是在城镇中，欧洲人最早丢掉了对于非洲的控制"。[2] 城镇地区极有限的稀缺资源分配，不仅导致政治和认同的种族化，而且催生出城镇非洲人的权利意识。殖民政府未能满足日益高涨的非洲人需求，导致民族主义迅速发展。一些学者认为，城镇环境是非洲政治行动主义兴起的关键因素之一。[3]

与英国和比利时殖民政府形成鲜明对比的是，南非国民党政府继续将非洲人视作农村人而加以管理，试图通过严厉的种族隔离和通行证控制来遏制城镇化。南非政府最终采用与北方类似的政策，尽管这要到 20 世纪 60 年代之后，当时的沃斯特政府接受了永久非洲城镇人口的存在，并试图扩大城镇内部人口与外来人口之间的区别。甚至是南非政府为了避免城镇化而采取的较高程度的强制，无论是在 20 世纪 60 年代之前还是之后，都最终归于失败。到 1980 年，约翰内斯堡

---

[1] Bruce Berman, and John Lonsdale, *Unhappy Valley：Conflict in Kenya and Africa*, London：James Currey, 1992, p. 141.

[2] John Iliffe, *A Modern History of Tanganyika*, p. 381.

[3] Susan Geiger, *TANU Women：Gender and Culture in the Making of Tanganyika Nationalism*, *1955 – 1965*, Portsmouth：Heinemann, 1997, pp. 66 – 69.

的非洲城镇索韦托，原本设计容纳 60 万人，实际居住人口有 160 万。①

从 1948 年之后，南非种族隔离国家与英属非洲殖民地在非洲人城镇化问题上"分道扬镳"，但是南非和这一地区的其他殖民地所追求的政策存在显著的相似性。如同南非政府一样，欧洲殖民官员继续认为城镇地区中的居民权利应当受到限制，尽管从 20 世纪 40 年代起，殖民地的公民身份并不在是在种族上界定的。例如，贾斯汀·威利斯强调东非殖民地饮酒权经历了从"种族歧视"向"社会或文化歧视"的转变。② 为了实行这些限制，殖民政府采取了各种立法和行政措施，这些如同在南非的情况一样，都是为了遏制农村和城镇之间人口流动。自 20 世纪 30 年代以来东非和中非地区逐渐容忍非洲人在城镇的存在，这从一开始就被认为是有限的。黑利勋爵强调需要遏制"不经济的城镇化"，他在1942 年写道，"非洲城镇，特别是东非和中非的土著定居点，其前途在很大程度上依赖于政府采用一种将他们从永久定居排除在外的政策，这些人在城镇生活中并未发挥有效功能"。③

第三节　城镇社会与文化

20 世纪 80 年代初，当时的非洲史研究仍然只是关注于非洲劳动力及其控制，很少关注非洲娱乐休闲史。④ 不过，近年来研究者开始关注啤酒馆、足球俱乐部、舞厅、塔拉布音乐以及妇女服饰变化。例如，舞蹈和舞蹈协会在非洲城镇社会凝聚力的形成过程中扮演了重要角色。城镇体育运动并不总是遵循白人的游戏规则。例如在南罗得西亚的布拉瓦约，当地非洲人举行的拳击比赛是按照当地规则进行的，代表着族群竞争关系。⑤

---

① 尚宇晨：《种族隔离制度下南非白人政府的黑人城市化政策（1920—1960）》，《世界历史》2018 年第 1 期。

② Justin Willis, *Potent Brews: A Social History of Alcohol in East Africa, 1850 - 1999*, Athens: Ohio University Press, 2002, p. 176.

③ Lord Hailey, *Native Administration in the British African Territories*, London: H. M. S. O., 1951, p. 39.

④ John Iliffe, *Honour in African History*, Cambridge: Cambridge University Press, 2005, p. 368.

⑤ Ian Phimister and Van Onselen, "The Political Economy of Tribal Animosity: A Case Study of the 1929 Bulawayo Location 'Faction Fight'," *Journal of Southern African Studies*, Vol. 6, No. 1 (1979), pp. 1 - 43.

　　非洲语言也在城镇环境中发生了重要变化。新的通用语言在城镇中得以传播并被接受。城镇也成为本土宗教运动、基督教和伊斯兰教的关注点，尽管白人基督教传教士更关注农村地区。殖民时代早期的阿克拉，"基督教和土著信仰之间发生碰撞"。① 在伊巴丹和拉各斯等西非城市，穷人大规模皈依伊斯兰教，从而使得伊斯兰教与当地文化的联系日益紧密。相比之下，在东非殖民地，之前居于主导地位的伊斯兰教开始让位于基督教，因为更多人皈依基督教，而原来的城镇人口逐渐边缘化。类似地在苏丹南部，伴随着城镇化进程，来自不同地区的南苏丹人之间的交往需要，因而南苏丹阿拉伯语（South Sudanese Arabic）更加流行，尤其是在小城镇，这表明了不同群体之间的界限逐渐模糊。英埃共管政府试图将"农村"人口赶出城镇，并且要对付"去部落化的""讲阿拉伯语"的城镇人口，其中包括酿制和销售啤酒的妇女、学校学生和年轻人、酋长和政府职员家属等等。殖民官方认识到南苏丹阿拉伯语之所以得以扎根，主要是因为"共同的交流方式"存在的必要性。城镇化以及随之而来的南苏丹阿拉伯语的传播，有助于共同文化的形成。②

　　这些新城镇的族群成分极为混杂。他们的居民属于殖民政府所界定的各种"部落"群体。约鲁巴语的尼日利亚西南部地区，某些城镇是由临近的乡村人口组成。但是更多城镇人是长途跋涉而来的移民，他们的认同感与"土著"人口截然不同。例如，坦桑尼亚的阿鲁沙城人口很少来自周边讲阿鲁沙语的人口，而且整个殖民统治时期，欧洲人和印度人所占比例逐渐提高。东非内陆最大城市内罗毕吸引了人口稠密的邻近农村地区基库尤人。在殖民时代的索尔兹伯里，最初的核心人口主要来自南罗得西亚之外，而讲绍纳语的短途移民，常常出入这一城镇。尼扬加语（Chi Nyanja）最初是在索尔兹伯里居于主导地位的班图语。随着时间流逝，绍纳语精英和绍纳语无产阶级在索尔兹伯里定居，并且在"二战"后日益居于主导地位。

　　族群在城镇生活中仍然扮演着重要角色，但是是以不同的形式，"族群实际上是利益群体，它的成员有共同的经济和政治利益，因此在同其他群体争夺权力

---

① John Parker, *Making the Town: Ga State and Society in Early Colonial Accra*, London: James Currey, 2000, p. 155.

② Cherry Leonardi, "South Sudannese Arabic and the Negotiation of the Local State, c. 1840 – 2011," *The Journal of African History*, Vol. 54, No. 3 (2013), pp. 351 – 372.

的过程中会团结"。① 城镇经历也能唤起更大范围与程度的身份认同。正是在城镇环境中，非洲的男男女女意识到他们是肯尼亚人、尼日利亚人或者尼亚萨兰人。以尼亚萨兰民族主义的起源为例，20 世纪 30 年代，在罗得西亚和南非等地工作的经历催生出尼亚萨兰民族意识。罗得西亚和南非雇主倾向于将不同族群背景的马拉维人统称为"布兰泰尔人"（Blantyrers）或者"尼亚萨人"（Nyasas）。20 世纪 50 年代，尼亚萨兰非洲人大会（Nyasaland African Congress）得到来自南罗得西亚移民的大力支持。②

新的身份认同往往导致激烈竞争，甚至引发暴力冲突。20 世纪 50 年代，在茅茅起义爆发后，英国人将基库尤劳工大规模赶出内罗毕，并用其他没有参与茅茅运动的族群取而代之。这在殖民时代后期以及肯尼亚独立时代催生出严重的"部落"政治。

自愿协会成为非洲城镇全新的社会凝聚力形式。例如在阿克拉，这类自愿组织对于土著的加人来说并不重要，因为他们有着自身传统的文化和社会组织，但是对于来自其他地区的黄金海岸人来说十分重要。在肯尼亚的蒙巴萨，很多工人往来于城镇和乡村之间。码头临时工作满足了这些非洲人在奴隶制解体之后对于相对独立地位的追求。很多内陆地区工人来到蒙巴萨，尤其是来自维多利亚湖畔尼扬扎的卢奥人，他们在铁路上工作，对于蒙巴萨的伊斯兰世界来说他们是外来人。城镇人口构成极为复杂，他们有着不同诉求。再譬如桑给巴尔和苏丹，伊斯兰社会中的奴隶在获释后成为全新的工人阶级，与原有奴隶制阶级截然不同，与出生地之间联系较少，他们在城镇中形成了全新的身份认同。

在典型的非洲城镇，男性远多于女性，非洲东部和南部尤其如此。不过，仍然有很多妇女进入城镇，其重要性远远超出她们的实际数量。在西非，城镇地区表现出与过去相当大程度的延续性，无论是贫穷还是富裕，妇女都扮演着一系列经济角色。在中部和东部非洲的殖民城镇，尽管妇女是新进入城镇，但是她们也扮演了重要角色。在内罗毕城建立之初，那些被殖民当局视作妓女的非洲妇女实际上从事着多种的经济活动，他们为非洲男性提供各项服务。在这样全新的、变

---

① Abner Cohen, *Custom and Politics in Urban Africa*: *A Study of Hausa Migrants in Yoruba Towns*, Berkeley: University of California Press, 1969, p. 192.

② John McCracken, *A History of Malawi*, *1859 - 1966*, London: James Currey, 2012, p. 232.

动的城镇环境中，这些妇女成为实现社会稳定的基石。她们迫切希望捍卫自身财产权，并且获得法律承认的公民身份。这些非洲妇女时常成为穆斯林，她们通过皈依伊斯兰教从而摆脱传统的部落或者族群联系，以摆脱男性年长者的控制。在殖民时代后期的坦噶尼喀，非洲妇女在非洲民族主义组织形成过程中也发挥了重要作用。①

尽管城镇生活仍然十分艰难，却为非洲妇女提供了摆脱农村家庭束缚的机会。殖民当局与这些城镇妇女关系十分复杂。殖民当局往往认为这些妇女对于父权制造成冲击，并且消耗现代城镇的资源。她们处于早期城镇边缘，并且生活在殖民法律体系的边缘，往往成为"酒鬼、赌徒或者妓女"。② 其他的社会、文化和经济进程也削弱了殖民政府的权威，这些城镇为非洲妇女提供了前所未有的独立空间和致富机会，而这与殖民官员和非洲男性的期望和诉求恰恰相反。城镇也为非洲年轻人逃避年长者和殖民官员的控制创造机会，他们在这里所采取的行为方式颠覆了殖民国家霸权和农村父权制。③

---

① Susan Geiger, *TANU Women*: *Gender and Culture in the Making of Tanganyikan Nationalism*, *1955 – 1965*, Portsmouth: Heinemann, 1997.

② Richard Parry, "Culture, Organisation and Class: The African Experience in Salisbury, 1892 – 1935," in Brian Raftopoulos, and Tsuneo Yoshikuni, eds., *Sites of Struggle*: *Essays in Zimbabwe's Urban History*, Harare: Weaver Press, 1999, p. 57.

③ Andrew Burton, "Townsmen in the Making: Social Engineering and Citizenship in Dar es Salaam, c. 1945 – 1960," *The International Journal of African Historical Studies*, Vol. 36, No. 2 (2003), pp. 331 – 365.

第四章
性别、家庭与人口

> 可可破坏了亲情，导致骨肉分离。
>
> ——黄金海岸可可种植者的抱怨*

　　殖民时代的经济社会变迁对于非洲家庭和妇女地位产生了深刻影响。新兴城镇为非洲妇女提供了逃离男性控制的机会，很多非洲妇女开始从事临时劳动，农村地区的经济作物生产也为非洲家庭带来全新的机会。与此同时，殖民时代的这些新经济机会大多是面向非洲男性的，非洲妇女的角色时常被限制在家庭务工，例如种植粮食作物，养育子女，尤其是在男性从事劳动迁徙的地区。一夫多妻制在很多地区继续存在，因为这赋予非洲男性对女性劳动力的控制。由于欧洲教会禁止一夫多妻制度，基督教婚姻取得发展，尤其是在东非和中部非洲，不过直至20世纪中叶一夫多妻制在西非地区仍然十分普遍。① 本章主要讨论殖民时代非洲家庭的变化、非洲妇女的地理流动与殖民地国家的限制、非洲妇女的反抗与调适，然后讨论殖民时代的非洲年轻人群体的界定变化，最后分析殖民时代非洲人口变化。

第一节　殖民时代的非洲家庭变化

　　殖民时代急剧的社会变迁不仅破坏了个人生活，而且威胁到非洲社会稳定。殖民主义改变了夫妻之间、父母与子女之间关系，并且影响到非洲人家庭的延

---

　　*　K. A. Busia, *The Position of the Chief in the Modern Political System of Ashanti*, London: Oxford University Press, 1958, p. 127.

　　①　郑晓霞:《书写"她"的历史——非洲妇女史的兴起与发展》,《史学理论研究》2017 年第 2 期。

续。在殖民统治的最初几十年里，仍然不断出现激烈抗议，殖民制度仍然处于变动之中，当地统治者和殖民官员之间关系仍在不断变化。一些非洲女孩和妇女开始以全新方式实现自身权利。为了挑战家庭控制，很多女孩逃到传教站。在非洲男人离家外出的情况下，这些非洲妇女在农业生产领域取得主导地位，并且尝试种植新的农作物。

1. 非洲妇女地位获得部分提高

欧洲殖民者还试图将自身的观念强加在他们所认为的"低劣"民族，对他们所认为的"不文明"习俗加以控制，殖民者开始介入非洲妇女的个人生活之中，试图改变其成人礼、婚姻和生育。在很多地区，与这一"文明的使命"巧合的是，殖民者力图阻止非洲人口生育率降低，因为这对殖民地劳动力供应产生影响。在 19 世纪末至 20 世纪初的英属西非殖民地，非洲妇女的机遇增多。尽管不同地区的情况和国际环境因素有很大差异，但是欧洲资本主义渗透成为妇女扩大机遇的重要时机，城镇和贸易的发展创造出全新机遇，非洲女性和男性同样从中获利。随着妇女经济地位的改善，她们能够重新界定与父亲、兄弟和丈夫之间的关系，从而削弱了男性对于她们劳动力的控制。

第一，非洲妇女反抗父权制权威。尽管非洲妇女的选择机会十分有限，但是她们能够利用殖民统治前三十年里的殖民法律所提供的机会。以索尔兹伯里东部的戈罗蒙齐（Goromonzi）地区为例，一位殖民官员在 1924 年写道，"自从殖民占领以来，土著妇女的地位已经有了显著提升"，另一位殖民官员写道，女孩时常出现在婚姻登记官面前，原本要结婚的，却"表示自己是被迫同意这门婚事的"。[①] 1899—1905 年，土著专员一共审理了 345 桩民事案件，其中 95 桩案件是女孩拒绝嫁给支付了彩礼的男性，65 桩案例是有关逃婚的妻子。换言之，其中将近一半案例是关于不服从父权制的女子。在殖民时代之前，倘若妇女逃跑，丈夫更多是把她追回来，而不是要求退还彩礼。他通常不愿意切断他和妻子之前的亲缘关系。欧洲人鼓励非洲男性同不忠于自己的妻子离婚。殖民政府的介入对于家庭诉讼案件的类型产生影响。在欧洲殖民统治早期，非洲男性主要关注要妻子返回，但到 20 世纪 30 年代以后，非洲男性则试图解散家庭，要求赔偿和归还彩

---

① Elizabeth Schmidt, "Negotiated Spaces and Contested Terrain: Men, Women and the Law in Colonial Zimbabwe, 1890 – 1939," *Journal of Southern African Studies*, Vol. 16, No. 4 (1990), p. 640.

礼，并要求子女监护权。因此，这一时期的土著专员审理的案子通常是这些被抛弃的丈夫要求离婚。1931 年 7 月至 1939 年 7 月，171 桩案件中有 128 件是离婚诉讼，占 75%。这些离婚诉讼基本上是由丈夫提出的，指控妻子不愿同他们发生性关系，或者存在做娼妓或通奸行为。只有 14 桩案例中，丈夫要求逃离的妻子回来。①

殖民地经济变革对农村非洲家庭生产和生活产生重要影响，尤其是非洲家庭的性别关系。殖民主义在试图通过种族上的空间隔离对于非洲社会实现资源剥夺的同时，也试图明确界定妇女在社会中的地位：非洲妇女角色更多是从事家庭再生产，而男性则从事生产活动。非洲男性得以控制土地等生产性资源，而非洲妇女则是重要的农业劳动力，尤其是在有着大量劳工移民的地区。例如，在 20 世纪 20—40 年代坦噶尼喀湖畔的布哈（Buha），年轻男性外出务工赚钱，成为劳工移民的重要来源；"二战"后，年老已婚男性也开始成为移民劳工，他们将妻儿留在家中从事农业生产。这些性别关系模式根据每个地区具体条件而有所不同。②

随着 1900 年尼日利亚拉各斯铁路开通，妇女和女孩开始将商品带到铁路建设工地，已婚妇女和订婚女孩成为这些建筑工匠和职员的妻子。一些妇女逃到这些建筑工地并选择与工人生活在一起。铁路也为遭受奴役的妇女提供了避难所，逃避残暴的丈夫或者被安排的婚姻。在阿贝库塔于 1914 年被并入到殖民地国家之后，当地的离婚和再婚变得更加普遍。殖民统治者的权力扩张使得年轻妇女能够挑战年长者的权威，夫妻双方都有选择伴侣的更大自由，并且削弱了年长男女对于年轻妇女的社会控制。然而，尽管妇女在离婚方面有更大自由，英国的政策也增强了男性获取权力和资源的机会，使得妇女无法像前殖民时代那样将年龄或者财富转变为政治权威。20 世纪以后，非洲妇女尽管在社会地位上实现独立但也逐渐丧失对于资源和收入的控制。③

①　Elizabeth Schmidt, "Negotiated Spaces and Contested Terrain: Men, Women and the Law in Colonial Zimbabwe, 1890 – 1939," *Journal of Southern African Studies*, Vol. 16, No. 4 (1990), p. 640.

②　Gregory Maddox, "Networks and Frontiers in Colonial Tanznaia," *Environmental History*, Vol. 3, No. 4 (1998), p. 452

③　Kristin Mann, "Women, Landed Property and the Accumulation of Wealth in Early Colonial Lagos," *Signs*, Vol. 16, No. 4 (1991), pp. 682 – 706.

第二，殖民地国家试图介入妇女成人礼和生育问题。"一战"后，殖民宗主国权威更加稳固。在这一情况下，殖民地国家有意采取措施挑战有关生育、成人礼和性行为的当地习俗。基督教传教士反对一夫多妻制婚姻和彩礼，认为这是基督教"文明使命"的一部分。面向非洲精英女性的寄宿制学校也参与其中，意在培养女性信仰基督教。它们对非洲女孩的青春期和婚姻加以控制，以免出现婚前怀孕情况。随着年轻男女接受新的价值观，很多的非洲妇女拒绝前殖民时代对她们的性的控制，拒绝接受处女检查，并且坚持自己选择伴侣。尽管割礼并非普遍的习俗，但非洲各地都有仪式来庆祝从儿童到年长者的转变。传教士通常反对这些成年礼。殖民地国家试图推动非洲女性教育和地位改善。在苏丹北部，英国官员致力于提高非洲女性地位。在较大规模的城镇，政府和传教团的资源主要集中在这些地区，非洲女性可以接受学校教育和社会服务，并且接受新的家庭和性别关系观念。妇女识字率逐渐提高，就业机会也得以提升。在很多家庭，女性与外界隔绝的状况有所改善，婚姻生活的状况也发生改变。不过，妇女地位变化范围有限，主要局限于所在家庭相对较为富足的阶层，她们通常是城镇的、会说阿拉伯语的穆斯林，而不是农村居民或者城镇下等阶层。①

在非洲妇女地位获得提升的过程中，妇女身体成为殖民地国家、传教团、地方社会权威、年长者以及年轻男性争夺的焦点，即所谓的"子宫政治"（Politics of Womb）。例如在肯尼亚，殖民官员采取一系列措施来对女性割礼加以规范，并且将妇女举行成人礼的年龄提前。殖民政府采取措施限制割礼，同时较早开始妇女成人礼以应对堕胎。在梅鲁地区，殖民官员认为当地较高程度的堕胎是与妇女较晚才进行割礼密切相关，而这严重威胁到劳动力供应。尽管在肯尼亚中部其他地区，妇女成人礼是在青春期之前，在梅鲁地区则是在结婚之前要进行的仪式。殖民官员写道，因为"习俗"禁止未成年女性生育儿童，未接受割礼的女孩倘若怀孕将不得不堕胎。为了避免女孩性成熟时候未实行割礼，殖民官员要求女孩在青春期之前进行割礼。梅鲁的殖民官员并未试图废除割礼，而是试图在较

---

① Heather J. Sharkey, "Chronicles of Progress: Northern Sudanese Women in the Era of British Imperialism," *The Journal of Imperial and Commonwealth History*, Vol. 31, No. 1 (2003), pp. 73 – 74.

早年龄采取这一仪式，并将成人礼控制权由当地妇女团体转移至官方认可的地方委员会。[①]

1928—1931 年，肯尼亚中部地区围绕着"女性割礼"发生激烈争论，妇女身体成为传统和现代性的斗争焦点。在多年反对割礼未果的情况下，苏格兰传教团（Scotland Mission）和非洲内陆传教团（African Inland Mission）于1929年禁止皈依者对他们的女儿实行割礼。按照基库尤族观念，接受割礼也就意味着"卡林加"（Karing'a，纯洁）。基督教传教团的割礼禁令激起基库尤人强烈反对，大量教众退出教会，一名女传教士还因此遭到杀害。愤怒的基督徒将他们的子女从基督教传教士学校之中退出，转而创办独立的非洲人学校来提供西式和基督教教育。这场冲突实质上是两种文化秩序的冲突，并且导致民族主义政治的出现。殖民地政府只是在传教团群体极大压力下才不情愿地干预割礼。殖民地政府意识到反对割礼运动削弱了部落首领的权威，并且增强了基库尤中央协会（Kikuyu Central Association）的受欢迎程度，它立即停止行动。而且，这些反割礼运动威胁到基库尤地区的生育和性行为的"道德经济学"，并且代表着非洲男性权威史无前例地渗透到女性领域。殖民地国家对于割礼和堕胎的限制政策及其具体执行过程，反映出殖民地国家在履行帝国统治和实现当地政治控制的过程中所表现出的矛盾和性别特征。在"女性割礼争端"之后，伦敦和内罗毕官员支持较低程度的干预。全部由非洲男性组成的地方土著委员会开会讨论割礼问题，并招募当地首领和警察来推行这些措施。殖民地国家介入到"妇女事务"之中，这对于年长的非洲妇女原本拥有的权威地位提出了挑战。[②]

第三，殖民时代非洲妇女教育获得一定程度的发展。传教士教育通常更有利于非洲男性提高识字水平，但是这些男性往往被排斥在殖民地工资劳动市场之外。传教协会为女性提供了工资就业机会，主要是在宗教机构、学校和医疗服务部门。仅仅是识字并不足以影响非洲妇女的婚姻行为，但是为传教士工作的妇女

---

① Lynn M. Thomas, *Politics of the Womb*: *Women*, *Reproduction and the State in Kenya*, Berkeley: University of California Press, 2003, p. 32.

② Lynn M. Thomas, "Imperial Concerns and 'Women's Affairs': State Efforts to Regulate Clitoridectomy and Eradicate Abortion in Meru, Kenya, c. 1910 – 1950," *The Journal of African History*, Vol. 39, No. 1 (1998), pp. 121 – 145.

通常要结婚晚一些，并且通常嫁给与自己年龄相仿的男性，这意味着父母和女儿之间、丈夫和妻子之间的权力平衡。一般而言，有些从事传教活动的父亲，他们的女儿通常最有可能从事工资劳动。传教站通常为这些非洲女性提供庇护，非洲女性在这里可以读书和就业。非洲女性还会请求教会出面干预。传教团为非洲妇女提供一定的自由空间，而这成为传教团和殖民官员之间关系紧张的重要来源。[①]

2. 殖民地社会经济变革对非洲家庭的影响

殖民时代社会经济变革导致非洲婚姻和家庭发生显著变化，这主要表现为以下几个方面。

第一，结婚彩礼商业化，年轻人结婚年龄推迟。殖民主义所带来的货币经济极大地改变了传统婚姻习俗，婚姻彩礼开始以现金支付。此前的婚礼礼金更多是仪式性的。非洲男性、传统酋长和殖民官员的联盟很难有效阻止非洲妇女外出务工。在殖民时代以前，彩礼（Lobola，Rovoro 或者 Roora）从丈夫的亲属移交给妻子的亲属，这代表着两个亲缘群体之间建立社会纽带，妇女的生产和再生产能力从她的亲属转至她的丈夫及其亲属。作为彩礼交易的结果，妇女需要为她的丈夫及其亲属劳作；而在这一结合过程中生育的子女都属于丈夫而非她的父系。彩礼包括毯子、谷物、锄头、羊、牲畜，构成了象征性的社会行为，同时也是社会财富积累的手段。在欧洲殖民占领以及货币经济引入之后，彩礼开始逐渐商品化，年轻男人从事工资劳动，年长者开始要求更多的彩礼，主要是牲畜和现金。逐渐地，彩礼变成了商业交易，其中的财富在不同辈分的男性之间交易，妇女成为交易商品。彩礼成为社会资源重新分配的手段，年长男性借此获得年轻人的现金工资收入。欧洲人所观察的买新娘现象，实际上是非洲习俗和欧洲殖民干预的结果。殖民官员和传教士对于结婚彩礼态度含混：一方面，他们时常将彩礼描述为"野蛮"行为，担心年长男性贪婪导致彩礼"价格"飙升，超出大多数年轻男性的承受范围，从而造成社会不稳定；另一方面，殖民者和传教士不愿意破坏年长男性的权威和经济利益。围绕着彩礼金额的争论在整个殖民时代一直持续存在。

---

① Felix Meier zu Selhausen, "Missionaries and Female Empowerment in Colonial Uganda: New Evidence From Protestant Marriage Registers, 1880 – 1945," *Economic History of Developing Regions*, Vol. 29, No. 1 (2014), pp. 74 – 112.

婚姻商品化是年轻人离家前往城市和矿区务工的重要原因，或者像在约鲁巴兰的埃基蒂（Ekiti）地区，年轻人能够通过效忠于精英群体来积攒结婚彩礼，这在 20 世纪三四十年代通常需要 50—300 英镑。[①] 婚姻商品化导致结婚推迟，有些新郎需要工作 10 年以上来攒钱，而且导致年轻人和年长者之间关系紧张。到 20 世纪 30 年代末，城镇男人发现他们可以绕过婚姻仪式，通过与未婚妻私奔或者寄钱回老家，让家里人将他们的新"妻子"带到城镇。20 世纪 20 年代，随着殖民国家加速土地剥夺，并且更青睐白人移民而非非洲生产者，在这一情况下非洲家庭很难维持。父亲和家长更加依赖他们女儿结婚的彩礼钱。到 20 世纪 30 年代，农村的殖民官员评价道，父亲和监护人已经将这些支付视作是积累现金以支付税收和其他财务负担的重要手段，而以往只是家庭之间象征性的礼物交换。[②]

第二，代际冲突加剧。非洲年轻人一直是非洲国家和社会塑造过程中的基本动力之一；在殖民时代，年轻人参与文化和政治组织，并且能够获得教育和经济机会，这为他们打开了与他们父母截然不同的世界。很多社会出现了代际冲突，关于家庭、亲缘关系、权威、权力的含义发生重构。年长者发现越来越难以控制年轻人，并且很难让这些年轻人做自己不愿意做的事情。随着越来越多的年轻人离开农村，年长者丧失了关键资源，而殖民政府阻止年长者采用武力和家庭暴力。年轻人前往城镇、矿山务工，而年长者则要承担整个家庭税赋，这一负担变得越来越沉重。[③]

第三，殖民地资本主义经济深刻影响到非洲家庭和婚姻关系。殖民化对于非洲社会的经济与社会影响，在微观层面反映为家庭结构和家庭行为模式的变化。在南部、中部和东部非洲，由于需要交纳赋税，大量非洲男性离开家庭在殖民地城镇寻找工作，或者在欧洲人的农场和种植园，或者铜矿和金矿。由于非洲妇女需要承担以往由非洲男性和女性共同承担的劳动，因此妇女成为维持生计农业的

---

① Olatunji Ojo, "Slavery, Marriage and Gender Relations in Eastern Yorubaland, 1875 - 1920," in Judith A. Byfield, et al., *Gendering the African Diaspora: Women, Culture and Historical Change in the Caribbean and Nigerian Hinterland*, Bloomington: Indiana University Press, 2010, p. 151.

② Teresa Barnes, "The Fight for Control of African Women's Mobility in Colonial Zimbabwe, 1900 - 1939," *Signs*, Vol. 17, No. 3 (1992), p. 595.

③ Carol Summers, "Demanding Schools: The Umchingwe Project and African Men's Struggles for Education in Southern Rhodesia, 1928 - 1934," *African Studies Review*, Vol. 40, No. 2 (1997), p. 133.

顶梁柱。尽管一些妇女在男人不在家情况下取得成功，她们也面对着额外的斗争和挑战。肯尼亚西部的卢奥妇女试验新作物和新技术；而在苏丹北部，在男性奴隶成功逃离奴隶主或者获得解放的同时，女性奴隶仍然受到限制，继续作为农业劳动力。在津巴布韦，绍纳家庭的粮食产量显著增多，主要是出售给欧洲移民、农民和矿主。非洲男性能够运用农业盈余来支付税收，从而避免在欧洲人农场和矿山劳作；但是非洲妇女的工作量显著增多。

以坦噶尼喀马赛人为例，马赛族年长者和殖民官员合作共同创造的土著"权威"逐渐导致马赛族妇女被剥夺了政治权利，货币化和商品化的政策和实践使得妇女丧失了经济控制。前殖民时代马赛族男女之间一直存在着的相互依赖关系，开始被不平等的经济依赖和政治控制所取代，其中男性开始认为女性是"财产"或"财富"。马赛人"父权制"的形成包含两个相互关联的进程：男女相互关联的责任分工变成了"家庭的"和"公共的/政治性的"空间上分离的、等级的性别领域，通过牲畜的商品化、马赛人经济的货币化，使得马赛族男性对于牲畜的控制权得以巩固。[①]

西非地区有着非洲妇女从事贸易活动的悠久传统，一些有进取心的妇女尝试获取财富新途径。1938 年，尼日利亚城镇伊巴丹的约鲁巴妇女商贩向城镇委员会请愿，她们要求限制"叙利亚"商人的竞争，因为这些叙利亚人用卡车运输销售纺织品，价格远远低于这些妇女的销售价格。她们的要求是："尽管我们是妇女，我们像我们的男人一样有责任；我们养育子女，送他们接受教育，并且赡养我们的父母；替我们年长或者无业的男人缴纳赋税。在我们这个国度，丈夫并不养活妻子；这里的妇女必须工作，不仅要照顾自己，还要照顾子女和亲属。"[②]

经济作物生产对于非洲家庭内部关系产生深刻影响。在黄金海岸的阿散蒂地区，可可生产的成功以及奴隶制废除，深刻重塑了 20 世纪上半叶的婚姻模式。黄金海岸的可可农业迅速发展，到 1911 年已经是世界最大的可可生产国，到 20 世纪 20 年代达到极盛。由于可可价格很高，不断有新土地开发出来种植可可树，

---

① Dorothy L. Hodgson, "Pastoralism, Patriarchy and History: Changing Gender Relations among Maasai in Tanganyika, 1890 - 1940," *The Journal of African History*, Vol. 40, No. 1 (1999), pp. 41 - 65.

② Majorie Keniston McIntosh, *Yoruba Women*, *Work and Social Change*, Bloomington: Indiana University Press, 2009, pp. 156 - 157.

因此非洲劳动力变得供不应求。尽管黄金海岸于 1874 年取缔了奴隶制，英国殖民政府在取缔奴隶制的同时也通过了《雇主雇员关系条例》。根据这一条例，前奴隶需要接受与前主人或其他人之间的劳务合同，雇主获得极大权力，而且法院通常会偏袒雇主。在昔日的母系主导的社会关系中，已婚妇女维持着自己的家庭认同，并且传给自己的子女。由于离婚对于夫妻双方而言都是相对简单的，大多数人并未期待长期婚姻，夫妻双方更关注伴侣在婚姻期间的承诺，而不是婚姻关系的持久性。在可可生产初期，可可农更愿意娶前奴隶女子为妻，因为她的权利要比身为自由人的妻子少得多。自由人妻子可以独立于她丈夫财产之外保有结婚时带来任何财产，他们用自己的财产获得的任何收益也同样归她们自己。她们需要为丈夫提供农业劳动力，作为交换，她们也要求丈夫提供"生计"。在以往，非洲男女在母系家庭土地上劳作，不存在一方剥削另一方劳动力，或者离婚情况下的财产分割问题。非洲家庭还可以依靠奴隶和人质劳动力这样的非自由劳动力。[①]

20 世纪四五十年代，外出务工的年轻男性带着工资现金回到家乡，开始有权选择妻子，能够决定何时结婚从而获得成人地位。这严重削弱了年长者权威，因为之前婚姻大多是由父亲们安排的。与年轻男性情况不同，年轻妇女很少在婚姻问题上有选择权。年轻妇女在婚姻问题上较为消极，需要遵从父母之命，接受父母为她们挑选的丈夫。大多数哈族妇女留在家里照顾家庭。不过，由于家庭负担几乎完全落在妇女身上，很多妇女离家出走。男性移民劳动改变了婚姻性质，导致事实或者潜在的难以控制的妇女的出现。男性移民劳动体系也在很大程度上改变了家庭内部的权威模式，有时会引发男性代际的激烈仇视。正是在这一时期，尤其是那些受到影响最深的社会群体提出了社会规范问题。面对这样一种社会混乱局面，哈族男性试图扭转变革节奏，他们转向法庭和当地地区专员，要求强化婚姻制度，重新确立对于非洲妇女的控制权。[②]

3. 基督教传播对于非洲婚姻家庭的影响

基督教传播对于非洲人婚姻制度产生了重要影响，例如在德国统治时期的坦

---

① 艾周昌：《殖民地时期加纳土地制度的变化》，《西亚非洲》1991 年第 5 期。

② Margot Lovett, "'She Thinks She's Like a Man': Marriage and (De) Constructing Gener Identity in Colonial Buha, Western Tanzania, 1943 – 1960," *Canadian Journal of African Studies*, Vol. 30, No. 1 (1996), pp. 52 – 68.

噶尼喀，传教团通过婚姻登记将非洲男女结合变成难以破坏的契约。20 世纪 20 年代，英属坦噶尼喀政府削弱教会法庭对于婚姻生活的权威。1921 年婚姻法令确立了一套程序，非洲基督教徒可以获得政府对于他们婚姻的承认。1928 年，正式的土著法庭在坦噶尼喀中部建立起来，由酋长和首领掌管，负责遵照"习惯法"来审理婚姻和家庭案件。尽管如此，非洲丈夫和妻子仍然在利用教会法庭来提出婚姻诉求。①

传教团将家庭视作基督教生活的基础，因此它的一项中心任务便是培育稳定的基督教婚姻和家庭。19 世纪 30 年代，巴黎福音传教团协会（Paris Evangelical Missionary Society）抵达莱索托，他们发现当地人遵守着传统的巴索托（BaSotho）婚姻习俗。对于巴索托社会生活而言，婚姻是核心制度。婚姻是年轻男女成年的前提条件，男性只有结婚之后才会得到一块土地。巴索托男性的妻子和子女都要尊重他的权威。对巴索托女性来说，结婚也意味着社会成熟，带来社会承认和保障。婚姻在社会关系中起着关键作用，而巴索托人社会对于妇女生育赋予极大价值，因此结婚通常与当地社会最重要财富形式——牛联系起来。从 19 世纪 60 年代末开始，第二代传教士试图改造巴索托人的婚姻和家庭生活，推动殖民地政府通过立法承认基督教婚姻的合法性，并采取措施取缔一夫多妻制。

对于传教团的这些要求，殖民地政府态度十分谨慎。1884 年，巴索托人反抗开普政府，这使得英帝国政府极不情愿地兼并了巴索托。英国殖民政府不愿过多干预巴索托人的婚姻和家庭生活。尽管如此，传教士仍然确立了对于殖民地当局的道德权威，尤其是在开普殖民统治时期。尽管传教团进行了半个多世纪的传教活动，基督教对于巴索托人家庭生活尤其是婚姻关系的影响甚微。基督教妇女很难从丈夫的专制之下解放出来，除非通过离家出走或者离婚方式逃脱。皈依基督教的丈夫仍然坚持着"传统"的性别观念，维持着基督教时代之前对于婚姻的理解以及自我认同。不过，传教士和殖民立法者的一系列努力塑造了非洲妇女对于婚姻的理解以及作为妻子的自我认同，并且提升了她们结束婚姻的能力。传教士观念和殖民者立法引入了全新力量，这些重塑了性别关系，加剧了家庭内部

① Derek R. Peterson, "Morality Plays: Marriage, Church Courts and Colonial Agency in Central Tanganyika, c. 1876 - 1928," *American Historical Review*, Vol. 111, No. 4 (2006), p. 1008.

的紧张关系。尽管这一过程给予妻子更大空间，从而挑战了丈夫对她们的压制。①

19世纪末，在拉各斯和西非其他商业和行政城镇，受过西方教育的非洲基督徒开始出现。这些非洲人同时受到西方和非洲文化熏陶，并且是这两种文化的媒介力量。他们知晓欧洲和非洲语言、制度和习俗，因此能够利用殖民时代全新的经济机会。在拉各斯，来自塞拉利昂和美洲的获释奴隶将基督教婚姻引入约鲁巴兰。1850年以后，越来越多传教士进入拉各斯，他们认为西式婚姻习俗对于基督教而言是基本的。在约鲁巴习俗中，除了活人献祭和奴隶制之外，没有其他要比一夫多妻制更让传教士难以接受的，他们将一夫一妻制作为接受洗礼的基本条件。殖民政府也支持传教士立场，1884年，殖民政府颁布婚姻法令，禁止已经依据约鲁巴习俗或者根据法令结婚的个人，按照约鲁巴习俗再次结婚。法令授权最高法院判处违反者100英镑罚款或者最高5年监禁。除坚持一夫一妻制之外，传教士也要求皈依者根据教会仪式结婚，并教授他们维多利亚时代有关基督教夫妻角色的适当关系。传教士强调基督教婚姻关系应当是以爱情和伴侣关系为基础，丈夫应当在经济上支撑自己的家庭，妻子不应当在家庭以外工作，而应当完全致力于家庭事务。而且，传教士将丈夫们塑造为公共领域的领导人，妻子则是道德模范——家庭和社会道德观念的守护者。②

19世纪末的拉各斯出现小规模的、信奉基督教的受教育精英。受到欧洲人和当地文化的影响，这些非洲男女面临两种不同类型的婚姻：一种是约鲁巴婚姻，这是他们的祖先和大多数民众的；另一种是基督教婚姻，基督教传教士宣称这是男女之间结合的唯一合法形式。这两种婚姻在婚礼仪式、对于一夫多妻制的态度，以及对于夫妻关系和角色的期望等方面都存在很大差异。关于如何结婚，以及婚姻应当是什么样，是受教育精英十分关注的问题。一些约鲁巴男性精英完全接受基督教婚姻，有一些完全拒绝，不过也有一些则是同时接受基督教和约鲁巴婚姻，尽管这两者之间存在明显矛盾，而且这也触犯了基督教教义

①　Pule Phoofolo, "Holy Weddings, Unholy Marriages: Christian Spouses and Domestic Discords in Early Colonial Lesotho, 1870 – 1900," *Journal of Religious History*, Vol. 31, No. 4, (2007), pp. 363 – 386.

②　Kristin Mann, "Marriage Choice among the Educated African Elite in Lagos Colony, 1880 – 1915," *The International Journal of African Historical Studies*, Vol. 14, No. 2 (1981), p. 211.

和殖民地法律。① 社会出身、宗教信仰以及经济和政治利益，这些因素都影响到非洲男性对于婚姻的回应。

19 世纪，拉各斯逐渐从小规模的约鲁巴人定居地发展成为西非沿海地区主要的商业和行政城镇。拉各斯与奴隶贸易发展密切相关，到 19 世纪中叶之后更是随着棕榈产品的合法贸易而加速发展。国际贸易发展创造出新财富，并且使得这些财富集中在一些新的社会阶层手中。而且，这一财富逐渐表现为新形式，随着货币经济与私人土地和房屋所有开始出现。整个 19 世纪，约鲁巴人从内地涌入拉各斯寻找经济机会，并且躲避约鲁巴战争。拉各斯人口从 1800 年的 5000 增至 1911 年的 74000。② 19 世纪 40—80 年代，一些获释的约鲁巴奴隶从巴西和塞拉利昂返回拉各斯，他们数量虽少但十分重要。他们引入了基督教和欧洲教育，并推动欧洲传教士于 19 世纪 50 年代进驻拉各斯。随后数十年里，基督教和欧洲教育获得发展，读书识字在拉各斯的经济、政治和文化生活中的重要性日渐增强。到 19 世纪 80 年代，受教育的基督教文化群体已经存在，以教会、学校和政府机构为中心，不仅包括侨民，而且包括来自拉各斯和内陆地区的约鲁巴人。

拉各斯的基督教传教士将一夫一妻制视作基督教婚姻的基本特征，将这作为洗礼的条件，一夫多妻的教徒将会被开除教籍。殖民政府也支持传教士的立场，它在 1884 年颁布婚姻法令对基督教婚姻予以规范。拉各斯的传教团同时也传播维多利亚时代关于夫妻适当关系的观念。他们教导非洲基督徒，基督教婚姻是两个个人的结合，而非两个亲缘群体，应当是以爱情和伴侣为基础。一份名为《基督教婚姻》的宣传册教导读者，"上帝安排男子和女子的结合……婚姻应当基于爱情……世界上最严重的灾难，莫过于两个不相爱的人的结合"。③ 而且，基督教传教士也灌输基督教中产阶层以关于丈夫和妻子适当行为的维多利亚观念，丈夫应当是经济提供者，而妻子则是母亲和操持家务者。妻子不应当从事经济活动，她们应当是道德典范，是社会道德观念的守护者。

---

① Kristin Mann, "Marriage Choices among the Educated African Elite in Lagos Colony, 1880 - 1915," *The International Journal of African Historical Studies*, Vol. 14, No. 2 (1981), pp. 201 - 228.

② Kristin Mann, "A Social History of the New African Elite in Lagos Colony, 1880 - 1913," Ph. D. Thesis, Stanford University, 1977, pp. 26 - 29

③ Kristin Mann, "The Dangers of Dependence: Christian Marriage among Elite Women in Lagos Colony, 1880 - 1915," *The Journal of African History*, Vol. 24, No. 1 (1983), p. 43.

受教育精英阶层妇女试图在教会中结婚，并且遵循外来的婚姻道德观，部分原因是基督教、西方教育与殖民法律和经济变迁改变了她们的际遇。当受过教育的妇女接受基督教婚姻时，她们同时也放弃了没有文化的约鲁巴妇女所享有的自治和经济独立。精英妇女在遵循外来观念的过程中经受失望和脆弱，一些人开始重新思考基督教婚姻，尤其是作为妻子的经济依附地位。

第二节　非洲妇女的流动以及殖民地国家的干预

1. 非洲妇女由农村涌入城镇及其原因

在殖民统治之下，劳动力迁徙速度显然加快。这一劳动力流动以殖民地经济的不平衡发展为前提，某些地区成为劳动力供应地，另一些地区则成为劳动力市场。从乡村家庭逃离的妇女对殖民政治经济秩序提出挑战，她们公开挑战殖民统治强加给她们的从属地位。在殖民秩序之下，适宜工作年龄的男人被转变成劳工，而所得报酬并不足以养家糊口；到了工作年龄的妇女则转变为没有报酬的劳工从而支撑整个家庭。身为妻子和女儿的这些非洲妇女对于自身全新的经济依附地位感到不满，她们以流动迁徙作为表达不满的方式。[①]

在这一过程中，男性运用在家庭中的权力和在殖民政府中的影响阻止妇女进入当地或者境外的工业中心。由于传统的父权制主导的社会结构，非洲男性利用自己的主导地位和权威，在殖民地政府帮助下，控制非洲妇女流动。这些妇女脱离了父权控制，因此是"松散的""无所归属的"。殖民官员认为这些非洲妇女涌入城镇和经济中心，受到娼妓和不正当性行为的影响。[②]

殖民政府对于未经授权的妇女迁徙做出严格限制。根据法律，非洲妇女一直处于父亲、丈夫或者其他男性监护人控制之下。然而，含混模糊的法律规定为妇女提供了一定程度的自由，使得非洲妇女免受"通行证"法律限制，这些通行证法律专门针对非洲妇女。最重要的是，控制非洲妇女的流动和性行为，也是劳

---

① Marjorie Mbilinyi, "Runaway Wives in Colonial Tanganyika: Forced Labour and Forced Marriage in Rungwe District, 1919 – 1961," *International Journal of the Sociology of Law*, Vol. 16（1988）, pp. 7 – 11.

② Michael O. West, "Liquor and Libido: 'Joint Drinking' and the Politics of Sexual Control in Colonial Zimbabwe, 1920s – 1950s," *Journal of Social History*, Vol. 30, No. 3（1997）, p. 647.

动力招募的必要措施。倘若妇女难以控制，势必影响到非洲成年男性从农村向城镇的流动。很多男性拒绝外出务工，因为担心他们的妻子"行为不检点"，或者在他们不在家时候的离家出走。殖民政府严惩已婚妇女的通奸行为。1916 年，南罗得西亚政府颁布法令将已婚妇女的通奸行为视作非法，但是已婚男性则并未包括在内。[①] 尽管如此，已婚和未婚妇女的迁徙，仍然得以持续。1936 年，南罗得西亚政府颁布《土著登记法案》，试图禁止妇女进入城镇，"她们很容易堕入不道德生活"。也有一些殖民官员认为，非洲女性劳工满足了殖民地国家的利益，因为这些非洲妇女有助于实现男性劳动力稳定化，并保护白人妇女免受非洲男性的性侵犯，也就是所谓的"黑祸"。[②]

在南罗得西亚，住房是城镇妇女阶级形成的另一关键变量。在城镇非洲人"定居点"，住房匮乏以及妇女经济手段的匮乏时常迫使单身女性与男性工人合住。这导致当地人所说的"马颇托"（Mapoto，意为"煮饭锅婚姻"）的家庭形式的出现。"马颇托"婚姻是一种免除正式婚姻的性别关系，不需要向妇女亲属支付彩礼。一旦这名非洲女性搬进这名非洲男性住房并开始为他煮饭洗衣，她就成了他的"妻子"。到"一战"后，离开农村进入城镇的非洲妇女数量越来越多。这些妇女的男性监管人也开始要求政府帮助控制妇女。到 20 世纪 20 年代中期至 30 年代初，南罗得西亚官员在非洲丈夫和父亲们的要求下，开始讨论如何控制"不守规矩的"非洲妻子和女孩的活动。然而，1930 年以后南非所引入的限制妇女进入城镇的立法遭遇失败，这使得南罗得西亚殖民官员很难限制当地妇女流入。"二战"后，南非和南罗得西亚所采取手段发生分化。南非走向种族隔离的制度化，强制的妇女通行证成为其中的一部分。而南罗得西亚则实现了一定程度的妇女行动自由。[③]

尽管城镇中男性数量远远多于女性，但是从 20 世纪 20 年代开始，越来越多的妇女涌入城镇中心，例如内罗毕和约翰内斯堡，赞比亚铜带城镇，以及伊巴

---

① Diana Jeater, *Marriage, Perversion and Power: The Construction of Moral Discourse in Southern Rhodeisa, 1894 - 1930*, Oxford: Clarendon Press, 1993, pp. 119 - 140.

② Michael O. West, "Liquor and Libido: 'Joint Drinking' and the Politics of Sexual Control in Colonial Zimbabwe, 1920s - 1950s," *Journal of Social History*, Vol. 30, No. 3 (1997), p. 650.

③ Teresa Barnes, " 'To Raise a Hornet's Nest': The Effect of Early Resistance to Passes for Women in South Africa on the Pass Laws in Colonial Zimbabwe," *Agenda: Empowering Women for Gender Equity*, No. 5 (1989), p. 51.

丹、阿克拉和达喀尔等西非贸易中心，妇女继续从事贸易活动。这些妇女很难谋得正式差事，但是她们可以通过小规模贸易、销售产品、出售食物、酿酒、为男人洗衣做饭，甚至从事性交易等方式谋生。只有少数的非洲妇女成为教师、护士或者助产士。内罗毕的性工作者，她们为移民劳工洗衣做饭、提供性服务，她们所挣得的收入有时足够投资城镇地区房产。

随着很多妇女在战后年代迁徙到城镇地区，城镇男女人口比例失衡状况开始发生变化。对于殖民当局来说，尤其是在南部非洲的白人移民殖民地，他们将这一变化过程与疾病、通奸、酗酒、离婚和较高比例的非法生育联系起来。殖民官员往往将较高程度的妇女独立视作道德和社会问题。然而，早在20世纪20年代，非洲妇女已经在所学的欧式烹饪、卫生、缝纫技能基础上，试图建构自身所认为的体面性和举止得体标准。

为回应对于城镇妇女的担忧，一些殖民地政府试图通过教育手段来改变妇女生活的道德和社会状况，并且对她们在城镇居住施加法律限制。然而非洲妇女移民城镇变得更加普遍。到20世纪40年代，哈拉雷的很多妇女与她们的丈夫一道在城镇中居住，定期返回农村地区种植、除草并且收割庄稼。对于一些妇女来说，和丈夫在城镇中居住一段时间，这成为防止她们的丈夫与其他妇女发展"马普托"婚姻的重要手段。[①]

很多非洲妇女离开农村来到城市，原因多种多样，例如婚姻不和，与父母的争吵，寡居或者无子，这些都是重要原因。在肯尼亚，非洲男性要比妇女更容易受到殖民地经济的影响。很多非洲男性加入殖民地军队，尤其是在两次世界大战期间。很多非洲人离开自己的土地成为"欧洲人"土地上的斯夸特。其他一些人则因为饥饿、收税或者身体上的强制而被迫从事工资劳动。在这一剧烈社会变动状况下，妇女也受到深刻影响。铁路修建的影响十分明显。很多非洲男性被征用从事铁路建造，并且时常远离家乡。弗里德里克·杰克逊爵士描述这一时期卡伦金人地区的变化，"（这里）充满了娼妓……有传闻称，隆布瓦人（Lumbwa）作为卡伦金人的一支，已经是躁动不安，因为很多人离开家居住在这些邪恶之

---

① Teresa A. Barnes, "*We Women Worked So Hard*": *Gender, Urbanization and Social Reproduction in Colonial Harare, Zimbabwe, 1930 - 1956*, Portsmouth: Heinemann, 1999, p. 115.

处"。① 后来进入内罗毕的很多卡伦金族妇女，大多数来自铁路线附近，很多曾经在卡伦金人地区的小城镇待过一段时间。②

2. 殖民地国家的干预与间接统治制度的维持

到 20 世纪 20 年代，殖民宗主国和传教士开始全面强化自身权力，更深入地渗透到农村社会，推动习惯法的成文化，并且强化非洲年长者权力。这些年长者也利用这一权力强化对于妇女和年轻男性的控制。殖民当局，尤其是在白人定居地区，试图限制城镇地区的发展，主要是出于健康、犯罪和社会控制的原因，尤其是与非洲妇女在城镇中的存在有关。内罗毕官员以公共卫生的名义赶走街头的非洲妓女，而南非立法者于 1930 年和 1937 年通过立法监督城镇中流动的非洲妇女。某些地区采用的新法律，在部分程度上是为了实现对于妇女的地理流动的控制。在北罗得西亚和南罗得西亚，通过渐进的"习惯法"法典化，男性酋长和首领帮助塑造"习俗"，意在重新确立对于妇女和年轻男性的权威。

一旦殖民地国家开始重构非洲社会，性别之间关系达到极为紧张的程度，迫使殖民地国家进行干预。殖民地国家干预包括两个层面：一方面，通过立法试图加强男性对于妇女的控制，从而支持丈夫和父亲对于妻子和女儿的控制；另一方面，殖民地国家并未完全反对妇女的流动性，因为她们在城镇和矿山的家庭劳作，例如煮饭、打扫卫生、缝补衣服和照顾子女，对于男性移民劳动力而言是基本必需的。③

在镇压绍纳人起义之后，南罗得西亚新创立土著事务部，它的首要任务是征税和招募非洲劳工，同时竭力避免非洲人再度发动起义。殖民政府开始关注非洲社会管理，为安抚非洲人，殖民地政府强调尊重非洲习俗，只要并不与欧洲人的正义和文明社会观念违背。为实现这一目的，1898 年的立法委员会法令规定，在非洲人之间的民事案件中，法庭"应当遵循土著法律，只要这一法律并不与自然正义或者道德相违背"。④ 欧洲殖民官员需要按照自身法律和道德观念来判

① Sir Frederick Jackson, *Early Days in East Africa*, London: Edward Arnold and Co., 1930.

② Janet M. Bujra, "Women 'Entrepreneurs' of Early Nairobi," *Canadian Journal of African Studies*, Vol. 9, No. 2 (1975), p. 220.

③ Teresa A. Barnes, "The Fight for Control of African Women's Mobility in Colonial Zimbabwe, 1900 – 1939," *Signs*, Vol. 17. No. 3 (1992), p. 606.

④ Murray Cairns Steele, *The Foundations of a "Native" Policy: Southern Rhodesia, 1923 – 1933*, Simon Fraser University, PhD. Thesis, 1972, pp. 137 – 138.

断"违背"的标准，他们也有责任确定非洲人法律和习俗的构成。

为了确定绍纳人和恩德贝莱人习俗的内容从而促进自身目标，殖民政府官员征询酋长、首领和男性年长者。这些"法律专家"在家庭法方面获得殖民政府的信任，但是政府反对那些与欧洲人价值观念"相悖的"习俗，这其中包括年龄较大的女孩和妇女被强迫结婚。在殖民统治最初三十年里，非洲妇女和女孩能够利用这些机会，从而在殖民地法庭上挑战父亲、丈夫和监护人。类似情况也出现在其他殖民地，例如北罗得西亚和马拉维。然而，从 20 世纪 10 年代中期开始，政府担心妇女解放，试图实现"习俗"合法化，从而维持妇女从属地位。自此之后，非洲妇女很难再利用殖民地法律体系。

到 20 世纪 40 年代，政府机构雇用的人类学家也致力于"习惯"法的保存和创建。这些人类学家的信息来源通常是地位较高的年长者，这些年长者对于维持传统习俗有着自身利益，他们深刻影响到家庭法的维持。城镇、农场、矿业中心和传教站的出现，为非洲妇女提供了逃离乡村父权制控制的机会，年长的男性试图通过新途径来加强自身已经弱化的权威。作为殖民地国家的法律顾问，男性年长者有机会加强旧有权力基础，并且确立新的权力基础。殖民官员对于非洲习俗的评估基于这些相关利益方的叙述之上，因此政府官员通常认为妇女的相反诉求是与传统相违背的，因而在殖民地法庭上予以否定。经由这些来源搜集到的信息"并不是发现传统的习惯法，而是创制规则过程的基本组成部分"。当信息提供者的利益"与殖民官员的道德倾向和行政目标相符"时，所谓的习惯法也就创立了，流动和灵活的惯例演变成固定规则。[1]

间接统治制度强化了非洲妇女的附属地位。倘若非洲妇女遭到强奸，这不只是针对妇女本人的侵犯，也是对她的男性监护人的侵犯。因此，当一个男人强奸未婚女性，受害人是她的父亲，而不只是女孩本人；强奸已婚妇女的男性则是对她的丈夫的侵犯。在殖民时代早期的肯尼亚古西兰（Gusiiland），殖民官员报告说，一名强奸了未婚妇女的男人必须给她的父亲若干数量的山羊或者牛作为赔偿，尽管强奸已婚妇女可能会导致两个家庭或者氏族的冲突。同样在肯尼亚，1951 年一位殖民官员写道，坎巴族（Kamba）习惯法并未对强奸和基于同意与

---

① Martin Chanock, *Law, Custom and Social Order: The Colonial Experience in Malawi and Zambia*, Portmouth: Heinemann, 1985, pp. 4, 8, 146, 149.

已婚妇女的非法性行为做出区分，"无论妇女是同意，或者是被强迫，（赔偿金额）都是一样的"。① 在基库尤人中间，强奸"被视作是侵犯私人财产，需要对这名妇女的丈夫或者父亲做出赔偿"。② 在茨瓦纳地区，通奸、私奔和强奸都被认为是对于妇女的男性监护人权利的侵犯。③ 在殖民时代早期的南罗得西亚，强奸被认为是对于社会关系的触犯，"非洲人的传统不是关注女性是否同意，而是关注强奸对于女性所在家庭的触犯"。④

按照殖民地法律制度，非洲妇女并不像男性亲属那样是成年人，她们的法律地位相当于儿童，而不论其年龄、教育、财力或者婚姻状况。非洲妇女不能拥有自己的财产，或者在没有父亲陪伴情况下起诉她的丈夫要求离婚。倘若她家庭的男人不同意，则不允许离开家独自生活。这所导致的结果是非洲女性完全受男性控制，而非洲男性可以以自己认为合适的方式使用女性劳动力。大多数非洲妇女终生在保留地小块家庭农地里务农，处于非洲男性亲属控制之下。在这些状况下，非洲男性成为殖民地国家的合作者，对非洲女性的劳动力进行剥削；非洲妇女倘若谋求任何形式的独立发展，势必面临父权制和殖民地国家的共同反对。

殖民地国家通常希望控制非洲妇女的流动和性行为。殖民官员通常也希望确保妇女留在土著保留地，处于父亲、丈夫或者其他男性"监护人"控制之下。殖民地政治经济的正常运转有赖于此。移民迁徙，作为殖民时代非洲最重要的劳动关系形式，需要广大妇女待在乡村地区，以维持家庭生存，并且以对于雇主和殖民地国家来说最低成本来维持劳动力再生产。甚至是殖民地白人的家庭仆人，一些殖民官员通常认为妇女具有"天然"优势的行业，通常也是由非洲男性所主导。⑤ 妇女和男性是由相同的经济和社会力量推动进入殖民地资

---

① Brett L. Shadle, "Rape in the Courts of Gusiiland, Kenya, 1940s – 1960s," *African Studies Review*, Vol. 51, No. 2 (2008), p. 30.

② Claire Robertson, *Trouble Showed the Way: Women, Men and Trade in the Nairobi Area 1890 – 1990*, Bloomington: Indiana University Press, 1997, p. 33.

③ Isaac Schapera, *A Handbook of Tswana Law and Custom*, Oxford: Oxford University Press, 1938, p. 263.

④ Diana Jeater, *Marriage, Perversion and Power*, p. 184.

⑤ Elizabeth Schmidt, "Race, Sex and Domestic Labor: The Question of African Female Servants in Southern Rhodesia, 1900 – 1939," in Karen Tranberg Hansen, ed., *African Encounters with Domesticity*, pp. 221 – 241.

本主义经济之中。在白人大规模定居的非洲东部和南部殖民地，非洲人土地遭受剥夺以及 20 世纪 30 年代的大萧条，削弱了农村经济，导致大部分非洲人丧失经济独立地位。与此同时，殖民地政府的税收需求以及新需求的产生，特别是消费品和西式教育，推动大量妇女寻求工作机会。一些妇女离开乡村也是出于个人原因，例如不愿意接受家长安排的婚姻，遭受家庭虐待，或者寻找在外务工的丈夫。

　　非洲男性、传统酋长和殖民官员试图阻止非洲妇女外出务工，认为这影响了农村稳定与秩序。在殖民地资本主义发展的情况下，殖民地国家试图通过颁布法律来重新调整非洲家庭关系。这些劳工立法试图诱使非洲男性成为劳动力，部分是通过向他们保证在家的非洲妇女仍然处在父权控制之下。这些立法也试图安排非洲劳动力的社会再生产。在日渐变化的社会和经济环境里，殖民地国家试图操纵"传统"，将非洲妇女置于永久的劣势地位，主要通过一夫多妻制的法典化，礼金支付制度，并登记非基督教婚姻。尽管殖民地政府通过立法来重申传统父权制对于非洲妇女的权威，但是情况并未明显变化。农村地区的非洲男性仍然抱怨非洲妇女破坏了男性权威。她们逃往农场、城镇、矿区和传教团，自己选择丈夫，有些甚至成为娼妓。[1]

　　殖民地国家在意识形态上将非洲妇女界定为"问题"。除法律措施外，殖民政府还在意识形态上建构非洲妇女。20 世纪初，白人移民相信应当将非洲妇女从他们所认为的非洲男性强加的严重社会经济负担之中解放出来。然而，随着殖民秩序逐渐建立，殖民者将非洲人中间的性病和娼妓等问题日益严重归咎为非洲妇女"天然的不道德"。[2] 殖民者认为，非洲妇女外出也将导致非洲家庭出现问题。1911—1912 年，穆拓科（Mtoko）法庭大约 52% 的民事案件是丈夫向与自己妻子通奸的非洲男性提出赔偿要求。1910—1919 年，大约 90% 的民事案件涉及妇女的家庭争端，例如关于通奸、离婚、退还或者支付彩礼等。

　　"一战"前后，南罗得西亚农村地区的非洲男性年长者开始抱怨这些妇女"不守规矩"，并要求殖民政府限制非洲妇女的流动，例如逃婚女孩，或者前往

①　Elizabeth Schmidt, "Negotiated Spaces and Contested Terrain: Men, Women and the Law in Colonial Zimbabwe, 1890 – 1939," *Journal of Southern African Studies*, Vol. 16, No. 4 (1990), p. 644.

②　Teresa A. Barnes, "The Fight for Control of African Women's Mobility in Colonial Zimbabwe, 1900 – 1939," *Signs*, Vol. 17, No. 3 (1992), p. 587.

矿山和城镇寻找新生活的已婚妇女。1916 年，殖民政府颁布《土著通奸惩罚法令》（Native Adultery Punishment Ordinance）。非洲农村地区的通奸与移民劳动体系密切相关。随着来自殖民地以外的非洲移民劳动力越来越多，他们也需要妇女提供家庭服务，也更愿意直接付钱给这些妇女。围绕着妇女劳动力的这一竞争时常有利于这些来自殖民地以外的移民劳工，而很多已婚妇女也会成为移民劳工，离开农村地区和家庭控制，前往矿区和城镇赚钱。

斯威士兰的殖民官员称，城镇里发生的骚乱和暴力犯罪是由于妇女的存在。殖民地政府要求殖民官员采取必要措施来"阻止土著妇女"离开农村地区到斯威士兰和南非城镇从事工资劳动。殖民地政府还要求斯威士酋长阻止妇女离开农村，他们认为妇女离开农村地区之后会成为道德败坏的娼妓。殖民地政府的劳工政策表现出矛盾性：阻止非洲妇女离开农村，这有助于维持非洲传统社会和父权制；与此同时，在矿山和城镇的非洲男性也需要有人洗衣做饭，也需要"家的舒适"。① 殖民主义释放出的经济变迁削弱了父权制，促使非洲妇女融入日益壮大的劳动力队伍之中。

第三节　非洲妇女的反抗与调适

殖民变革导致非洲妇女在经济上遭受剥夺，政治权威受到削弱，家庭遭受破坏，并且威胁到所在社会的正常运转。妇女往往能够适应于这一新秩序，并且按照自身目的予以重塑。他们也会转向公开和集体活动，这包括宗教和政治上的，作为对于她们所经历的社会和政治危机的回应。她们还利用服饰和时尚来表达全新的个人身份与文化认同。

1. 反抗殖民统治

殖民政府的经济政策遭到妇女激烈反对。1929 年 11 月 23 日，在尼日利亚东部的伊博兰（Igboland），一位名叫穆万耶鲁瓦（Mwanyeruwa）的老妇人正在村子里榨棕榈油，一位名叫马克·艾莫鲁瓦（Mark Emeruwa）的基督徒，曾经当过小学校长，他找到这位老人。老人听说是为了统计妇女人数，为政府针对她们征税做准备。她因此谴责马克："去年我怀有身孕的儿媳亡故了。我还在为此而

① Luise White, *The Comforts of Home*, p. 48.

悲痛。你妈妈是否也被统计在内？"① 这一驳斥暗含着谴责人口统计导致两人丧生，表达了对于妇女征税和人口统计的反对，因为她们认为这是不受欢迎的殖民政府经济干预方式，并且她们认为这会影响到妇女生育能力。抗议英国殖民统治所任命的酋长，成千上万妇女发动反抗，席卷伊博人地区和临近地区。这些妇女对于政府任命的酋长表示不满，她们攻击并烧毁法庭以及殖民统治的其他象征，还唱歌跳舞来嘲讽殖民官员。这场妇女战争是由于缴纳赋税所引发的，更反映了对殖民统治削弱非洲妇女地位的不满，破坏了分权的政治制度，其中的妇女和男人分享政治权力，并且削弱了非洲妇女贸易活动的重要性。更深层次原因是，统计妇女人口并针对她们征税，这引起尼日利亚东南部民众对于殖民主义的深层焦虑。

20 世纪 40 年代末至 50 年代初，英国殖民政府在广大的非洲殖民地实施农村发展计划。由于非洲男人们离家外出从事工资劳动，因此承担这些计划的重担大多落在妇女身上。例如在肯尼亚中部，在殖民政府镇压茅茅运动期间，正是这些妇女面对着日常生活的残酷现实。这一殖民主义的痛苦经历使得很多妇女政治化，"妇女就意味着革命"。② 妇女不满最初是通过肯盟妇女团来表达。然而，如同其他更为激进的派别一样，妇女团也被边缘化了。丹尼尔·莫伊（Daniel Arap Moi）等政客鼓励妇女加入"现代妇女组织"（Maendeleo ya Wanawake）。"现代妇女组织"形成于 20 世纪 50 年代，意在向非洲妇女传授成为现代母亲和主妇所需技能，从而避免她们卷入政治活动。③

2. 非洲女性教育

20 世纪四五十年代，非洲妇女可以通过接受西式家庭观念和文化从而赢得尊敬，以回应殖民者有关非洲妇女"邪恶"和"不道德"的偏见。这些负面形象一直存在，尤其是在南部非洲白人移民社会，主要是作为对于非洲妇女在"二战"前后涌入主要城镇的回应。

---

① Marc Matera, et. al., *The Women's War of 1929: Gender and Violence in Colonial Nigeria*, New York: Palgrave Macmillan, 2011, p. 137.

② E. S. Atieno Odhiambo, "Foreword: A Critique of the Postcolony of Kenya," in Waiyaki Otieno, ed., *Mau Mau's Daughter: A Life History*, Boulder: Lynne Rienner, 1998, p. xii.

③ 丹尼尔·布兰奇：《肯尼亚：在希望与绝望之间》，李鹏涛译，中国社会科学出版社，2016，第 323 页。

"二战"加剧了非洲大陆的政治和社会变迁。随着殖民列强在本土遭遇灾难，民族主义运动和冷战竞争导致殖民统治者处于守势，因此殖民统治者开始重新审视殖民地的重要性，迎来了所谓的"第二次殖民占领"。殖民地国家更深刻地介入和干预非洲经济，时常表现为农业"现代化"形式，而这通常对非洲妇女不利。由于认定非洲男性是主要的农业劳动力，忽视了非洲妇女在粮食生产中的核心角色，因此殖民官员培训非洲男性从事新形式的农业种植。殖民地政府也开始重视福利和教育计划，而这之前主要是传教士的工作；这些计划在很多妇女中间受到欢迎，但是也和传教士之前的计划一样强调婚姻、母性（Motherhood）和家务能力（Domestic Capabilities）。

随着西式学校在大多数殖民地的扩张，受过教育的年轻妇女数量激增。教育计划发展加剧了妇女群体内部在文化和经济上的分化，并且导致现代化的妇女文化在城镇地区的扩展。在这一新条件下，例如彩礼和一夫多妻制等"传统"，开始成为热烈争论的话题，不仅是欧洲人和非洲人之间，而且在非洲人内部，他们对于当地习俗有着不同态度。

为了促进非洲妇女"进步"，并为越来越多的非洲男性精英培养受过适当训练的妻子，殖民地国家开始更积极地促进女性教育，尽管各殖民地之间存在较大差异。某些地区的女童入学数量显著增多，但是男童数量通常要比女童多得多。针对女学生的教育课程除了识字和算术之外，主要是家政课程。无论是在坦桑尼亚的妇女俱乐部、肯尼亚的现代妇女组织运动，蒙巴萨沿海城镇的"进步协会"，以及赞比亚的铜矿公司，它们都强调妇女在家庭中的主要地位。殖民当局、非洲父母和基督教会优先考虑的是非洲男性教育。黑利勋爵在《非洲概览》中提及，当时肯尼亚、坦噶尼喀、桑给巴尔、尼亚萨兰、北罗得西亚和乌干达都没有针对非洲女性的中学教育。①

"二战"后，在穆斯林聚集地区，殖民地国家也试图教育非洲女孩。在英国殖民者引入世俗教育之前，东非斯瓦西里海岸的大多数年轻女孩从信赖的男性亲属或者家庭朋友或者受教育女性那里获得宗教教育，学习正确的礼拜方式，背诵古兰经，并履行其他宗教责任。20世纪30年代，围绕着女童教育问题发生激烈争论，知名的穆斯林教士支持女童学校教育，只要这些学校不以她们皈依基督教

---

① Lord Hailey, *An African Survey*, Oxford: Oxford University Press, 1938, p. 1125.

为目的。① 1938 年，在男童学校成立十年之后，公立阿拉伯女子学校在蒙巴萨创立，这是课程包括家政、阿拉伯语和斯瓦西里语以及其他课程。然而，只是到 20 世纪 50 年代以后，女童教育才开始发展。

3. 服饰变迁

非洲妇女的政治态度和观念，不仅通过大众运动，而且经由服饰和时尚表达出来。1897 年，英国在桑给巴尔废除奴隶制，以往遭受奴役的非洲妇女和男性很快脱下象征自身奴役地位的简单服饰，开始接受新时尚。在非洲妇女中间，作为对于当时时尚的回应，一种名为"坎加"（Kanga）的颜色艳丽服装开始流行。随着混合的、更为流动的社会逐渐形成，进口布料和服装裹住整个身体，这成为财富、地位和全新的"斯瓦西里"身份认同的象征。富有创造性的成人仪式反映了非洲女性对于时尚的高度关注，以坎加作为礼物成为年轻女性衣着时髦的重要标志。②

伴随着殖民时代社会变革，类似的服饰和时尚变革也出现在非洲大陆其他地区。不同变化模式取决于当地历史与文化趋势。在尼日利亚西部的约鲁巴地区，很多有权势的人物在 19 世纪皈依了基督教，20 世纪初的文化民族主义者为了表达对于殖民主义的批评，他们拒绝较早皈依者的英式服装，例如在非洲妇女中间流行的剪裁女装，转而穿着"传统的"约鲁巴服装。这一趋势在非洲男性中间尤其明显，此后数年里也在妇女中间流行起来。

相比之下，肯尼亚西部的服饰变迁模式表现有所不同。从 1895 年直到第一次世界大战，关于服饰的讨论主要围绕着合适的服饰究竟应该体现斯瓦西里文明影响还是应当体现西方影响。当地人称早期的基督教皈依者是"穿衣服的人"（Jo-nanga），或者是"读书识字的人"（Jo-somo）。在两次世界大战之间，随着劳动力市场发展和基督教传播，妇女从贸易中获得的收入增多，很多男女开始接受西式服装，尽管传统主义者仍然继续青睐早前的兽皮圆珠。③

① Margaret Strobel, *Muslim Women in Mombasa*, *1890 - 1975*, New Haven：Yale University Press, 1979, pp. 105 - 106.

② Laura Fair, "Dressing Up：Clothing, Class and Gender in Post-Abolititon Zanzibar," *The Journal of African History*, Vol. 39, No. 1 (1998), pp. 63 - 94.

③ Iris Berger, *Women in Twentieth-Century Africa*, p. 43.

第四节　殖民时代的人口变化及影响

人口稀少一直是历史上的非洲社会所面临的严峻挑战，这也是非洲国家建构所面临的基本问题。撒哈拉以南非洲有着世界地表面积的18%，但是人口一直较为稀缺。1750年非洲大陆的人口只有世界人口的6%—11%，1900年人口的5%—7%，1997年人口的11%。非洲人口密度较低也就意味着国家实现对于人口的控制的成本要相对高于欧洲或者其他人口较为密集的地区。正如约翰·伊利夫所说，在西非稀树草原地带，人口稀少是非洲国家形成的主要障碍。因此，人口迅速增长是非洲大陆现代史上的最重要发展。① 这一人口增长率的转变之所以十分重要，部分原因在于非洲大陆历史的显著特征是人口密度极低。19世纪末殖民统治在大部分非洲地区确立，这同时是非洲人口衰落时期。随后的两次世界大战之间则是人口爆炸时期，这前后两个时期构成了鲜明对比。没有其他大陆经历过如此规模的人口扩张。实际上也没有其他地区像肯尼亚和津巴布韦这样的非洲国家经历过如此程度的生育趋势快速逆转。也没有其他地区像非洲大陆这样因为艾滋病出现而发生如此严重的人均寿命下降。20世纪，非洲人口从大约1.3亿增至12亿。这一人口快速增长，不仅与世界其他地区鲜明对比，而且与非洲历史形成对比。年轻人数量快速增长，使得非洲民族主义在一定程度上表现为代际冲突。②

殖民征服催生出人口灾难，牛瘟、饥荒、昏睡病和天花肆虐。"一战"期间，成千上万非洲搬运工在东非战役中死亡。然而从1920年起，非洲人口开始增长，此后到20世纪70年代一直维持在每年3%的增长率。公路交通和移民劳动降低了饥荒死亡率，而疫苗接种也降低了传染病的死亡率。1850年的非洲人口有1.4亿，这一直持续到1920年，然后非洲人口加速增长至1960年的2.8亿。非洲人口增长率在20世纪60年代达到高峰，随后增速减缓。非洲人口数量增长最快是在1950—2000年，但是非洲人口的结构和组织的最大变化发生在

---

① John Iliffe, *Africans*, p. 70.

② Richard Waller, "Rebellious Youth in Colonial Africa," *The Journal of African History*, Vol. 47, No. 1 (2006), pp. 77 – 92.

1900—1950 年。[1]

1. 殖民时期人口数据问题

20 世纪 60 年代之前,非洲学界一般认为非洲大陆的前殖民时代人口较少且大体稳定,受到暴力、奴隶制、迅速人口增长以及极高的疾病问题影响,也就是所谓的"内稳定假说"(Homoeostasis Hypothesis)。按照这一假说,1500—1900 年,非洲人口维持在 1 亿左右。20 世纪 60 年代以后,非洲学家对于这一假说提出挑战,主要是基于重新评估奴隶贸易和非洲融入世界经济体系的人口影响。[2] 关于这一人口转型发生原因及过程,至今仍然存在着较大争论,这在很大程度上是因为相关数据不足所导致。

评估人口比率和数据是英属非洲殖民地普遍面临的问题。在统治相对较为松散的地区,人口数据通常是最不可信的。缺少人手和资金的殖民政府无法建立涵盖整个殖民地范围的官僚机构。它们的权力主要集中在大城市、港口以及出口导向和农业上较为富庶的地区。除此之外,它们通过与"酋长权威"合作或者"发明"酋长权威而实行统治。然而,即便是在殖民地国家力量较强的南非,殖民当局仍然忽视搜集关于臣属民众的"最基本信息"。[3] 可靠数据的匮乏不仅仅反映了国家的"脆弱",更折射出殖民地国家的特性。欧洲民族国家需要搜集足够详细的人口信息,不仅用于监控和攫取资源,而且也为了获得政治代表权,并评估民众福利需求。然而,非洲殖民地国家没有这样做的动力。[4]

在英国殖民统治之初,东非殖民官员对于他们统治之下的民众数量所知含混,并且常常分歧较大。尽管 20 世纪初的肯尼亚殖民官员已经有更准确的人口统计方法,但是他们通常用间接方式来评估人口数量。据东非数据部(East

---

① Patrick Manning, "African Population, Projection, 1850 – 1960," in Karl Ittman, et al. , ed. , *The Demographicss of Empire: The Colonial Order and the Creation of Knowledge*, Athens: Ohio University Press, 2010, p. 264.

② Shane Doyle, "Demography and Disease," in John Parker, and Richard Reid, eds. , *The Oxford Handbook of Modern African History*, Oxford: Oxford University Press, 2013, pp. 38 – 40.

③ K. Brekenridge, "No Will to Know: The Rise and Fall of African Civil Registration in Twentieth-century South Africa," in K. Breckenridge, and S. Szreter, eds. , *Registration and Recognition: Documenting the Person in World History*, Oxford: British Academy, 2012, p. 357.

④ Keren Weitzberg, "The Unaccountable Census: Colonial Enumeration and Its Implications for the Somali People of Kenya," *The Journal of African History*, Vol. 56, No. 3 (2015), p. 413.

African Statistical Department) 总监所说，地方当局通常依赖于粗略估计的人口数字，一般是基于男性纳税人数量进行估算。[①] 到 20 世纪 30 年代末，英国政府更多介入非洲事务，要求获得更为可靠数据。20 世纪 40 年代初，殖民部聘请著名的人口学家罗伯特·库琴斯基（Robert Kuczynski）帮助培训殖民官员，并且提高殖民地人口统计的质量。[②] 尽管殖民时代后期在非洲殖民地进行人口数据搜集，但是它们所采用的手段准确性受限。例如，1948 年肯尼亚政府首次开始殖民地范围内的人口统计，受过训练的人口统计员进行逐门逐户访问。尽管 1948 年人口统计是"巨大的成就"，但仍然低估了 10% 的人口。[③] 按照非洲史学家帕特里克·曼宁（Patrick Manning）的观点，殖民地人口统计全面低估了非洲人口，因为殖民地国家所控制范围较小，以及殖民官员的偏见，他们关注于可纳税的男性家长。[④] 在某些情况下，非洲人逃避人口统计，这与征税是相联系的。殖民地数据可靠性有限，但是仍然维持着有效性，在很多情况下成为统计现代增长率和人口规模的基础。东非当局开始发展出更为准确的人口统计手段，是为了更好地利用非洲劳动力，从而使得殖民地财政实现自给自足。[⑤]

不过，这一关于非洲人口增长规模的分析面临很多困难，尽管随着殖民统治的确立，关于殖民地人口的信息逐渐增多，但是其可信度值得怀疑。

第一，大部分非洲国家在 20 世纪 70 年代之前的人口统计数据并不准确。20 世纪 40 年代之前，大多数的非洲人口统计通常只是统计纳税非洲人，很难准确统计妇女、儿童和年长者数量。英国殖民政府于 1948 年在东非殖民地实行第一

---

① C. J. Martin, "The East African Population Census, 1948: Planning and Enumeration," *Population Studies*, Vol. 3, No. 3 (1949), pp. 303 – 304.

② Karl Ittmann, "'Where Nature Dominates Man': Demographic Ideas and Policy in British Colonial Africa, 1890 – 1970," in K. Ittmann, D. D. Cordell, and Gregory Maddox, eds., *The Demographics of Empire: The Colonial Order and the Creation of Knowledge*, Athens: Ohio University Press, 2010, p. 67.

③ J. Blacker, "The Demography of Mau Mau: Fertility and Motality in Kenya in the 1950s, A Demographer's Viewpoint," *African Affair*, Vol. 106, No. 423 (2007), p. 209.

④ Patrick Manning, "African Population: Projections, 1850 – 1960," in Karl Ittman, et al., ed., *The Demographicss of Empire: The Colonial Order and the Creation of Knowledge*, Athens: Ohio University Press, 2010, pp. 245 – 275.

⑤ M. Owino, "The Discourse of Overpopulation in Western Kenya and the Creation of the Pioneer Corps," in K. Ittmann, D. D. Cordell, and Gregory Maddox, eds., *The Demographics of Empire: The Colonial Order and the Creation of Knowledge*, Athens: Ohio University Press, 2010, p. 158.

次真正的人口普查，在肯尼亚、乌干达、坦噶尼喀和桑给巴尔保护地等地区首次进行挨家挨户的人口调查。[①] 在 20 世纪 50 年代之前的非洲社会，基本登记数据可以弥补和印证人口统计信息，即便是较早引入出生、死亡和婚姻登记制度的非洲社会中，殖民者不愿意培训非洲人担任政府管理人员，这意味着殖民政府的人口统计并不准确。

第二，人口数据并不准确，也是因为非洲人怀疑政府官员搜集这些信息的意图。一些非洲社会认为统计人数，尤其是儿童，将会导致死亡，因此会刻意少报人口数量，也有一些社会担心殖民地国家试图借此获取臣属社会信息从而征缴税收和劳动力。这不仅导致普遍的瞒报，同时也导致我们对于非洲人口结构的认知出现偏差。欧洲人反对非洲女性早婚，这通常会导致非洲家长虚报女孩的年龄，同时也会低报儿子的年龄以逃避征税，这导致儿童数量被低估。在东非很多地区，非洲人认为统计儿童数量会给他们带来厄运，非洲人"普遍认为统计儿童数量将会使得神灵认为他们的孩子太多了，因此神会帮助他们带走一些，以减轻他们的负担"。[②] 殖民地统计人口是权力、控制和权威行使的一部分，但是其结果显然是受到殖民地国家力量的限制。

第三，现有数据存在矛盾，并不能表明持续而稳定的人口死亡率下降和生育率上升。殖民统治对于非洲人口的影响，正如对于欧洲统治对其他社会领域的影响一样，也是矛盾性的。这最为明显的表现是关于殖民时期死亡率下降是否导致人口增加的争论。伊利夫和卡德维尔认为，20 世纪 20 年代以来很多非洲社会的人口增长可以解释为危机死亡率（Crisis Mortality）下降。他们认为，饥荒时期的大规模人口死亡变得不再经常发生，这主要是因为更复杂的行政管理体系、通讯设施和市场体系的建立，以及英帝国在饥荒预防、预测和救济方面的能力增强。1927 年之后，在英属非洲和帝国其他地区，除战争时期外，并未再发生大规模饥荒。此外，伊利夫和卡德维尔强调，20 世纪二三十年代，殖民医疗部门也开始针对天花和瘟疫采取有限的接种和基本卫生服务。他们认为，在肯尼亚等地区，单单是死亡率下降就足以确保非洲人口开始增长。

---

①　Karin Pallaver, "Labor Relations and Population Developments in Tanzania: Sources, Shifts and Continuities from 1800 to 2000," *History in Africa*, Vol. 41 (2014), p. 314.

②　John E. Goldthorpe, "Attitudes to the Census and Vital Registration in East Africa," *Population Studies*, Vol. 6, No. 2 (1952), pp. 163 – 171.

2. 殖民地人口发展概况

据现有资料分析，殖民化过程和殖民统治之初的非洲人口明显下降，这主要因为：第一，殖民统治对于非洲的争夺以及非洲民众顽强反抗，导致大量人口伤亡。例如在东非地区，1913 年一位白衣神父会传教士途径东非时，沿途看到"被遗弃的半荒废和被毁坏的村镇，田野里还残留着当年农耕的痕迹"。[①] 很多地区的人口增长受到制约，这尤其表现在东非和中非地区，它们在殖民统治前夕受到闻所未闻的灾难性影响。对于殖民征服者来说，征服本身只不过是小规模军事行动，但是对于很多非洲社会而言却是其历史经验中最为剧烈的事件，而随后的非洲民众反抗，尤其是东非和西南非洲对于德国统治的反抗，导致极为严重的非洲人口损失。在非洲人眼中，第一次世界大战是欧洲殖民者瓜分非洲的最后一幕。在喀麦隆、西南非洲以及东非大部分地区，征服者在非洲土地上厮杀争夺，各自都有自己的非洲辅助人员，也都产生了灾难性后果。在东非地区，仅仅是英国就雇用了将近 100 万军队和"搬运工"，按照保守的官方数据，他们中间至少有 10 万人死于疾病和营养不良。[②]

第二，伴随殖民主义而来的瘟疫所造成的影响，尤其是在东非地区。19 世纪 90 年代，西方探险家、商人和殖民官员将欧洲和其他地区的疾病带入东非，例如回归热、昏睡病、天花、麻疹、鼠疫和流感等流行病。由于东非居民对外来疾病缺乏免疫力，因此这些疾病传播很快，成为夺走当地居民生命的"杀手"。殖民征服之前以及这一过程中的人口和动物的空间流动迅速增多，要比殖民征服的任何直接后果都更为严重；因为这为疾病载体提供了传播的机会，这些非洲人无法适应这一疾病。天花和鼠疫对于非洲而言并非全新的，但是这些疫病在 19 世纪后半期和 20 世纪初的发病率大大增加，类似情况还包括麻疹、肺结核，热带稀树草原的一些地区还发生了白蛉热和流脑。最糟糕的人口灾难发生于维多利亚湖北岸，大量人口惨死于昏睡病，乌干达死亡人口为 30 万。牲畜感染的锥虫病影响更为普遍，持续时间也更长。原来的牧场使得锥虫病无法靠近牲畜和人类，但是锥虫病充分利用了生态混乱而在原本是牧场的地区大面积传播。19 世

---

① 转引自舒运国《1890 年代—1930 年代东非人口发展的历史考察》，《世界历史》1992 年第 4 期，第 54 页。

② C. C. Wrigley, "Aspects of Economic History," in A. D. Roberts, ed., *Cambridge History of Africa*, Vol. 7, Cambridge: Cambridge University Press, 1986, p. 135.

纪 90 年代，牛瘟席卷从埃塞俄比亚到纳塔尔的整个东部非洲，直至 1905 年这一地区才从这场瘟疫中恢复过来。这场瘟疫使得牧民们忍受饥饿煎熬，并且导致农民更容易受到农作物歉收的影响；频频发生的瘟疫，例如口蹄疫、东海岸热和牛肺疫，使得畜牧业恢复变得缓慢。流感大暴发标志着非洲人所遭受的灾难达到顶点。这是"一战"带给世界的最后同时也是最坏的结果，这场冲突是由欧洲统治者的贪婪和愚蠢所导致。仅仅 1918—1919 年就有 2% 以上非洲人口死于这一灾难。①

第三，第一次世界大战的影响，尤其是在东非地区。东非是两大帝国主义集团在非洲殖民地战斗最激烈的地区。交战双方均以当地非洲人为主，这场战争造成大量非洲人死亡。

20 世纪 20 年代以后，非洲人口出现显著增长。这主要是因为：首先，殖民时代早期的自然灾难在 20 世纪 20 年代有所减轻。热带稀树草原的降雨量缓慢上升，并在 1960 年前后达到峰值，正是由于这一原因，非洲在 20 世纪 20 年代中期以后不再遭受广泛的饥荒死亡。"二战"期间曾经发生严重的饥荒死亡，这些饥荒多是由于旱灾所导致，但是死亡率高主要是因为殖民时代饥荒预防措施缺失或者崩解。随着殖民地社会经济变革，饥荒预防措施相应建立，最重要的因素是公路运输，这不仅扩展了谷物贸易，而且促进了饥荒时期的粮食运输。

其次，殖民地医疗状况的改善。最早的欧洲医护人员通常是传教士。在赤道殖民地，殖民政府很快取代了传教士，但是其他地区直至 20 世纪 20 年代才开始这一进程。殖民政府最初关注的是殖民政府职员的健康。20 世纪 30 年代，殖民政府开始采取预防医药措施，重视公共卫生并开设农村诊所。例如在 1921 年、1937 年和 1954 年，尼亚萨兰政府医疗部门分别诊治了 1.9 万、72.9 万和 360 万例病人。1945 年之前，殖民医疗的主要成就是控制流行疾病。20 世纪 20 年代，天花不再是主要杀手，这主要得益于大规模疫苗接种。到 20 世纪 40 年代，流动医疗队运用大规模筛查和诊治有效控制了昏睡病，而经济作物种植也开始重新夺回被萃萃蝇肆虐的土地。殖民医生在诊治地方病方面并不成功。殖民医生将很大精力投入天花防治，并且关注城镇卫生和水供应，大大减少了水生疾病和城镇地

---

① C. C. Wrigley, "Aspects of Economic History," in A. D. Roberts, ed., *Cambridge History of Africa*, Vol. 7, Cambridge: Cambridge University Press, 1986, p. 137.

区的疟疾，不过较少关注农村地区的疟疾传播。在农村地区，随着土地被开辟出来从事农业生产，疟疾随之扩张。殖民地医生未能有效地应对母婴的常见病。20 世纪 30 年代中期，2/3 的尼日利亚医院收诊病人是男性，唯一一个为母婴提供有效诊治的殖民地是比属刚果。到 20 世纪 40 年代末以后能够成功应对流行病和地方常见病，成为推动非洲殖民地人口增长的关键因素。正如非洲史学家菲利普·柯廷所指出的，殖民者为殖民征服辩护的部分理由是，殖民政府所提供的专业医疗能够为饱受疾病困扰的非洲人提供帮助。随着殖民统治的稳固确立，针对热带疾病的连续胜利被认为是西方殖民者"仁慈"以及西方科学"进步"的明证。[1]

再者，生育率显著提高。在两次世界大战之间，非洲人口快速增长。不同地区的人口在不同时期开始增长。某些地区自 19 世纪以来持续实现人口增长，例如西非森林地带和东非高地。1918 年后，人口快速增长地区主要是经济作物种植、传教士活动较为密集，以及基础教育普及的地区。黄金海岸的人口统计显示出，可可种植地区的人口快速增长，尽管部分原因在于劳动力迁徙，然而，人口增长并不仅仅局限在这些相对富庶地区。到"二战"时，非洲人口增速可能达到每年 1%，人口增长已经成为常态。1920—1940 年，非洲人口从 1.42 亿增至 2 亿左右，这是殖民统治的显著影响。较高程度的婴儿存活率使得非洲社会趋于年轻化。20 世纪 40 年代伊博人停止修建精心设计的"穆巴里神殿"（Mbari Houses），他们往常在这里祈求生育和繁衍后代。[2]

两次世界大战之间，非洲殖民地人口生育率显著提高，这比死亡率下降更为重要：殖民者所要求的高额赋税促使父母增加家庭规模，因为儿童劳工成为经济作物生产的关键因素；劳动力迁徙使得年轻人获得财富，从而比以往任何时候都更早结婚；殖民地经济和法律体系容易导致非洲妇女地位降低，从而削弱了非洲妇女通过传统生育间隔方式控制生育率的能力；非洲女性教育也减少了生育间隔，因为入学接受教育的妇女可能不太在意延缓妊娠的传统。产后性禁欲和哺乳期在 20 世纪 40 年代以后才显著缩短，到这时，儿童存活率的持续

---

[1] Philip Curtin, *The Image of Africa*: *British Ideas and Action*, *1780 – 1850*, Madison: University of Wisconsin Press, 1965.

[2] H. M. Cole, *Mbari*: *Art and Life among the Owerri Igbo*, Bloomington: Indiana University Press, 1982.

提高使得母亲们相信，她们可以缩短生育间隔时间，并且很多妇女在基督教、城镇化和学校教育影响下，他们相信传统的生育间隔方式是不道德和落后的。[①] 殖民时代之前的非洲各地的人口机制依据疾病和环境条件而不同。在人口密度较大或者遭遇生存危机的地区，非洲人口通过延缓结婚和延长哺乳期等途径，从而实现生育间隔并调节生育率。尽管死亡率在某些地区有所下降，但是人口增长似乎主要是因为对于非洲劳动力需求的持续增加。非洲家庭为此做出的回应是增加生育。结果是，人口增长率从 20 世纪 20 年代开始加速，直至后殖民时代持续增加。[②]

最后，生活水平整体提高。在殖民时代早期的丑闻和灾难之后，欧洲人雇用的大多数劳动者可以获得充分的定期食物供应。一些农作物新品种被引入非洲农村，尤其是玉米和木薯，这些农作物自 16 世纪以来一直在向内陆地区缓慢传播，到 20 世纪之后传播速度变得更快。总体而言，农作物传播使得人们的食物更有保证。小麦和土豆等温带农作物推广，再加上毛毯的普及，使得灌溉条件良好、没有疟疾的山区更适宜居住，这里的人口增长尤为迅速。在饲养牲畜的乡村，只要是采采蝇的威胁不太大，这些地区在两次世界大战之间都出现显著的人口增长。兽医学比人类医学所能起到的推动作用更为明显，因此牲畜繁殖速度远远快于人口增长速度，到 20 世纪 20 年代很多地区的人口平均拥有牲畜数量比历史上任何时期都要多。[③] 铁路和轮船的存在，以及 1920 年以后汽车的出现，都意味着粮食可以更有效率地运输，非洲生产者获得了商品市场，而这将使得他们获得现金收入来购买粮食。

与此同时，我们需要注意的是：第一，殖民主义对于人口增长所带来的负面影响。一系列案例研究表明，殖民统治加速了传染病的扩张：劳动力流动使得非洲人暴露于全新的疾病环境之中，并削弱了农村的粮食生产；大坝和灌溉项目也导致疟疾和血吸虫病的蔓延；新公路和铁路加速了传染病的传播；人口集中也破

[①] J. C. 考德威尔：《殖民统治的社会影响：人口方面》，A. 阿杜·博亨主编《非洲通史》（第七卷），中国对外翻译出版公司，1991，第 372—393 页。

[②] J. Koponen, "Population Growth in Historical Perspective: The Key Role of Changing Fertility," in J. Boesen, et. al., ed., *Tanzania: Crisis and Struggle for Survival*, Uppsala: Scandinavian Institute for African Studies, 1986, pp. 33–42.

[③] C. C. Wrigley, "Aspects of Economic History," in A. D. Roberts, ed., *Cambridge History of Africa*, Vol. 7, Cambridge: Cambridge University Press, 1986, pp. 137–138.

坏了当地原有的环境管理体系，并且对于农村地区的疾病生态学环境产生负面影响。与此同时，人口更大程度流动也就意味着传染疾病传播更为迅速。非洲移民劳动力尤其会遭遇危险。他们时常需要进入到新的疾病环境，因此遭遇到疟疾等疾病。

第二，我们不能过高估计西方医学的影响。关于肯尼亚人口史的研究普遍认为，这一快速增长的最佳解释是人口转型理论。该理论主要是用于解释 18 世纪末 19 世纪初工业化欧洲的人口快速增长现象。这一理论认为，人口增长的原因主要在于卫生条件改善所导致的死亡率降低。营养水平改善，医疗进步，再加上较高的生育率，这些因素为人口快速增长提供了可能性。

然而，这一模式很难照搬到非洲。在 20 世纪 50 年代之前，西方医药对于降低发病率和死亡率的影响显然极小。生活或者卫生水平，即清洁的饮用水或者干净的厕所，即便是今天的非洲农村地区也未达到这一标准。在城镇之外，医疗服务极为有限；除了奎宁对于痢疾有一定疗效并且能够治愈雅司病之外，直至"二战"之前，医学对于非洲疾病并无明确疗效。此外，殖民地政府在一定程度上试图遏制最致命的疫病流行，种痘在一定程度上起到这一作用，但是隔离以及破坏受到疫病肆虐的居住地起着更大作用。尽管这一时期各殖民地每年都有不同类型的流行病的报道，但是在 1920 年之后，非洲再未像之前半个世纪里那样常常发生大规模的疾病蔓延。[①]

西方医学和公共卫生措施发展极为缓慢，到"二战"后才开始产生效果。殖民地政府提供了极有限的公共卫生措施。基督教传教团在某些地点提供了医疗服务，但是缺少资金造成了较大限制。非基督教徒也发现很难从基督教传教团获得救助。20 世纪 20 年代以后，很多殖民地政府开始将西方医药引入非洲农村，但是这些努力最多只能算是初步的，实际影响极为有限。例如，肯尼亚殖民地政府医疗总监（Principal Medical Officer）描述了殖民地医疗官员普遍面临的困境："在土著保护地，任何一个地区的医疗官通常需要负责大片地区，当地人口多达 30 万。他需要管辖有着上百个床位的医院，并且监管或者诊治病人，负责鼠疫和天花等流行疾病的防控，监管诊所和药店。他还要负责城镇贸易中心以及整个

---

① C. C. Wrigley, "Aspects of Economic History," in A. D. Roberts, ed., *Cambridge History of Africa*, Vol. 7, Cambridge: Cambridge University Press, 1986, p. 137.

地区的卫生检查。"① 仅凭一名医疗官很难完成这一任务，并且他们常常刚熟悉所在地区，就会被从一个医疗站调至另一医疗站。

第三，低生育率问题在非洲很多地区仍然普遍存在。很多研究表明赤道非洲存在低生育率问题，包括乌干达南部、西北坦桑尼亚、苏丹南部、中非共和国、法属刚果、比属刚果、喀麦隆和加蓬，直至"二战"后生育率仍然极低。性传播疾病，与商品经济、劳动迁徙或者社会动荡联系密切，被认为是导致低生育率问题的主要原因。营养状况恶化，再加上较高程度的产后感染以及漫长的产后禁欲，导致这一地区人口的生育率低下。在中部非洲地区，生育率增长始于 20 世纪 40 年代末至 50 年代初，主要是由于饮食和疾病所导致的生育的物质限制已经解除。

3. "帝国的人口学"：英属非洲殖民地政府的人口观念和政策变化

与实际人口增长密切相关的，是殖民地政府关于非洲人口的认知与政策问题。两次世界大战之间，英国殖民官员关心非洲殖民地的人口不足问题。然而不到三十年时间，官员开始警告非洲人口过多的危险。这一态度转变是在官方缺少非洲人口信息的情况下发生的。这反映的是殖民政府的认识所发生的变化，英国政府官员放弃了此前关于非洲人口的观念。尽管英国对非洲人口的态度发生变化，但是没有发生变化的是：首先，英国殖民者将非洲人口趋势与一系列的种族和文化特性联系起来；其次，他们认为非洲社会不能控制自然的，无论是再生产还是生产；最后，英国殖民者认为，既然非洲人无法控制自然，那么就需要英国人介入，从而变得"现代"。

"二战"后，"发展"成为帝国政策的核心，殖民政府的规划变得更为重要，而这需要更完善的人口信息。早在 20 世纪 30 年代，殖民部意识到它缺少充分的人口数据。为了完善人口信息，英国殖民部聘请人口学家罗伯特·库琴斯基参与撰写黑利勋爵《非洲概览》有关人口的章节。帝国决策者对于非洲人口的认知推动非洲社会发生变化，在此之前，英国殖民者一直认为人口不足阻碍发展，但是从 20 世纪 40 年代初开始，专家担心非洲不同地区的人口增长对于殖民地发展

---

① Marc H. Dawson, "The Social History of Africa in the Future: Medical-Related Issues," *African Studies Review*, Vol. 30, No. 2, African History Research Trends and Perspectives on the Future (1987), p. 85.

的影响。非洲资源和民众对于战后发展计划的重要性日益增强，这也使得他们更为关注这一问题。早在 20 世纪 30 年代，一些专家强调地区人口增长，尤其是与土地使用模式和农业技术相关，特别是在东非地区。他们认为，尽管非洲人口密度总体较低，但是很多地区，尤其是土壤肥沃地区，却表现出较高的人口密度。然而，尽管地区层面出现对于人口过多的担忧，一些英国政府官员直至 20 世纪 40 年代仍然担心劳动力匮乏。对于战略物资、粮食和战时物资的需求，以及战时需求，这些极大地扩展了非洲劳动力需求。

英国殖民决策者认为医疗条件改善和粮食生产将会最终导致较高的人口增长速度。1945 年，战后非洲政策设计者安德鲁·科恩（Andrew Cohen）警告说，滴滴涕（DDT）的推广将会大大降低疟疾死亡率，并且导致较高程度的人口增长。战后多份有关非洲人口的评估也支持上述观点。1948 年，殖民部医疗顾问 T. H. 达维（T. H. Davey）认为，尼日利亚和肯尼亚部分地区已经经历较高程度的人口增长，倘若这一趋势得以继续，其他地区也将面临类似问题。非洲殖民地政府战后的人口统计，例如 1948 年在东非，1952 年在尼日利亚北部，似乎证实了这些报告内容。国际机构、殖民地政府和独立的人口学研究者得出类似结论。[1]

"二战"前后，英国殖民政府为了满足战争需求，增加经济产出，并且为了减缓非洲人争取更大权利的要求，选举上台的工党政府开始鼓吹非洲殖民地农村社会"重组"与"现代化"。战后年代一大批生态学家将有关人口增长的技术 - 理性主义观念带到殖民地，"'多余的'人口成为凶兆，而规划和国家机构成为伦敦的殖民地顾问和决策者的'灵丹妙药'"。[2] 在这一新观念影响下，肯尼亚殖民政府开始逐渐担心人口压力、过度放牧和土壤侵蚀等问题，并且更多介入非洲臣属生活之中。[3]

技术专家和殖民官员并不认为英属非洲整体出现人口过多问题。他们关注于

---

[1] R. Hyam, ed., *The Labour Government and the End of Empire, 1945 - 1951*, Vol. 1, London: Stationery Office Books, 1992, p. 167.

[2] Joseph M. Hodge, *Triumph of the Expert: Agrarian Doctrines of Development and the Legacies of British Colonialism*, Athens: Ohio University Press, 2007, p. 178.

[3] Frederick Cooper, "Modernizing Bureaucrats, Backward Africans, and the Development Concept," in Frederick Cooper, and R. Packard, eds., *International Development and the Social Sciences: Essays on the History and Politics of Knowledge*, Berkeley: University of California Press, 1997, pp. 64 - 92.

部分地区的人口问题，时常运用人口压力来描述当地状况。殖民政府建构出有关人口、环境和农业的话语，将非洲人的行为归结为贫穷和社会混乱的根源，而将殖民政府对于非洲生活的干预视作实现进步的必要手段。英国人试图重塑非洲民众生活，殖民地政府并不认为殖民政策以及白人移民对非洲人的土地剥夺是问题根源，而是关注于改变非洲人的行为习惯，如有必要甚至采取强制措施。

殖民官方注意到黄金海岸、尼亚萨兰、南罗得西亚和北尼日利亚的人口压力问题，但是他们更关注东非，尤其是肯尼亚。在两次世界大战之间，白人移民及其议会代表认为非洲人口增长威胁到土著保留地的生存能力，并且导致土壤侵蚀和环境破坏。"二战"后，他们继续宣扬这一观念，并且得到殖民部和殖民地政府的支持。肯尼亚总督菲利普·米歇尔（Phillip Mitchell）称，非洲人口增长对于东非发展前景而言是关键因素，并要求皇家委员会研究这一地区的问题。20世纪初肯尼亚白人移民社会的建立依赖于剥夺非洲人的土地，迫使其移居至土著保留地。随着保留地日益拥挤，殖民官员将问题归结为保留地人口过多，否认土地剥夺是重要原因。[①] 然而，成立于1953年的东非皇家委员会并不认为人口过多是个问题，而是强调土著保留地过于拥挤以及非洲土著的农业技术十分落后。

---

① Karl Ittmann, " ' Where Nature Dominates Man' : Demographic Ideas and Policy in British Colonial Africa, 1890–1970, " in K. Ittmann, D. D. Cordell, and Gregory Maddox, eds. , *The Demographics of Empire: The Colonial Order and the Creation of Knowledge*, Athens: Ohio University Press, 2010, p. 73.

第五章
种族关系

种族也是殖民地社会重要的身份认同，这在东部和南部非洲的白人移民殖民地表现得尤为明显。殖民地国家通常将殖民地人口划分为土著（Native）和非土著（Non-natives）两类，白人移民、东非的印度人、西非的黎巴嫩人，以及一定程度上的东非索马里人都属于"非土著"这一类别。尽管殖民地国家试图确立明晰的种族界限，但是很多殖民地存在的黑白混血人种对于 20 世纪 30 年代英属非洲殖民地秩序造成挑战，尤其是间接统治理念。① 文化和种族间的混合在某些方面推进了帝国主义目标，但在另一些情况下可能导致殖民秩序遭受破坏。本章主要围绕白人移民群体、东非的印度人和索马里人，以及西非的黎巴嫩人展开论述。

第一节　白人移民群体

1. 殖民地白人移民的构成

自 19 世纪末以来，肯尼亚在英国人等西方人的心目中具有特殊地位。这既是因为肯尼亚的地理环境和野生动物资源，也是因为白人移民肯尼亚的传奇经历

---

* Brett Shadle, *The Souls of White Folk*, *White Settlers in Kenya*, *1900s – 1920s*, Manchester: Manchester University Press, 2015, p. 20.

① Hilary Jones, "Rethinking Politics in the Colony: The Metis of Senegal and Urban Politics in the Late Nineteenth and Early Twentieth Century," *The Journal of African History*, Vol. 53, No. 3 (2012), pp. 325 – 344.

对于西方民众的吸引力。一些欧洲男女试图探险或者逃避爱德华时代的英格兰，对于非洲山川树木产生浓厚兴趣。这些白人"开辟"出所谓的"无主"土地，并且创造了新国家。在当时英国国内有关肯尼亚的白人社会想象中，热爱非洲的白人男女，在太阳底下劳作，而且还在房前走廊上饮酒作乐。当时的肯尼亚被称作"有乐子的殖民地"（The Fun Colony）。①

相比南非或者南罗得西亚的白人，肯尼亚白人移民在英国国内社会地位更高。19世纪90年代，从南非迁徙到南罗得西亚的白人通常只有一辆马车，甚至在南非欠下沉重债务。② 肯尼亚情况则不同，从白人移民定居之初，肯尼亚已经确立作为英国乡绅家园的名声，肯尼亚吸引了大批英国军官阶层，肯尼亚是贵族的殖民地，而不针对工匠或者白人工人阶级开放。殖民地政府试图将肯尼亚打造成富人的目的地，肯尼亚殖民地对于"贫穷白人"持厌恶态度：对于将殖民者与被殖民者区分开来的种族意识形态来说，"没有比除了有白皮肤之外，身无长物的白人更为有害的了"。③

有史学家称肯尼亚是英国"最麻烦的殖民地"，"最富有争议的英属非洲属地"。肯尼亚在英国所有的非洲属地中的独特性在于，它是英国殖民部管辖下唯一有着大量白人人口的殖民地。虽然南部非洲的白人移民数量要多得多，但是英国逐渐承认了这些殖民地的白人少数自治，南非于1910年建立南非联邦，南罗得西亚于1923年获得自治地位。肯尼亚既非通过酋长在土著托管的名义下进行统治的西非海岸贸易殖民地，也不是白人永久定居、实行白人少数统治的"南非"殖民地。这一特殊性意味着，肯尼亚殖民统治将会受制于两种难以调和的诉求：让殖民地经营变得有利可图，而这有赖于满足白人移民的诉求；推动"土著"人口进步。从1923年开始，作为英国在东非的"橱窗"殖民地，英帝国主义的种种利弊在肯尼亚暴露无遗。④

① Will Jackson, "Dangers to the Colony: Loose Women and the 'Poor White' Problem in Kenya," *Journal of Colonialism and Colonial History*, Vol. 14, No. 2 (2013).

② J. K. Rennie, "White Farmers, Black Tenants and Landlord Legislation: Southern Rhodesia, 1890 – 1930," *Journal of Southern African Studies*, Vol. 5, No. 1, Special Issue on Themes in Agrarian History and Society (1978), p. 88.

③ C. J. D. Duder, "'Men of the Officer Class': The Participants in the Soldier Settlement Scheme in Kenya," *African Affairs*, Vol. 92, No. 366 (1993), pp. 69 – 87.

④ Will Jackson, "White Man's Country: Kenya Colony and the Making of a Myth," *Journal of Eastern African Studies*, Vol. 5, No. 2 (2011), p. 346.

肯尼亚的白人人口并不完全是腐化堕落的贵族子嗣，或者具有个人魅力的地产大亨。肯尼亚有很多的小地主，他们缺乏从事农业经营的经验。此外，也有很多的城镇和职业人口。1931 年，只有 28% 的欧洲人口从事农业，24% 从事贸易，20% 从事政府管理，11% 从事工业，13% 是传教士或者专业人士。到 1931 年，50% 的欧洲人口居住在内罗毕和蒙巴萨。尽管如此，白人移民仍然将殖民地农村的简单生活理想化，他们称颂非洲社会"简单淳朴"，例如 1937 年卡伦·布里克森（Karen Blixen）完成的《走出非洲》（*Out of Africa*）一书所描述的景象。①

相比之下，罗得西亚主要吸引了大量的普通白人。南罗得西亚的白人农民主要来自南非，缺乏进行大规模农业生产的资本，因此通过剥削非洲人的土地、牲畜和劳动力来实现资本的原始积累。1908 年，南罗得西亚政府颁布了《1908 年私人住所法案》（Private Locations Ordinance of 1908），规定非洲人只有为白人移民务工才能住在自己世代生活的土地上。与肯尼亚白人移民形象不同，罗得西亚白人较为粗俗，缺少英国中产阶级的精致优雅，罗得西亚没有类似于肯尼亚的"快乐的大裂谷"。南罗得西亚与南非的关系既是共生的，同时也是麻烦不断的：一方面，罗得西亚白人很容易赞成讲英语的南非白人对于帝国的忠诚，而劳动力迁徙、学校教育和司法制度等方面联系极为密切；另一方面，战后南非是由阿非利加民族主义者的国民党占据政治统治地位，它在 1948 年的南非选举中赢得胜利，承诺建立种族隔离制度。罗得西亚和阿非利加人在南非的相互仇视和怀疑可以追溯至 1899—1902 年英布战争，罗得西亚警察巡防林波波河，抓捕布尔游击队员。1922 年责任政府选举同样也是反阿非利加人的。到 1948 年以后，尽管有类似的种族政策，很多南罗得西亚白人不愿被当做和南非人是一样的。阿非利加民族主义的兴起，导致罗得西亚官员感到焦虑。尽管如此，南罗得西亚白人与南非白人对于黑人的态度大致相似。②

2. 白人移民社会的特征

肯尼亚和津巴布韦是典型的白人移民社会，这些白人移民社会的典型特征如下。

---

① Chloe Campell, *Race and Empire*: *Eugenics in Colonial Kenya*, Manchester: Manchester University Press, 2007, p. 5.

② Allison K. Shutt, and Tony King, "Imperial Rhodesians: The 1953 Rhodes Centenary Exhibition in Southern Rhodesia," *Journal of Southern African Studies*, Vol. 31, No. 2 (2005), pp. 357 – 379.

第一，这些白人移民社会建立在对于非洲人的经济压榨基础之上。来到肯尼亚和津巴布韦的白人移民部分是为了获得政府许诺给他们的土地。其中一些希望通过耕种、放牧、采矿或者贸易发财。白人移民也是在大致相同时间来到这两个殖民地：在肯尼亚，19 世纪末尤其是 1902 年之后；津巴布韦是 1890 年之后。两国移民都有欧洲人血统，肯尼亚的白人来自英国，而津巴布韦的白人是南非人。白人移民和当地人口有着一定程度的合作，但更多是竞争关系。衡量白人移民成功与否的重要标准，是掌握资本和资源的能力，并且"制服土著人口满足白人经济的需求……当白人移民抵达这两地（肯尼亚和南罗得西亚）时，这两地都是非洲人广泛居住。这些非洲人为欧洲人在农业、矿业和工业发展提供基本劳动力。对于土著劳动力的经济依赖，成为白人移民社会的典型特征"[1]。欧洲人农场需要大量非洲人务工，这些人被称作"斯夸特"。南非有上百万的斯夸特，罗得西亚有 40 万，"一战"期间的肯尼亚有 10 万。最初，白人移民鼓励非洲人定居，为的是清理土地，种植庄稼，蓄养牲畜，并提供季节劳动力。到后来，斯夸特通常被视作"问题或者隐患，很容易获得，却很难消除"，"极不合算，也不符合现代农耕的发展需要"。斯夸特与土地联系密切，拒绝无产阶级化。对于殖民统治而言更大威胁在于，斯夸特"与种族隔离理念极不相符"。[2]

"一战"后，越来越多的欧洲移民导致肯尼亚独特的移民殖民主义臭名昭著。1919 年，肯尼亚殖民地政府推出"士兵安置计划"，将上千个新农场、大约 200 万英亩土地分配给英国退伍士兵，结果导致对于殖民地劳动力的极大需求，尤其是在战后经济繁荣情况下。新任总督爱德华·诺西爵士（Sir Edward Northey）要求地区官员"在合法范围内施加各种影响"以满足欧洲农场的劳动力需求。这一法令引起肯尼亚和英国国内极大抗议。与此同时，反奴隶制与土著保护协会（Anti-Slavery and Aborigines Protection Society）揭露出白人移民攻击、折磨甚至杀害非洲雇员的丑闻，极力宣扬肯尼亚的白人移民的残暴行径。[3]

在英属东部和南部非洲，白人社会对于非洲土著人口造成极大压力，尤其是狩猎采集者必须要面对白人移民的土地剥夺，这导致土地和自然资源的激烈竞

---

[1]　Dane Kennedy, *Islands of White*, p. 3.

[2]　W. K. Hancock, *Survey of British Commonwealth Affairs*, p. 26.

[3]　Will Jackson, "White Man's Country: Kenya Colony and the Making of a Myth," *Journal of Eastern African Studies*, Vol. 5, No. 2 (2011), p. 347.

争，例如肯尼亚的欧基克人（Ogiek）、穆克格多人（Mukogodo）、伯尼人（Boni）、瓦阿塔人（Waata）、达哈罗人（Dahalo）和阿维尔人（Aweer），津巴布韦西部和博茨瓦纳东北部的茨瓦纳桑人（Tshwa San）。非洲土著狩猎者居住土地被白人移民、政府机构和私人公司抢走，并因而引发一定程度的暴力。这些遗留问题深刻影响到这些土著人口的历史变迁，直至今日仍然存在。2012 年 10 月 5 日，英国高等法院判决茅茅运动老兵有权起诉英国政府在茅茅运动期间的暴行。

除此之外，马赛人、恩度罗伊斯人（Endorois）和基库尤人也在寻求英国赔偿。19 世纪末，当白人移民侵入时，以狩猎采集为生的土著人口居住在肯尼亚所有的生态地区，包括白人高地和肯尼亚沿海地区，从塔纳河这样的沿河地带到厄尔贡山和维多利亚湖地区。在裂谷地带，森林、稀树草原和高地，这些群体狩猎、采集或者捕鱼，并且获得蜂蜜和医药植物，从而与其他群体交换。政府以农业发展、自然资源保护与开发为名，对于土著的狩猎和采集等经济活动实行严厉限制，并且认为非洲土著人口的狩猎和采集生活方式是"原始的"，容易导致环境破坏。以狩猎和采集为生的非洲土著人口被赶到其他地区，而他们在这些新地区缺少合法的土地权利。在这些重新安置地区，不同群体之间的暴力冲突十分常见，这是白人移民殖民主义的直接结果。在殖民地国家所建立的国家公园、野生动物保护地和国家森林，狩猎采集者丧失了获取野生动物产品的权利。[①]

第二，要求建立白人少数统治，这是白人移民殖民地的另一相似之处。南非、南罗得西亚和肯尼亚是同一类型，在每个殖民地，外来的欧洲人口力量根深蒂固，要求实现种族统治。白人移民对于当地人口施加严厉限制，限制他们获取土地，并控制他们的流动，在生产和社会生活领域建立起种族隔离。南罗得西亚和肯尼亚都建立起"土著保留地"。白人移民殖民地周围是有着不同背景和文化的非洲土著人口，白人移民依赖当地人来获得牲畜和劳动力。与此同时，这些白人移民非常关注自身及其蓄养牲畜的安全，极力维持自身与"他者"，"殖民者"与"被殖民者"之间的严格界限。[②]

---

① Robert K. Hitchcock, *et. al.*, "Settler Colonialsim, Conflicts and Genocide: Interactions between Hunter Gatherers and Settlers in Kenya and Zimbabwe and Northern Botswana," *Settler Colonial Studies*, Vol. 5, No. 1 (2015), pp. 40 – 65.

② Dane Kennedy, *Islands of White*, pp. 4 – 5.

第三，白人社会内部并不是铁板一块，而是存在巨大分化。例如在北罗得西亚，一些信奉自由主义的白人组建摩羯宫非洲协会（Capricon Africa Society）。1948 年，白人移民要求建立责任政府，并与南罗得西亚实现合并。这刺激非洲人从温和转向激进。英国保护人（British Protected Persons）选举权问题成为非洲代表委员会（African Representative Council）和殖民地立法会的辩论主题。白人政客反对英国保护人获得选举权，理由是非洲人很少具备参政能力。这一观点在殖民官员和普通白人中间十分普遍，并且也得到英国殖民部同意。英国殖民部也认为非洲人在政治上是不成熟的。面对日益激进的非洲民族主义，英国人设想以多种族主义作为解决他们在北罗得西亚所面对问题的主要办法。非洲人代表委员会意在为非洲人提供充分训练，从而引导他们沿着"正确"方向前进。英国殖民者试图向殖民地民众灌输威斯敏斯特式的自由民主观念。正因为如此，摩羯宫非洲协会被认为是实现多种族主义的重要途径。① 类似地，南罗得西亚白人内部的白人矿主和白人农场主之间存在的分歧一直并未得到有效解决，南罗得西亚波动的政治斗争和权力平衡，使得 20 世纪 20 年代白人农场主相对于矿主占据上风，但是 20 世纪 30 年代大萧条又使得矿主重新占据上风。②

白人内部分化十分严重，在殖民地政治经济发展进程中，逐渐出现"贫穷白人"现象，这极大地影响到白人的种族形象以及殖民地种族秩序。一些白人目不识丁，甚至需要传教团培养的非洲人替他们阅读信件。出于白人的种族优越感和种族团结，殖民政府开始强调殖民地白人教育。1930 年，南罗得西亚实行白人儿童的强制教育。③

白人移民和殖民官员之间也存在着严重分歧。白人移民认为，英国法律制度对于肯尼亚殖民地是不适合的，然而殖民官员则认为英国法律制度是必需的。在

---

① Bizeck Jube Phiri, "The Capricorn Africa Society Revisited: The Impact of Liberalism in Zmabia's Colonial History, 1949 - 1963," *The International Journal of African Historical Studies*, Vol. 24, No. 1 (1991), pp. 65 - 83.

② Muchaparara Musemwa, "Contestation over Resources: The Farmer-Miner Dispute in Colonial Zimbabwe, 1903 - 1939," *Environment & History*, Vol. 15, No. 1 (2009), pp. 79 - 107.

③ Carol Summers, "Demanding Schools: The Umchingwe Project and African Men's Struggles for Education in Southern Rhodesia, 1928 - 1934," *African Studies Review*, Vol. 40, No. 2 (1997), p. 134.

整个殖民时代，"某些欧洲移民群体对于法律和秩序近乎痴迷"。[1] 1907 年，在上百名欧洲人面前，白人移民鞭打非洲人，理由是他们对于欧洲妇女做出不适当评论。一名白人称，他们这样做是为了"抗议法庭未能有效地灌输土著对于欧洲人的尊重"。[2]

3. 跨种族性关系

在维多利亚时代和爱德华时代的英国，性关系引起公众关注。性克制、纯洁和"清洁"成为个人优点，这些特征被认为有助于维持英国"种族"活力。无法克制肉体欲望，在 19 世纪 80 年代以后则会受到惩罚。性疾病传播，尤其是梅毒，使得感染者从值得同情的受害者形象转变为罪犯和异类。到 19 世纪末，维持较高道德标准以对抗疾病和堕落的威胁，在英国成为广泛接受的观念。[3]

英国的这场性纯洁运动与迅速的帝国扩张同时发生。面对着帝国统治所带来的挑战，这一时期英国公众舆论强调种族优越性、民族活力以及社会正当性。疾病和堕落问题威胁到帝国的维持。在印度服役的英国军队感染梅毒，这是最经常引述的 19 世纪帝国"传染"的案例，但是在 1900 年以后，同样还包括对于种族通婚的忧虑。正是在英国人大规模定居的东部和南部非洲，关于性道德的讨论非常普遍。在英属东部和南部非洲，担心白人妇女遭受性侵犯，成为欧洲人道德话语中时常出现的话题。当面对这些恐惧时，白人社会呼吁抵制黑人性行为的玷污影响，非洲男性被认为是"患有疾病的""堕落的威胁"，而非洲妇女则被视作是"淫荡的""充满情欲的""不节制的"性行为的象征。[4] 白人移民在关于"黑祸"的讨论中不断出现疾病和堕落的观念，与同一时期英国社会的关注极为相似。

在南部非洲白人社会，"黑祸"恐惧与移民殖民主义政治经济密切相关，正如范·恩赛伦（van Onselen）在有关南非金山地区的研究中指出的，"黑祸"与

---

[1] David Anderson, "Policing, Prosecution and the Law in Colonial Africa," in David Anderson and Killingray, eds., *Policing the Empire*, p. 183.

[2] Daniel Branch, "Imprisonment and Colonialism in Kenya, c. 1930 – 1952: Escaping the Carceral Archipelago," *The International Journal of African Historical Studies*, Vol. 38, No. 2 (2005), p. 245.

[3] 钱乘旦、许洁明：《英国通史》，上海社会科学院出版社，2002，第 272—273 页。

[4] Megan Vaughan, *Curing Their Ills: Colonial Power and African Illness*, Stanford: Stanford University Press, 1991, pp. 129 – 133.

"贫穷白人"在经济萧条或者困难时期的经济脆弱联系密切。① 在南罗得西亚，白人在恐惧推动下，试图对那些触犯了这些道德规则的非洲人进行惩罚，运用各种手段来维护"白人道德"。②

白人媒体所谓的"黑祸"（Black Peril），是指黑人男性对白人妇女的性侵犯。白人对于"黑祸"的担心导致一系列立法，包括禁止白人妇女和黑人男性的性关系。除此之外，数十名非洲人因而被处死。不过"黑祸"基本上是人为制造出来的现象，这些案件数量极少。相比之下，"白祸"（White Peril），或者白人男性对于黑人妇女的性侵犯则更为常见。但是当时报纸很少讨论这些话题，不过白人妇女和黑人男性却抗议当时社会忽视"白祸"。尽管有抗议活动，但并没有任何立法禁止白人男性与黑人妇女发生性关系。

官方对于"黑祸"和"白祸"的态度差别主要是由殖民地种族、阶级和性别关系的性质所决定的。"黑祸"和"白祸"有助于强化种族和性别差异，并且建构白人和男性至上的社会秩序。这样一种高度依赖于黑人男性劳动力的家庭经济，以及男性占多数的"白人移民"社会，成为殖民地种族和性别关系的基础。白人雇主和黑人家庭工人之间关系是殖民时代津巴布韦白黑种族之间最"亲密"的交往关系。从这些家庭工人身上，白人想象出"非洲人"形象。此外，通过观察白人雇主的行为，家庭工人也能够向其余的黑人提供关于白人行为方式的详细信息。所谓的"黑祸"和"白祸"正是在这一亲密关系中产生的。

"黑祸"或者"白祸"的产生，同样也反映了殖民地社会秩序建构的复杂性。正如菲利普·柯廷所揭示的，欧洲人的"非洲观念在很大程度上是在欧洲创造的，以满足欧洲人的需求。这一需求在有些情况下是物质的，但是在很多情况下是思想观念方面的需求"。③ 通过鼓吹"黑祸"论，黑人和白人之间将会划出"隔离带"（Cordon Sanitaire），南罗得西亚的白人道德依赖于维持社会距离和亲密，而恐慌是"由恐慌，以及报复和清除的需求所推动的"。④

---

① Dane Kennedy, *Islands of White*, pp. 138 – 147.

② Jock McCulloch, *Black Peril*, *White Virtue*: *Sexual Crime in Southern Rhodesia*, *1902 – 1935*, Bloomington: Indiana University Press, 2000.

③ Phlip Curtin, *Imgae of Africa*: *British Ideas and Action*, *1780 – 1850*, Madison: University of Wisconsin Press, 1964, p. 480.

④ Jock McCulloch, *Black Peril*, *White Virtue*.

类似的，在肯尼亚同样出现了有关"黑祸"的讨论，这更多是由于白人所认知的，而非真实存在的威胁。在肯尼亚，黑人袭击白人妇女的案件数量较少，而"黑祸"在肯尼亚要比非洲其他殖民地更为鲜见，然而这类性侵事件却塑造了白人对于"白人纯洁性"的关注。1926 年，肯尼亚殖民地立法将黑人男性强奸或者意图强奸白人妇女定为极刑。

1910—1920 年，约翰内斯堡、布拉瓦约和索尔兹伯里的白人社会发生集体恐慌。在报纸宣传和政客、教会领袖以及其他有影响社会人士极力推动下，严重的社会焦虑引发私刑审判。殖民政府强调跨种族性关系对于殖民地社会基本道德和社会秩序所造成的威胁，试图通过立法来强化种族之间的距离，希望以此维持殖民地秩序的种族等级。

20 世纪二三十年代，黑人和白人居民杂居在约翰内斯堡的贫民区，开普敦"有色人种"和"白人"之间存在着秘密的家庭联系以及频繁的种族间性关系，这些威胁到种族隔离制度。贫穷白人与富裕的印度商贩或者新兴的政治上自信的黑人知识阶层形成鲜明对比，而这对于白人优越性的虚妄假象构成挑战。维持社会界限的种族政治，这对于实现种族隔离并且争取白人对于种族隔制度的支持而言起着重要作用。种族等级并不是殖民征服直接带来的产物，而是需要政客和官僚不断加以保护和扩展的。殖民地社会中的贫穷白人尽管人数较少，但是他们对于殖民地社会秩序构成极大挑战。殖民地政府采取各种途径应对这一问题，而驱逐贫穷白人是最为极端的途径。

南罗得西亚、南非和其他地区国家的白人社会将"黑祸"的根源归结于黑人对于白人妇女的欲望，但是对于"白祸"却并未形成共识。在南罗得西亚，"白祸"被认为是白人妇女带来的威胁，她们与黑人男性交往，因此"祸"的概念是关于白人妇女和黑人男性之间的。在白人移民进入南罗得西亚的最初两年时间里，白人妇女并未被允许进入殖民地。1911 年，妇女占到白人移民人口的34%，十年后达到 44%。索尔兹伯里有很多的白人女性娼妓，这些娼妓不仅面向白人男性，而且也面向黑人男性，这被认为是对于所有白人妇女和"文明"的威胁。然而，对于白人男性将黑人女性视作小妾或情人却没有明确反应。[1] 类

---

[1] Ian Phimister, *An Economic and Social History of Zimbabwe*, *1890 – 1948*: *Capital Accumulation and Class Struggle*, London: Longman, 1988.

似地，在北罗得西亚早期，白人娶黑人为妾是能够被接受的，只是后来不允许公开宣扬。[①]

西非地区的白人数量较少，不过也同样存在着跨种族的性关系和通婚。早在殖民时代以前，西非沿海地带的非洲妇女已经在同欧洲男性通婚，通婚催生出著名的非欧贸易家族，并且将欧洲男性融入传统的西非沿海社会，也使得非洲妇女拥有了一定的社会权力。在黄金海岸等殖民地，随着非洲民族主义力量兴起，非洲妇女和欧洲白人的通婚开始受到激烈批评，这被称作"白祸"。通过谴责"白祸"，反殖民民族主义者批判英帝国主义"文明使命"的道德话语与殖民地白人男性的性不道德之间反差巨大，这对英国殖民主义赖以存在的基础构成挑战。[②]

第二节　其他的移民群体

非白人的外来移民在殖民时代的非洲社会中也扮演着重要角色，他们在殖民地社会种族等级中处于中间阶层，处于白人和黑人之间。以下简要梳理东非的印度人和索马里人、西非的黎巴嫩人的基本情况。

1. 东非的印度人

印度次大陆与非洲之间的联系可以追溯至公元前 1 世纪，数世纪的印度洋沿海贸易塑造了东非沿海地区与印度西部沿海地区之间的密切联系。1832 年，阿曼统治者赛义德·赛德（Seyyid Said，1806—1856 年在任）将都城迁至桑给巴尔，他同时也带来印度人来帮助他打理商业和金融事务。在桑给巴尔贸易帝国，大多数印度商贩和借贷人从事跨区域贸易活动。尽管英、法、德、美等西方国家商人同桑给巴尔进行商品交易，并且对赛义德施加重要影响，却被禁止在东非沿海地区直接从事贸易活动，而印度人享有实际的贸易垄断权。赛义德还鼓励印度人在东非沿海城镇定居。通过控制东非沿海地区的关税体系和贸易，作为中间人的印度人与素丹一道从中获得巨额利润。1844 年和 1880 年，斯瓦西里语词典分

---

① John Pape, "Black and White Peril: The 'Perils of Sex' in Colonial Zimbabwe," *Journal of Southern African Studies*, Vol. 16, No. 4 (1990), pp. 669 – 720.

② Carina E. Ray, "Decrying White Peril: Interracial Sex and the Rise of Anticolonial Nationalism in the Gold Coast," *American Historical Review*, Vol. 119, No. 1 (2014), pp. 78 – 110.

别在孟买和勒克瑙出版，这反映出东非与孟买之间存在着密切的贸易网络。印度人同时也是沿海地区的借贷人和收税人。到19世纪90年代，印度人已经建立并取得对于类似银行的金融体系控制权。总体而言，这一时期东非印度人数量并不多，且主要以商人身份存在。他们来往于印度洋两岸，在肯尼亚、坦桑尼亚等地沿海地区过着"半定居"生活，而位于内陆地区的乌干达当时还鲜有印度人身影。①

直至19世纪70年代，英国已经在很大程度上取得了对于桑给巴尔的支配权。尽管如此，它并不打算正式统治这一地区，而是希望借助桑给巴尔素丹来维持在东非的支配地位。然而，随着19世纪80年代列强开始激烈争夺非洲殖民地，英国对东非的政策逐渐由"无形帝国"向正式统治过渡。② 这一过程较为缓慢。虽然英国觊觎东非控制权，但是没有意愿和能力来推行殖民统治。在东非殖民化进程中，英国几乎完全依靠印度人。印度人为早期的殖民征服和惩罚性远征提供军事支持，镇压那些反抗英国统治的当地统治者。而且，在巩固对于东非地区统治的过程中，英国统治者依靠印度商人、劳动力和技术来开发内陆地区。在当时情况下，只有印度商人有能力和意愿来发展贸易网络，将货币经济引入东非内陆地区。印度人商铺被称作"杜卡"（Duka），它是印度商人家庭的工作和生活场所。杜卡销售包括食品、纺织品和五金制品在内的各种商品，有时还为非洲人提供小额信贷。这些印度商人还购买非洲农民的农业剩余产品，或者用杜卡中销售的商品直接换取非洲农民的剩余农产品。因此，在殖民地经济体系中，杜卡成为面向非洲人销售商品并出口非洲农产品的主要渠道。在较为偏远的内陆地区，殖民政府甚至在还未为殖民官员建造住所之前，就邀请印度商人前来建立杜卡。③

乌干达铁路修建是印度移民史上的重要事件。为修建这条铁路，英国殖民政府一共从印度招募了32000名契约劳工，只有不到7000人在铁路建成后留在东非。随着乌干达铁路的开通，大批印度人涌入东非内陆地区。伴随着军事官员、

---

① Eric Burton, "'What Tribe Should We Call Him?' The Indian Diaspora, the State and the Nation in Tanzania since ca. 1850," *Stichproben Wiener Zeitschrift für kritische Afrikastudien*, Vol. 13, No. 25 (2013), p. 7.

② 罗伯特·马克森：《东非简史》，王涛等译，世界知识出版社，2012，第110—111页。

③ Wambui Mwangi, "Of Coins and Conquest: The East African Currency Board, the Rupee Crisis and the Problem of Colonialism in the East African Protectorate," *Comparative Studies in Society and History*, Vol. 43, No. 4 (2001), p. 768.

行政人员的相继进入，以及英国国内需求的持续增加，乌干达的棉花生产有了较快发展。印度人从事长途贸易，成为东非与外部世界贸易的"中间人"。[①] 印度人成为东非经济的中间阶层，他们推动帝国贸易、商业和治理在东非的扩展。东非地区的铁路、邮局、银行、警察局和法庭都是按照印度模式建立起来的，并且其中雇用了大批印度人，这为印度贸易和企业带来了新市场和新动力。英属印度的法律、货币和管理方式在东非逐渐居于支配地位。1903 年，英国殖民政府颁行《土著适用印度法律法案》（Application of Indian Laws to Natives Ordinance），根据该法案，东非殖民地全面引进英属印度法律。在殖民化过程中和殖民统治确立初期，英国殖民政府认识到印度人对于东非殖民事业至为重要，鼓励印度人移民东非，并且设想将东非发展成为"印度人的美洲新大陆"，有英国殖民者甚至声称："我们离不开印度人，倘若他们离开，保护地将难以维持。"[②] 印度人在推动英国殖民统治同时，自身也逐渐发展壮大。1880—1920 年，东非印度人数量从 6000 人增至 54000 人。欧洲殖民者协会（European Colonists Association）抱怨，"东非保护地似乎成为印度所属的一个省"。[③]

　　"一战"后，印度人加速向东非移民。英国接管德属东非殖民地之后，急需大量劳动力，因而采取一系列鼓励印度移民的政策。20 世纪 30 年代，在经济大萧条冲击下，大量印度人被迫前往东非谋生。印度人向东非的移民在 20 世纪三四十年代达到高潮，到 1939 年增至 10.5 万人。在这三个英属东非殖民地，印度人仅占极小比例，在乌干达和坦桑尼亚占总人口的 1%，肯尼亚人口的 2.6%。由于殖民政府禁止印度人投资农业生产，因此印度人主要聚集在城镇中心，例如达累斯萨拉姆和内罗毕等地，这使得他们尤其引人注目。例如，到 20 世纪 60 年代，达累斯萨拉姆的印度人口占坦桑尼亚印度人口的 36%，坎帕拉占乌干达印度人口的 27%，而内罗毕的印度人占肯尼亚印度人的 49%。[④] 他们的商业习俗、

---

① 　M. Twaddle, "The Founding of Mbale," *Uganda Journal*, Vol. 30, No. 1 (1968), pp. 25–38.

② 　Wambui Mwangi, "Of Coins and Conquest: The East African Currency Board, the Rupee Crisis and the Problem of Colonialism in the East African Protectorate," *Comparative Studies in Society and History*, Vol. 43, No. 4 (2001), p. 768.

③ 　J. S. Mangat, *History of the Asians in East Africa, c. 1886 to 1945*, Oxford: Clarendon Press, 1969, p. 100.

④ 　Robert Gregory, *South Asians in East Africa, An Economic and Social History, 1890 – 1980*, Boulder: Westview Press, 1993, pp. 13–14.

烹饪技巧、服饰和词汇，这些深刻影响到东非城镇生活，甚至对乡村地区也产生重要影响。

在英属东非殖民地，英国殖民政策创造出一种包括印度人、欧洲人和非洲人在内的三重种族体系。教育、卫生医疗和住所的种族隔离体制进一步强化了这一种族体系。按照殖民者逻辑，只有住所和社会隔离才能保护欧洲殖民者避免感染其他种族的疾病。殖民者还担心，种族接触可能导致种族间通婚，从而挑战种族界限和殖民统治。种族隔离不仅是社会和空间上的，而且是经济和政治层面的：欧洲人占总人口的不到 0.5%，在种族金字塔中居于最高地位；非洲人占人口的98%，处于社会底层；印度人和阿拉伯人处于社会中层，占人口的 1.5%。印度人在贸易领域居于主导地位，而非洲人则被排斥在外，例如 1931 年坦噶尼喀政府颁行《土著信贷法案》（Credit to Natives Ordinance Act）就是以此为目的。亚洲商贩通常从非洲农民手中购买农产品，并向他们销售工业制造品。[1]

在殖民地种族秩序之下，印度人被建构为同质的类别，尽管它们内部存在较大差异。在英国殖民统治的种族政策推动下，殖民地社会形成了一种以肤色为基础的社会结构。在这一社会结构中，印度人组织成为自我封闭的社会群体，他们运用自身资源来提供自身所需要的基本服务和基础设施，而宗教归属和种姓传统强化了他们的孤立。与此同时，这些印度人来自不同的文化背景、职业和社会等级，在他们内部很难实现有效团结。正因为如此，尽管东非的印度人曾经先后成立了东非印度人协会以及后来的东非印度人国民大会（East African Indian National Congress）来争取自身利益，但是都因为内部分歧严重而发生分裂。[2]

在这一种族格局之下，印度人成为殖民时代东非最重要的"中间人"少数群体。这些印度人获得相对于非洲人的特权地位，但是相对于欧洲人而言则被剥夺了选举权。这一点与南非情况相似，只不过东非印度人享有更大的政治影响力和经济实力。相比于肯尼亚和乌干达，坦噶尼喀的印度人享有土地权，尤其是在城镇地区，这不仅确保了投资回报，而且可用作抵押，这为印度人商业活动提供了便利。作为商贩、店主、放贷人和职业群体，印度人在殖民地经济体系中居于

---

[1] Andrew Coulson, *Tanzania*, p. 61.

[2] Akbar Keshodkar, "Marriage as the Means to Preserve 'Asianness': The Post-Revolutionary Experience of the Asians of Zanzibar," *Journal of Asian and African Studies*, Vol. 45, No. 2 (2010), p. 228.

中间阶层。印度人在三国的进出口贸易和零售业中占据主导地位，并且在财富、收入和教育资源分配方面居于中间地位。在 20 世纪 60 年代初的这三个国家，欧洲人平均收入为 1560 英镑，印度人为 564 英镑，而非洲人只有 75 英镑。[1]

桑给巴尔的情况与东非大陆有着很大差异，尤其是因为这里还有阿拉伯人的存在。1909 年，一些印度商人建立委员会来捍卫自身作为债务人、商人和城镇地主的利益，并且抗议他们所担心可能导致自身沦为普通桑给巴尔人的政策。在两次世界大战之间，这一组织发展成为印度国民协会（Indian National Association），主要关注印度的丁香出口商利益。这些印度商人同主要的地产所有者发生激烈冲突。种植园主控制着阿拉伯协会（Arab Association），这是由桑岛最主要的阿曼人于 1911 年建立的。英国决策者鼓励印度移民，希望以此推进桑岛的商业和经济发展，时常被殖民地经济的这两大支柱之间的分歧所困扰。最终，保护地最终被界定为"阿拉伯人国家"，以及英国官员对于商业阶层的贵族偏见，对决策产生了明显影响。[2]

由于殖民时代的种族隔离政策，特别是由于印度人构成了欧洲殖民者和非洲人之间的缓冲力量，非洲人所仇视的对象更多是印度人而非欧洲人。在殖民时代的达累斯萨拉姆等东非城镇，对于非洲人而言，所谓的"他者"，并不是白人移民或者阿拉伯人，而是印度人。多种因素导致这一认知：整体而言，印度人因为参与东非殖民统治体系而获益，作为地位高于非洲人的中间阶层，印度人与非洲人接触更为平常；印度人在职业等级结构中所处地位是受过教育的非洲人所期待的，这些非洲人认为印度人所占份额过大；作为非洲劳动力监管者，销售日用品的店主，或者购买非洲农业产品的商人，印度人的成功被认为是以牺牲非洲农民和非洲消费者利益为代价，很多非洲人将他们视作自身遭受剥削压迫的原因；印度人数量要远多于白人移民，且主要集中在城镇地区，这使得他们较为引人注意。例如在殖民时代的达累斯萨拉姆，印度人数量是白人移民和阿拉伯人总和的四倍，占该城人口的 1/4。[3]

---

① James R. Brennan, *Taifa*, *Making Nation and Race in Urban Tanzania*, Athens: Ohio University Press, 2012, p. 8.

② Jonathon Glassman, *War of Words*, *War of Stones*, *Racial Thought and Violence in Colonial Zanzibar*, Bloomington: Indiana University Press, 2011, p. 41.

③ James R. Brennan, *Taifa*, *Making Nation and Race in Urban Tanzania*, pp. 2 – 3.

在这一种族体系下，白人移民更多将印度人而不是非洲人视作主要威胁。直至 20 世纪 50 年代非洲民族主义兴起之后情况才发生改变。白人和印度人的矛盾在肯尼亚表现得尤为尖锐。白人移民进入肯尼亚要晚于印度人。19 世纪末，英国殖民政府推动南非和欧洲移民进入殖民地，将肯尼亚高地视作欧洲人定居地。到 1905 年，白人移民开始要求参与殖民地政府管理，将肯尼亚打造为白人殖民地，并且将肥沃的高地留给白人。白人移民特别担心，印度人在印度和英国殖民政府支持下，将向东非大规模移民。在欧洲白人的要求下，殖民政府先后通过增加识字测试、限制印度移民数量等方法遏制印度人力量。尽管如此，仍然有大量印度移民涌入东非，双方矛盾日趋尖锐。[①]

印度人不仅从事商业经济活动，他们也有着自身的政治诉求，并且这一诉求随着情况变化而改变，"东非的南亚民族主义是两面的，他们扮演着次帝国主义者（Sub-imperialist）和反殖民主义者的角色"。[②] 大体而言，东非印度人的政治诉求经历了从次帝国主义向反殖民主义的转变。在殖民统治初期，印度人以自身在东非殖民化过程中发挥重要作用为由，要求与白人移民平等的地位和权利。到"二战"前后，由于印度本土、东非以及英帝国解体等因素，东非印度人逐渐放弃次帝国主义诉求，转而宣扬各种族一律平等的反殖民主义。不过，由于印度人在东非社会中的特权地位，他们对于非洲民族主义的支持总体上是有限的，因此很难赢得非洲民族主义者的信任。[③]

1890—1916 年，坦噶尼喀曾经是德国殖民地。"一战"爆发后，英、德两国在东非交战，英国派遣印度军团前往东非参战。英国向印度承诺，作为回报，印度人在战后有权在德属坦噶尼喀定居。英国甚至考虑将整个德属坦噶尼喀变成印度殖民地。这一设想极大地鼓舞了包括坦噶尼喀在内整个东非地区的印度人。这一设想最终并未实现，德属东非并未成为印度殖民地，而是成为英国托管地。尽管如此，印度人大批涌入坦噶尼喀，印度人数量从 1921 年的 10209 人增至 1931

① Hugh Tinker, *The Banyan Tree: Overseas Emigrants from India*, Oxford: Oxford University Press, 1977.

② James R. Brennan, "Politics and Business in the Indian Newspapers of Colonial Tanganyika," *Africa*, Vol. 81, No. 1 (2011), p. 63.

③ Prakash C. Jain, *Racial Discrimination against Overseas Indians*, New Delhi: Concept Publishing Company, 1990, p. 162.

年的 25144 人，达累斯萨拉姆取代桑给巴尔成为印度人的主要定居地和经济中心。印度人的法律地位也获得提升，他们不再是与非洲人同等地位的"土著"，而是被认定为非土著的英国臣民。尽管"一战"使得德属东非的很多印度人身无分文，但是在邻近殖民地的印度人帮助下，他们购买了政府罚没德国人的种植园和城镇商业地块，并且在达累斯萨拉姆和整个殖民地的商业领域中处于主导地位。

直至"二战"前，坦噶尼喀的印度人一直要求与欧洲人的平等地位，很少关注非洲人的政治诉求。印度人与欧洲人一道，他们都认定非洲人正在走向文明，而非土著应当扮演受托管理人的角色，直至非洲人进入较高的发展阶段。而且，印度人认为，由于印度人与非洲人通过贸易接触较多，因此他们要比欧洲人更适合促进非洲土著达到文明程度，他们应当在推动非洲人适应现代产业和城镇生活方面扮演更加重要的角色。

20 世纪四五十年代见证了英帝国解体、印巴分治和非洲民族主义的兴起。独立后印度尼赫鲁政府倡导不结盟运动，积极支持非洲民族解放事业，他要求东非印度人忠诚于所在国，支持非洲民族主义者实现非洲解放。尼赫鲁曾经公开声称，东非印度人"倘若企图在非洲谋求任何特殊权益，从而有损于非洲人利益，他们就别想从我们这里得到任何帮助和保护"。[1] 在这一背景下，坦桑尼亚印度人的政治诉求逐渐发生转变，他们不再强调种族和文明，而是强调殖民地全体民众的平等公民身份。尽管大多数印度人主要关注商业经营活动，远离甚至嘲讽政治斗争，但是也有一些印度人全身心支持非洲民族主义，在坦噶尼喀独立道路上扮演了重要角色。20 世纪 50 年代，在印度资本支持下，坦噶尼喀出现了数家宣扬非洲民族主义的报纸。成立于 1950 年的坦噶尼喀亚洲人协会，不仅试图调和印度人和巴基斯坦人之间矛盾，而且积极支持非洲民族主义。坦噶尼喀亚洲人协会领导人与尼雷尔和坦盟代表频频会面。1955 年"多种族"宪法颁布后，欧洲人、非洲人和印度人分别获得 1/3 的立法会席位。部分由于印度人议员的支持，坦盟在 1958—1959 年选举中获得压倒性胜利。[2]

---

① Gerard McCann, "From Diaspora to Third Worldism and the United Nations: India and the Politics of Decolonizing Africa," *Past & Present*, Vol. 218, Issue Supplement 8 (2013), p. 268.

② Eric Burton, "'What Tribe Should We Call Him?'," The Indian Diaspora, the State and the Nation in Tanzania since ca. 1850," *Stichproben Wiener Zeitschrift für kritische Afrikastudien*, Vol. 13, No. 25 (2013), p. 18.

　　肯尼亚的印度人的政治诉求也经历了相似演变。20世纪20年代以前，印度人的次帝国主义诉求与殖民统治的建立紧密结合，因此印度人并不反对英国殖民统治，他们的斗争矛头只是针对欧洲移民。1914年，以 A. M. 杰万基（A. M. Jeevanjee）为首的印度商人组建东非印度人国民大会。该组织的首要目标是保护英属东非印度人的利益不受欧洲人侵犯。它提出了实现普选权、解除针对印度人土地销售禁令，以及允许印度人更大程度参与议会和市镇委员会等多项要求。杰万基和东非印度人国民大会强调印度人在东非殖民化过程中所扮演的重要角色，他们声称自己是英帝国的忠实臣民，并不反对殖民统治，只是对白人移民不满。印度人甚至宣扬"将这一非洲领地并入印度帝国，这对于大英帝国更为有利"，倘若将肯尼亚"直接置于印度政府而非殖民部管辖之下，东非将很快成为第二个印度"。①

　　"一战"后，白人移民在殖民政府支持下获得大量特殊权益，这激起了印度移民的不满，双方矛盾趋于尖锐。白人移民和印度人动员各自的影响力，试图左右英国政府政策。英印政府和印度事务部支持东非印度人，他们警告说，倘若默许白人移民的诉求，将会在印度国内导致严重不满，特别是因为印度国内不合作运动正处在高潮；欧洲移民则威胁道，倘若满足印度人的要求，欧洲移民将发动政变，双方陷入僵局。面对欧洲人和印度人难以调和的利益冲突，英国殖民政府于1923年7月发布了一份措辞含混的"德文郡宣言"，其中强调非洲人利益至上。殖民政府并未全然满足白人移民利益，但是确立了白人移民在肯尼亚立法会的多数地位，而印度人只是作为一个群体获得集体投票权。尽管宣言并未同意白人高地实现种族隔离，但是并未干预殖民地立法会调整移民政策。对于肯尼亚印度人而言，"德文郡宣言"是一个痛苦的教训，表明帝国政府更在意白人移民而非印度人的利益。②

　　"二战"前后，肯尼亚的印度人逐渐放弃了"次帝国主义"诉求，开始主张殖民地民众不论肤色一律平等，这为他们与非洲民族主义的联合创造了条件。1935年，印度人马汗·辛格（Makhan Singh）创建了肯尼亚历史上的首个工会，

---

① Sana Aiyar, "Empire, Race and the Indians in Colonial Kenya's Contested Public Political Sphere, 1919 – 1923," *Africa*, Vol. 81, No. 1 (2011), pp. 135 – 136.

② Deborah Hughes, "Kenya, India and the British Empire Exhibition of 1924," *Race & Class*, Vol. 47, No. 4 (2006), p. 76.

他试图实现印度工人和非洲工人的联合。在茅茅运动中，印度人对于非洲人表示同情和支持。在殖民政府审判非洲民族主义领袖约莫·肯雅塔时，印度人律师为肯雅塔提供辩护。肯尼亚印度人还推动宣扬非洲民族主义报纸发展，帮助非洲人印刷反殖民主义宣传材料。[1]

2. 东非的索马里人

肯尼亚境内的索马里人，包括主要以贸易为生的伊萨克人（Isaq）和哈提人（Herti），以及以游牧为生的哈维耶人（Hawiye）和达罗德人（Darod）。19 世纪下半叶，英帝国扩张极大地推进了索马里人在非洲大陆东北部的迁徙。1869 年苏伊士运河开通后，亚丁湾和非洲之角的伊萨克人和哈提人从索马里沿海地区南下，迁徙到基斯马尤、蒙巴萨和桑给巴尔等地，他们作为水手、士兵、搬运工为英属东非公司工作，或者为欧洲探险家和白人移民工作。借助于英帝国的网络和技术，索马里人逐渐深入东非内陆地区，或者迁徙到世界各地。甚至是远在南非开普敦、英国加的夫和澳大利亚珀斯，均已出现一定规模的索马里人社区。

正是在这一背景下，索马里人大量涌入肯尼亚。两次世界大战之间，很多伊萨克和哈提索马里人在皇家非洲洋枪队（King's African Rifles）服役，服役期满后很多留在了肯尼亚。[2] 作为英属索马里、索马里、亚丁的移民和移民后裔，伊萨克索马里人和哈提索马里人在殖民官方档案中被称作"外来索马里人"，他们主要居住在城镇或者贸易中心。到 20 世纪 20 年代，伊萨克和哈提索马里人广泛分布于肯尼亚各城镇。随着英国殖民官员在内罗毕指挥建造乌干达－蒙巴萨铁路，这里成为主要的索马里人聚集地。另外，伊西奥洛（Isiolo）作为肯尼亚北部和肯尼亚其余地区之间重要交通枢纽而发展起来，这里也聚集了大量的索马里人。

1860 年前后，以游牧为生的哈维耶人和达罗德人陆续迁徙到朱巴河以南，也就是现在的肯尼亚东北部。1925 年，英国将朱巴兰北部地区割让给意大利，作为对于意大利在"一战"期间支持协约国的回报。不过，英国仍然保留了朱巴兰南部，并在这里设立北方边界区（即现在的肯尼亚东北省），主要包括加里

[1] Shiraz Durrani, *Never be Silent*: *Publishing and Imperialism in Kenya*, *1884 – 1963*, London: Vita Books, 1992.

[2] E. R. Turton, "The Isaq Somali Diaspora and Poll-Tax Agitation in Kenya, 1936 – 1941," *African Affairs*, Vol. 73, No. 292 (1974), p. 326.

萨（Garissa）、曼德拉（Mandera）和瓦吉尔（Wajir）等地。哈维耶人和达罗德索马里人居住在这一广袤地区，以养殖骆驼、绵羊和山羊为生。为获取水源和牧场，逃避政府税收负担，哈维耶人和达罗德人往往跨越边界进入邻近的埃塞俄比亚和意属索马里。"外来人"和"土著"的界限，在肯尼亚北方地区一直较为含混。

受当时欧洲种族观念的影响，早期的欧洲探险家和殖民官员认为，东非沿海地区文明是遍布印度洋的波斯人和阿拉伯人迁徙流动的产物。[1] 他们认为索马里人在种族上是含混的，因为索马里人具备与阿拉伯世界密切相关的诸多文化和物质特征，尤其是伊斯兰教信仰。早期的英国殖民者对于索马里人的认知，深刻影响到英国殖民政府的索马里人政策。

英国于 1895 年宣布肯尼亚为"东非保护地"，并于 1920 年正式确立殖民统治，并更名为"肯尼亚"。在殖民统治初期，英国殖民者并未对北方进行管理，而是遏制他们向南迁徙到肥沃的裂谷高地。在英国殖民者看来，肥沃的裂谷高地是殖民地商业利益中心，而北方边界区则是白人高地边缘的"缓冲地带"。[2] 英国殖民者认为，由于北方边界区人口以游牧维持生计，再加上这里的沙漠地形，因此很难建立土著政府，并且这里没有开发价值。北方边界区官员杰夫里·阿彻（Geoffrey Archer）阐明了英国政策："北方边界区是放牧者的家园，他们蓄养骆驼和牛羊。我们在这里只有一项政策——在将牧民置于英国国旗保护下的同时，尽可能避免干预他们的习俗，尽量不影响酋长的控制。"[3]

肯尼亚殖民地政府将北部地区视作"封闭地区"加以控制，并未积极推动该地区与其他地区实现融合。根据 1902 年《偏远地区法令》（Outlying Districts Ordinance），外来人口倘若没有省专员许可，不得进出北方边界区。殖民地政府也开始将北方边界区视作"难以统治的"地区，类似于印度西北边界区。直至"二战"前，殖民地政府并不打算过多干预索马里人的生产和生活方式，只要他

---

[1] Derek Nurse, and Thomas Spear, *The Swahili*: *Reconstructing the History and Language of an African Society*, *800 - 1500*, Philadelphia: University of Pennsylvania Press, 1985, p. 4.

[2] Nene Mburu, *Bandits on the Border*: *The Last Frontier in the Search for Somali Unity*, Trenton: The Red Sea Press, 2005, pp. 23 - 74.

[3] Richard Hogg, "The New Pastoralism: Poverty and Dependency in Northern Kenya," *Africa*, Vol. 5, No. 3 (1986), p. 319.

们按时缴纳税收，在政府划定区域内放牧，并且彼此之间不相互劫掠牲畜。1934年《特别地区法令》（Special Districts Ordinance）确定北方边界区各族群之间实现"隔离"，意在阻止索马里人向西流动。[①]

"二战"期间，英国调整针对广大非洲殖民地的政策，深刻影响到肯尼亚殖民政府的索马里人政策。1940年，英国议会通过《殖民地发展与福利法案》，为非洲殖民地投入更多财力和人力。为满足战时需求，增加经济产出，新上台的英国工党政府主张对非洲殖民地农村社会进行重组，并推动非洲社会"现代化"。"二战"后，大量的技术专家开始介入非洲殖民地经济发展和环境保护，"多余的人口成为英国殖民顾问和决策者担心的主要问题，而国家主导和政府计划则成为主要解决方法"。[②] 受到这一观念影响，肯尼亚殖民官员开始担心人口压力、过度放牧和土壤侵蚀问题，更深地介入非洲臣属生活。农业技术专家和殖民政府官员认为，农业环境恶化与"部落"权威崩解密切相关。在这一背景下，英国殖民政府试图将不同的索马里氏族限定在特定地区以内，并开始以部落划分牧场。殖民政府希望以此改革游牧民生产和生活方式，限制索马里人的迁徙流动，并"恢复"部落秩序。

以"二战"为分水岭，肯尼亚索马里人的政治诉求发生显著变化。在20世纪中叶索马里民族主义兴起之前，并不存在统一的肯尼亚索马里人，伊萨克和哈提索马里人与哈维耶和达罗德索马里人之间存在着显著差异，这些群体的诉求也大相径庭。在肯尼亚北部地区，哈维耶人和达罗德人希望维持现状，他们抵制殖民统治者的控制和干预。除此之外，他们没有其他的明确诉求。他们反抗英国殖民统治，也只是为了避免遭受外来侵犯。不过，也有一些索马里氏族选择与英国殖民政府合作，例如，哈提人成为殖民政府的士兵和警察，并积极参与针对其他索马里部落的镇压。

到1919年，英国殖民政府已经基本解除索马里人的武装，实现了对于肯尼亚北部的索马里人地区的控制，索马里人政治活动重心已转移至内罗毕和伊西奥洛。较为活跃的是城镇中的伊萨克人。伊萨克人认为自己并非"土著"的非洲

[①]　Ioan M. Lewis, *A Modern History of the Somali*: *Nation and State in the Horn of Africa*, Athens: Ohio University Press, 2002, pp. 183 – 184.

[②]　Joseph Morgan Hodge, *Triumph of the Expert*, p. 178.

人，而是"外来"的亚洲人。伊萨克人有着明确诉求，他们对肯尼亚殖民地政府施加压力，以确保自身的亚洲人身份地位。这些伊萨克索马里人的诉求很难赢得哈维耶人和达罗德人的支持。伊萨克索马里人的诉求，与肯尼亚等东非社会的种族格局密切相关。种族作为东非社会身份认同的重要因素之一，是在数百年来的印度洋文明交流过程中缓慢形成的。① 在殖民主义推动下，这一种族观念逐渐制度化。在当时的人类学家辅助下，肯尼亚官员试图对非洲人口进行种族文化分类，认为这些非洲人口在文明演进进程中处于不同等级，并构成了殖民地种族等级秩序。殖民地国家对"非土著"和"土著"做了根本区分："非土著"是单独的"种族"，受民法支配；"土著"则是"部落"人口，受到"传统的"习惯法统治。②

在这一种族格局之中，索马里人身份地位较为特殊，因为它模糊了"土著"和"非土著"之间的界限。作为肯尼亚种族秩序的中间力量，伊萨克人和哈提人在满足英帝国诸多经济和政治需求的同时，他们也获得一定权利。与阿拉伯人和印度人一样，索马里人获得城镇永久居住权。1919 年，肯尼亚殖民政府颁布《索马里人豁免法令》（Somali Exemption Ordinance），允许伊萨克人和哈提人缴纳非土著标准的人头税，这等于承认他们的非土著地位。殖民地当局却将他们视作极"麻烦的"臣属。很多索马里人声称祖先来自阿拉伯世界，反对被界定为"土著"，殖民地政府并未对于索马里人的种族和法律地位做出内在一致的界定。例如在 1936 年，肯尼亚中部省官员填写人口统计表格时，有殖民官员将索马里人写在"亚洲人：其他种族"一列，也有一些殖民官员将索马里人写在"阿拉伯人"一列，还有一些殖民官员将索马里人写在"土著"一列。不过，伊萨克人和哈提人的特权地位极为脆弱，含混的法律地位模糊了殖民者和殖民臣属之间的界限。在很大程度上，这一含混地位得到肯尼亚殖民当局的默认。殖民当局在维持殖民地种族秩序的同时，可以有选择地奖赏伊萨克人和哈提人士兵和中间人，同时又不影响到种族隔离，更不会引发出法律案例，从而对其他地区或者地位"含混"的人口产生影响，例如斯瓦西里人。正因为如此，索马里精英的特权地位极为脆

---

① Dane Keith Kennedy, *The Highly Civilized Man：Richard Burton and the Victorian World*, Cambridge：Harvard University Press, 2009, p. 1.

② Mahmood Mamdani, *Citizen and Subject：Contemporary Africa and the Legacy of Late Colonialism*, Princeton：Princeton University Press, 1996.

弱。索马里人豁免法令在安抚索马里人不满的同时，保留了殖民当局针对法令创设"特别条款"，从而使得针对土著人口的法律也可运用到索马里人身上。[①]

索马里人岌岌可危的种族特权地位，反映出殖民统治的一个基本悖论：一方面，英帝国创造了全球范围内相互联系的经济关系，传播"文明"价值观念，并催生出与英国臣民地位密切相关的公民权利话语；另一方面，殖民地政府坚持将种族或族群作为构筑殖民地社会身份认同的核心。这二者之间存在着不可调和的矛盾，这一矛盾在 20 世纪 30 年代充分暴露出来。围绕着"土著"身份界定以及西化非洲人和"混合"种族臣属的法律权利问题，英国殖民部和英属非洲殖民地政府之间发生了激烈争论。英国殖民当局开始强化殖民地的种族控制。[②] 正是在这一背景下，肯尼亚殖民政府开始遏制伊萨克和哈提索马里人的特权地位。1937 年，肯尼亚总督实行新的《非土著人头税法令》（Non-native Poll Tax Ordinance），对现有税收体系进行改革，将索马里人税赋从 30 先令减少到 20 先令。由于担心降低税赋会削弱自身特权地位，很多伊萨克人和哈提人开始向殖民地政府请愿，他们提出缴纳更高税金的诉求，要求像亚洲人一样支付 30 先令税金。这在英国殖民史上是较为罕见的现象。1938 年，在递交给英国殖民事务大臣的请愿书中，伊萨克首领声称自己"不是阿拉伯人或者索马里人。我们请愿者的身份是亚洲人"。[③] 殖民官员不愿意接受这些数量较少的伊萨克人诉求，担心倘若赋予他们以亚洲人地位，将会引发整个肯尼亚以及其他殖民地索马里人提出相似的权利诉求。1940 年，肯尼亚殖民政府只得调整税收政策，将征收标准由种族变为收入，将税收与棘手的种族和政治权利问题剥离开来，从而终结了人头税争论。

"二战"后至肯尼亚独立前夕，索马里民族主义的兴起，成为非洲之角政治局势的重要转折点。索马里民族主义兴起于欧洲殖民列强和埃塞俄比亚的夹缝中间，因此索马里人尤其关注自身的身份归属问题。受到索马里民族主义的影响，

---

① Keren Weitzberg, "Producing History from Elisions, Fragments and Silences: Public Testimony, the Asiatic Poll-tax Campaign and the Isaaq Somali Population of Kenya," *Northeast African Studies*, Vol. 13, No. 2 (2013), p. 184.

② Christopher Joon-Hai Lee, "The Native Undefined: Colonial Categories, Anglo-African Status and the Politics of Kinship in British Ceral Africa, 1929 – 1938," *The Journal of African History*, Vol. 46, No. 3 (2005), pp. 455 –478.

③ E. R. Turton, "The Isaq Somali Diaspora and Poll-Tax Agitation in Kenya, 1936 – 1941," *African Affairs*, Vol. 73, No. 292 (1974), p. 327.

肯尼亚索马里人的政治活动旨在推动形成统一的索马里国家。索马里民族主义也推动北方的索马里游牧部族与城市中的索马里人实现联合，共同参与政治活动。

1943 年 5 月，索马里青年团（Somali Youth Club）在摩加迪沙成立。截至 1947 年，索马里青年团已经在肯尼亚北部瓦吉尔、曼德拉和伊西奥洛等地建立了支部，而后很快扩展至加里萨、莫亚莱（Moyale）和马萨比特（Marsabit）。除北方边界区外，索马里青年团还在埃塞俄比亚的欧加登和英属索马里建立支部。虽然索马里青年团源自摩加迪沙，并且一直保持着与摩加迪沙的联系，但表明肯尼亚索马里人具有极大的政治潜力。索马里青年团的最大成功在于，它第一次实现了肯尼亚境内索马里人的联合。索马里血统和共同宗教信仰，成为这一组织得以发展壮大的重要因素。"二战"后，原意属索马里变为英国势力范围，非洲之角交通运输在铁路修建后变得更加便利，这些为形成统一的索马里民族主义组织创造了条件。

索马里青年团很快引起英国殖民当局的关注。尽管索马里青年团宣称以社会慈善作为自身目标，但它并未赢得殖民政府的信任。索马里青年团并未公开批评政府或者政府任命的首领，索马里青年团逐步削弱部落长老的权威，甚至组建自己的法庭，形成了一套独立的统治架构。按照加里萨地区专员的话讲，"以后所有与索马里人有关事务，例如部落争端、民事债务和结婚礼金纠纷，恐怕都要由索马里青年团领导人，而非部落首领来决断"。① 索马里青年团希望英国早日退出肯尼亚和索马里，并取而代之。1948 年，索马里青年团的活动遭到殖民当局镇压。

1960 年，英属索马里和意属索马里合并成立索马里共和国，早于肯尼亚实现独立。索马里国旗上有一颗五角星，五角星的其中一角代表的就是肯尼亚东北部地区。索马里政治家要求，英国殖民当局将肯尼亚的北方边界区划给索马里，或者允许北方边界区民众通过公决形式决定归属。在肯尼亚殖民政府开放党禁后，肯尼亚索马里人重新组建政党，其中最活跃的是北方省人民进步党（Northern Province People's Progressive Party），它试图脱离肯尼亚，并入索马里。北方省人民进步党呼吁索马里人地区从肯尼亚分离出去，并成功实现了肯尼亚索马里人的

---

① E. R. Turton, "Somali Resistance to Colonial Rule and the Development of Somali Political Activity in Kenya, 1893 – 1960," *The Journal of African History*, Vol. 13, No. 1 (1972), p. 137.

联合。与之前的索马里青年团不同的是，北方省人民进步党不仅在索马里商人和城镇居民中获得支持，而且也联合了部落长老与普通民众。在索马里共和国支持下，北方省人民进步党敦促英国在北方边界区举行全民公决。

3. 西非的黎巴嫩人

1914 年以后，黎巴嫩人大规模迁徙到西非地区。黎巴嫩人向外迁徙的主要路线是从贝鲁特到马赛，然后跨越大西洋前往南北美洲。最早的黎巴嫩人迁徙到西非的达喀尔是在 19 世纪 60 年代。[①] 从达喀尔，黎巴嫩人向南沿着海岸寻找经济机会。到 19 世纪 90 年代，他们在几内亚站稳脚跟，在 1900 年的橡胶繁荣中与法国商人形成激烈竞争。法国当局对黎巴嫩人征收重税，迫使黎巴嫩人进入塞拉利昂等邻近殖民地。到 20 世纪初，黎巴嫩人分布于科特迪瓦、黄金海岸和尼日利亚。

黎巴嫩人在西非的迁徙和定居模式，对于黎巴嫩人与非洲人的关系发展产生了重要影响。黎巴嫩的移民具有地方化特征，相关家族都是来自特定地区，而且都定居在西非殖民地的特定地区。这一移民模式意味着，即便是在黎巴嫩人定居西非的早期，一直存在着一种群体感，尤其是扩展型家庭成为迁徙单元。西非的黎巴嫩移民很快就将他们的妻子和孩子接来。这样一种模式尤其值得注意，因为单身男性居于主导地位，这与殖民官员或者非洲乡村至城镇的移民相似。

在离开不安全的家乡后，黎巴嫩人希望在西非寻找到安全家园。由于反对奥斯曼统治以及西方列强强加给他们的"土耳其人"身份，他们在寻找新的民族身份，他们在西非地区更希望是以归化的英国人身份在西非地区活动。

1910—1945 年，黎巴嫩人在西非商业活动中扮演了重要的中间人角色，他们在大的欧洲进口商和出口商，以及西非的消费者和农业生产者之间占据着重要的空间。这并非英国人的设计，因为西非的英国殖民政府并不支持黎巴嫩移民群体。随着黎巴嫩商贩从西非的殖民首都迁徙到内陆地区，沿着铁路线和公路，他们推动了非洲内陆地区融入欧洲货币经济。他们大批收购农业产品并运输给港口的欧洲出口商，并且将进口商品零售给非洲人。黎巴嫩人通过向非洲人销售商

[①] N. O. Leighton, "The Political Economy of a Stranger Population: The Lebanese of Sierra Leone," in William A. Shack, and Elliot P. Skinner, eds, *Strangers in African Societies*, Berkeley: University of California Press, 1979, p. 86.

品，从而促进了非洲人消费多元化。这一工作是欧洲人所不愿意承担的，因为太过辛苦且报酬低，同时也不愿意交给不信任的非洲人。因此，这些黎巴嫩人作为"经商移民"（Trading Diaspora），同时也是"辅助移民"（Auxiliary Diaspora），是英帝国主义和殖民资本主义的受益者，同时也是非洲人仇视的对象。①

由于生活节俭，以家庭作为贸易单元，以及个人牺牲和精明的商业习惯，黎巴嫩人成为重要的企业家阶层。家庭亲缘关系在这一发展过程中发挥了重要作用。黎巴嫩人通常不与非洲人通婚。作为经商和辅助移民，再加上相对隔绝的家庭商业，黎巴嫩人引起了西非人的仇视。1919 年，塞拉利昂的克里奥人（Creoles）谴责黎巴嫩人和叙利亚人造成米价过高。而深层次原因在于，克里奥人憎恨黎巴嫩中间商阶层在商业活动中的角色。到 1919 年，黎巴嫩人已经控制了可乐果（Kola）和大米的贸易，而这以前一直控制在克里奥人手中。1920 年 3 月，英属西非国民大会（National Congress of British West Africa）呼吁将西非殖民地的叙利亚人作为"不受欢迎之人、良治的威胁"应当被驱逐。英属西非国民大会是西非地区的第一个跨殖民地的政治组成，由受过教育的非洲人组成。到 20 世纪 30 年代大萧条时期，黎巴嫩人更是被当作殖民地经济萧条的罪魁祸首。20 世纪四五十年代，非洲人激烈反对黎巴嫩人，抨击黎巴嫩人与当地社会隔绝及其拥有的大量财富是殖民特权的象征。

"二战"后，英国和法国试图利用非洲殖民地资源实现帝国本土重建。英国决定放弃以酋长为基础的间接统治政策，转而与受过教育的非洲精英建立伙伴关系。为此，英国人愿意做出政治让步，这包括部分考虑非洲人的政治和经济目标。在这一背景下，尼日利亚、黄金海岸等英属殖民地收紧了针对黎巴嫩人移民的政策，在 1949 年 2 月黄金海岸政府文件中声称："阻止非土著人口进入黄金海岸，这是黄金海岸政府长期坚持的一项政策。这一政策的目的是确保土著人口最终实现进步，同时不会因为强大的非土著利益而变得复杂，不仅仅是在政治领域，同时也在商业和经济领域。"② 英国官员认定西非贸易数量是固定的，而不同群体的经济参与是一种零和博弈。20 世纪 40 年代以来，殖民政府政策将非土

① Emmanuel Akyeampong, "Race, Identity and Citizenship in Black Africa: The Case of the Lebanese in Ghana," *Africa*, Vol. 76, No. 3 (2006), p. 308.

② Emmanuel Akyeampong, "Race, Identity and Citizenship in Black Africa: The Case of the Lebanese in Ghana," *Africa*, Vol. 76, No. 3 (2006), p. 312.

著人口的投资限定在制造业而非贸易行业，因为贸易被认为是非洲人的活动范围。

　　到西非国家独立时，所有西非国家都拒绝双重公民身份。再加上商业领域的非洲化，这促使一些黎巴嫩人选择归化。1957 年，加纳国籍法案通过，这鼓励了很多的第二代和第三代黎巴嫩人获得加纳公民身份，并通过归化来保护自身地位。塞拉利昂要求黎巴嫩人持有塞拉利昂护照，并交出黎巴嫩和英国护照。尼日利亚独立宪法也要求黎巴嫩人实现归化，尤其是那些 1962 年出生在尼日利亚的黎巴嫩人。

第六章
大众传媒、娱乐休闲与教育

> 现在的年轻人……紧紧搂抱着跳舞，男人搂着女人的腰。众目睽睽下，肆意放纵寻欢！而这原本是私密的事情！唉！现在的年轻人！世道真是变了！
>
> ——姆万扎的一位年长者的抱怨，20世纪50年代。*

　　大众传媒、娱乐休闲与教育是理解殖民时代非洲社会和政治变迁的重要视角，特别是娱乐休闲史的研究表明，"在某些情况下所谓的文化霸权的胜利，很可能成为抵抗工具"。① 殖民资本主义和传教活动改变了农村和城镇环境中的非洲人生活。铁路和公路等殖民地基础设施推动了农村到城镇的劳动力迁徙，同时也增强了农村和城镇地区的社会交往。殖民时代以前已经存在的旧城镇居民试图维持在这些城镇中的独立地位，并且抵制殖民者试图重新界定空间；旧城和新城镇中的农村移民在复制乡村网络基础上确立新的社会网络和生活方式，以减轻工资劳动和城镇生活所造成的疏离感。与此同时，居住在新兴城镇中的年轻人时常面临着拥有全新的经济机会，他们时常是新休闲活动的推动者，希望以此来保持相对于年长者和殖民官员的独立性。② 本章主要关注殖民时代大众媒体、舞蹈、音乐和体育运动以及教育等方面的变化，透过这些变化，可以更好地理解殖民时代非洲社会剧烈变革。

---

* Maria Suriano, "Making the Modern: Contestations over Muziki wa Dansi in Tanganyika, ca. 1945 – 1961," *African Studies*, Vol. 70, No. 3 (2011), p. 397.

① Phyllis Martin, *Leisure and Society in Colonial Brazzaville*, Cambridge: Cambridge University Press, 1995, p. 7.

② Andrew Burton, "Urchins, Loafers and the Cult of the Cowboy: Urbanization and Delinquency in Dar es Salaam, 1919 – 1961," *The Journal of African History*, Vol. 42, No. 2 (2001), pp. 199 – 216.

第一节　大众传媒

1. 电影

"一战"后，电影开始在南非、赞比亚和津巴布韦等南部非洲地区流行，成为矿区和城镇企业主招徕非洲劳工的重要手段。到 20 世纪 30 年代末，越来越多的非洲人有机会观看电影。美国西部电影（当地人称其为"牛仔"电影）成为最受欢迎的电影题材，放映范围极为广泛。到"二战"结束时，对于非洲电影观众来说，"牛仔"电影成为电影的同义语。美国西部电影对于英属中非地区的社会文化产生了深远影响，这些地区形成了独特的"热带牛仔"文化现象，生动地揭示出好莱坞电影形象甚至渗透到英帝国边缘地区。20 世纪上半叶，非洲大陆大部分地区经历了殖民统治由确立到瓦解的转变过程，同一时期也是电影日渐流行时期。电影的流行与殖民地社会经济变迁之间存在着密不可分的关系，这在城镇化水平较高和经济变化较为剧烈的南部非洲表现得尤为明显。

电影的流行与非洲社会经济变迁密切相关，尤其是非洲城镇化进程。南非金山金矿开采推动约翰内斯堡在 19 世纪末迅速实现工业化。伴随着白人人口增加，约翰内斯堡成为将电影引入非洲的中心。在北罗得西亚，殖民宗主国和矿业企业竭力攫取矿业资源。为了实现利润最大化，它们需要大量的非熟练劳动力。随着铜矿开采的发展，北罗得西亚铜带地区迅速发展起来，大量农村人口涌入矿业城镇务工。正是这一大规模人口流动，导致非洲观众数量急遽增多。传教士在南非金山的矿业公司矿工宿舍区放映电影；南非矿业公司也制作职工招募电影，以获得矿业发展所需新劳工；在北罗得西亚，很多非洲人迁徙到铜带地区务工，引发农村衰败，在这一背景下，英国殖民官员和传教士制作了 30 余部面向非洲人的教育宣传电影，以促进农村地区发展。这些表明白人统治者试图改造非洲社会。殖民者强调影像具有说服或者激励的作用，他们对于影像的运用反映出截然不同的目标。一些殖民官员和传教士抱怨非洲人将电影作为休闲娱乐方式，因而关注于进行电影审查，另一些殖民官员和传教则充分认识到电影的宣传作用，竭力将电影作为维持殖民统治的手段。

两次世界大战之间，金矿开采招募者制作和放映的电影主要针对非洲男性，而非洲妇女同样也是电影消费者。非洲妇女虽然不能在金山矿区观看电影，但是可以在市镇观看电影。在南罗得西亚的布拉瓦约，非洲妇女观看电影甚至在1929年引发了绍纳人和恩德贝莱人之间的族群冲突。同一时期在北罗得西亚的铜带地区，非洲妇女最初被禁止观看电影，一些男性同情者的抗议活动推动殖民官员改变殖民地电影政策。[①] 族群差异，尤其是在南非，构成了非洲观众的另一"断层线"，迫使南非矿业协会针对东开普的不同族群制作招募电影，以推动移民流动。这些族群在之前招募电影中很少体现出来，时常对于这些招募电影持嘲讽态度。制作不同族群所能接受的新宣传电影，这反映出殖民官员被迫接受非洲人的观念。[②]

英属中非地区在南非电影发行网络之中处于边缘地带，在世界电影发行网络中更是处于边缘。随着20世纪20年代末铜矿开采行业快速发展，殖民官员和矿山管理层试图为非洲劳动力提供"合适的"休闲活动。1928年，北罗得西亚的铜带地区首次公开放映电影，电影在此之后开始在铜带地区广泛传播。到20世纪30年代中期，成千上万非洲人居住在非洲城镇和矿区宿舍，而电影放映也成为城镇生活中的常见事物。整个20世纪30年代，英国和美国无声电影居于主导地位，到1935年以后矿业公司开始引进有声电影。"二战"爆发后，为争取殖民地民众支持，帝国政府在各殖民地广泛推动电影放映业发展。1942年，北罗得西亚信息部开始在乡村开展流动电影放映服务。1944年，整个北罗得西亚殖民地非洲人口达到130万，将近17000名非洲人在市镇和矿业公司电影院观看电影；此外，殖民政府的流动电影车每年为80000人次非洲观众放映电影。到1947年，北罗得西亚殖民地存有电影650部，6支流动电影放映队和15个露天电影院面向非洲人放映电影。到20世纪50年代，英属中非地区的大部分人口已经观看过至少一次电影，城镇出现了稳定的电影观众群体。

很多殖民地官员认识到好莱坞电影的受欢迎程度。在英属中非的电影放映初期，美国好莱坞电影成为城镇和矿山电影院放映的主要电影类型。直至非洲国家独立前夕，好莱坞电影一直是以西部片为主。西部片对于非西方观众有很大吸引

---

① Ian Phimister, and Charles van Onselen, "The Political Economy of Tribal Animosity: A Case Study of the 1929 Bulawayo Location Faction Fight," *Journal of Southern African Studies*, Vol. 6, No. 1 (1979), pp. 1 – 43.

② Glen Reynolds, *Colonial Cinema in Africa*, *Origins*, *Images and Audiences*, Jefferson: McFarland & Company Inc., 2015, p. 15.

力，因为它们是以打斗场景而非对话为主，即便是不讲英语的观众也比较容易理解。西部片故事剧情呈现出简单的善恶"二分法"，并且遵循既定的叙述轨迹，因此剧情简单的西部片是较容易理解的，尽管剪辑痕迹很重，且缺少对白。由于西部片的租金相对便宜，因此也得到白人企业雇主欢迎。

到20世纪30年代末，电影放映，也就是当地人所说的"电影院"（Bioscope）已经是铜矿城镇和公司矿工宿舍的常见现象。每周都有成千上万的男女老少到露天影院观看电影。很多年轻男性城镇居民是电影迷，他们将电影视作最喜欢的娱乐形式之一。非洲观众将美国牛仔崇拜融入非洲城镇文化之中，他们效仿牛仔的穿着打扮，吸收牛仔电影的音乐风格，甚至借鉴西部片里的舞蹈艺术。在铜带矿工宿舍区，大街小巷到处都能看到成群结队的非洲男孩"戴着牛仔帽，手持木制手枪"，玩着牛仔和印第安人的游戏。其他一些人的装扮"更加恐怖……他们蒙着黑面罩，腰上别着木制匕首"。他们在打斗过程中大声呼喊"杰克（Jeke），杰克"。① "杰克"是英属中非电影观众对于牛仔电影主角的统称。这些电影大多是由美国电影演员杰克·霍尔特（Jack Holt）、杰克·霍克西（Jack Hoxie）等人主演。到"二战"结束时，"杰克"已经成为英属中非城镇地区大众文化的重要偶像。

20世纪40年代，北罗得西亚的电影观众数量显著增多。成千上万的非洲人支付少量金钱就能每周观看电影，尤其是在设施良好、管理完备的铜带地区，新一代的"电影迷"正在形成。直至20世纪50年代，无论是城镇还是乡村地区，非洲人几乎完全是在室外观看电影。20世纪50年代中期，仅仅一个铜矿，每周观看电影的非洲观众都能达到两千名。对他们来说，观看电影不仅是一项娱乐，同时也是社交活动。电影观众以年轻人和儿童居多，尽管也有一些年长者。大多数城镇居民至少偶尔观看电影，少数人每周观看电影。男性显然是观众中的大多数，不过也有很多热情的女性观众。电影的兴起，反映的是英属中非地区城镇化变迁和城镇文化的形成。

当电影逐渐成为英属中非的流行娱乐形式时，美国和西欧的社会批评家开始关注电影对"容易受到影响的"观众所产生的严重影响，这主要包括年轻人、移民和城镇贫穷人口，很多学者批评电影催生年轻人的犯罪行为。20世纪30年

---

① Glen Reynolds, *Colonial Cinema in Africa*, pp. 115 – 130.

代，电影的流行，使得英属中非殖民地的许多白人移民和知名的非洲人表达了类似关切，他们强调好莱坞电影对于容易受到影响的非洲年轻人所造成的危险。1937 年，国际宣教协会批评西部电影向非洲人展现负面的西方生活形象："西部电影歪曲白人种族的生活方式，而这为数百万的非洲人所接受，难道我们应当对此坐视不管？白人并不都做投机钻营、赌博、犯罪或者偷情的事情，他们并不全都是生活在豪宅、夜总会、大烟馆或者警察局。"①

20 世纪四五十年代，包括英属中非在内的非洲殖民地发生剧烈的经济和社会变革，英国殖民政府担心这对于脆弱的非洲社会结构造成冲击。而且，随着"二战"后的经济繁荣以及欧洲移民大量涌入，英属中非城镇化进程加速发展。非洲城镇居民中间犯罪和暴力猖獗，很多白人移民将这归咎于非洲人无法应对纷繁复杂的现代城镇生活。在这一环境下，电影开始被认为是一个混乱和潜在危险的媒介，会在易受影响的观众中间引发一系列反社会行为。白人尤其批评美国好莱坞电影在非洲民众中间传播危险讯息。

事实上，从 20 世纪 30 年代初开始，北罗得西亚殖民政府官员坚持实行以种族界定的电影审查。20 世纪 30 年代，随着电影放映数量迅速增多，殖民政府建立专门理事会审查面向非洲观众的电影。殖民地电影审查清单不断变化，但是基本衡量标准是不得损害白人殖民者在非洲人心目中的威望和正面形象。例如，电影中必须剪掉的场景包括妇女穿着泳衣或者其他较为暴露的服饰，"水性杨花的女人，粗暴对待女人，过长时间的拥抱，妇女之间打架，非洲人比较容易理解的犯罪行为，以及喝醉酒的场景等等"。② 而且，也不能放映美国印第安人抓住并捆绑白人开拓者的场景。电影审查也针对战争场面，以及激烈战斗、纵火行凶、蒙面贼匪以及骚乱或者示威的场景。到 20 世纪 50 年代中期，审查委员会每年审查大约 200 部电影，删除了大约一半的电影场景。另有一些电影直接被禁止面向非洲人放映。

在南罗得西亚，由于担忧"牛仔"电影所造成的影响，传教士团体从 1948 年开始鼓吹殖民地实行电影审查政策。作为对于传教团体压力的回应，南罗得西

① David Kerr, "The Best of Both Worlds? Colonial Film Policy and Practice in Northern Rhodesia and Nyasaland," *Critical Arts: South-North Cultural and Media Studies*, Vol. 7, No. 1 - 2 (1993), p. 12.

② Charles Ambler, "Popular Films and Colonial Audiences, The Movies in Northern Rhodesia," *The American Historical Review*, Vol. 106, No. 1 (2001), p. 92.

亚立法会于 1948 年授权布拉瓦约的传教士组织审查"面向非洲土著播放的电影"。电影审查理事会很快开展工作。经过四年时间，该组织报告称，非洲人已经看不到那些不适宜的电影。正如索尔兹伯里的非洲人报纸《非洲周报》（*African Weekly*）所报道的，在电影审查理事会监管下，非洲人不再受到一系列有害形象的影响，这其中包括"男人粗暴对待妇女；来自一个种族的人抓住另一种族的人；蓄意谋杀，例如枪杀或者绞死；过分强调暴力……所有容易被非洲人理解的犯罪场景；所有用刀进行攻击或者威胁的场面"。[①] 尽管这里并未明确提及好莱坞电影，但这里主要关注的就是好莱坞电影所造成的影响。

按照殖民者逻辑，描写暴力和性爱的电影画面会导致非洲男性的冲动好斗和暴力行为。任何对白人女性身体或者女性性欲的展示，都将削弱非洲人对于白人的尊重。白人警告说，向非洲人放映美国好莱坞电影，将会鼓励犯罪、不道德和暴力。

然而，包括南罗得西亚内政部长在内的很多殖民地政府官员并不认同这一点，并不相信这是禁止这类电影的充足理由。很多殖民官员意识到电影院老板和矿山经理层都依靠这些受欢迎的牛仔电影来吸引非洲观众，而禁止这类电影将会导致非洲观众的抵制。很多的白人企业雇主和殖民政府官员认为，只有"动作"电影才能引起非洲观众的兴趣，这对于城镇工人来说是"健康的娱乐"。他们强调，正是电影中的暴力才吸引了非洲观众，这是他们的娱乐休闲方式，而那些没有打斗剧情的电影会让非洲人感到沉闷无聊。

20 世纪 30 年代，殖民政府在电影问题上处境尴尬。为了有效统治英属中非殖民地，殖民政府认为有必要向非洲人传授存款、农业信贷、西式耕作、健康卫生等科学知识，同时也需要推动非洲消费者对于烟草、茶叶、大米和家用五金器具等帝国本土产品的需求，更为重要的是，殖民官员需要灌输非洲人对于英帝国的忠诚感。与此同时，英国殖民部也担心现代化包含着潜在的危险，即可能创造出一支非洲工人阶级队伍，他们充分了解西方"文明"，从而质疑帝国主义在英属中非的剥削。有鉴于此，殖民政府认为电影是一种颇具吸引力的现代交流媒

---

① James Burns, "John Wayne on the Zambezi: Cinema, Empire and the American Western in British Central Africa," *The International Journal of African Historical Studies*, Vol. 35, No. 1 (2002), p. 105.

介，同时又能为殖民政府严格控制。除了对殖民地所播放的电影进行审查之外，殖民政府还试图利用电影的教育功能。

1935—1937 年间，在卡内基基金会资助下，英国殖民政府开始推行班图教育电影试验（Bantu Educational Cinema Experiment），集中关注教育性的"娱乐"电影。这些电影通常选取非洲作为故事背景，由非洲人充当电影主角。这些电影先后在英属中非和东非殖民地放映。这些教育电影包含着一种有关非洲人的独特的视觉认知理论，殖民政府官方杂志《殖民电影》（Colonial Cinema）曾多次刊登反映这一主题的电影介绍。1943 年，该杂志发表的一篇文章强调，为了赢得并维持非洲观众的注意力，电影导演需要采用与非洲人心理状态相适应的拍摄手法。这意味着荧幕形象必须是个性鲜明的，电影制作过程中应当避免表达时间流逝或者转换的场景，因为非洲人的心智无法理解复杂的电影拍摄技巧。班图电影试验强调使用非洲人熟悉的电影场景，避免异国情调的电影拍摄场景，殖民电影小组坚持这一观点："故事中的笑点和娱乐对于观众来说没那么有趣，他们会认为雪就是沙子，怎么可能粘在一起。"① 事实上，班图教育电影试验只是"昙花一现"，它并未取得太大成功。

1948 年，英国殖民政府成立中非电影小组（CAFU），主要面向英属中非殖民地的非洲观众制作娱乐电影和教育电影。中非电影小组尝试进行商业化运作，收取电影播放费，因此要与西部片争夺电影观众。在制作电影之前，它先对整个地区目标观众的观影爱好进行调查。中非电影小组得出结论称，非洲人理解商业电影能力极为有限，非洲人很难理解剧情并辨认主角，并且通常很难理解"复杂的"电影技巧。因此，中非电影小组倾向于运用简单化的拍摄技巧，电影主角很少，并且尽量减少打斗场面。② 然而，中非电影小组管理层最终认识到他们的目标观众更喜欢的并非他们的电影，而仍然是美国好莱坞电影。

试图与好莱坞电影争夺影响的不只是殖民政府，还包括一些受过教育的非洲人，他们游说政府禁止放映西部片。他们担心受到影响的非洲人在看过这些电影

---

① Charles Ambler, "Popular Films and Colonial Audiences, The Movies in Northern Rhodesia," *The American Historical Review*, Vol. 106, No. 1 (2001), pp. 91 – 92.

② James Burns, *Flickering Shadows, Cinema and Identity in Colonial Zimbabwe*, Athens：Ohio University Press, 2002, pp. 150 – 187.

之后很容易犯罪，而这对非洲人整体是有害的。他们同时也轻蔑地认为西部片是低级的娱乐形式，只适合儿童和未受过教育的人，不适合层次较高的观众。因此，他们之所以主张更为严厉的新闻审查，部分也是因为希望获得殖民者的格调高雅的文化娱乐方式。

担心殖民地电影引发暴力的并不只是白人移民。1953 年的南罗得西亚土著事务部报告提到，"我们仍然能够听到大量有关电影质量低下的抱怨……大多数抱怨者是负责任的非洲人，他们认为商业公司发行的'西部片'和'牛仔'电影对于非洲年轻人造成有害影响"。报告中所提及的"负责任的非洲人"在 20世纪 50 年代初积极呼吁抵制好莱坞电影，担心这些电影会削弱非洲年轻人的价值观。例如，《非洲周报》曾刊登了一篇名为《电影的影响受到批评》的社评，其中提到，"很多年轻人在看过匪帮电影之后，很容易将他们在荧幕上看到的内容付诸行动"。这篇文章最后要求实行更为严格的监管："禁止向非洲观众播放牛仔电影，因为这符合非洲人和欧洲人的整体利益。"① 整个 20 世纪 50 年代，牛仔电影一直是非洲人报纸社论和读者来信的热门话题。

这些非洲精英阶层试图提高非洲观众的电影欣赏力，他们希望用具有启发性的电影来取代牛仔电影，并且得到殖民政府支持。20 世纪 50 年代末，在南罗得西亚布拉瓦约，原本有一家电影院，主要放映牛仔电影。一些受过教育的非洲人创立了一家新剧院，电影票价相对较高，主要放映喜剧片和戏剧。然而，愿意观看更"复杂"电影的非洲观众数量很少，很多人仍然希望观看牛仔电影。在北罗得西亚，类似努力也失败了，"很多非洲人要求播放更高质量电影的诉求并未达到预期效果。放映'西部片'时，电影院会挤满人；但是，放映所谓的更好类型电影时，观众寥寥无几"，"非洲人普遍认为新电影院抢走了他们辛苦挣来的工资，它所放映的电影实在太差劲"。②

20 世纪中叶，欧洲列强开始利用电影来巩固在非洲的殖民统治。"二战"

---

① James Burns, "John Wayne on the Zambezi: Cinema, Empire and the American Western in British Central Africa," *The International Journal of African Historical Studies*, Vol. 35, No. 1 (2002), pp. 110 – 111.

② James Burns, "John Wayne on the Zambezi: Cinema, Empire and the American Western in British Central Africa," *The International Journal of African Historical Studies*, Vol. 35, No. 1 (2002), p. 114.

后，比利时意识到自身在制作针对殖民地民众的宣传电影方面落后于英国，因此在比属刚果殖民地设立了 15 支电影放映队，专门放映教育和宣传电影。[1] 法国海外部也面向法属赤道非洲的流动电影车提供电影。[2] 到 20 世纪 50 年代，在英国、法国、比利时和葡萄牙殖民地，殖民地电影小组开始面向非洲当地民众制作或者播放电影，意图改变非洲人的行为方式，并为战后发展计划奠定民意基础。[3]

综上所述，美国好莱坞电影在传入英属非洲殖民地之后，深受非洲观众欢迎，并对非洲当地的社会文化产生重要影响。为了维护种族隔离和殖民统治，并确立对于非洲人的文化霸权，英国殖民政府对于面向非洲人播放的电影进行严格审查，并企图用教育电影取代西部电影。然而，在电影传播过程中，非洲人并非被动的接受者。西部电影之所以在英属中非殖民地大为流行，在很大程度上是因为这一电影类型符合非洲民众的情感和心理需求。而且，非洲精英阶层也对殖民政府以种族为基础的电影政策提出质疑，这也是他们挑战种族隔离政策的重要内容。尽管殖民当局试图运用电影作为社会管理和控制的工具，但是非洲观众将电影严格视作娱乐手段。美国西部电影在英属非洲殖民地的传播过程，折射出英国殖民文化霸权的有限性。

2. 广播

电影更多是教育和娱乐的媒介，但是对于政府或者贸易很少有其他作用。相比之下，收音机则是一种革命性的通讯方式，这其中最为关键的是 1924 年短波广播的出现。相比于长波广播而言，短波广播更为廉价，传播速度更快，对于传输距离较长且财政有限的非洲殖民地更为适合。短波被用于政府和商业交易，也在不同程度上用于公共广播。两次世界大战之间，广播的主要听众是欧洲人，因为他们能够购买收音机。广播很容易穿越地理和政治边境，并且不需要读书识字，因此在 20 世纪五六十年代在非洲大陆广泛传播。如同西方世界一样，非洲广播与纸质印刷文化紧密相关，在很大程度上重复印刷媒体的内容。由于广播需要相当大的资本投入，只是到殖民统治后期和后殖民时代早期

---

① Glen Reynolds, *Colonial Cinema in Africa*, p. 11.

② Phyllis Martin, *Leisure and Society in Colonial Brazzaville*, p. 88.

③ James Burns, *Flickering Shadows*, p. xviii.

才开始建立广播电台。

在殖民时代，广播电台的基础设施建设是制约广播普及的重要因素。在殖民时代，富裕的欧洲或者亚洲移民能够在家中收听广播；然而，大多数非洲人是在嘈杂的房屋或者餐馆中收听广播，或者更为常见是在室外大喇叭下收听。由于人口较为密集，弗里敦、阿克拉和拉各斯等西非沿海城镇建立广播传播体系，主要包括面向固定扬声器的有线转播。直至 20 世纪 50 年代，这逐渐被无线传播体系所取代。最早建立非洲听众群的殖民地是北罗得西亚。哈里·富兰克林（Harry Franklin）于 1949 年组织发明和推广使用电池的收音机，价格为每台 5 英镑。尽管普通的非洲人家庭当时无力购买，但对于稍微富裕一些的非洲人家庭来说是可以承受的。尽管低能量传输收音机为大规模销售提供了突破，但是电池成本一直是制约收音机推广的重要瓶颈。撒哈拉以南非洲（南非除外）的收音机数量从 1955 年的 46 万台增至 1965 年的 480 万台。仅坦桑尼亚大陆，收音机数量从 1951 年的 1000 台增至 1960 年的 70000 台。尽管部分收音机是免费分发给政府所青睐的酋长和其他臣属，但是大部分则是广告宣传计划的一部分。广播服务的扩展是英法两国战后推动非洲发展的一部分。20 世纪 30 年代，广播事业发展是英国殖民官员所青睐的发展项目，他们依靠英国广播公司（BBC）来建立技术和节目制作体系。

广播在非洲史上最值得关注的角色是作为解放运动的宣传工具。"二战"期间，整个非洲的电台广播充斥着轴心国对于英国和法国殖民统治合法性的挑战。戴高乐的自由法国运动主要就是通过布拉柴维尔的大功率电台进行传播。最具影响的反帝国主义广播来自纳赛尔的埃及，它主要针对法国人在阿尔及利亚的统治，并且通过斯瓦西里语、索马里语和豪萨语进行广播，对于英、法殖民统治构成严峻挑战。这些广播不仅宣扬反帝国主义言论。阿克拉、布拉柴维尔和达累斯萨拉姆也成为非国大的自由广播（Radio Freedom）针对南部非洲的白人少数统治发动信息战的阵地。[①]

---

① James R. Brennan, "Communications and Media in African History," in John Parker, and Richard Reid, eds., *The Oxford Handbook of Modern African History*, New York: Oxford University Press, 2013, pp. 492 – 509.

第二节　舞蹈、音乐与体育运动

1. 概况

在殖民时代非洲城镇中，全新的大众音乐流派开始出现，例如，黄金海岸的海莱福（Highlife），尼日利亚西部的朱诸（Juju），刚果的伦巴（Rumba），达累斯萨拉姆的丹丝（Dansi），南非的马拉比（Marabi）和奎拉（Kwela）。到 20 世纪中叶，收音机和电视机推动了流行音乐和舞蹈的更广泛传播。整个 20 世纪，舞蹈乐队乐手撰写歌曲讨论城镇现实问题，他们撰写歌曲讨论家庭事务、爱情、金钱和经济困难，宗教和精神信仰以及冲突解决等问题，同时也编写歌曲讨论应当如何应对这些问题。海莱福歌曲歌词抨击年长者、殖民政府以及后殖民时代独立国家的权威。[①] 20 世纪上半叶，英国殖民政府十分在意大众音乐的"诽谤"特征，而独立后的加纳政府同样对于海莱福音乐态度谨慎，时常予以严格审查。与此同时，也有一些歌手公开颂扬政府当局。

英国殖民者对于非洲音乐的态度十分复杂。他们一方面强调西式音乐和媒体技术能够帮助殖民政府实现对于非洲民众的开化、现代化和革新。整个英属非洲殖民地，殖民官方试验了各种通讯媒体，包括电影和音乐等，试图通过这些手段来"教化"非洲臣民并推动非洲社会变革。殖民统治对于拉丁美洲的影响比对非洲的影响更为深远，也更为直接。尽管如此，包括英国在内的殖民者仍然塑造着非洲音乐术语。20 世纪上半叶，殖民主义的社会、经济和文化结构嫁接在前殖民时代的非洲社会之上。音乐术语是被殖民者理解这一过程的重要途径之一。基督教传教团在这一过程中扮演了关键角色，他们时常对非洲土著音乐文化持否定态度。这导致仪式习俗方面的音乐的消失，尤其是传教士所鄙视的某些乐器，例如鼓。不过，传教团也引入了一些全新的乐器，例如簧风琴和钢琴等键盘乐器。某些教派，例如救赎军甚至推动建立铜管乐队。在某些地区，尤其是东非和南部非洲，新出现的四部合唱表演（Four-part Choral Performance，当地人称其为 Kwaya，"Choir"）成为教会、学校和足球俱乐部等社会组织的主要

[①]　Nate Plageman, *Highlife Saturday Night: Popular Music and Social Change in Urban Ghana*, Bloomington: Indiana University Press, 2012, p. 19.

组成部分。① 尽管这些传教团音乐形式意在向非洲人灌输西方文明观念，演出者和观众时常将它们重新解释为实现与白人平等地位的需要。

殖民地国家的军乐队同样是殖民城镇音乐的重要部分，尤其是在有着大量欧洲移民的殖民地，例如南非、肯尼亚或者南罗得西亚。军乐队不仅提供了关键的西式音乐技能，而且成为殖民统治权力的象征。

城镇在非洲音乐发展历史上扮演了重要角色，例如西非沿海城镇弗里敦、阿克拉和拉各斯，基督教唱诗班歌曲、军乐、钢琴"会客厅"（Parlour）音乐，吉他、手风琴，它们和当地音乐传统混合在一起，到 20 世纪 20 年代出现革新的音乐形式，例如黄金海岸的"海莱福"，直至独立之后仍然十分流行。这些音乐形式时常超越了族群和阶级界限，并提供了反殖民政治的表达媒介。另一重要的音乐中心是南部非洲的矿业地区，例如，在 20 世纪四五十年代的北罗得西亚铜带，在由农村向城镇移民迁徙过程中，卡列拉（Kalela）舞蹈出现。这些表演者运用传统音乐技艺，但是卡列拉舞蹈是非洲人适应城镇生活的重要载体，人类学家马科斯·格鲁克曼（Max Gluckman）因而得出结论称非洲人能够适应城镇文明。② 在南非务工的莱索托移民中间也出现了一种名为"里夫拉"（Lifela）的诗歌流派，以表述他们所经历的混乱、疏离和贫穷经历。③ 殖民时代所引发的社会变迁同样也体现在体育运动领域。

2. 坦噶尼喀的"丹丝"音乐

"丹丝"音乐（斯瓦西里语为"Muziki Wa Dansi"），是坦噶尼喀城镇中的舞厅音乐，它主要流行于达累斯萨拉姆和坦噶（Tanga）等沿海城镇，同时也包括穆万扎（Mwanza）这样的内陆城镇。它脱胎于之前的贝尼 - 恩格马（Beni Ngoma），混合了欧洲和非洲 - 古巴音乐和舞蹈流派。丹丝音乐很快就取代了传统的恩格马音乐和塔拉布（Taarab，说唱的斯瓦西里语诗歌）流行音乐，成为"二战"后坦噶尼喀城镇之中最流行的音乐流派。丹丝音乐的流行与物质进步和

---

①　Gregory Barz, *Performing Religion: Negotiating Past and Present in Kwaya Music of Tanzania*, Amsterdam: Rodopi, 2003.

②　Max Gluckman, "Anthropological Problems Arising from the African Industrial Revolution," in A. Southall, ed., *Social Change in Modern Africa*, Oxford: Oxford University Press, 1961, p.69.

③　David Coplan, *In the Time of Cannibals: The Word Music of South Africa's Basotho Migrants*, Chicago: University of Chicago Press, 1994.

技术发展密切相关，例如交通和媒体条件的发展。"二战"后，留声机开始在非洲变得更加普及，因为广播事业发展，再加上水手和士兵在"二战"后返回非洲，拉丁美洲音乐在非洲殖民地变得日益流行。① 丹丝音乐的流行更与战后坦噶尼喀社会的巨大变迁密切相关。"二战"后，坦噶尼喀与其他非洲殖民地一样见证了阶级分化，城镇化飞速发展，部分是由于农村—城镇迁徙；英国殖民政府更多的干预和投资，以促进殖民地文化活动，并且建立城镇休闲场所；城镇年轻男女越来越引人注目，他们的相对自主地位挑战了非洲年长者和精英的权力。②

对于非洲乐手和观众来说（主要是城镇年轻人），丹丝音乐成为确认城镇、世界主义和现代认同的重要手段。丹丝音乐的流行折射出坦噶尼喀社会紧张关系：年轻人将丹丝音乐作为利用"现代性的方式"。虽然"年轻的"跳舞人和乐手接受这一全新的休闲方式，而社会地位较为稳定的年长者则认为这一音乐以及相伴的舞蹈是对于自身权威以及稳定社会规则和宗教观念的挑战。男性的丹丝乐手被认为是"酒鬼"和"娘娘腔"，遭到他们父母的激烈批评，这些人认为儿子从事丹丝音乐是"虚度光阴"，特别是丹丝音乐伴随的双人舞更让年长者难以接受："现在的年轻人……紧紧搂抱着跳舞，男人搂着女人的腰。众目睽睽下，肆意放纵寻欢！而这原本是私密的事情！唉！现在的年轻人！世道真是变了！"③

有关丹丝音乐的争论与"体面"（斯瓦西里语为"Heshima"）和"文明开化"（斯瓦西里语为"Ustaarabu"，字面意思是"成为阿拉伯人"）密切相关。甚至在欧洲人到来之前，这一概念已经存在于沿海和斯瓦西里语之中。到20世纪40年代，"Ustaarabu"的含义等同于"种族自我改善"，这是指"节俭"，而不是"自我沉迷"或者"世俗欲望"。丹丝音乐的反对者认为，这些音乐打破了公众普遍接受的观念，对于原本的道德和宗教规范提出挑战，也促进了城镇年轻人的独立，并且代表着他们希望独立选择伴侣。丹丝音乐不同于以往的恩格玛音乐，恩格玛是群体舞蹈，受到年长者广泛接受。对于丹丝音乐，英国殖民官员认为这是"游手好闲者"（Wahuni）的活动，这反映出殖民政府和传教士认为有必要推动"有目的的"、"有纪律的"和"健康的"休闲方式。20世纪50年代，

① John Iliffe, *A Modern History of Tanganyika*, p. 392.
② Andrew Burton, *African Underclass*, p. 59.
③ Maria Suriano, "Making the Modern: Contestations over Muziki wa Dansi in Tanganyika, ca. 1945 – 1961," *African Studies*, Vol. 70, No. 3 (2011), p. 397.

大众音乐使得坦噶尼喀人"用音乐来表达自身的政治诉求,并且运用音乐活动作为教育和社会组织手段"。[1]

3. 桑给巴尔的塔拉布音乐

在 20 世纪初的桑给巴尔,妇女参与斯瓦西里音乐塔拉布(Taarab)。非洲妇女在塔拉布音乐中所获得的快乐远不是韵律、节奏、音调或者表演机会。当时的桑给巴尔社会中,城镇社会中的穷人和工人阶级彼此之间,以及与城镇名门望族和殖民宗主之间,围绕着 20 世纪岛屿社会的社会、经济和政治原则发生激烈辩论。在这场辩论中,包括塔拉布在内的大众文化是极为重要的载体。尽管居住在桑给巴尔城镇的大多数人被排除在殖民地国家的正式政治制度之外,但是他们积极参与公民社会层面的讨论。非洲歌手运用他们所能控制的媒体方式来表达自身观点。他们表达了对于经济、社会和性别不平等的不满,并且反对英国通过行政政策和殖民地法律将这些不平等机制化。他们还通过大众娱乐所提供的新空间来表达所希望建立的全新社会。西蒂·宾蒂·萨阿德(Siti binti Saad)的个人经历和音乐风格反映出,之前社会中的奴隶试图消弭奴隶和自由人、阿拉伯人与非洲人之间的意识形态和实际上的分歧,并创造一种具有凝聚性的桑给巴尔人的文化认同。西蒂的成功在很大程度上也是因为她的音乐承认了不同文化对于桑岛社会的贡献。[2] 1928 年,西蒂带着她的塔拉布乐队来到孟买,成为第一支录制唱片的东非乐队。

塔拉布音乐的兴起,与桑给巴尔的城镇化和社会结构变革密切相关。在 20 世纪前三十年时间里,桑给巴尔城镇人口(斯瓦西里语称为"Ng'ambo")翻了一番,成千上万奴隶离开奴隶主的种植园,进入城镇来寻找新的经济机会和新生活。到 1931 年,大约 54000 人居住在城镇里,占到昂古加总人口的 1/3,其中一半居住在恩加莫。这些迁徙到城镇之中的非洲男女,包括城镇奴隶、船手、渔民、商贩和劳工,他们创造了一种富有活力的、充满变革的城镇文化。[3]

到 20 世纪 60 年代早期,桑给巴尔一共有将近 20 个塔拉布乐队,参与这些乐队,以及借此扩展社会交往,这是 1964 年桑给巴尔革命之前桑给巴尔妇女参

---

① Kelly Askew, *Performing the Nation: Swahili Music and Cultural Politics in Tanzania*, Chicago: University of Chicago Press, 2002, p. 95.

② Laura Fair, *Pastimes and Politics*, pp. 169 – 225.

③ Robert R. Kuczynski, *Demographic Survey of the British Colonial Empire*, London: Oxford University Press, 1949, Vol. 2, pp. 651 – 652.

与塔拉布乐队的主要吸引力。1964 年革命后，所有这些都发生改变，政府实现
了对于塔拉布俱乐部的直接控制。对于非洲妇女而言，它不再只是"娱乐"，很
多非洲妇女选择退出。[1]

4. 加纳的海莱福音乐

在 1890—1970 年的黄金海岸，海莱福音乐是城镇生活的基本组成部分，这
一时期见证了这一音乐的出现和逐渐衰退。在黄金海岸，"周六之夜"（Saturday
Nights）是城镇文化生活的重要组成部分，乐手带来乐器，而富有热情的观众也
离家前来放松、交流和跳舞。对于一代又一代的城镇加纳人来说，"周六之夜"
是一个令人激动的场合，是一周之中最值得期待的时刻。在这些夜晚，演奏的海
莱福音乐颇受民众欢迎。这一音乐形式的兴起与城镇化进程密切相关。大量的年
轻男女离开农村家庭，涌入城镇寻找新的经济、教育和个人前途。迁徙人口通常
涌入阿克拉、库马西或者塞康第 - 塔克拉迪（Sekondi-Takoradi），此外也包括塔
克瓦（Tarkwa）、奥布阿西、科夫里杜亚（Koforidua）和海岸角等城镇。而阿克
拉作为殖民时代黄金海岸和独立加纳的首都和经济中心，见证了前所未有的爆炸
性增长，它的人口从 38049 人增至 337828 人。[2]

这一人口增长对于加纳主要城镇的社会、经济和政治特征产生深远影响。整
个 20 世纪，阿克拉、库马西和塞康第 - 塔克拉迪成为重要的行政中心。与此同
时，阿克拉和其他城镇中，酋长、年长者和传统权威也试图对特定地区和人口施
加影响。城镇，尤其是沿海城镇，靠近铁路，或者靠近矿区的，为工资劳动提供
了机会。它们也为受过教育，并且成功的毕业生提供了获得薪酬丰厚的工作机
会。对于追求这些前景的移民而言，城镇同时是新社会交往和交流方式形成的地
方。摆脱了传统家庭的束缚，他们在共同经验、共同诉求或者共同利益的基础上
建立全新的社会网络。他们在新的休闲和大众文化的基础上创造出新的休闲和大
众文化形式。大众音乐和舞台剧，游戏和体育、阅读、流行服饰和饮酒，这些都
是城镇居民参与娱乐的重要方式，并且反映出殖民地社会之中有关空间、资源和
权力分配的长期斗争。

---

[1] Laura Fair, "'It's Just No Fun Anymore: Women's Experiences of Taarab before and after the 1964
Zanzibar Revolution," *The International Journal of African Historical Studies*, Vol. 35, No. 1
(2002), pp. 61 - 81.

[2] Nate Plageman, *Highlife Saturday Night*, p. 5.

　　由于不同群体都是在利用音乐来表达不同形式的集体形式，因此海莱福音乐成为城镇社会变迁进程中的核心力量之一。海莱福音乐是一种不断变化的音乐产品类型，其中包含着复杂的乐器和曲调，以及风格创新。海莱福音乐通常是指一系列相互关联但是又各自独特的音乐风格，包括舞蹈乐队、吉他乐队、铜管乐队和雷鬼等多种音乐形式。这些不同类型的海莱福音乐有着很大差别。海莱福音乐是"对于现代世界的创造性回应"，是"由于殖民时期累积影响所造成的混合音乐形式"，是非洲大众文化的一种基本形式。①

　　舞蹈乐队海莱福在城镇加纳的性别、代际和权力图景中扮演着极为重要的角色。在阿克拉和其他城镇的英国官员运用立法和司法手段扩张权威，同时也试图创造一种统治的表象，从而掩盖自身的脆弱，并向公众展示他们的意图。在殖民政府看来，其中一个展示政府权力的手段是音乐表演。殖民政府对于音乐的信心来自一系列因素：首先，在黄金海岸以及其他殖民地，英国官员认为，既然非洲人如此喜欢音乐和舞蹈，政府应当用这些来抓住当地人的想象，并有效地表达他们的意图。其他一些人认为，既然非洲当地音乐形式不过是喧嚣的节奏或者嘈杂的噪音，非洲人自然会喜欢欧洲音乐形式，因为欧洲音乐优于非洲音乐。在黄金海岸，殖民官员还将音乐作为实现殖民统治的重要工具。19 世纪上半叶，殖民军队运用音乐来宣扬自身存在。殖民政府还雇用非洲人组建了多支政府乐队，包括黄金海岸步兵团乐队（Gold Coast Regimental Band）、黄金海岸警察乐队（Gold Coast Police Band）和北方领地警察（Northern Territories Constabulary Band）等。官方节日，例如停战日（Armistice Day）、帝国日和国王生日，这些是英国人表达与帝国本土的联系的节日，同时也是为了让殖民地民众意识到自己是更大帝国的一部分。20 世纪上半叶，土著事务官员强调这些节庆场合，制定全天的节日活动安排，意在彰显殖民地政府的尊严、重要性和力量。

　　而非洲人并非消极地观看政府所主导的娱乐活动，非洲男女们认真审视其中的内容，并且选出有力的象征符号，并用于新用途。20 世纪初，阿克拉、库马西、海岸角和塞康第 – 塔克拉迪等地居民将引进的文化元素引入到自己的大众文化和娱乐之中。他们创造出新的音乐类型、舞台艺术。更重要的是，这些活动使

---

　　① Owusu Brempong, "Highlife: An Urban Experience and Folk Tradition," *Journal of Performing Arts*, Vol. 2, No. 2（1996），pp. 17 – 29.

得他们能够应对变化的现实，并且参与到殖民主义"权力的日常表达"之中。①

由于人口迁徙和劳工流动，城镇成为富有活力的文化生产中心。1919 年，黄金海岸殖民地总入学人数为 27318 人，到 1928 年增至 34446 人。殖民地已经有相当数量的受过教育的黄金海岸人，其中主要是年轻人，他们在阿克拉、库马西、塞康第 - 塔克拉迪谋职求生。这些人通常与所在家族分离开来，或者是相当长一段时间，或者是永久性的。等他们学校毕业并开始工作以后，他们的诉求与工资劳动者或者未受过教育的劳动者有很大差异，尤其是在就业方面。尽管很少有非洲人能够成为律师或者医生，但是很多人成为教师、职员和公务员。很多黄金海岸人逐渐认为学校教育是获取物质财富的重要手段，殖民官员开始认为毕业生是进口商品的热心的追求者，他们对于服饰打扮极为在意。尽管他们从事各行各业工作，并且财富水平也不同，但是几乎所有毕业生推崇某些服装，例如黑礼服、领带以及配套鞋子。这些物品并不只是教育和财富的标志，这些人认为自己是黄金海岸社会的特殊群体。例如，在阿坎人地区，他们被称作"克拉克"（"Krakye"，特维语，源自英语单词"Clerk"），以显示他们作为受教育者和绅士的身份。

这些知识分子为了相互交流而创立俱乐部，从而将不同年龄和族群的非洲人组织起来，以彰显共同利益，并实现持续的自我改善。1915 年，第一个俱乐部成立，此后 20 年里一共出现了 50 家俱乐部。这些俱乐部是思想交流的平台，非洲知识分子在这里辩论时政，练习英语会话。这些俱乐部具有跨族群特征，有学者称其为传播西式生活方式的组织，也有人称其为帮助推动成员适应新现实和城镇生活的关键网络。这些俱乐部成为实现社会流动和政治赋权的载体，而它们的一项主要成就是创造海莱福音乐。

年轻人的收入积累具有重要的社会和经济影响。通过努力工作和获得一定的资金，年轻人能够购置土地，获得地产，并且积累物质资源，这些都是在没有家族和年长者亲属的帮助或监管情况下实现的。尤其对于这些较为富裕的年轻人来说，金钱成为改变以年龄、性别和血缘等为基础的社会关系的主要方式。家族和年长者对于这一发展极为担忧。很多人坚持认为，年轻人已经对年长者的统治权和社会政治秩序造成严重威胁。

---

① Heather J. Sharkey, *Living with Colonialism*, p. 138.

年轻人与年长者之间的紧张关系在娱乐活动上也展现出来，很多工资劳动者喜欢在每天工作完成之后参与数小时娱乐活动。"周六之夜"是休闲、社交放松和饮酒消费的重要场合。20世纪初，日益增多的年轻男女聚集起来饮酒放松。这些场合也时常播放新的大众流行音乐，展示全新的舞蹈形式，并且表达新的社会和阶级意识。这些社交休闲活动很快引起原本已经焦虑的酋长和年长者的担心。20世纪前二十年里，这些家长权威试图压制年轻非洲男性的娱乐活动，并重新取得对于年轻人的影响，而这些年轻人则日益藐视家长权威。[①]

5. 体育运动

在英国工业革命时期，工业家、国会议员以及改革家试图通过实现大众娱乐和休闲活动的变革来"文明化"和"稳定化"工人阶级和城镇穷人。饮酒、赌博、赛马或者斗鸡等活动逐渐受到政府控制，而改革家则试图改变英国人的休闲活动品味，从而使得他们更加"适合""现代"资本主义时代。在19世纪，中产阶级和上等阶级接受足球，并逐渐将它转变成一种更"理性的"休闲形式。[②]这场理性休闲运动的基本理念是，通过改革包括体育在内的休闲活动，工人阶级会潜意识地发展工业生活所需的新价值观念。

理性休闲运动的观念同样在英属非洲殖民地产生影响。20世纪初，殖民者开始日益强调在殖民地范围内发展体育事业，希望在非洲城镇的不同非洲人群中间塑造"有纪律的"工人阶级。例如，桑给巴尔的英国殖民官员认为，团队体育运动的发展是消除英国人所说的非洲人"懒惰"和"缺乏主动性"的重要手段。正如桑给巴尔的官方报纸所评论的，"鼓励非洲人在下午闲暇时间参加剧烈体育锻炼，必然有助于年轻桑给巴尔人的健康，总比在污浊的巴扎市场闲逛强得多"。他们希望通过体育运动将"懒惰的"非洲人转变成遵守纪律的人，而这符合帝国的利益。足球等体育运动同样折射出政治意涵，文化活动"尽管看起来是文化霸权的胜利，却能够成为抵抗的载体"。[③]

殖民官员、欧洲资本家和传教士认为，有组织的体育运动，例如足球、板球、曲棍球和棒球及其游戏规则是殖民霸权的重要层面。他们认为按照一定规则

① Emmanuel Akyeampong, *Drink, Power and Cultural Change*, pp. 58 – 67, 101 – 109, 112 – 115.

② E. P. 汤普逊：《英国工人阶级的形成》，钱乘旦等译，译林出版社，2001，第469—488页。

③ Phyllis Martin, *Leisure and Society in Colonial Brazzaville*, Cambridge：Cambridge University Press, 1995, p. 7.

和时间框架进行的"玩耍"能灌输时间、纪律、勇气和忍耐。这有助于资本主义的"有目的休闲"概念，并将使得非洲人不再只是沉迷于"腐化堕落"的休闲活动，例如舞蹈和闲谈。[1]

例如"一战"后的桑给巴尔，足球在城镇男性中间十分流行。虽然足球这一娱乐形式对于桑岛民众来说十分新奇，是在 20 世纪初才由传教士和帝国官员引入的，但很快成为城镇男性的主要休闲方式。到 20 世纪 20 年代末，一些重要比赛能吸引上万名观众。足球与当地人的恩格马（Ngoma）舞蹈美学结合起来，为个人提供了在大量观众面前展示高超技能的机会。恩格马舞蹈和足球作为休闲活动，为城镇居民提供了休闲娱乐以及建立社会关系网络的机会，从而找寻工作，推销产品，或者为子女寻找对象。踢足球并不只是一项消遣活动，也成为城镇男性社会化过程中的重要内容。各支足球队成员通常来自不同的阶级和种族背景，有助于实现桑岛社会内部团结。然而，到 20 世纪四五十年代以后，石头城和恩加莫（Ng'ambo）居民之间分歧日益加剧，这时很少再举行休闲活动以沟通这两个群体。与此同时，足球作为一种休闲活动逐渐沿着阶级和族群界限发生分化。[2]

在 20 世纪初的黄金海岸，阿克拉的加人（Ga）独立发展出非洲当地人的武术形式阿萨福－阿特维勒（Asafo Atwele）。这一体育运动把沙滩作为"场地"，打斗时允许重击和脚踢。这一体育运动形式是在殖民地城镇社会形成过程中出现的。对于加族渔民而言，阿萨福－阿特维勒充满乐趣，有组织的比赛为男女老少带来极大乐趣。在殖民政府鼓励下，加人接受欧洲拳击，20 世纪 30 年代阿萨福－阿特维勒和拳击结合起来，从而实现拳击本土化，并且创造出一种精湛技巧，使得加族出身的轻量级拳击手在当时的国际拳坛十分出名。[3]

第三节　教育

教育是殖民者"文明使命"的核心。殖民官员与主要从事教育工作的传教

---

[1] Emmanuel Akyeampong, and Charles Ambler, "Leisure in African History: An Introduction," *The International Journal of African Historical Studies*, Vol. 35, No. 1 (2002), p. 11.

[2] Laura Fair, *Pastimes and Politics*, p. 270.

[3] Emmanuel Akyeampong, and Charles Ambler, "Leisure in African History An Introduction," *The International Journal of African Historical Studies*, Vol. 35, No. 1 (2002), p. 12.

士之间存在着相当程度的分歧。殖民地教育政策反映了殖民统治理念。按照间接统治理念，教育应当考虑到非洲自身的文化背景。而且，即便是程度极低的教育，也只能是少数非洲人有机会接受。在殖民统治之初，教育一方面是宗教机构的活动领域，包括基督教传教团和伊斯兰教教会，另一方面，也是殖民地国家影响和控制当地精英的手段，到"一战"后，教育取代暴力成为殖民统治的重要手段。

1. 殖民时代非洲教育发展概况

19 世纪末非洲识字教育的开始，是非洲现代史上的重要事件之一。廷巴克图图书馆收藏有大量的阿拉伯语、阿佳米语（Ajami，用阿拉伯文书写的当地语言）和埃塞俄比亚东正教文献，其中包含着有关前殖民时代非洲文化的重要象征，但是这些缺少与现代书写和学校教育的联系。至少是从 19 世纪开始，非洲知识分子试图通过欧洲和土著语言来接受文化，并且认为教育是实现非洲大陆现代化的重要手段，将它从奴隶来源地转变为新观念和文明复兴的中心。塞拉利昂医生詹姆斯·阿非利卡努斯·霍顿（James Africanus Horton）曾于 1868 年劝告年轻人，"努力学习……以获得知识和智慧的吸引力的影响……书本学习和道德，这样他们能够给国家复兴贡献力量"。泛非主义思想家爱德华·W. 布莱登在 1881 年的利比里亚学院院长就职典礼演说中表示，"非洲人必须以自己的方式实现进步"。[1] 即便是在索克托哈里发国，为了将新征服地区转变为伊斯兰力量范围之内，识字教育与武力同等重要。[2]

到 20 世纪初，非洲的识字教育已经与基督教传教团和文明与进步的欧洲帝国主义观念密切联系起来。清教传教团通常将识字作为洗礼的基本条件，甚至是天主教也试图通过教育来培养教众，因此，传教团追随者被非洲民众称作"读者"（Book People）。[3] 传教团学校传授基本的文化知识，向年轻人和年长者传教，然后在周末举办宗教仪式活动，在校学生均须参加。毕业生通过新技能不仅

---

[1] W. H. Worger, N. L. Clark and E. A. Alpers, eds., *Africa and the West: A Documentary History from the Slave Trade to Independence*, Phoenix: Oryx Press, 2001, pp. 168 – 172, 189 – 194.

[2] Beverly Mack, and Jean Boyd, *One Woman's Jihad: Nana Asma'u, Scholar and Scribe*, Bloomington: Indiana University Press, 2000, pp. 76 – 91.

[3] J. D. Y. Peel, *Religious Encounter and the Making of the Yoruba*, Bloomington: Indiana University Press, 2000, 130.

成为福音传播者和教师，而且成为政府任命的翻译、职员和酋长，从而在殖民体系中获得回报。人类学家科马洛夫夫妇认为，教育是殖民霸权计划的核心。读书识字成为皈依的重要组成内容，也是传教士教育的基本目标。然而，即便是在殖民时代早期，学校识字教育与世俗就业、社会流动、阶级形成和文化转变密切相关。学校课程明确包含着殖民者的时间观念和全新的服饰和消费模式，意在教育非洲年轻人成为殖民事业的"仆人"和工人。[①]

19 世纪末，诸如塞拉利昂的福拉湾学院和南非的勒夫戴尔学院这样的精英学校，年轻人毕业之后已经形成了鲜明的现代特征。这些年轻人可以书写英语和其他语言，包括约鲁巴语、干达语、索托语（Sotho）、科萨语（Xhosa）和祖鲁语，并在一些情况下成为土著印刷文化的先驱。传教团将读书识字视作基督教认同的基本需要，因此积极翻译圣经和祷告文，并且资助当地印刷媒体，印制图书、宣传册和报纸。殖民者和基督教影响到族群认同的形成以及历史观念，例如塞缪尔·约翰逊（Samuel Johnson）的《约鲁巴人历史》（*History of the Yorubas*，1897 年完成，1921 年出版）、阿波罗·卡格瓦的《布干达列王记》（*Basekabaka be Buganda*）等。

撒哈拉以南非洲殖民地的教育与基督教传播密切相关。1900 年以后，大多数皈依基督教的非洲人是由于接受了学校教育。基督教传教团在 19 世纪末 20 世纪初大规模发展，其中规模较大的传教团包括教会传教协会（Church Missionary Society）、卫斯理传教协会（Wesleyan Missionary Society）、伦敦传教协会（London Missionary Society）、浸礼会传教协会（Baptist Missionary Society）和美国圣经协会（American Bible Society）等。这些学校通常分布并不均衡，主要服务于占非洲人口少数的精英阶层，例如酋长子嗣，但是这些学校仍然产生了深远影响。除了传播基督教信仰之外，传教团学校还向儿童灌输殖民地国家的文明使命，教会他们读写算术和职业技能。

在非洲人教育问题上，传教团和殖民地政府之间存在激烈冲突。殖民地政府并未将教育视作优先考虑问题，并且将教育视作纯粹功能性的：殖民地官僚机构需要一定数量的非洲文化人，这些人懂得欧洲语言，能够充当翻译、助手和职员，

---

① Jean Comaroff, and John Comaroff, *Of Revelation and Revolution: Christianity, Colonialism and Consciousness in South Africa*, Chicago: University of Chicago Press, 1991, pp. 231 – 236.

殖民体系依赖于受训练人员从事一系列低级工作。除此之外，教育并未被认为是实现社会变革的力量，这也是殖民政府最不愿鼓励的。正因为如此，非洲殖民地的高等教育机构寥寥无几，例如喀土穆的戈登纪念学院、坎帕拉的马凯雷雷学院、拉各斯的雅巴学院（Yaba Higher College），它们的课程是为了培育行政精英。

维多利亚时代的家长主义使得非洲人持续抵制对于他们社会和文化的入侵，这对于殖民政府政策造成影响，使得殖民政府相信通过加强对于教育进程的控制，能够推动廉价劳动力供应。1924 年，在美国菲利普斯 – 斯托克基金会影响下，英国殖民部成立了热带非洲土著教育顾问委员会，该委员会于 1925 年发布了名为《英属热带非洲的教育政策》的白皮书，强调"教育应当适应于民众的思想、职业和传统，尽可能保护他们社会中现有组织之中的合理因素"。[①] 到 20 世纪三四十年代，殖民地国家更加介入教育，资助学校，并且对于课程发展更感兴趣。20 世纪 40 年代末至 50 年代初，很多的英属殖民地建立起学院，例如黄金海岸的库马西、尼日利亚的伊巴丹、肯尼亚的内罗毕、南罗得西亚的索尔兹伯里。这在很大程度上反映了殖民地国家日益介入非洲社会经济发展，尤其是希望控制学校培育出的精英类型以及这些学校所体现出来的社会变迁模式。而且，殖民地教育的精英主义特征导致阶级关系紧张，并加剧了非洲社会内部分裂。更重要的是，学校教育使得非洲学生知晓欧洲宪政和法律历史，以及诸如"民主"和"人权"这样的概念；他们也充分意识到殖民者拒绝非洲人享有这些权利，因而殖民地非洲人教育也种下了政治不满的种子。非洲人的自我意识，尽管是精英主义的，代表着"文明使命"的内在悖论，但最终将导致殖民秩序的坍塌，而这是欧洲殖民者一直十分担心的。

1935 年，教育学家 C. T. 罗拉姆（C. T. Loram）总结了非洲殖民地教育的目的，他声称"教育就是把人变成掌权者所希望的类型的过程"。罗拉姆认为"非洲教育的目的就是培育好的非洲人——以作为非洲人为荣的土著，理解自身文化中的好的成分，愿意并且希望接受欧洲文化作为自身文化的补充"。[②] 罗拉姆将

① Uyilaw Usuanlele, "Development and Education in British Colonial Nigeria, 1940 – 1955," in Joseph M. Hodge, et al., eds., *Developing Afria: Concepts and Practices in Twentieth-Century Colonialism*, Manchester: Manchester University Press, 2014, p. 255.

② Carol Summers, "Education and Literacy," in John Parker and Richard Reid, eds., *The Oxford Handbook of Modern African History*, Oxford: Oxford University Press, 2013, p. 319.

教育视作殖民者的计划，意在建构有用的、"好的"非洲人，并且暗含着对于"坏的"或者"破坏性的"有文化个人的担忧，这代表着殖民时代很多教育专家的共识。这一观点一直持续到殖民统治结束之后。社会功用，而非教育的具体内容界定着教育。围绕着教育的目的与功用，殖民官员存在较大争议：究竟是由教育精英领导非洲人走向欧洲文明，还是以一种适应形式的教育，强调现有的非洲身份认同，试图以当地合适的方式发展大众，强调群体凝聚力和社会和平。英属殖民地教育反映的是"适应性"教育理念，更重视对于"当地发展"十分重要的技能教育。① 尽管教育最终成为妇女实现更大程度独立的重要渠道，但是 20世纪初在传教士的监管下女童教育更关注道德教育，例如在桑给巴尔，阿拉伯女童学校是"该岛上最重要的教育实验地"。②

　　在非洲人教育问题上，基督教传教机构和殖民地政府存在较大的态度差异。以南罗得西亚为例，1906 年罗得西亚基督徒会议（Rhodesia Christian Conference）对于殖民地教育政策臣服非洲人所造成的社会失序提出激烈批评。1906 年，R. A. 巴瑟（R. A. Bathe）对于殖民政府教育政策提出严厉批评，"部分白人不愿意鼓励土著人口教育，他们的借口是读写对于作为仆人（的非洲人）来说是没有用处的。对于这一观念，我深感遗憾"。③ 1859 年，伦敦传教协会（London Missionary Society）在南非伊尼亚蒂（Inyati）建立第一所针对非洲人的学校。无论是伦敦传教协会还是非洲人都没有意识到西方教育深刻影响到非洲人与白人之间关系。由于伊尼亚蒂非洲人学校取得成功，伦敦传教协会又于 1870 年建立第二所学校。

　　政府和教会对于非洲人教育的目的有着不同理解，这反映了对于政治目的和宗教原则之间的关系存在观点差异。教会相信非洲人教育应当"稳定皈依者的信仰"，而政府则认为目的是为了让非洲人能够成为廉价劳动力。这一立场差异

---

① P. Kallaway, "Welfare and Education in British Colonial Africa and South Africa during the 1930s and 1940s," *Paedagogica Historica*: *International Journal of the History of Education*, Vol. 41, No. 3 (2005), p. 343.

② R. Smith, "Education in British Africa," *Journal of the Royal African Society*, Vol. 31, No. 122 (1932), p. 70.

③ Dickson A. Mungazi, "A Strategy for Power: Commissions of Inquiry into Education an Government Control in Colonial Zimbabwe," *The International Journal of African Historical Studies*, Vol. 22, No. 2 (1989), p. 271.

在殖民时期持续存在。

在东部和南部非洲，势力强大的白人移民群体尤其反对非洲人接受高等教育。在殖民地国家为非洲人所提供的极为有限的高等教育机会之中，大多是教师或者医学职业，并没有法律研究方面的专业。南罗得西亚首位非洲律师赫伯特·奇特珀（Herbert Chitepo）于 1953 年开始执业，直至 1960 年南罗得西亚只有 3 名非洲人律师。南非情况类似，1962 年一共 3000 名律师，其中非洲人律师只有 3 名。相比之下，在尼日利亚一共有 540 名非洲人律师。① 非洲人在法律领域所面临的困难，在一定程度上反映了白人移民国家对于"被殖民者成为律师"的后果的担忧，这一担心也反映了法律在维持白人移民统治上的重要性。②

2. 非洲人与非洲教育

非洲人并非殖民教育政策的被动接受者。自 20 世纪初开始，非洲人要求传教团和政府提供学校教育。包括殖民地政府、白人人口和土著当局在内的殖民力量通过学校来培养它所需要的臣民类型的同时，学生及其家庭获得或者运用文化知识实现自身目的，他们试图获取、逃避或改变学校。

殖民时代非洲学校，无论是否从属于传教团，对于传教士、官员、学生、父母或者其他人来说，构成他们所感知的非洲社会变迁的中心。关于殖民时代非洲学校教育的分类，反映出殖民地国家有关教育和发展的独特意识形态：英国殖民地政府强调土著语言在殖民统治过程中的作用，法国殖民地政府则通过法语课程和文化来同化学生，而比属刚果尤其强调初等教育，同时拒绝开展中等和高等教育。③ 然而，所有殖民地政府和教育官员都要面对有限的物质和人力资源。学校对于殖民事业是必不可少的，但是殖民地国家通常并未给学校提供充足资金。作为被殖民者的非洲人试图为他们的子女或者是自己获取学校教育，时常在学校经费不足时为学校提供经费。这往往使得学校实际运行脱离了殖民规划者的意图。在乌干达，社会显贵时常针对自己及下属收税，为学校提供资金和

---

① Omoniyi Adewoye, *The Legal Profession in Nigeria*, p. 179.

② S. D. Ross, "Rule of Law and Lawyers in Kenya," *Journal of Modern African Studies*, Vol. 30, No. 3 (1992), pp. 421 – 442.

③ Bob White, "Talk about School: Education and the Colonial Project in French and British Africa, 1860 – 1960," *Comparative Education*, Vol. 32, No. 1 (1996), pp. 9 – 26.

土地，这包括在布干达王室土地上的大学，到当地酋长土地上的简陋学校。甚至是在殖民地国家控制较为严密的南罗得西亚，学生拒绝政府对他们的教育施加限制，要求在初等教育之后继续接受教育。到殖民统治中期，非洲父母日益看重学校教育。

尽管学生、父母和社会领导人要求提供学校教育机会，然而教育机会十分少。很多学生需要教授较低年级的学生，作为他们学业训练的一部分，因此完成自身课程时间有限。教师水平参差不齐，教学方法简单，时常体罚学生。父母通常会提供学费，但是费用无法保证教学质量。

两次世界大战之间，早期的传教团教育已经逐渐世俗化，因此出现了两种殖民教育模式，殖民专家对于教育对非洲变革的重要性形成共识，但是对于如何规划教育来应对变化存在不同认识。规划者认为教育强调的或者是质量或者是数量：精英的、同化主义的殖民语言教育；或者是大众的，"适应性"职业教育，通常讲授本地语言。在法属西非，以及乌干达、塞拉利昂、黄金海岸等英属殖民地有着较为强大的压力群体，能够对殖民政策施加影响，教育政策与帝国本土接近，提供帝国本土语言的精英学校教育，并且训练数量较少的精挑细选的学生。在法属或者葡属非洲，教育为最成功的年轻人提供了法律上实现同化的可能性。① 在英属非洲，面向精英的"公"学，例如乌干达的国王学院（Budo）、黄金海岸的威尔士学院（Achimota）和喀土穆的戈登学院，这些学校的毕业生，他们所追求的不是与英国的平等地位，而是要领导自己的国家。对于精英学校教育的鼓吹者来说，教育大规模扩张只有在训练出素质较高的非洲人之后才有可能。法国殖民官员相信，"未来的非洲领导人……接受法国文化的价值，并且熟练掌握法语，这样才能确保殖民事业的稳固"。②

20 世纪二三十年代，北罗得西亚的非洲人主要的教育中心是伦敦传教会的穆贝雷希（Mbereshi）传教站，这其中最重要的是穆贝雷希女子寄宿学校（Mbereshi Girl's Boarding School），这是北罗得西亚最早的女子学校。在梅布尔·

① Jeanne Penvenne, "'We are all Portuguese! Challenging the Political Economy of Assimilation: Lourencço Marques, 1870 - 1933," in Leroy Vail, *ed.*, *The Creation of Tribalism in Southern Africa*, Berkeley: University of California Press, 1989.

② Alice Conklin, *A Mission to Civilize: The Republican Idea of Empire in France and West Africa, 1895 - 1930*, Stanford: Stanford University Press, 1997.

肖（Mabel Shaw，1915—1940 年在任）校长领导下，这所学校在殖民地内外获得巨大声望，这所学校培养女学生接受基督教的婚姻观念，教授她们卫生、护理、"土著"烹饪、缝纫和子女养育，从而使得这些女学生"适合成为基督教男性的妻子"，以对抗乡村"偶像崇拜"的迷信和堕落，并且反对非洲城镇生活的"恶毒"和"势利"，与世俗的殖民地教育当局理念相冲突。①

---

① 　Sean Morrow, " 'No Girl Leaves the School Unmarried' : Mabel Shaw and the Education of Girls at Mbereshi, Northern Rhodesia, 1915 – 1940," *The International Journal of African Historical Studies*, Vol. 19, No. 4 (1986), pp. 601 – 635.

第七章
"第二次殖民占领"时期的
非洲社会变迁与非殖民化

> 非洲非殖民化时代似乎开启了一系列的政治可能性，但是这扇大门很快就又关闭了。
>
> ——非洲史学家弗里德里克·库珀[*]

身处 21 世纪的我们知晓欧洲殖民帝国崩溃这一历史事实，然而对于 20 世纪四五十年代的非洲人来说却并非如此。在当时很多非洲人看来，帝国统治似乎是在强化而非放松。法国在经历战败之后试图加强对于帝国的控制，从 1944 年开始形成与殖民地全新的关系。1947 年，英国在丢掉印度后，同样非常迫切需要巩固自身的大国地位，并且动员殖民地生产以恢复经济。相比于法国，英国对于非洲殖民地的宪政改革较为迟疑，主要是扩大非洲人在地方立法机构的代表权，并试图将间接统治制度转变为"地方政府"。作为战时中央计划以及提高商品生产和征用劳动力的延续，殖民地国家开始雄心勃勃地推行"发展主义"，并且比以往更深地介入非洲社会。

这一所谓"第二次殖民占领"导致极其复杂的后果。随着医疗卫生状况改善以及生育率的提高，非洲人口增长加速，大量农村人口涌入城镇。急遽城镇化成为引发殖民地社会变化的关键变量，殖民统治也是从这里开始丧失控制。非洲人面临着日益扩大的机会，殖民地国家提供了更多的健康、教育和福利设施，但是与此同时也引发非洲农民和城镇劳工的强烈不满。例如，1935 年北罗得西亚铜矿罢工、20 世纪 40 年代南非金矿罢工、1946 年达喀尔罢工、1947 年蒙巴萨和达累斯萨拉姆罢工、1948 年南罗得西亚罢工、1947—1948 年法属西非罢工。

---

[*] Frederick Cooper, *Decolonization and African Society*, p. 1.

本章关注城镇环境中的非洲民众反抗与民族主义的兴起，非洲精英群体的形成与英国间接统治制度的调整，殖民地农业发展计划与非洲农村反抗，最后试图从非洲社会变迁的视角理解非殖民化历史，而不只是将非殖民化视作殖民者"有计划的撤退"。

第一节　"发展型"殖民主义

按照非洲史学家弗里德里克·库珀等人的观点，以"二战"为界，非洲的殖民统治大致分为"保守型"和"发展型"前后两个阶段：在"二战"前的"保守型"殖民主义阶段，殖民统治变革目标十分有限；而在"发展型"殖民主义阶段，殖民者残暴镇压殖民地反抗，例如法国在马达加斯加和阿尔及利亚，以及英国在肯尼亚。与此同时，英、法也开始推行全面的经济社会变革，这与非洲社会内部变革以及国际格局变化密切相关。非殖民化正是在这样的历史条件下发生的。[①] 本章主要分析"二战"前后殖民地国家的性质和功能的变化，以及科学在这一时期殖民地政治经济发展进程中的作用。

两次世界大战之间，殖民领土征服以及非洲民众反抗已经结束，非洲殖民地独立问题在大多数殖民官员看来遥不可及。到"二战"结束时，英法需要重建帝国。它们在同纳粹德国的斗争中损失惨重，并且在东南亚被日本夺取了重要的殖民地。与此同时，英国和法国认识到，它们在很大程度上是被帝国"拯救"的，这主要体现为大英帝国的自治领和殖民地所提供的人力和物资供应，法属赤道非洲拒绝承认维希政府，而北非殖民地和非洲人在重新攻占法国本土过程中发挥了重要作用。1938 年西印度群岛反抗英国殖民统治，国际社会对于英国殖民帝国的批评日益激烈，尤其是土著保护协会（Aborigines Protection Society）和国际劳工组织和泛非大会（Pan-African Congress）对于英、法殖民统治提出激烈批评。英、法两国意识到自身在战争结束时的物质和道德困境，这意味着殖民统治必须找到新基础，从而使得帝国重新获得合法性。英、法的经济脆弱性使得它们比以往更依赖于殖民地生产。然而，殖民地反抗日益加剧，工人罢工频频爆发，殖民地国家在农村地区推行的农业计划也招致农民的不满与反抗，"殖民统治卡

---

① Frederick Cooper, *Africa since* 1940，p. 87.

在它所创造的狭窄通道上，进退维谷"。① 正是在这一背景下，殖民帝国希望重新确立合法性，而重要途径是发展和政治参与。20 世纪 30 年代的"维持现状的殖民主义（Preservationist Colonialism），到 20 世纪四五十年代逐渐被"发展型殖民主义"所取代。②

1. 殖民地发展计划的出现背景

第一，英国国内政治因素。关于非洲发展和现代化观念的一个关键来源是费边社殖民局（Fabinan Colonial Bureau，FCB）。1940 年 10 月，费边社殖民局在伦敦成立，作为工党有关殖民地事务的信息机构。工党议员亚瑟·克里奇·琼斯（Arthur Creech Jones）和工党活动家里塔·欣登（Rita Hinden）是创立这一组织的主要推动者。在费边社殖民局创立之前的数年时间里，工党原本作为政治反对派时曾谴责英帝国是帝国主义压迫和剥削机构，在成为执政党之后设想建立"工党控制的英联邦"。在 1925 年工党年度会议上，工党首次提出"社会主义道路"帝国计划。③科学和科学研究是这一计划的根本。非洲自然资源应当沿着"科学的"方向实现开发，"科学的人口重新分配"将会为土地利用和占用提供社会公正基础。1941 年，欣登撰写《非洲规划》（*Plan for Afirca*），这是费边社殖民局的第一份出版物，到这时工党的帝国观念已经基本成型。欣登写道，英国在非洲的殖民地政策需要调整，通过工业化和农业现代化来扩大殖民地经济机构的基础。政府需要加大资金和人员投入。英国以及工党工人阶级选民将会从这一投资中获益。④1945 年，工党在选举中获胜，克里奇·琼斯退出费边社殖民局，转而成为殖民事务常务次官，1946 年成为殖民事务大臣。克里奇·琼斯和工党认为殖民地发展有助于非洲人福祉，同时也将增加殖民地产出。将发展视作全面的社会和经济现代化，这成为英国殖民政策的核心内容。按照英国殖民者的理念，殖民主义和有计划的资本主义发展能够为"处在黑暗之中的落后非洲带来光明"。⑤

第二，资源获取的需求。到殖民时代后期，殖民地国家仍旧是由两个基本原

① Frederick Cooper, *Africa since* 1940, p. 20.

② Frederick Cooper, "Recostructing Empire in British and French Africa," *Past & Present*, Supplement 6（2011），pp. 196 – 210.

③ Rita Hinden, *Socialist and the Empire*, London：Fabian Publications，1946.

④ Rita Hinden, *Plan for Africa*, London：George Allen and Utwin Ltd.，1941，p. 215.

⑤ Arthur Creech Jones, "The Labour Party and Colonial Policy, 1945 – 1951," in A. Creech Jones, ed.，*New Fabian Colonial Essays*, New York：Praeger，1959，p. 36

则所主导：首先，通过殖民地发展来确保帝国本土经济需求，到 20 世纪 50 年代以后，随着战后经济危机缓解，这一考虑逐渐减弱；其次，帝国本土意图维持对于帝国其余部分的控制和权威。殖民地发展政策在一定程度上也是为了实现这两个相互冲突的目标。倘若殖民地改善非洲殖民地福祉的野心与战前时代狭隘的帝国本土利益发生冲突，往往是后者占上风。[①] 英国在战后阶段面临严重的财政危机，它开始关注殖民地尚未开发的资源。

20 世纪 40 年代中期的殖民地发展首先是由欧洲人的经济需求所推动的。随着英帝国解体，非洲对于英国人的重要性得以提升，直至 20 世纪 50 年代中期一直如此。英国推动东非经济发展主要是为了英帝国繁荣，并且减轻英国的战后经济危机。正如英帝国史学家 D. K. 菲尔德豪斯（D. K. Fieldhouse）所说，虽然英国在 1945—1951 年向撒哈拉以南非洲投入大约 4000 万英镑，但是《殖民地发展与福利法案》一共将 1.4 亿英镑转回英国财政部。[②] 英国人通过在帝国范围内广泛设立销售局以调控殖民地产品价格，使得殖民属地更多是服务于帝国本土发展。殖民者将扩大殖民地生产视作提高非洲社会收入和生活水平的基本前提，实际上是为了增加英国财政部税收。"发展"这一概念所掩盖的仍然是欧洲殖民者对于非洲经济的剥削与掠夺。20 世纪 40 年代末至 50 年代初，英国殖民政府极力关注推动英国利益，坦噶尼喀的花生种植计划就是典型例证。

第三，态度观念转变。殖民地国家开始相信自己有信心来制订、实行和管理发展计划。这一转变包含的，不只是相信通过国家干预以提高生活水平，而且重新相信国家能够"做市场所不能做的事情"。[③]"资本主义对于非洲是不适当"的战前观念已经消失。[④] 殖民地国家也不再对于非洲制度表示尊重，取而代之的是试图通过科技发展来重塑非洲社会。20 世纪四五十年代的发展话语并不只是为这一时期殖民主义对于非洲的掠夺提供辩护。随着间接统治制度难以维持，到 20 世纪 40 年代初，"发展"开始意味着与过去彻底决裂。在乌干达、坦噶尼喀

---

① David Meredith, "The British Government and Colonial Economic Policy, 1919 – 1939," *Economic History Review*, Vol. 28, No. 3 (1975), p. 485.

② D. K. Fieldhouse, *Black Africa: Economic Decolonisation and Arrested Development*, London: Unwin Hyman, 1986, p. 6.

③ Frederick Cooper, *Africa since 1940*, pp. 91 – 92.

④ John Iliffe, *A Modern History of Tanganyika*, p. 473.

以及肯尼亚，殖民决策者的关注点已经从保护"传统"，转变为准备创造全新的、独特的现代世界。发展在这一时期不只是改变外部环境，倘若要实现生活方式、经济和政治制度发展的改变，只能是通过"内在"环境革新。从20世纪40年代开始，非洲人自身成为东非发展和变迁的首要关注点。[①]

20世纪四五十年代，殖民地政府的发展政策并不只是这两个目标。它并未反映出英国殖民国家连贯一致的反应。正如1929年殖民地发展法案需要面对英国政府不同部门的诉求一样，战后殖民地发展也同样如此。殖民部在战时经历了大幅扩张，职员数量从1939年的不到500人增至1945年的830人，下属部门翻了一番。因此，殖民部能够在1945年以后推行以发展为中心的政策。[②]

正如詹姆斯·斯科特所说，殖民统治后期国家的"高度现代主义"基于对西方科学的强烈信念，尤其是对于"线性发展""生产扩大"和"社会秩序的理性设计"以及"对于自然的程度日益加深"的"高度自信"。[③] 殖民地国家对于非洲社会进行组织和规划，与创造权力和控制的制度体系密切相关。"科学林学和农业的规划，以及种植园和集体农庄的布局，都似乎是为了使得地形、物产以及劳动力变得更加清晰，因此更容易自上而下地进行操纵。"[④] 殖民时代后期的发展计划正是为了自上而下地"塑造"非洲社会的性质，目的是为了改造并更好控制社会及其产出。

2. 殖民地发展计划的主要内容

在整个英国海外帝国，战后殖民官员准备更深入地渗透到当地农业社会。殖民地国家以前所未有的程度成为非洲农业变迁和农村发展的首要推动力量。殖民地国家所推出的发展计划涉及水资源和土壤保护计划以及粮食生产计划、土地改良和重新安置计划、棉花和玉米的机械化耕作计划、拖拉机耕作、灌溉及合作协会。[⑤] 此外，殖民地国家还颁行了一系列的基础设施、教育、医疗和福利计划。

20世纪30年代，殖民地发展主义观念兴起。英国殖民部和殖民地政府试图

① Michael Jennings, "Building Better People: Modernity and Utopia in Late Colonial Tanganyika," *Journal of Eastern African Studies*, Vol. 3, No. 1 (2009), p. 95.

② J. M. Lee, "'Forward Thinking' and War: The Colonial Office during the 1940s," *The Journal of Imperial and Commonwealth History*, Vol. 6, No. 1 (1977), p. 66.

③ James Scott, *Seeing Like a State*, p. 89.

④ James Scott, *Seeing Like a State*, p. 2.

⑤ Joseph Morgan Hodge, *Triumph of the Expert*, pp. 208 – 209.

"驯服"非洲自然,并且增加非洲殖民地产出,主要通过遏制疾病蔓延,应对生态失衡,并且确保非洲农民面向市场增加产量。1940 年和 1945 年的殖民地发展计划为殖民地提供资金来推动经济发展、农业发展和农民定居。正是在这一背景下,1954 年肯尼亚实行斯维纳顿计划,计划支持扩展非洲土著保留地的经济作物生产和牛畜养殖,巩固基库尤人农民的私人所有权"。① 因此,殖民地发展主义加剧了土地问题的复杂性,对肯尼亚经济发展产生重大影响。

对于大多数非洲人来说,殖民时代后期的发展计划并非全新的,而是在战争之前已经在酝酿、试验和争论。战后殖民主义发展主义计划的特点是:第一,殖民地发展计划规模大、程度高。相比于之前的帝国本土对非洲投资,《殖民地发展和福利法案》的特点在于规模极大,并且更强调赠款而非贷款。

第二,殖民地行政机构自信有组织和行政能力来推行大规模计划。在水资源、农业、林业和兽医学等方面,殖民政府将科学技术用于实现"文明使命"。通过组建委员会以及规划的程序,殖民地官员和技术专家的责任和知识结合起来。②

第三,殖民地政府开始关注非洲人的社会福利。到 20 世纪 40 年代中期,殖民地政府对于"发展"的界定已经不只是关注经济,社会发展逐渐成为 20 世纪四五十年代的关注焦点。20 世纪 30 年代,殖民部讨论组建社会服务部门,"推动帝国的社会服务走向真正进步,真正令人满意"。③ 到 1939 年,负责规划长期发展计划的殖民地社会服务部门也得以创立。战争结束后,殖民部建议非洲殖民地政府,发展计划制订应当"真正全面考察对于(包括物力和人力在内的)基本资源开发、服务和组织而言的最重要问题"。④ 20 世纪 40 年代末,社区发展开始以制度形式表现出来,主要体现为殖民地层面的社区发展分部(Community Development Division),帝国层面的社区发展顾问委员会(Advisory Committee on Community Development)。社区发展反映的是黑利勋爵在《非洲概览》中所说

① Bruce Berman, and John Lonsdale, *Unhappy Valley*, p. 459.

② Monica M. van Beusekom, and Dorothy L. Hodgson, "Lessons Learned? Development Experiences in the Late Colonial Period," *The Journal of African History*, Vol. 41, No. 1 (2000), pp. 29 – 33.

③ D. J. Morgan, *The Official History of Colonial Development*, Vol. I, *The Origins of British Aid Policy, 1924 – 1945*, London and Basingstoke: Macmillan, 1980, p. 66.

④ Michael Jennings, "Building Better People: Modernity and Utopia in Late Colonial Tanganyika," *Journal of Eastern African Studies*, Vol. 3, No. 1 (2009).

的，社会福利关切与广泛的发展目标密切相关。在卫生健康领域，黑利勋爵注意到，"改善非洲人的健康，有可能直接影响到非洲经济"。① 与教育相似，不能"为非洲人提供较高的应对自身环境的"条件，将会削弱农业生产的发展。20 世纪 50 年代初，英国殖民部告诫殖民地政府"殖民地发展和社区发展，越来越是相互依赖的，人们意识到应当将社会发展的所有方面统一看待"。② 对于社会发展的关注，反映了殖民地国家对于非洲殖民地发展问题的性质的理解发生转变：从贫瘠土壤、缺少基础设施、较低程度的资本投资等环境和技术，转变为对于人为因素的关注。1947 年，英国殖民事务大臣写道，"必须关注非洲人自身的发展问题，当前农业领域发展受到非洲农民较低生产力水平的阻碍，受制于他们不愿意采用农业技术改良，以及未能采取适当手段进行土壤改良"。③

教育非洲人，这在很多殖民官员看来是实现发展的最重要途径。这并不仅能实践技能和知识方面的教育，而是根本上改变非洲人的思维方式。1947 年，坦噶尼喀的一位殖民官员建议道："非洲人以及非洲人酋长首领的教育是其中关键，教育不仅能推动农业生产更好发展，也能推动非洲人追求更高的生活标准，目前成百上千万的非洲人中间只要极小比例的非洲人有这样的诉求。"④ 正如詹姆斯·斯科特所说，"殖民政权，尤其是殖民时代后期政权，时常在社会管理方面进行大规模试验。它们试图通过威权国家的强制权力所支持的'福利殖民主义'意识形态来重塑土著社会"。⑤

3. 科学与"发展型殖民主义"

1940 年的殖民地发展与福利法案是英帝国历史的重要转折点，此后，英国殖民部开始关注并支持科学研究。1940 年，殖民部设立专门基金支持殖民地范围内的基础研究。到 1945 年殖民地发展法案重新签署时，已经从 50 万英镑增至 100 万英镑。这是英国在殖民帝国范围内最大规模的科学支持活动。随之而来的

---

① Lord Hailey, *An African Survey*, p. 1194.
② Michael Jennings, "Building Better People: Modernity and Utopia in Late Colonial Tanganyika," *Journal of Eastern African Studies*, Vol. 3, No. 1 (2009), p. 98.
③ Michael Jennings, "Building Better People: Modernity and Utopia in Late Colonial Tanganyika," *Journal of Eastern African Studies*, Vol. 3, No. 1 (2009), p. 98.
④ Michael Jennings, "Building Better People: Modernity and Utopia in Late Colonial Tanganyika," *Journal of Eastern African Studies*, Vol. 3, No. 1 (2009), p. 99.
⑤ James Scott, *Seeing Like a State*, p. 97.

热带非洲殖民地主要的发展计划

重新安置计划(主要是由生产或者卫生关注所推动,或者由于建造大坝)
安乔(Anchau)农村发展与定居计划,尼日利亚:5000 人被迁出昏睡病地区(20 世纪 30 年代);
特雷斯 – 诺菲思(Terres Neuves)计划,塞内加尔:4000 名谢利尔人(Sereer)获安置(1934—1939 年);
英属东非和西非大量"重新安置"计划,例如:肯尼亚的穆伟阿(Mwea)重新安置(包括灌溉)和加纳的沃尔特河重新安置计划

灌溉安置计划
吉泽拉计划,英埃苏丹(始于 1906 年):420000 公顷(1939 年),25000 租户家庭(到 1957 年);
尼日尔河流域管理局(Office du Niger),法属苏丹(第一个计划始于 1926 年,管理库成立于 1932 年):34700 名居民,35673 公顷土地(1959 年)

机械化安置计划
农耕安置计划,坦噶尼喀(1952 年):由坦噶尼喀农业公司管理,到 1961 年,数百名佃农家庭租住数千公顷土地;
尼日尔农业计划(1949—1954 年)和索克托机械化大米计划,尼日利亚;
沃尔特大坝计划,加纳(1964—1967 年):重新安置 52 座新城镇,机械化农业,80000 人(1965 年)

综合的计划转移和福利安置计划(包含土地使用和土地所有权转变,居住和乡村政治组织,农业技术,土壤保护,以及教育和卫生计划)
"农民"计划,比属刚果(1936—1960 年):140000 名居民(1955 年);
赞德计划,苏丹(1943 年):60000 户家庭被重新安置(1946—1950 年);
斯维纳顿计划,肯尼亚(1954 年);
土著土地耕作法案,南罗得西亚

　　资料来源:Christophe Bonneuil," Development as Experiment:Science and State Building in Late Colonial and Postcolonial," *Osiris*, 2nd Series, Vol. 15, Nature and Empire:Science and the Colonial Enterprise (2000), p. 262。

　　是,殖民地发展活动发生显著变化。到 20 世纪 50 年代,英国殖民地有大量医疗和技术官员,包括医生、医疗研究者、农业官员、植物培育员和昆虫学家。英国生物学家埃德加·B. 沃辛顿(Edgar B. Worthington),曾经参与卡内基公司于 1931 年资助的非洲大陆范围内的科学调查,并于 1950—1955 年担任撒哈拉以南非洲科学委员会总干事,他在 1938 年出版的《非洲科学》一书中强调"就专家科学知识而言,(非洲)是科学试验史上最具成效的地域之一"。[①]

　　科学在"发展型殖民主义"阶段扮演着核心角色。在殖民地,科学并不是单纯地欧洲科学转移至非洲,而是由非洲环境所塑造的。例如,具体的自然、制

[①] Edgar B. Worthington, *Science in Africa:A Review of Scientific Research Relating to Tropical and Southern Africa*, Oxford:Oxford University Press, 1938, p. 17.

度和社会环境不仅塑造着同一门科学在当地的运用，而且导致新研究对象和全新学科的出现，例如殖民地医学向热带医学的转变。① 而且，近年来的相关研究强调，"殖民科学"不仅仅是在殖民地运用的科学。作为一种知识种类，"殖民科学"之所以是殖民的，只是因为它是被移植过来的，它将欧洲统治概念化，并且塑造着被殖民民众的臣属性。② 20 世纪 40 年代以后的这些发展计划有着很大的相似性。

第一，所有计划都强调专家的角色。这些计划是由科学家所设计和主导，他们掌握着由技术官僚、监察官员和督导员组成的等级体系。安置计划的创立和管理推动了技术和研究机构的发展。伴随着发展型殖民主义的出现，科学和技术官员在农业、土壤和林业、教育、公共卫生以及公共工程等领域的地位更为显著。正如一名殖民官员所说，"在殖民统治后期，这些技术专家人数在相当大程度上超过了殖民政府的规模，并且在各级政府管理方面的影响日渐显著"。③ 殖民政府依靠技术专家来利用和管理非洲环境与社会。在 20 世纪 30 年代的英属非洲，殖民政府对于土壤侵蚀、森林砍伐，以及营养不良和公共卫生问题日益关注。20世纪 30—50 年代，在非洲工作的技术专家数量显著增多。20 世纪 30 年代末，英属、法属和比属非洲的技术专家只有不到 1000 人，但是到 1950 年已经增至数千人。1945—1952 年，英国殖民政府一共新招募了超过 1 万名雇员，其中 60% 是技术专家，主要从事农业、管理、调查、医疗、教育、林业和城镇规划。④ 随着科学家和技术专家数量增多以及权威的强化，发展问题日益受到关注，例如土壤侵蚀、森林砍伐和营养不良，这些作为殖民主义剥削性和不可持续性的例证，被重新界定为技术问题，是可以通过适当的专家技能加以解决的。

第二，这些发展计划的地理和社会空间是遵照科学官僚机构的"计划"进

---

① Michael Worboys, "The Emergence of Tropical Medicine," in G. Lemaine, et al., eds., *Perspectives on the Emergence of Scientific Disciplines*, Hague: Mouton, 1976, pp. 75 – 98.

② Shula Marks, "What Is Colonial about Colonial Medicine? And What Happened to Imperialism and Health?" *Social History of Medicine*, Vol. 10, No. 2 (1997), pp. 205 – 219.

③ Christophe Bonneuil, "Development as Experiment: Science and State Building in Late Colonial and Postcolonial," *Osiris*, 2nd Series, Vol. 15, Nature and Empire: Science and the Colonial Enterprise (2000), p. 265.

④ Joseph M. Hodge, et. al., eds., *Developing Africa: Concepts and Practices in Twentieth-Century Colonialism*, Manchester: Manchester University Press, 2014, p. 15.

行设计的。殖民科学家制定出极为严格的农业和社会活动计划，规定农民种植作物的种类以及耕作手段，并且对于农业活动时机实行严格控制。大规模发展计划是这一殖民科学观念的产物，它赋予政府管理经济发展的责任，并将社会视作一种复杂的机器，只有专家能够推动有效运转。在这些计划中，一种有关实验的发展主义话语得以兴起。从20世纪30年代开始，发展话语充满了"实验""试验"和"测试"等类似话语。采用这些话语的不仅有专家和科学家，而且还包括殖民官员和新闻记者。

第三，这些计划并不单是"自上而下地"推动非洲变革与发展，并且也试图重塑社会与国家之间的关系。非洲的殖民地国家表现出明显的脆弱性。大多数农村生产仍然处于早期殖民地国家控制之外。殖民地国家控制非洲农村的企图面临着诸多困难，包括人口密度较低，文化和生态多样性，工作技术、语言和家庭结构多样性，家庭经济和市场之间的联系脆弱。为了将农村社会置于政治控制之下，殖民地国家意在改变农村地区的社会和环境条件。这一策略是通过交通运输、灌溉、农业"现代化"、教育以及生产者融入市场等途径实现的。殖民者意图通过这些计划来塑造农村社会与环境，从而使其符合"发展"观念，更富有生产效率，符合专家知识，同时也更容易受政府控制。

在谈及殖民地专家在"科学"知识生产过程中的作用时，非洲史学家约翰·麦克拉肯（John McCracken）认为，这些专家的最大问题在于他们认定"非洲人没有什么值得学习的"。[1] 他们忽视被殖民者的知识，或者将这些视作理性进步的阻碍因素。即便是善意的殖民医疗干预也时常因为是家长主义和威权主义的，而存在致命缺陷。殖民地专家负责监管被白人农场主和矿业公司剥夺的土地，并使其合法化，划分非洲人"保留地"，并且采用关于土地和牲畜蓄养的"正确"手段，当殖民地国家认为自身权力受到威胁时，这些专家时常履行准军事职责。[2] 甚至是在那些似乎最为善意、最容易受到土著影响的领域，事实上导致当地知识遭到压制。殖民者试图重塑当地社会的生活方式，并以此强化殖民霸权。然而，黄金海岸的可可繁荣主要依靠小农生产，它的发展与殖民政府所鼓励

---

[1]　John McCracken, "Experts and Expertise in Colonial Malawi," *African Affairs*, Vol. 81, No. 322 (1982), pp. 101 – 116.

[2]　M. Bratton, "Settler State, Guerrilla War and Rural Underdevelopment in Rhodesia," *Issue: A Journal of Opinion*, Vol. 9, No. 1/2 (1979), p. 56.

的种植园生产是截然不同的，而农业技术专家在小农可可生产过程中并未起到作用。

殖民地发展规划和保护措施通常表现出，殖民者认为自身的科学技术比非洲人（甚至也包括白人移民）的经验知识更为优越。这些经验的一个重要来源是英帝国热带农业学院，它于1928年在特立尼达和多巴哥设立。该学院培训了很多英国殖民地农业官员。20世纪30年代，南非人访问美国，参观农业研究院校，实地感受沙尘暴所造成的影响。另外，来自其他殖民地的农业官员访问南非和美国。殖民地科学发展类似于托尼·巴兰坦的"帝国之网"分析模式，帝国内的交流就像个蜘蛛网，不同地方和不同人群之间进行着持续的、非线性的相互交流，交流的中心和节点并非固定不变的是宗主国的核心城市，而是根据交流的内容不断发生变化或转移。[①]

4. 基本评价

在殖民统治后期，英法殖民者试图在非洲殖民地推行发展计划，但是非殖民化导致这些发展计划又被搁置下来，"赞德计划"（Zande Scheme）是这类殖民统治后期发展计划的典型案例。1946年，英国官员在偏远的苏丹西南部推行这一计划，这里原本昏睡病肆虐。项目负责人一共将60000名分散居住的赞德人赶出家园，并将他们重新安置到"由50户家庭组成的乡村单元"，"聚合在一起生活，这也有助于教育安排、公共卫生和医疗计划"。这一计划雇用讲阿拉伯语的苏丹北部穆斯林来监管赞德人种植尼日利亚棕榈树和棉花，榨取棕榈油，抽取棉线。然而在1955年非殖民化前夕，项目官员已经意识到这一计划导致土壤侵蚀，他们也认识到这一计划需要很多年才能"将农民带入文明化和繁荣的国度，即便算不上富庶"。[②]

然而，很多的殖民地发展计划并未取得成功。殖民地开发公司（Colonial Development Corporation）在促进热带殖民地商品生产方面扮演了重要角色。[③] 1948—1962年间共有42个项目流产。最初五年的35个项目中的3/4并未达到预期目的，无法收回最初投资。这些失败包括肯尼亚的黄金和铜矿开采，坦噶尼喀

---

① 参见包茂宏《英帝国环境史研究——以殖民科学研究为中心》，《思想战线》2013年第4期。

② William A. Hance, "The Zande Scheme in the Anglo-Egyptian Sudan," *Economic Geography*, Vol. 31, No. 2 (1955), pp. 149–156.

③ 张顺洪：《英国殖民地开发公司活动述评》，《世界历史》2002年第2期。

的煤矿开采,以及各殖民地的制造业,尤其是肯尼亚。殖民地发展公司在东非的大部分项目到 1960 年基本上已经失败。

"殖民地发展计划"的失败在英国国会遭遇激烈批评。英国国会讨论了失败的诸多原因:管理不成熟,缺少结论性研究,西方设备在热带环境中的损坏,员工成本高昂。[1] 在面对接受这些批评的情况下,殖民地发展公司只能把强调重点从原材料转向其他一些危险相对较低的短期贷款项目。不过,这些新项目并未产生明显效果。

20 世纪 30 年代的福利与发展计划,成为后殖民时代非洲国家建构的基石。尽管"二战"期间以及战后的政治变迁,20 世纪 30—70 年代的非洲发展存在较大的历史延续性。后独立时代的非洲精英试图结束殖民时代以来的经济依赖,以及他们所认为的阻碍国家进入现代性的传统,他们因此在很大程度上效仿殖民统治者所实验的"威权主义社会管理"政策。这些发展计划在非殖民化之后很多仍然继续得以保留。热带非洲农业计划已经从大规模的重新安置和机械化计划转变为渐进改革,新统治精英也希望将他们的现代主义期待变为现实。尽管殖民统治后期的贡贾(Gonja)发展计划遭遇失败,恩克鲁玛执政后于 1964 年推行大规模发展计划,在沃尔特大坝修建后,政府将大约 80000 人重新安置到 52 个新城镇。独立后的坦噶尼喀也延续了英属东非殖民地的安置计划。尼雷尔总统试图通过将农民聚集居住以提供教育、卫生设施并且推广全新的农业种植方式,从而实现农村社会的现代化。[2]

第二节 城镇环境、非洲人反抗与民族主义的兴起

殖民政府试图支持某些城镇力量,同时破坏另一些力量,或者维持某种程度的稳定平衡,这一企图在"二战"后走向失败。城镇中的特权阶层拒绝作让步,反对城镇权利的扩展,这构成"二战"后非洲城镇史的重要内容。在内罗毕,白人主导的市镇委员会不断要求实行通行证法案,遣返城镇流浪人

---

[1] Michael Havinden, and David Meredith, *Colonialism and Development*, p. 286.

[2] D. J. Morgan, *The Official History of Colonial Development*, Vol. 4: *Changes in British Policy, 1951 –1970*, London: Macmillan, 1980, pp. 83 – 86.

口，拆除"非法"住宅，并且实行宵禁，划定禁止非洲人入内的地区。北罗得西亚首都卢萨卡创立于 1930 年，对它的白人人口而言是"规划出来的"城市，大量住宅区和三车道街道取代了以往较为便捷的网格模式。铜业经济繁荣导致出现私人建筑领域，主要面向白人建造住所和办公场所，甚至连铜矿业的学徒制在 1964 年独立之前也主要局限于白人。直至这时，卢萨卡城镇发展主要关注白人中产阶级人口，尽管非洲人逐渐也获得市政府住房，正式的种族隔离开始解体。

极少数非洲人得以享有城镇空间，尽管是以矛盾的方式。在两次世界大战之间，在坦噶尼喀的达累斯萨拉姆，非洲人地主扮演着重要角色。在达累斯萨拉姆城中部，尤其是卡里亚库（Kariakoo），他们构成了社会稳定的基础，并且运用房屋租金来积累资本。

然而，这些在城镇空间中占有一席之地的少数非洲人通常受到限制，他们所获得的土地面积极为狭小。在非洲人拥有一定财产权的城镇，殖民当局感到不安。在桑给巴尔，瓦克夫（Waqf）土地有很多桑给巴尔穷人居住，他们不用缴纳房屋租金。殖民当局试图将瓦克夫土地转变为商业土地，这在 1928 年引发民众骚乱。在民众压力下，殖民地政府被迫放弃这一企图。直至 20 世纪 40 年代，苏丹的一位地区专员认为，"世界上恐怕没有其他地方像乌姆杜尔曼这样有如此大片没有生产效率的地区"。[①] 乌姆杜尔曼的社会规范仍然并未被殖民经济所主导。房屋所有者能够依靠租金生活，手工业和商业发展仍然充满活力。

非洲城镇中还有很多的贫穷的通勤工人，他们处于社会边缘。在达累斯萨拉姆，讲扎拉莫语（Zaramo）的当地非洲人很少在城镇中心居住，倘若他们在城镇赚到钱，他们会在城镇周边建立房屋。在较为贫穷的尼亚萨兰殖民地，殖民政府为非洲人在布兰泰尔（Blantyre）和林贝（Limbe）周边地区划出空间极为狭小的居住区，更多人宁愿住在远离城镇的地方，每天长途往返上班。

在殖民经济环境下，非洲劳动力愿意维持身份的含混性，而不愿被界定为农民或者无产阶级。殖民统治者也试图尽可能减少城镇规划和基础设施上的花费。在内罗毕，殖民政府最初为非洲人建造的房屋极为狭小，并且没有卫生设施。最

---

① Ahmed Sikainga, *Slaves into Workers*: *Emancipation and Labor in Colonial Sudan*, Austin: University of Texas Press, 1996, p. 176.

初较为普遍的住房通常是集体宿舍,所强调的是流动劳工是彼此毫无区别的"劳动力",而非鲜活的个人。

尽管英国人最终决定了城镇外貌,但是非洲人并不是被动接受欧洲人的城镇空间观念,而是坚持自己的空间观念。以阿鲁沙(Arusha)为例,当地的阿鲁沙人面对殖民者强加的城镇空间观念时,他们往往退回到农村内陆地区。阿鲁沙城中的非洲人主要是斯瓦西里人、查加人(Chaga)和帕雷(Pare)移民,他们是被这里的经济机会和社会空间所吸引。[①]

在白人移民力量较强大的殖民地城镇,殖民政府会通过通行证法案来控制贫穷非洲人进入城镇空间,常常是直接效仿南非模式。内罗毕的城镇设计模式和大多数城镇设计者都是来自南非,其他的英属东部和南部非洲城镇大抵如此。

从20世纪30年代末开始,随着非洲城镇人口的快速扩张,殖民当局以种族隔离为基础的城镇规划难以推行。这些贫穷的城镇人口为非洲民族主义领导人和政党提供了群众基础,不过他们更多关注的是城镇环境。殖民当局在越来越多的城镇中觉察到社会和政治动荡因素。非洲人日益进入城镇,而殖民政府不愿意满足这些非洲人在城镇中的基本需求和目标,从而引发了双方之间的冲突,并推动了殖民时代非洲城镇性质发生改变。

在某些情况下,城镇成为非洲人抵抗殖民权威的地方,这也夹杂着对于战时和战后经济状况的不满。城镇违法和犯罪行为大幅增多,尤其是大量年轻非洲男性,以及出现一种难以控制的、全新的消费主义"牛仔文化"。[②]非洲城镇文化开始表现出反叛性,尤其是在殖民统治新创建的城镇。在英国殖民者看来,内罗毕非洲人成为20世纪50年代茅茅运动的主要参与者。"铁砧行动"(Operation Anvil)以史无前例的规模驱逐非洲工人。而那些来自并未受到茅茅运动影响地区的非洲人往往能够获得更好的住房条件。

到20世纪50年代中期,达累斯萨拉姆等地的殖民政府开始为非洲职员和工人家庭建立住房。在北喀土穆,有稳定工作的非洲工人获准在政府指定地区建立

---

① Thomas Spear, " 'Town of Strangers' or 'A Model Modern East African Town'? Arush and the Arusha," in David M. Anderson, and Richard Rathbone, eds., *Africa's Urban Past*, London: James Currey, 2000, p.121.

② Andrew Burton, "Urchins, Loafers and the Cult of the Cowboy: Urbanization and Delinquency in Dar es Salaam, 1919–1961," *The Journal of African History*, Vol. 42, No. 2 (2001), pp. 199–216.

住房。殖民政府还尝试为非洲无产阶级建立适合住房，并且驱逐那些对于殖民政府来说不必要的人口，但这并未解决贫民窟日渐扩大的问题。非洲人的工资仍然极低，很难积攒资本。而且，对于殖民政府来说，按照欧洲模式为大多数非洲城镇居民提供住房的成本过于高昂，并且使得非洲人按照欧洲核心家庭那样生活也是不现实的。

在殖民统治时代后期，城镇政治日益突出：伊巴丹、卡诺或者阿克拉这样的老城镇，殖民政府排斥社会精英家族，无意间使得传统力量也站在殖民统治的对立面。在城镇政治中起作用的，不只是拉各斯的赫伯特·麦考莱（Herbert Maculey）这样的现代人物，同样也包括传统力量。① 城镇政治有时表现为激烈的竞争，尤其是在西非，殖民政府试图榨取税收从而实现现代化计划。城镇政治还表现为本地人口与新来者之间的竞争，因为新来者在财富和教育方面优于当地人，因而不愿接受现有权威。

即便是在南罗得西亚和肯尼亚这样的移民殖民地，城镇建立起咨询委员会并接纳非洲人参与城镇管理，但是这些委员会权力极小。随着城镇规模扩大，殖民统治者往往创立政治代议机构。倘若白人移民在其中居于主导地位，这些代议机构在殖民地事务上往往具有较大的重要性。在英属非洲殖民地，市镇机构成立也是为了满足纳税人利益。因此，城镇法令使得很多城镇实现一定程度的自治。在对于非洲人社会福利设施的投入方面，白人移民要比欧洲官员更为吝啬。只是在赞比亚独立前夕，获得市镇选举权的非洲人数量才明显增多，尽管如此，他们仍然只占极少数。在东非，印度人被纳入市政府体系之中，但是地位与白人并不平等；内罗毕市长是白人，而副市长由印度人担任，尽管印度人口是白人人口的两倍。

相比之下，西非的咨询委员会和选举委员会在资源和自治方面的权力要少得多。在一些城镇，战后工会运动使得城镇政治具有较强的工人阶级特性；更典型的是，受教育程度较高、社会地位较高的非洲人围绕自身不满而组织起来，并且成为民众领导者。到 20 世纪 50 年代，一些希望培育自身支持基础的非洲政治家

---

① Pauline Baker, *Urbanization and Political Change：The Politics of Lagos*，1917 - 1967，Berkeley：University of California Press，1974. 赫伯特·麦考莱，尼日利亚政治家，尼日利亚民族主义之父，1914 年起积极投入反殖民斗争，1922 年创建第一个非洲人政党"尼日利亚民族民主党"并任总书记，1944 年出任尼日利亚 - 喀麦隆会议主席，1946 年病逝。

认识到城镇的重要性,他们通过市镇自治控制资源。殖民统治推行经济功能主义政策和种族隔离理念,常常试图灌输帝国本土的理念,但是非洲现实仍然不断起作用。殖民城镇常常成为殖民地社会和政治危机的来源,而这揭示了殖民主义发展观念所存在的悖论。

殖民统治者和规划者认为,城镇空间是现代性和帝国治理的象征,非洲农村民众应当在殖民政府监管之下缓慢接受城镇化。早在 20 世纪 30 年代,社会经济变革以及城镇生活导致民众期望值提高,这些开始削弱城镇所体现的秩序。到"二战"结束时,迅速涌入的城镇人口面临着住房、消费品和服务匮乏问题,非洲工人开始发动罢工以示抗议。

殖民者的城镇规划以全新方式塑造了非洲城镇,规范资源获取,隔离城镇空间,并且打着"秩序"的名义试图实现控制。这些政策尽管雄心勃勃,却很少取得成功。尽管如此,这些政策仍然对于殖民城镇面貌产生了重要影响。[1] 在后殖民时代,经济全球化使得非洲城镇更加趋同,尤其是较大城镇的商业区。非洲城镇街头遍是欧美消费文化的印迹,并且到处播放着欧美流行音乐。然而,表面的相似性之下,隐藏着的是非洲城镇化的复杂多样历史。城镇尽管是殖民时代以来的现代性产物,但是涌入其中的民众会带来他们自己的文化观念和诉求,从而创造出与殖民者的设想迥异的城镇文化。[2]

殖民统治者和城镇规划者将非洲城镇视作展示现代性和帝国治理的"橱窗",希望以此实现对于非洲农村地区的严密控制。到 20 世纪 30 年代初,社会经济变革以及城镇生活所带来的需求,开始削弱城镇所意图展示的秩序。到"二战"结束时,迅速增多的城镇人口对于房屋、消费商品和服务的匮乏感到不满,工人开始发动集体罢工以示不满。1948 年,在英国"模范殖民地"黄金海岸,民众不满日益高涨,在阿克拉和其他城镇发动骚乱;在南非,白人选民担心被农村黑人居民所吞没,以微弱的优势选举国民党上台执政,这标志着种族隔离时代的开始。

---

[1] Anthony D. King, *Colonial Urban Development*: *Culture*, *Social Power and Environment*, London: Routledge, 1976.

[2] David Anderson, and Richard Rathbone, "Urban Africa: Histories in the Making," in David M. Anderson, and Richard Rathbone, eds., *Africa's Urban Past*, London: James Currey, 2000, p. 9.

第三节　非洲精英群体的出现

欧洲殖民统治所导致的一个重要后果是非洲精英阶层的出现，这是殖民统治者所始料未及的。精英阶层的规模、社会构成和政治影响力在各殖民地不尽相同，这主要取决于经济发展程度以及传教士教育活动的密集程度。这些非洲精英阶层通常效仿欧洲人的行为方式。教师、职员、布道者、新闻记者、律师、医生、护士和商界人士，他们要求享有与殖民者同等的政治、社会和经济权利。然而，这一诉求在各殖民地都招致强烈反对，尤其是像南罗得西亚这样的欧洲人群体规模较大的白人移民殖民地。白人移民担心来自非洲人的竞争，并且信奉白人种族优越观念，他们拒绝非洲精英要求平等地位的诉求，即"所有文明人一律平等"。

1. 非洲精英群体与民族主义组织

非洲民族主义先驱力量通常是受过西方教育的知识分子，他们成长于两次世界大战之间。在桑给巴尔，最早的民族主义者是有着较高程度凝聚力的知识分子阶层，他们构成种族精英群体。这些桑给巴尔民族主义者是阿拉伯名门家族的后人，与阿拉伯人协会有着密切联系。在他们的著作和讲授之中，他们表达了阿拉伯前辈在实现东非海岸文明化和建立城邦国家过程中的重要作用。为了团结民众以建立独立国家，他们主张恢复前殖民时代素丹国的昔日荣耀，从而构建整个东非的"文明"。[1]

在拉各斯，1861 年至 19 世纪 90 年代，欧洲殖民者对于非洲教育精英的态度是较为友善的。殖民地政府、传教团学校和欧洲商人依赖于受教育的非洲人来发展殖民地，部分因为欧洲人难以适应拉各斯的卫生状况。英国殖民政策也鼓励非洲人参与殖民统治。1865 年，英国下院特别委员会做出决议，称英国在西非的存在应当维持在最低程度，英国应当"鼓励土著具备这些能力，从而使得我们能够将政府管理移交给他们，以确保我们最终撤出除塞拉利昂之外的（西非属地）所有地区。"[2] 到 19 世纪 90 年代，英国殖民部接受了在西非实行殖民统治

---

[1]　Jonathon Glassman, *War of Words, War of Stones*, p. 62.

[2]　Colin W. Newbury, *British Policy Toward West Africa: Selected Documents, 1786 - 1874*, New York: Oxford University Press, 1965, pp. 529 - 530.

的观念。伦敦和拉各斯的大多数欧洲官员主张英国殖民政府应当永久留在拉各斯，英国人将在以后扮演更重要的角色。随着越来越多的白人抵达拉各斯，在殖民政府和欧洲人机构担任职务，受教育精英被全面排斥在新的就业机会以及以往由他们所占据的政府职务之外。与此同时，非洲精英也丧失对于欧洲人的影响力，遭遇到全新类型的种族歧视。尽管他们仍然对殖民政府保持忠诚，但是他们的不满日益增强，这一群体中的很多人逐渐意识到英国不再愿意让他们维持自身在殖民统治进程中形成的政治地位。在认识到这一点之后，很多人开始质疑英国的文化和政治主导地位，结果就是这一时期文化民族主义的兴起以及政治反对派大量出现。

在殖民统治时期，随着非洲民族主义运动兴起，殖民地范围内的政治活动日渐显现。然而，由于殖民地政府对于乡村地区的长期忽视，再加上大量乡村人口分散居住在缺少通信设施的农村地区，因此阻碍了大多数政客动员乡村民众，其结果是 20 世纪五六十年代非洲民族主义政治基本上是城镇范围内，"尽管民族主义组织的抱负是将触角拓展至社会，然而它们仿佛是脑袋长在城镇之中，脑袋大而四肢虚弱的怪物"。[①]

2. 英国土著政策

一些非洲史学家认为，英属非洲殖民地的地方政府管理经历了从土著政府（Native Administration）向地方政府（Local Government）的转变。在广大的非洲殖民地，英国殖民者依靠与"显贵"的合作，殖民官员认为他们主导着所在社会。在英埃共管下的苏丹，情况也大致相似。英埃政府需要较为驯服的宗教学者，苏丹北部的苏菲派领导人以及著名部落领导人的支持。从 20 世纪 20 年代初开始，这一合作关系逐渐正式化并理论化，并以更为明确的族群为基础，成为英国人所谓"间接统治制度"的一部分。"土著政府"的基本假定是，族群本身能够产生合法的权威形式，而这可以为殖民地国家所用。英国人认为，1924 年苏丹政治骚乱是不满的、受过教育的苏丹人制造出来的。英国人称这一群体是"阿凡提亚"（Effendiyya）。在英国官员看来，这些阿凡提亚是不可信赖的，是未受教育的"传统"统治者、酋长和谢赫的对立面。出于对阿凡提亚的怀疑，英

---

① Aristide R. Zolberg, *Creating Political Order：The Party-States of West Africa*, Chicago：Rand McNally and Co., 1966, pp. 34 – 35.

国官员将对于"传统"统治者的依赖提升为政府形式——"土著政府"。对于"穿裤子的人"的怀疑，是英属非洲殖民地的普遍情况。①

"土著政府"（Native Administration）政策主要通过将权力从地方政府官员下放给"传统"首领，从而尽可能地成本低廉地实现殖民统治。这些传统首领被视作是自己所属部落的"自然"首领，这与官方有关原始主义的族群观念相对应。20 世纪 20 年代以后，殖民地国家将行政和司法权下放给农村显贵，"土著法庭"的复杂网络也得以建立起来。例如在苏丹北方地区，法庭将权力集中在殖民政府所青睐的首领手中。② 这些人所获得的权力并非传统的，而是以全新方式重构出来的。

实际上，土著政府本身并不是简单地通过世袭首领来统治单一的部落单元。土著政府的建立往往意味着小族群被纳入更大的、在当地居于主导地位的群体之中，这主要是出于行政需要：因此，殖民政策往往催生出当地族群之间的全新联系。土著政府也并不是非代表性的（Unrepresentative）和不负责任的体系。尽管殖民官员维持着对于任命纳齐尔（Nazir）和奥姆达（Omda）的控制，但是农村人口可以通过抗议而使得专制统治者地位变得岌岌可危。殖民官方在任命酋长时，往往需要咨询当地精英的意见，目的是规避地方危机可能造成的危险。最后，土著政府主要是管理苏丹农村地区的统治体系，同时也在城镇环境中发挥作用。简而言之，"土著政府"并非明确地通过"传统的""分权的专制者"而实现统治的典型，也并非不允许地方的政治竞争者表达意愿和诉求；土著政府也并不只是在乡村才具有合法性的体系，并非缺少在城镇环境中的重要性。

1942 年以后，英埃共管苏丹采取委员会形式的地方政府，英埃共管政府将地方委员会称作"自治的实验室"。③ 地方委员会是根据地域而非族群来划分的，将相互竞争的群体置于单一的行政单元之内，目的是鼓励更为广泛的政治观念，以利于未来的苏丹民族国家成立。

---

① M. W. Daly, *Empire on the Nile: The Anglo-Egyptian Sudan, 1898 - 1934*, Cambridge: Cambridge University Press, 1986, p. 360.

② Justin Willis, "Hukm: the Creolization of Authority in Condominium Sudan," *The Journal of African History*, Vol. 46, No. 1 (2005), pp. 29 - 50.

③ K. D. D. Henderson, *The Making of the Modern Sudan*, London: Faber, 1953, p. 531.

1935 年，苏丹总督斯提沃特·塞姆斯（Stewart Symes）政府期待"谢赫和阿凡提亚的子嗣能够坐在一起"。地方委员会从建立之初并未试图排挤酋长精英，而是为了承认并鼓励农村和城镇、"传统"和"现代"苏丹之间的联系。因此，农村委员会仍然继续由土著政府时代的精英所主导。不过，"传统"精英的主导地位并不是完全不受挑战的。这一地方政府改革，更多是讨论地方自治，表面创造地方代议机构，同时中央对于地方政府更多的是集权化监管。在殖民统治后期，官僚国家和民族主义政治推动苏丹建立更为集权的体制，强调科学、技术和官僚知识，要比英国间接统治政策所试图理解和保护的"传统"更重要。[1] 这一转变在很大程度上源于英国对于苏丹"阿凡提亚"的矛盾态度，其中一些更愿意称自己是"毕业生"，意指他们都曾接受过中学教育。英国对于这一群体极不信任。正因为对于受教育精英的矛盾心态，英国官员对于地方政府的期待是多样的、变化的，有时甚至是矛盾。英国官员认为地方政府有助于避免"毕业生"寻求更大的政治诉求，或者至少延缓这一政治诉求的实现。与此同时，英国官员也认为地方政府建立有助于推进殖民地"进步"，推动"进步阶层"挑战"（通常是保守而狭隘的）土著观念"。[2] 总体而言，尽管英国殖民政策和话语存在着混乱和不确定性，但是从土著政府向地方政府的转变代表着国家权威的延续性，而非断裂性。无论是土著政府，还是之后的地方政府，殖民地国家都试图重塑地方权威形式，并且强化对于民众日常生活的控制。

民族主义表现形式与所在社会结构密切相关。以桑给巴尔为例，当地印度人的印度国民协会为了抗议素丹政府针对印度中间商的政策，于 1937 年底抵制丁香出口，从而引发严重危机。阿拉伯协会则动员民众支持，警告岛民说印度借贷人对于伊斯兰文明构成严重冲击，并要求他们支持抵制印度人商业。阿拉伯人前往乡村动员民众，并威胁印度店主。这一危机极为短暂，1938 年在桑给巴尔政府调解下双方达成妥协，印度商人控制丁香出口，而阿拉伯人的丁香种植协会则负责维持市场调控。这一事件对阿拉伯民族主义产生重要影响，尤其是固化了阿

---

① Chris Vaughan, "Reinventing the Wheel? Local Government and Neo-Traditional Authority in Late-Colonial Northern Sudan," *International Journal of African Historical Studies*, Vol. 43, No. 2 (2010), pp. 255 – 278.

② Justin Willis, "Tribal Gatherings: Colonial Spectacle, Native Administration and Local Government in Condominium Sudan," *Past & Present*, No. 211 (2011), pp. 254 – 255.

拉伯人作为种植园主以及印度人作为借贷人形象。[1]

"二战"后，英属西非殖民地出现反抗殖民统治的社会和文化活动。20 世纪40 年代末，包括 1946 年非洲人立法会的创立以及随后出现的罢工、联合抵制和骚乱，这些事件鼓励黄金海岸民众质疑英国殖民统治的力量。黄金海岸联合大会（Untied Gold Coast Convention，UGCC）、人民大会党（Convention People's Party，CPP）以及民族解放运动（National Liberation Movement，NLM）为黄金海岸人提出不同诉求，到 20 世纪 50 年代中期，一系列活动成为非洲民族主义思想动员的重要场所。与西非其他地区相比，黄金海岸的新闻事业有着漫长历史。从 1857年开始，手写的英文出版物《阿克拉先驱报》（Accra Herald）开始发行，这是黄金海岸的首份报纸。三十年后，殖民地开始出现数份印刷报纸，包括《西部回响》（Western Echo）和《黄金海岸编年》（Gold Coast Chronicle）。这些并非定期出版，并且它们的经费大多紧张。不过，这些报纸都对英国殖民政策提出激烈批评。这些报纸的主要读者群规模较小，大多是集中在沿海城镇，受过教育的城镇男性和部分女性。20 世纪 30 年代，黄金海岸的南方城镇一共有超过 50 家俱乐部。这些俱乐部、报纸与民族主义有着密切联系。20 世纪 30 年代，J. B. 丹夸（J. B. Danquah）、梅布尔·达夫·丹夸（Mabel Dove Danquah）和纳姆迪·阿奇克韦（Nnamdi Azikiwe）等民族主义者积极推动当地报纸发展。[2]

第四节　殖民地农业发展计划与非洲农村的反抗

正如非洲史学家戴维·安德森所指出的，"殖民地政府所实施的这些发展政策旨在维持殖民地的价值并使其最大化，事实上却种下了导致自身毁灭的种子"。[3] 研究殖民地农业发展计划，有助于深入理解非洲社会变迁与非殖民化之间的复杂关系。20 世纪 40—60 年代，英属中部和东部非洲殖民地政府纷纷推出

---

[1]　Jonathon Glassman, *War of Words*, *War of Stones*, *Racial Thought and Violence in Colonial Zanzibar*, Bloomington: Indiana University Press, 2011, p. 45.

[2]　Nate Plageman, "'Accra Is Changing, Isn't It?': Urban Infrastructure, Independence and Nation in the Gold Coast's Daily Graphic, 1954－1957," *Internatinaol Journal of African Historical Studies*, Vol. 43, No. 1 (2010), p. 140.

[3]　Richard Reid, *A History of Modern Africa*, p. 255.

农业发展计划,旨在保护农业生态环境,促进农村经济发展。然而,这些政策非但未能有效维护非洲农村稳定,反而激起非洲农村对于殖民统治的反抗,从而形成"农民反对保护"的独特现象,使得非洲民族主义力量原本无力动员的农村也成为反抗殖民统治的重要力量。下文主要从殖民地农业发展计划的出台背景、主要内容及其实际效果等方面展开论述,意在揭示殖民地农业发展计划与非洲农村反抗之间的关系,以期深化我们对于非洲社会变迁与非殖民化之间关联的理解。

1. 农业发展计划与农民的反抗

这些农业发展计划不仅未能实现原定目标,反而激起了非洲农民的普遍反抗。概括起来,非洲农民的反抗主要出于以下原因。

首先,这些农业发展计划时常影响到农民的切身利益。"第二次殖民占领"时期,殖民农业发展计划急剧地改变了非洲家庭劳动力的分配、土地利用和生产技术。殖民政府声称,介入非洲农业是为了非洲人的"福祉",但是这些农业发展政策并未向非洲农民展示切实好处,更无法提供有效的经济激励。[①] 农业发展计划时常威胁到非洲小土地所有者的生存,因为破坏了非洲人现有的资源利用和环境控制。

其次,普通民众在农业发展计划的政策制定过程中参与程度极低。殖民政府农业发展计划并未将非洲农村社会关系考虑在内,或者试图以一种简单化方式来改变这些社会关系。殖民者对于非洲农业问题的理解完全依照西方科学,很少或者未曾顾及非洲民众的农业实践或者社会组织制度。在殖民官员看来,对于非洲社会进步而言,土著知识体系并不具有任何意义。殖民地农业发展计划尤其强调技术专家的角色,从而实施单边干预和集权主义计划。尽管农业政策干预在最初阶段会借鉴农民的某些技术,不过大多是有限的,取而代之的通常是殖民政府的全面计划。遏制保留地农业危机的迫切需要,使得殖民官员认为有必要采取控制和干预措施,并实行仁慈的威权主义,而不是考虑非洲人的利益或者情感。例如,肯尼亚农业部和省政府的殖民官员认为,农业危机根源在于非洲农民本身,正是非洲农民的无知、无能和贪婪,导致土地遭受严重侵蚀,而这只有通过严厉

---

① David Anderson, "Depression, Dust Bowl, Demography, and Drought: The Colonial State and Soil Conservation in East Africa during the 1930s," *African Affairs*, Vol. 83, No. 332 (1984), p. 321.

的政府政策才能加以解决。①

然而，殖民地农业发展计划本身不可能是社会中立的，势必牵涉殖民地社会关系，而这是这些计划未能实现的重要原因。农村反抗所针对的，通常并不只是某些在技术上存在欠缺的具体措施，还包括殖民者的控制及其所造成的社会破坏。即便在农业发展计划遭到农民反对的情况下，殖民政府仍然坚持强调采取土壤保护措施的重要性。特别是从 20 世纪 50 年代中期起，很多殖民官员意识到，殖民地的政治环境、计划执行方式及其背后逻辑，这些都意味着只有依靠强制才能推行包括土壤保护在内的农业发展计划。② 为了迫使非洲农民接受农业发展政策，殖民政府对不遵守农业保护措施的农民克以重罚。然而，这只会让土壤保护政策更加不受欢迎。

最后，非洲民众对于殖民地政府的不信任。由于殖民地政府和白人移民之前对于非洲人的土地剥夺，因此非洲民众对于政府在保留地实施农业发展计划的动机表示怀疑。例如在北罗得西亚，"非洲人农业改良计划"遭遇阻力最大的地区，恰恰是经受过严重土地剥夺的地区。这些地区的非洲民众尤其担心殖民官员所鼓吹的农业发展计划很可能是为白人抢占这些土地做准备。对于大多数非洲农民而言，解决土地问题只有一个途径，就是在人多地狭的保留地之外为非洲人提供更多土地，然而这是白人移民和殖民地政府所不愿意的。在很多通加人（Tonga）看来，非洲人农业改良计划并不是为了他们的利益，而是殖民地政府的"分而治之"图谋，最终是为了欧洲人利益。殖民政府以"过于拥挤"为由在马扎布卡（Mazabuka）土著保留地实行多项土壤保护措施，这些大多不受欢迎，然而邻近的欧洲人农场闲置土地却达数百万英亩。殖民地农业部抱怨道，随着反对中非联邦的斗争达到顶峰，非洲人认为农业发展问题的"本质是政治和社会的，而非农业和经济的"。③

2. 非洲农村反抗与民族主义运动之间的关系

20 世纪四五十年代，既是殖民政府在意识形态和财政上致力于"发展"的阶段，同时也是非洲农村反抗殖民统治最为严峻的阶段，这二者之间有着极为密切的关联。在当地人不合作和大众反殖民政治动员情况下，这些战后的发展计划

---

① Bruce Berman, *Control and Crisis in Colonial Kenya*, p. 277.

② William Beinart, "Soil Erosion, Conservationism and Ideas about Development," *Journal of Southern African Studies*, Vol. 11, No. 1 (1984), p. 81.

③ Northern Rhodesia Department of Agriculture, *Annual Report* 1951, Lusaka: Government Printer, 1952, p. 12.

很快就遭遇失败,这也迫使殖民官员、殖民规划者和技术顾问认识到殖民统治机构存在裂缝。英、法两国对于殖民地采取环境保护政策,主要包括保护自然资源,扩大生产,促进土壤保护以及控制疾病。"二战"结束之初,殖民地政府也需要增加生产来实现国内重建。"二战"后二十年时间里,殖民地经济迅速发展,因为世界市场对于它们的农业和矿业产品需求十分强劲。然而,殖民地政府日益介入非洲社会日常生活,这成为反抗殖民统治的重要原因。无论是南非种族隔离制度的建立,还是英属非洲殖民地,都要求非洲农民从事土壤保护,或者将非洲农牧民从野生动物保护区赶走,所有这些都推动了反殖民民族主义。

殖民不满与民族主义运动相互关联的一个重要方面是环境保护问题,尤其是反对土壤侵蚀运动,这需要非洲修筑梯田,有计划地宰杀牲畜,停止用火来开荒,采用"进步的"农业技术,这些将急剧地改变家庭劳动力分配、土地利用和生产技术。在肯尼亚,以土壤保护为目的的发展计划引发茅茅起义。[①] 在马拉维和南罗得西亚,反土壤侵蚀控制措施直接导致农民支持反殖民抗议和独立时代的民主主义战争。在种族隔离时代的南非,政府的农村改善计划引发了邦多兰(Pondoland)等地爆发反抗运动。[②] "二战"后,在坦桑尼亚的一些地区,反对土壤保护运动几乎导致武装冲突。在乌桑穆巴拉(Usambara)山区,殖民地政府试图推行土壤保护措施,结果招致大众抗议,直接针对被选出来执行土壤保护计划的酋长,这几乎酿成了反殖民运动。[③]

在这些非洲殖民地,民族主义组织的主要支持力量集中于城市,并不具备动员非洲农村民众的能力。然而,殖民地农业发展计划加剧了非洲农村社会的分化,触及了非洲农民的生活方式和社会组织形式,特别是非洲农民对于土地、劳动力和牲畜的控制,从而使得农村人口成为非洲民族主义力量的反殖民盟友。

在北罗得西亚,殖民政府所强加的农业发展计划使得农村反抗和民族主义政治联系起来。在整个殖民时代,这些农民一直受到各种农业法规的影响。对于他

---

① Tabith Kanogo, *Squatters and the Roots of Mau Mau*, London: James Currey, 1987, pp. 105 - 120.

② William Beinart, "Environmental Origins of the Pondoland Revolt," in Stephen Dovers, et al., eds., *South Africa's Environmental History: Cases and Comparisons*, Athens: Ohio University Press, 2002, pp. 76 - 89.

③ Steven Feierman, *Peasant Intellectuals: History and Anthropology in Tanzania*, Madison: University of Wisconsin Press, 1990, pp. 167 - 180.

们而言，20 世纪 50 年代兴起的民族主义斗争不过是他们以往已经展开斗争的延续。农民虽然被迫参与到政府所推动的农业计划之中，但是他们厌恶这些法令的实施方式。民族主义政党领袖则攻击殖民地政府的农业法令，同时极力说服农民相信自己是他们利益的忠实代表，赞比亚非洲民族大会（Zambian African National Congress）以及后来的联合民族独立党（United National Independence Party）获得农民广泛支持。①

20 世纪 50 年代，南罗得西亚白人少数政府发动一场针对殖民地非洲农民的雄心勃勃的农业发展计划，出台《土著土地耕作法案》（Native Land Husbandry Act，NLHA）。《土著土地耕作法案》的主要内容包括三部分：土地所有制改革、控制耕作技术，以及国家加强对于农村非洲人的监管。这是一项极为复杂的措施，反映了白人移民政权的内在矛盾，并且引发了大规模的非洲农民抵抗，在 20 世纪 60 年代威胁到政府对于乡村的控制。《土著土地耕作法案》的推出，反映了南罗得西亚的种族隔离秩序，赢得保守的欧洲移民的支持，因为法案承诺以种族划分土地。与此同时，法案也反映了殖民地现代化推动者的关键观念，尤其是它强调土地所有制改革，从而推动"落后"的农民走出"传统"的泥潭，推动农民进行现代形式的经济活动，从而培养出自律的现代臣民，驯服的黑人，适应于殖民主义。② 该法案削弱了酋长对于土地的控制权，再加上减少牛畜存栏量和平整畦沟等保护措施，招致非洲农村民众反感，并为民族主义运动提供了坚实的群众基础，"对于官员的攻击随处可见，民族主义政党渗透到农村地区"。③《土著土地农业法》也导致大量非洲人离开农村进入城市，由于这一法案剥夺了城镇工人的农村基础与安全保障，因此导致农民不满与城镇不满情绪相结合，正如土著事务总监（Chief Native Commissioner）在 1961 年、1962 年年度报告中所述："民族主义组织从一开始就把法案作为他们攻击殖民统治的首要目标，并竭力贬损抹黑这一法案"，法案反对者"并不仅限于无地者，同样也包括他们的父

---

① Owen J. M. Kalinga, "The Master Farmers' Scheme in Nyasaland, 1950 – 1962," *African Affairs*, Vol. 92, No. 368 (1993), p. 380.

② Guy Thompson, "'Is It Lawful for People to Have Their Things Taken Away by Force? High Modernism and Ungovernability in Colonial Zimbabwe," *African Studies*, Vol. 66, No. 1 (2007), pp. 39 – 77.

③ Jocelyn Alexander, *The Unsettled Land: Statemaking and the Politics of Land in Zimbabwe, 1893 – 2003*, London: James Currey, 2006, p. 59.

母和亲属,事实上整个乡村社会的态度都发生了急剧变化。正是由于土著土地农业法案的实施……导致政府土著专员和农村非洲人之间的关系紧张"。①《土著土地农业法》助长了非洲人对于殖民政权的反抗,从而为非洲人国民大会和民族主义运动提供了重要支持。②

在尼亚萨兰,饥荒后的农业保护措施已经导致全国范围内的不满,其发展顶峰是 1953 年恩彻鲁(Ntcheu)和乔洛(Thyolo)的骚乱。为了实现农业保护措施,政府强迫农民参加劳动,并且要求农民在田垄上种植木薯。然而,农民认为这可能导致木薯腐烂,并且担心修筑堤坝只是为欧洲人定居做准备。面对非洲农民的反抗情绪,殖民政府从 1956 年起暂缓执行农业发展计划,并集中精力惩罚那些公然违抗农业计划的非洲农民。然而,这并未导致局面缓和。从 1956 年开始,大众层面的不满被新一代政治领袖所利用。尼亚萨兰非洲人大会(Nyasaland African Congress)将农业发展计划作为政治动员的核心,并以此攻击殖民政府和乡村酋长。1956 年 6 月的殖民地情报摘要提到,"在科塔科塔(Kota Kota)地区,非洲人大会宣传的主要内容是反对在斜坡上的木薯田地作垄,非洲人大会先后在这里举行了十次集会,因此有效刺激了这里的政治活动,每场集会参加者都在 4000 人以上"。③

肯尼亚的斯温纳顿计划也试图创造出保守的农民中产阶层,从而安抚肯尼亚非洲社会激进阶层的不满情绪,尤其是在基库尤人地区。然而,这项由白厅和内罗毕殖民地政府秘书处设计的农业发展计划并未给基库尤农民带来好处,反而导致他们更大程度的反抗。农业发展计划试图说服农民相信新的经济作物轮耕制度更适合雨量匮乏地区,但是很多基库尤农民认为这些所谓的农业技术只会加重他们的负担,例如非洲人被迫每周两次修筑梯田,或者被迫种植小米或木薯。非洲保留地农民普遍不信任殖民政府的农业发展计划,很多人怀疑一旦梯田修筑完成,他们的土地将会遭到剥夺,从而为殖民政府安置欧洲移民做准备。保留地到处都在传播成千上万非洲家庭将要流离失所的流言。在基库尤地区,修筑梯田破

---

① Victor E. M. Machingaidze, "Agrarian Change from Above: The Southern Rhodesia Native Land Husbandry Act and African Response," *The International Journal of African Historical Studies*, Vol. 24, No. 3 (1991), pp. 587 – 588.

② Michael O. West, *The Rise of an African Middle Class: Colonial Zimbabwe, 1898 – 1965*, Bloomington: Indiana University Press, 2002, p. 215.

③ John McCracken, *A History of Malawi*, pp. 323, 328.

坏了殖民统治的基础，从而为城镇激进派提供了动员保留地民众支持的机会。在所有的肯尼亚非洲人中间，基库尤人受到殖民农业政策影响最深，因此对于殖民统治的反抗也最为强烈，而这是茅茅运动的重要根源。[①]

综上所述，在 20 世纪 40—60 年代的英属中部和东部非洲殖民地，殖民地政府所推出的农业发展计划对于非洲农村产生了极大影响。这些发展计划未能向农村民众展示所能带来的利益，反而触动了非洲民众的生存模式及其对于土地、劳动力和牲畜的控制。尽管殖民地国家声称介入非洲农村发展是为了非洲农村民众的"福祉"，但是却增强了非洲农民的政治意识，使得非洲农民开始对殖民统治感到不满。非洲民族主义组织的力量主要集中于城镇地区，他们既没有能力也没有意愿去动员农村民众。对于这些民族主义者而言，殖民政府的农业发展计划为他们提供了政治动员的契机，使得农村民众与民族主义组织结合起来，从而为反殖民斗争提供了农村支持。

西非地区的情况也类似。"二战"后，黄金海岸殖民政府针对可可肿枝病防治政策引起了乡村地区极大的震惊和憎恨。控制可可树病成为英帝国统治的重要手段。倘若允许肿枝病蔓延并破坏农业，殖民地经济将会遭受严重影响，因为可可收入是加纳人的主要收入来源。然而，由于这一问题是在战后出现的，当时民族主义势头正在上升，黄金海岸联合大会党和人民大会党都将可可肿枝病防治手段政治化，以推动反殖民宣传活动。可可产区的农民不满是加纳实现政治独立的重要推动力量。[②]

第五节　非洲民族主义与非殖民化

1960 年是"非洲年"，一共有 17 个非洲殖民地实现独立。此前，苏丹、突尼斯和摩洛哥于 1956 年实现独立，加纳于 1957 年实现独立，几内亚于 1958 年独立。葡萄牙继续维持殖民统治到 1975 年，南罗得西亚、西南非洲和南非的"独立"白人移民政府一直把持政权，南非直至 1994 年。尽管如此，到 1960 年，

---

① David Throup, *Economic and Social Origins of Mau Mau*, pp. 10, 81, 151.

② Francis K. Danquah, "Rural Discontent and Decolonization in Ghana, 1945 – 1951," *Agricultural History*, Vol. 68, No. 1 (1994), pp. 1 – 19；李安山：《殖民主义统治与农村社会反抗——对殖民时期加纳东部省的研究》，湖南教育出版社，1999；罗杰·S. 戈京：《加纳史》，李晓东译，中国大百科全书出版社，2011，第 79—80 页。

非洲大陆的变革方向已经十分明确,正如英国首相哈罗德·麦克米伦(Harold Macmillan)在南非开普敦所宣布的,"变革之风正席卷非洲大陆。不论我们是否喜欢,民族意识的增强是一个政治现实"。[1] 然而,在"二战"结束之初,很少人意识到这一变革之风有多强劲,它来自何方,将会带来怎样变化,以及何种力量会使得它偏离方向。在短短十五年时间里,非洲大陆政治版图竟然发生如此剧烈的变化。尽管非洲独立年已经过去了近六十多年,历史学家才刚刚开始关注这一问题,探寻导致"二战"后非洲大陆迅速非殖民化的政治、社会和经济进程,这些进程是多重的、冲突的,时常是矛盾的。

20世纪30年代的全球经济萧条凸显了殖民者有关进步话语的空洞性。欧洲列强的关系紧张,以及1935年意大利法西斯入侵埃塞俄比亚,推动了反殖民浪潮。而"二战"爆发在非殖民化的宏大叙述中成为分水岭时刻,影响到全球权力平衡以及民族主义动员。尽管军事斗争只发生在北非和非洲之角地区,整个非洲大陆深受战时经济的影响。成千上万的非洲士兵参战,有些甚至在关键战役中发挥了至为重要的作用。不过,被招募参战的不只是非洲士兵,同时也包括强制劳工。这些强制劳动力被迫从事面向出口的原材料生产,以供应帝国战争需求。[2] 而且,战争的结束导致一种截然不同的全球秩序,传统的殖民列强力量受到严重削弱。美国和苏联将会成为新的"超级大国",没有维持现存殖民统治体系的切身利益。除此之外,联合国宪章也重申了《大西洋宪章》所提出的民族自决权。1947年,印度和巴基斯坦独立,1948年锡兰和缅甸独立。最终,在"二战"结束背景下,泛非大会于1945年召开,未来的非洲民族主义领袖,包括奥巴费米·阿沃洛沃(Obafemi Awolowo)、约莫·肯雅塔(Jomo Kenyatta)、克瓦米·恩克鲁玛(Kwame Nkrumah)开始将新兴的非洲反殖民斗争与北美和加勒比地区泛非主义和反种族歧视斗争联系起来。"雅尔塔体系"的确立以及以两极对立为特征的世界新格局的形成,使得反殖民主义浪潮呈现出不可阻挡的态

---

[1] Jussi M. Hanhimäki, and Odd Arne Westad, eds., *The Cold War: A History in Documents and Eyewitness Accounts*, Oxford: Oxford University Press, 2003, p. 357.

[2] 舒运国:《泛非主义与非洲一体化》,《世界历史》2014年第2期;黄玉沛、张忠祥:《非洲对世界反法西斯战争贡献的再认识》,《历史教学问题》2015年第4期。

势。①

非洲非殖民化正是在这一全球背景下展开的。耐人寻味的是，非洲民族主义运动使非洲国家从殖民列强手中赢得国家主权，恰逢英法试图推行殖民地发展计划。通过扩展社会服务、基础设施以及部分的教育机会，并且通过发展小规模的城镇工人阶级，殖民地政府认为能够实现殖民地稳定。然而，战后的非洲民族主义者也有自己的设想与计划。② 有关非殖民化的这些早期叙述概括了帝国或者全球环境，充斥着危机和矛盾，而"幸福结局通常是民族独立"。③ 这些历史叙述通常关注的是殖民统治的内在悖论，同时也关注殖民主义所创造的全新类型的历史行为体，这些行为体同时也是殖民统治的挑战者：教会培养出的精英开始表达民族主义观念，尽管最初十分狭隘，甚至是在"二战"爆发之前已经出现；生产经济作物的非洲农民，对于粮食短缺越来越脆弱，而他们所生产农作物的价格起伏波动，取决于世界市场状况；移民工人通过自愿或者被迫的迁徙，数年时间在种植园、矿山或者公共工程项目务工；城镇居住者大多是从农村涌入城镇，尤其是在"二战"期间，目的是逃避农村贫穷，但是他们只能居住在贫民窟之中，这里的卫生或者社会便利设施极为匮乏；工资劳动力者在殖民地城镇中试图维持生计，组织全新类型的协会和工会；退伍士兵，曾经与欧洲士兵在战争期间并肩作战，他们以为在战后会得到帝国政府的照顾，结果却大失所望。

1. 非洲社会变迁与非殖民化

对于非殖民化的理解，需要与对殖民主义本身的全面认识结合起来，需要我们充分认识殖民统治的有限性以及面对挑战时的脆弱性。法国和英国征服非洲，不论其动机如何，在两国国内都被认为是为了拯救非洲大陆免受暴力、专制和落后，为非洲打开贸易、基督教和文明的大门。实际上，殖民统治者为了维持秩序、征缴税收，并且得到特定的农作物或者工资劳动力，不得不维持与旧有非洲精英的联盟，这些人之前被殖民者描述为实现进步的障碍。殖民政府者更雄心勃勃的计划很快被证明是无法实现的。"一战"至 20 世纪 30 年代，法国和英国重

① 郑家馨主编《殖民主义史（非洲卷）》，北京大学出版社，1999，第 634—642 页；钱乘旦、许洁明：《英国通史》，上海社会科学院出版社，2002，第 347—348 页。

② Thomas Hodgkin, *Nationalism in Colonial Africa*, London：Frederick Muller, 1956.

③ Bill Freund, *The Making of Contemporary Africa：The Development of African Society since* 1800, Bloomington：Indiana University Press, 1984, p. 8.

塑非洲大陆的野心减弱,他们声称自身目标只是维持非洲社会文化,只允许其中发生缓慢变化。20世纪50年代非殖民化所终结的殖民主义并非两次世界大战之间的殖民主义,当时的殖民主义并未致力于改造非洲社会,而是竭力维持非洲殖民地社会"传统",并以此自诩。[1]

英属东非和西非的非殖民化进程存在较大差异。英国殖民政府认为西非殖民地在教育、经济和政治上都要比东非和中非更为发达,并且欧洲移民群体决定了多种族的而非纯粹民族主义的未来。在西非地区,出于对于1948年黄金海岸反抗的回应,英国殖民部已经开始积极应对非殖民化。相比于东部和南部非洲而言,西非并不存在白人移民社会,因此这一地区的非殖民化进程相对没有那么复杂。西非的非殖民化表现为渐进改革,而非激进主义。在黄金海岸,J. B. 丹夸(J. B. Danquah)领导的统一黄金海岸大会党以及克瓦米·恩克鲁玛所领导的人民大会党;在塞拉利昂,米尔顿·马尔盖(Milton Margai)领导的塞拉利昂人民党(后改名为联合民族阵线);在冈比亚,人民进步党和联合党。所有这些政党都主张"文明"或者改革策略,例如采取请愿、向伦敦派遣代表团、抗议集会、联合抵制欧洲商品、罢工、农作物"停产"等较为温和的抗议方式。在西非殖民地,非殖民化基本上是城镇地区的事情,20世纪30年代黄金海岸发生的"可可停产"是农村与城镇抵抗相互交织的极少数情况。[2]

然而,东非情况截然不同。尽管英国殖民部认为殖民地最终要实现自治,但是非殖民化通常是未计划的、难以预测的,是对于帝国不同地区民族主义挑战的小规模回应。坦噶尼喀在英属东非殖民地之中是最不发达的,却是其中最先实现独立的。之所以出现这一情况,原因主要在于:第一,20世纪40年代末坦噶尼喀政治组织的脆弱性,使得坦噶尼喀殖民地政府设计出一套选举制度,但并未按照预想建立起温和的、多种族的领导层,而是使得非洲民族主义组织坦噶尼喀非洲民族主义联盟(简称"坦盟")在1958—1959年选举中大获全胜。第二,英国人所设计的控制非殖民化的宪法程序,在只有一个主导政党而不存在反对党的情况下无法发挥作用。坦盟的力量,既是由于坦盟早期历史以及政党领袖的作

---

[1] Frederick Cooper, *Decolonization and African Society*, p. 451.

[2] Cyril K. Daddieh, "Ethnicity, Conflict and the State in Contemporary West Africa," in Emmanuel Akyeampong, ed., *Themes in West Africa's History*, London: James Currey, 2006, pp. 267 – 268.

用，更是由于殖民地缺少发展，这意味着几乎所有的政治诉求都可以在同一政党之内获得代表。第三，由于坦噶尼喀发展落后，政府安全部队力量太过弱小，因此无法遏制民族主义运动。第四，同样由于坦噶尼喀发展落后，英国认为它需要极为漫长时间、极大的成本投入才能实现独立，这在政治上是难以想象的，为此而拖延独立是毫无意义的。正因为如此，英属西非殖民地最早实现独立的是其中较为发达的黄金海岸，在东非则是最不发达的殖民地坦噶尼喀，帝国主义在这里是最薄弱环节，最先断裂。坦盟的胜出使得英国殖民大臣伊恩·麦克劳德（Ian Macleod）意识到坦噶尼喀除了迅速独立之外并无其他选择。一旦在一个殖民地妥协，英国殖民者也就没有在邻近殖民地抵制非洲民族主义的动力。1958—1959年的坦噶尼喀选举成为东非迅速实现独立的关键。[1] 当一个殖民地获得独立，另一个殖民地很可能也会提出独立要求，并最终使得宗主国放弃对它的统治，从而使殖民帝国解体产生一种连锁反应。[2]

2. 帝国利益与非洲民族精英

帝国史学家更愿意用"非殖民化"而不是"独立"一词，他们更多认为非洲独立是由于欧洲殖民者的策略而不是非洲人的努力。"二战"后，欧洲迫切需要在新的冷战环境中找寻盟友，而满足民族主义将有效遏制共产主义。而且，英、法两国将他们与世界其他地区的民族主义者打交道的教训运用到非洲，而比利时和葡萄牙则没有类似教训。[3]

单靠民族主义运动是否能推翻殖民统治，这一点是很难讲的，但是包括工会在内的社会运动破坏了战后殖民主义的经济计划，同时也对殖民统治的霸权计划提出挑战。到 20 世纪 50 年代中期，法国和英国比以往更加在意殖民统治的利益得失，并逐渐认识到殖民统治是得不偿失的。麦克米伦首相要求每个殖民地政府都进行成本收益计算。1957 年，麦克米伦表示：

---

① John Iliffe，"TANU and the Colonial Office," *Tanzania Zamani：A Journal of Historical Research & Writing*，Vol. 3，No. 2（1997），pp. 1 – 62.

② 高岱：《殖民主义的终结及其影响》，《世界历史》2000 年第 1 期，第 20 页。

③ Bruce Berman&John Lonsdale，"Nationalism in Colonial and Post-Colonial Africa," in John M. Breuilly，ed.，*The Oxford Handbook of the History of Nationalism*，New York：Oxford University Press，2013，p. 308.

希望对每个殖民地进行成本收益分析，这样我们才能从财政和经济角度估算离开这些殖民地将带来的收益或者损失。当然，这也需要考虑我们在每个殖民地的政治和战略考量。我们还应当试图估算保持或者丢掉每块殖民地的利弊，并且将所有因素都考虑在内。[①]

基于这样一种经济和地缘政治利益考量，英国殖民政府开始重新评估维持殖民地的成本收益。英国政府认识到，在大多数情况下，英国通过殖民统治所能获得的，并不比后殖民的合作关系多出多少。在这些情况下，昔日帝国不应当冒险触犯昔日臣属的情感，英国需要将前殖民地维持在英联邦和英镑区之内。英国政府希望英国的政治观念和政治体制能够极大地影响到前殖民地的治理，推动这些国家保持与英国的联系。

英国政府官员认识到没有理由无限期拖延或者耗费巨额成本，甚至也不再认为能够控制非殖民化速度。继黄金海岸之后，殖民政策官方委员会也认识到应当"尽可能缓慢一些"。丢掉尼日利亚将会导致"美元收入小幅减少"，但这并不是问题的根本。委员会认为，尼日利亚人对英王保持忠诚，"有着很多值得钦佩的性格，尤其是一种幽默感和自我解嘲的能力……但也有另一方面，容易被忽视的一面。野蛮主义和残暴日渐浮现"，问题是，"我们不可能待到足够长时间来完成文明使命"。伦诺克斯－博伊德（Lennox-Boyd）明确表达了英国即将失去对于殖民地的控制，尽管"国家（尼日利亚）即将分崩离析"，"行政混乱"，"腐败、无能和投机主义统治"，但是殖民地要求独立的情感压力十分强劲，"尤其是南部……强烈抵制这一情感，并且使得所有尼日利亚政客都与我们对立起来，这将会毫无价值，而且是危险的，因为倘若这个国家所有人都反对我们，我们就无法控制这个国家；我们必须维持一种和平而安定的尼日利亚，使它成为我们的重要贸易伙伴（英国对尼日利亚的出口为每年5000万至6000万英镑）。失去尼日利亚人的合作和信任将会影响尼日利亚独立之后的双方良好关系。这是我们所面临的两难境地：要么过早给予尼日利亚独立，可能随后分崩离析或者导致政府崩溃；久拖不决，可能导致尼日利亚人的不快和混乱，引发对我们的不满，从而

[①]　转引自 Frederick Cooper, *Decolonization and African Society*, p. 395。

使得尼日利亚人在处理国际事务方面无法按照我们所期待的那样思考问题"。①
伦诺克斯－博伊德以及整个殖民决策层都认识到，英国唯一可以维持的是对于尼
日利亚政府结构、生活方式以及贸易政策的影响。

在东非，英国对于不可避免的非殖民化更加没有信心。非洲人被吸纳到乌干
达和坦噶尼喀立法机构，这意味着"迅速的内部自治是难以阻遏的"。乌干达内
部的分裂政治构成"潜在"威胁，而坦噶尼喀则处于"真正的两难困境"，因为
它"落后"的经济以及政客没有经验，然而面对"高度组织化的全国范围内的
压力群体……我们很难遏制这一显然是不成熟的发展"。伦诺克斯－博伊德希望
英国能够继续控制坦噶尼喀和乌干达至少十年时间，确保"殖民地按照自己的
标准维持合适的生活标准，并且维持投资者的信心"。甚至在这一阶段，他希望
避免"过度地、持续地依赖于英国援助，尤其是经常性开支账目"。至于肯尼
亚，"我坚持认为，在可预见的未来，英国政府没有必要放弃控制；但是倘若西
部和南部邻国实现权力移交的话，也就很难再维持这一局面"。就整个东非而
言，非洲民族主义力量要求"尽早结束殖民地地位"并建立由"非洲人主导的
国家"，政府担心出现"有组织而广泛的暴力"。从经济和财政来讲，这一局势
变得更加糟糕，因为世界商品价格在下跌。肯尼亚刚结束了从紧急状态中获取的
特别援助项目；坦噶尼喀财政出现赤字；乌干达情况也"好不了多少"。

1959 年后，英国保守党政府决定，既然非洲殖民地独立是不可避免的，就
没有必要拖延。1961 年，坦噶尼喀实现独立，而乌干达于 1962 年独立。肯尼亚
独立问题受到较多讨论。1962 年，新任殖民地事务大臣雷金纳德·莫德林
（Reginald Maudling）告诉英国内阁，肯尼亚殖民地官员普遍认为："走向独立的
速度过快，没有办法减缓这一速度。"经济在"迅速下滑"，非洲人就政治成熟
度而言，"远落后于西非"。英国财政部警告称，倘若非洲人没有管理好自己的
事务，陷入"彻底破产"，"我们不能接受提供额外援助的责任"。如同十年前黄
金海岸的情况一样，英国官员希望"肯尼亚在非洲民族联盟的'温和'派（在
姆博亚）领导下，能够与'暴力以及与共产主义接触的人'（由肯雅塔、奥廷加
和恩盖所领导）区分开来"。推迟肯尼亚独立将会"引发非洲人的激烈反应"。②

---

① 转引自 Frederick Cooper, *Decolonization and African Society*, p. 398。
② Bruce Berman, *Control and Crisis in Colonial Kenya*.

英国决策者日益强调，既然英国已经撤出殖民地政府，那么殖民地发展开支应当由前殖民地本身来承担。① 英国殖民地并非按照预先设想的计划撤出。权力移交的条件和时机通常是由具体条件决定的，而英国对此的控制能力极为有限。英国目标只是"体面地"退出，避免殖民地出现政治崩溃或者公开仇视英国的继任政权。"二战"后，英国政府采取各种措施，竭力将殖民地公职人员或者海外公职人员留在殖民地继续供职，这些措施有利于维持殖民统治或者殖民地独立后延续英国的影响，英国得以继续实施某种程度的控制。② "独立后的国家多数都留在英联邦内，这多少对英国是一种安慰。其他帝国垮台之后烟消云散，而英帝国还能留下一个幻影。"③

诸如南非早期的非国大党或者英属西非国民大会这样的非洲民族主义组织被新一代民族主义领袖转变为大众民族主义运动。这些民族主义领袖与工人、农民、学校毕业生、教师和退伍军人实现联合。加纳是撒哈拉以南非洲第一个赢得独立的国家，它的民族主义历史起源于加纳南部一群受过教育的知识分子于1947年组建的黄金海岸联合大会党，它的首要目标是通过渐进改革方式实现独立。然后，恩克鲁玛对于这一民族主义诉求提出挑战。恩克鲁玛曾经在美国和英国留学，黄金海岸联合大会党邀请他回国。但是恩克鲁玛很快与保守的黄金海岸联合大会党领导层发生冲突，因为他坚持动员普通民众参与独立斗争。到1949年，恩克鲁玛组建自己的人民大会党（Convention People's Party）。此后，恩克鲁玛开始发动非暴力抗议活动。到1951年，殖民地政府只好移交权力。在1951年选举中，人民大会党赢得胜利，恩克鲁玛获胜。此后的1954年、1956年选举中，人民大会党进一步确立领导地位，到1957年3月6日成为执政党，英国米字旗降下，取而代之的是加纳的黑星旗。

3. "自下而上"视角下的非洲非殖民化

基层大众运动为民族主义精英提供了反抗殖民统治的现成环境，而非洲政治

---

① D. J. Morgan, *The Official History of Colonial Development*, Vol. 3: *A Reassement of British Aid Policy, 1951–1965*, London: Macmillam, 1980, pp. 14–15.

② 张顺洪：《战后英国关于殖民地公职人员的政策（1945—1965）》，《历史研究》2003 年第 6 期，第 143 页；张顺洪：《英属东非公职机构本土化初考》，《世界历史》2010 年第 4 期；杭聪：《非殖民化时期英帝国暴力机制研究（1945—1964）——以英属撒哈拉以南非洲为例》，《西南大学学报》（社会科学版），2015 年第 6 期。

③ 钱乘旦、许洁明：《英国通史》，上海社会科学院出版社，2002，第 351 页。

精英更多是对于原本已经参与反抗殖民地国家的非洲群体的诉求加以利用。包括农民、工人、退伍士兵和妇女在内的普通民众，并不只是"自上而下"的被动员对象，他们对于民族主义领导人的观念、目标、策略和手段产生重要影响。这些研究关注非洲民族主义者动员下层民众的手段，非洲民族主义斗争过程中是如何跨越阶级、性别和族群界限，以及迥然不同的地区和文化如何被纳入统一运动之中。近年来的非洲民族主义研究开始关注城镇组织，例如工会、自助协会、舞蹈群体、休闲俱乐部、青年组织和宗教协会。研究强调，塞古·杜尔的1958年否决继续维持与法国的传统联系，这并不是自上而下的决定，而是来自妇女、农民、工人和退伍军人的大众压力，这表明非洲民族主义的推动力量是"自下而上"的。[①]

关于非洲民族主义政治的流行描述是，在20世纪四五十年代，受过教育的年轻人，其中一些人因为曾经在"二战"期间当兵打仗而开阔了视野，因此更坚定地以新方式挑战年长者和欧洲统治者的权威。他们的抵制、示威、基层动员以及组建新政党，甚至在某些情况下的暴力活动，最终迫使大多数殖民统治者放弃帝国控制并将权力移交给新的非洲男性精英。

然而，这一男性主导的、自上而下的历史叙述是片面的，忽视了非洲妇女的努力，也忽视了很多的杰出女性利用领导才能以及与基层妇女群体的联系来动员民众支持。在一些情况下，这些妇女利用现有妇女组织（例如妇女舞蹈协会）或者新的政治化的妇女组织，从而为现有的民族主义政党提供支持。作为非洲民族主义政党的辅助力量，非洲妇女很多时候关注的目标与非洲男性一样，也是反抗殖民统治，而非男女平等。即便与男性密切合作，妇女时常利用身为母亲的角色作为政治权威的基础，常常与那些并不在意性别平等的男性民族主义者发生冲突。

投身于民族主义运动的非洲妇女动员民众支持，有时还会将妇女的诉求灌输到民族主义话语之中，不仅塑造和支持，甚至挑战和改变了由非洲男性所主导的政治组织。战后年代的很多政治行动最初是对于特定殖民政策的反抗，譬如新税或者土地法规；然而，这些不满逐渐与民族主义政党结合起来。非洲妇女不仅针

---

① Elizabeth Schmidt, *Mobilizing the Masses: Gender, Ethnicity and Class in the Nationalist Movement in Guinea, 1939 - 1958*, Portsmouth: Heinemann, 2005.

对不受欢迎的政策,而且针对执行这些政策的酋长。尽管在很多方面有很大差异,大多数反抗是激烈的、自发的、相对持续较短的,但是,也有一些非洲妇女发动的政治反抗一直持续到独立之后。

殖民政府的税收以及其他经济政策,促使城镇妇女大规模表达不满,有时是独立的、偶发的,有时则是与大规模的民族主义反抗结合起来。在拉各斯,战争期间及战后的组织主要依靠拉各斯市场妇女协会。自 20 世纪 20 年代以来,拉各斯市场妇女协会一直十分活跃。在阿里穆图·普勒拉乌拉(Alimotu Plelewura)这位未受过教育的穆斯林政治活动家领导下,成千上万的妇女商贩联合起来反抗政府征税,并且反对"二战"期间政府所实行的价格控制计划。在塞拉利昂,1万名妇女于 1951 年集合起来反抗弗里敦的粮食价格上涨。在梅布尔·达夫·丹夸(Mabel Dove Danquah)和汉娜·本卡 - 齐克尔(Hannah Benka-Cker)领导下,她们试图重新打破棕榈油和大米贸易垄断权,而这曾经被黎巴嫩商人和大型外国公司所控制。

"二战"后,反殖民运动开始兴起,非洲大陆的妇女领袖也动员基层民众参与抵抗殖民统治,这些妇女领袖包括尼日利亚的芳米拉约·兰索密 - 库提(Funmilayo Ransome-Kuti)、肯尼亚的旺布·瓦亚基·奥提艾诺(Wanbui Waiyaki Otieno)。在苏丹,苏丹共产党推动妇女积极参与反抗殖民统治,妇女同盟(Women's League)最早是在受过教育的城镇妇女中间展开活动,而后扩展到苏丹北部的工人和农民中间。在喀麦隆,非洲民族主义政党注重动员非洲妇女。当时喀麦隆社会各界向联合国托管委员会提交了总计 6000 份请愿书,要求实现独立、撤出外国军队,英属殖民地和法属殖民地合并,以及取消对于当地产业发展的限制。值得注意的是,其中 1000 份请愿书是由非洲女性所提交的。在塞拉利昂,塞拉利昂妇女组织(Sierra Leone Women's Movement)在民族主义政治中也扮演了关键角色,它意图改善妇女地位,保护妇女商贩利益,并且确保非洲妇女在政府部门的代表权。梅布尔·达夫·丹夸成为当选进入国民议会的第一位西非妇女,而康斯坦茨·卡明斯 - 约翰(Constance Cummings-John)于 1952 年进入首都弗里敦市市镇委员会,后来一度担任弗里敦市市长。在乌干达,随着独立临近,乌干达妇女委员会开始筹划由妇女领导组织选民教育,并且促进识字教育和正式教学。这些措施有助于推进妇女的政治代表权。到 1962 年乌干达独立时,9名非洲妇女在立法会任职。

在 20 世纪二三十年代的尼日利亚，妇女活动家芳米拉约·兰索密-库提积极推动女童和妇女教育。芳米拉约曾在英国接受教育，这在当时的非洲妇女中间十分少见。芳米拉约曾经和她丈夫共同创办一家寄宿制学校。20 世纪 40 年代中期，她积极推动将中产阶级的、受过西式教育的基督徒妇女组织阿贝库塔女士俱乐部（Abeokuta Ladies's Club，ALC），转变为包括贫穷城镇妇女在内的大众组织。阿贝库塔女士俱乐部激烈抗议英国殖民官员随意没收城镇妇女的大米而不给予任何赔偿，并且继续维持战时的大米价格控制政策。在这一过程中，芳米拉约意识到受过教育妇女与下层民众之间的严重隔阂，她换下西式服装，穿上传统的约鲁巴族服饰，试图融入下层民众中间。① 阿贝库塔女士俱乐部的诉求日趋激烈，并且吸纳不同教育背景、社会阶层和宗教信仰的妇女参与其中，并改名为阿贝库塔妇女联盟（Abeoukuta Women's Union，AWU）。阿贝库塔妇女联盟的组织结构较为严密，共有 2 万名缴纳会费的成员，另有 10 万名活跃的支持者，因此能够发动大规模示威活动，而芳米拉约是主要领导者。阿贝库塔妇女联盟所针对的首要目标是阿贝库塔当地的酋长（Alake），针对非洲妇女征税政策的当地执行者。阿贝库塔妇女联盟实现了自身诉求，在这一过程中，芳米拉约在尼日利亚殖民地内外成为知名人物。1949 年，阿贝库塔妇女联盟组建全国性的尼日利亚妇女联盟（Nigerian Women's Union，NWU），它致力于实现全国所有妇女的普选权、扩大妇女的政治权利。到 1953 年，阿贝库塔妇女联盟支部已经扩展到全国范围之内，意图实现妇女选举权、直接的大众选举，以及妇女按照人口比例的代表权。

种族也是非洲非殖民化进程中的重要因素。白人移民利益对于肯尼亚、南罗得西亚等地的非殖民化进程产生深刻影响。② 种族因素的影响在东非地区同样十分突出。印度和非洲民族主义与反殖民政治运动存在密切联系。这一时期东非的非洲人报纸和印度人报纸报道英帝国范围内的反殖民斗争，并且号召发动集会和组织，引起殖民政府极大疑虑。殖民政府试图审查甚至关闭报社，但是并未成功。

---

① Cheryl Johnson-Odim, and Nina Emma Mba, *For Women and the Nation: Funmilayo Ransome-Kuti of Nigeria*, Urbana-Champaign: University of Illinois Press, 1997, p. 66.

② 潘兴明：《二元型殖民地与非殖民化》，《安徽史学》2007 年第 1 期；李安山：《新南非与津巴布韦的民族问题与民族政策的比较》，《西亚非洲》2011 年第 7 期；杭聪：《移民殖民主义与英语非洲非殖民化》，《史林》2015 年第 3 期。

"二战"后，随着印度民族主义活动在印度和肯尼亚的活动，政治公共空间出现。非洲人和印度人政治家、新闻记者和企业家既相互合作同时又彼此猜忌。[1]

4. 非殖民化时期政治的多种可能性

在非殖民化时代，曾经出现一系列的社会和政治可能性，民族国家并非唯一，也不是不可避免的结果。[2] 在工人、农民、城镇妇女的政治想象中，我们可以追溯到与民族主义并不相符的动机、目标和斗争。甚至某些最著名的民族主义者所持有的观念，至少在最初阶段超越了民族国家：利奥波德·桑戈尔希望改造而非离开法兰西帝国，创建一个联邦，其中的自由公民享有平等权利和责任。恩克鲁玛的最终目标并非黄金海岸殖民地独立，而是非洲合众国。[3] 非洲史学家弗里德里克·库珀对于非殖民化的宏大叙述提出严重挑战。库珀的研究超越了以往欧洲帝国史研究和非洲史研究之间长期存在的界限，并揭示出比较研究的重要性。[4] 最重要的是，库珀将政治想象领域与历史分析结合起来，反对"自后向前地"解读历史，他主张书写非线性的非殖民化历史，将民族问题与其他政治问题结合起来进行分析。

20世纪50年代末60年代初，非洲非殖民化进程不仅是非洲殖民地走向独立的过程。与此同时，围绕着国家资源获取以及随着独立而来的界限划定，非洲社会在这一时期发生了激烈竞争。而且，民族主义并不能全面涵盖非洲人所展现出的身份认同。除了非洲人这个身份认同之外，他们也是年轻人或者年长者，富人或者穷人，男人或者女人，卢奥族人、基库尤人或者其他族群的成员，穆斯林或者基督徒，阿拉伯人、非洲人或者亚洲人。

围绕着独立后非洲国家的政治认同，很多殖民地往往出现分歧。非洲民族国家内部的架构和形式同样存在着多种可能性。例如在黄金海岸，恩克鲁玛的民族解放观念，尽管包含整个非洲大陆，却并未包容阿散蒂人的自决。1954年9月在阿散蒂出现的大众政治组织"民族独立运动"，主要目标是推动阿散蒂实现自

---

[1] Bodil Folke Frederiksen, "Print, Newspapers and Audiences in Colonial Kenya: African and Indian Improvement, Protest and Connections," *Africa*, Vol. 81, No. 1 (2011), p. 157.

[2] Frederick Cooper, *Decolonization and African Society*, p. 1.

[3] Frederick Cooper, "Possibility and Constraint: African Independence in Historical Perspective," *The Journal of African History*, Vol. 49, No. 2 (2008), pp. 174 – 175.

[4] Frederick Cooper, "Conflict and Connection: Rethinking African Colonial History," *American History Review*, vol. 99, No. 5 (1994), pp. 1516 – 1545.

决，反对人民大会党与英国达成的宪法协定。按照这一协定，独立的黄金海岸将建立单一制政府。阿散蒂年轻人是民族独立运动以及阿散蒂复兴的推动力量。阿散蒂年轻人组建富有活力的大众抵抗运动，对抗他们所称的恩克鲁玛和人民大会党的"黑人帝国主义"。[①] 类似的，在非殖民化时期的肯尼亚，曾经出现两种可能的政治前途：一种是建立中央集权国家，这是肯尼亚非洲民族联盟的主要诉求，代表的是占优势地位的基库尤族的利益；另一种是建立地方分权体制的政府，这是肯尼亚非洲民主联盟的主要诉求，反映了肯尼亚少数族群的呼声。最终，在英国支持下，肯尼亚非洲民族联盟占据上风，肯尼亚在独立后建立起中央集权国家。[②]

而且，非洲政治独立道路表现为多重形式。20 世纪五六十年代，非洲殖民地面临多种选择，包括彻底拒斥帝国主义制度，同时也包括与前殖民宗主国合并。在非殖民化时代，曾经出现一系列社会和政治可能性，并不只有民族国家这一种可能。分层主权的联邦主义也是当时的重要选择，例如英属东非联邦、中非联邦和法兰西联邦。甚至某些最著名的非洲民族主义者，他们所设想的政治实体超越了民族国家，至少在非殖民化最初阶段是如此。利奥波德·桑戈尔并不打算脱离法兰西帝国，而是将其改造为联邦，从而使得非洲人在其中作为自由公民享有平等的权利和责任。克瓦米·恩克鲁玛的最终目标并不只是黄金海岸实现独立，而是建立非洲合众国。[③] 正如非洲史学家弗里德里克·库珀所说，"人们时常说民族和现代性如影随形……（然而，）民族国家既非现代，也非（当时的）人们所期待的"。[④]

---

① Jean Allman, "The Young Men and the Porcupine: Class, Nationalism and Asante's Struggle for Self-Determination, 1954 – 1957," *The Journal of African History*, Vol. 31, No. 2 (1990), pp. 263 – 279.

② David Anderson, "'Yours in Struggle for Majimbo', Nationalism and the Party Politics of Decolonization in Kenya, 1955 – 1964," *Journal of Contemporary History*, Vol. 40, No. 3 (2005), pp. 547 – 564.

③ James R. Brennan, "Lowering the Sultan's Flag: Sovereignty and Decolonizationin Coastal Kenya," *Comparative Studies in Society and History*, Vol. 50, No. 4 (2008), pp. 831 – 861.

④ Frederick Cooper, *Citizenship between Empire and Nation, Remaking France and French Africa, 1945 – 1960*, Princeton: Princeton University Press, 2014, p. 1.

结　语
"殖民遗产"与当代非洲国家

从 19 世纪 90 年代前后欧洲国家确立对于非洲的殖民统治，到 20 世纪 60 年代大多数非洲民族国家实现独立，这 70 年左右时间是非洲历史上的殖民统治时期。这一时期，英国殖民统治由原本的"无形帝国"日益转变为"有形帝国"，殖民主义对于非洲社会的渗透与干预日益深入。殖民统治在非洲呈现出残暴性和剥削性，同时也暴露出殖民霸权的脆弱性，它无法有效控制殖民地社会变迁，这体现在殖民地社会变迁的各个方面。"二战"后，英国在非洲的殖民统治进入"发展型"殖民主义阶段，殖民地国家不再是保护非洲"传统"社会秩序，而是极力推动殖民地社会变革，而这构成 20 世纪五六十年代非殖民化的重要背景因素。本书意在展示殖民时代非洲社会的剧烈变迁，强调非洲民众在塑造殖民地社会变革进程中的能动作用。最重要的是，殖民统治对于非洲社会的奴役压迫不容否认，殖民者与被殖民者的立场是根本对立的。

一　重新认识非洲殖民地国家

殖民地国家并不单纯是帝国本土利益的代理人，它的结构和行为不能仅仅从外部的帝国因素来解释，而是在很大程度上由殖民地内部因素所塑造；殖民地国家内部存在着复杂的权力分配，不同社会群体塑造并影响着殖民地国家的运转过程，殖民者与被殖民者之间界限较为模糊；殖民政策的实施过程并非殖民官方所宣扬的那样协调，而是时常表现出极大的随意性。

殖民霸权的有限性之所以形成，主要是由于殖民地国家内部存在巨大的利益冲突，殖民地国家的资源有限性，以及非洲社会历史进程对殖民地国家的塑造。殖民统治在试图改造非洲社会的过程中，往往受到非洲当地社会关系和当地社会发展进程的制约，它需要在殖民地社会相互冲突的利益之上维持岌岌可危的主权。

与殖民霸权有限性相关的是，殖民地国家对于非洲社会的资本主义经济变革抱着一种矛盾心态：一方面，它需要引导和推动殖民地的经济社会变革，重新组织当地生产以满足帝国本土需求，并为殖民地国家提供税收来源；另一方面，殖民地国家必须将殖民地经济社会变革限制在可控范围之内。殖民地国家的劳动力政策明显表现出这一点。殖民统治确立后，殖民地国家更多需要依靠欧洲贸易公司、特许企业、矿业公司和侨民等来获取税收和财富，而这些欧洲资本的利润依赖于充足而廉价的非洲劳动力供应。然而，直至"二战"前后，殖民地国家一直不希望非洲劳动力彻底实现无产阶级化，而更愿意维持移民劳动体系。在新兴的城镇、矿山和港口码头，大量涌入的非洲移民劳动力仍旧保持着与乡村紧密的经济和社会联系。对于殖民地国家而言，移民劳动力体系在解决殖民地资本主义发展所需劳动力的同时，又将非洲劳动力的社会再生产成本转嫁给非洲人及其农村家庭。

二 "传统的发明"及其限度

殖民地国家自身力量有限，他们依赖于非洲当地权威结构来实施统治。殖民统治的合法性建构在武力强制之上，但同时也需要被殖民者的承认与合作。由于殖民统治依赖传统权威、法律和习俗来维持统治，"传统"因而成为获取权力和资源的斗争工具。在资源有限情况下如何确立有效控制，这是英、法所属非洲殖民地普遍面临的问题，即"低成本霸权"（Hegemony on a Shoestring）。就此而言，英、法殖民政府管理体系存在较大相似性，法国同样需要通过酋长制度来实现统治，在某些情况下，甚至比英国殖民政府更坚定地支持"他们的"酋长。

殖民者意图通过"间接统治"实现非洲社会碎片化和社会变革的双重目标。殖民统治者对土著酋长等非洲本土社会力量的依赖，将"部落"视作殖民地基本的行政单元，以及将族群分类作为非洲社会认同的基础，所有这些相互关联的政策，其目标都是要实现对于殖民地的"分而治之"，从而避免殖民地社会的内部融合。将非洲政治和社会力量限制在地方行政单元之内，这不仅有效避免了殖民地国家直接卷入复杂多样的地方性冲突，也遏制了非洲反抗力量在整个殖民地范围内的联合，从而对于殖民秩序构成挑战。正因为如此，殖民地国家鼓励殖民地的文化多样性，而非文化同质性，并以此作为实现控制的工具。

殖民统治与非洲族群形成之间关系极为复杂。尽管大多数非洲族群的文化根源可以追溯到前殖民时代，但是制度和意识上的成形则要到殖民统治时期。"部落"或"族群"形成于殖民统治时期，受到殖民主义的社会、经济、文化和政治力量的深刻影响。对于非洲社会而言，殖民统治之下急遽的社会变革无异于一场道德和物质危机，族群正是在这些相互交织的社会文化、经济和政治变革进程中形成的。殖民统治的结构特征，以经济作物生产和工资劳动力为基础的殖民地经济，殖民政府对于政治边界的划定以及对于非洲民众的分类，所有这些都急遽地改变了非洲的社会结构和空间组织，成为塑造族群认同的形式与内容的结构因素。在这一过程中，殖民地官员、传教士和人类学家扮演了重要角色。与此同时，也有一些族群一直保持着显著的流动性，其族群界限不仅在前殖民时代含混不清，甚至在殖民统治时期仍然如此。"族群"的形成是建立在非洲社会结构演变的基础之上，是非洲现代化经历的重要组成部分。包括族群在内的"传统发明"是殖民征服、统治和剥削过程中的一个复杂的动态进程，它贯穿于整个殖民统治时期。当殖民政府试图利用非洲传统时，它们也受制于这一难以掌控的话语，旧有传统不断被重新解释，习俗不断被讨论，而族群界限是可以跨越的，这些都是动态的历史进程。

在殖民统治时期，随着面向市场的农业生产和移民劳动的发展，非洲农村社会围绕着劳动力、财富和土地的控制权而出现新的紧张关系。年长者和酋长们日益强调传统的道德规则和亲缘关系，希望以此来维持自身对于日趋分化的家庭和新的财富形式的控制权。在这些酋长和男性年长者所提供信息的基础上，殖民者对于习惯法进行整理，主要用于规范"部落"民众的婚姻、土地与财产权。在这一过程中，殖民当局将基督教教义、普通法，以及用于实现社会控制的行政规章纳入习惯法之中。这些经过编纂的习惯法在确保殖民行政统治、改造殖民地经济、确立殖民地道德秩序以及实现殖民统治合法化方面发挥了关键作用。非洲人在习惯法创制方面的主动性并不亚于殖民者，殖民地国家很少介入事关非洲社会内部冲突的法律领域，而非洲人也诉诸法律来捍卫自身利益。法律规则和程序不仅是欧洲人统治的手段，同时也是非洲人抵抗、适应和革新的工具。

三　多角度的殖民时期非洲社会变迁

殖民时代是非洲发生剧烈的社会变迁时期，这表现在经济变革、人口与传染病、生态环境、城镇化、性别与家庭、种族关系、宗教与教育、娱乐休闲与大众文化等诸多领域。马克思在论述英国在印度的"建设性使命"中所提到的"政治统一"、电报通讯系统、作为改造旧社会的新的强有力因素的"自由报刊"、

"一个具有管理国家的必要知识并且接触了欧洲科学的新的阶层"①，这些因素在殖民统治时期的非洲普遍出现。殖民统治者出于统治需要和自身文化价值观念而采取一系列政策，但是非洲土著社会并非被动接受者。在经济、生态环境、城镇化、性别与家庭、宗教和教育等领域的变革进程之中，我们看到殖民者的理念与实际执行及其效果差别很大。殖民政策在某些情况下取得成功，但是在某些情况下归于失败，成败与否的一个关键因素在于当地社会的反应。这些领域的非洲变革，凸显出殖民地国家霸权的有限性，并且显示出非洲民众在塑造殖民地社会变革进程中的能动作用。

以殖民时代的城镇发展为例。相关研究表明，即便是在殖民统治力量相对较强的东部和南部非洲殖民地，非洲人仍能绕过殖民政府对城镇的控制。殖民地国家无法有效控制殖民地的变革进程，而更多是根据殖民地社会经济发展而对殖民政策做出调适。达累斯萨拉姆、内罗毕等非洲城镇，作为殖民地国家转变和改造非洲社会表现最为明显的地区，同时也是非洲人逃避和质疑殖民统治，并最终成功挑战殖民统治的场所。

殖民征服和殖民统治对于非洲文明生态造成严重影响。非洲文明的生态环境相对较为孤立、传统生产水平和社会组织水平相对较低。在面对殖民入侵时，土著文明赖以存续的本土生态系统极为脆弱，因而容易出现激烈变迁。与此同时，非洲文明与环境之间的互动关系并不止于此，殖民者在改造自然的同时，它本身也被当地社会和自然环境所塑造，而且非洲本土文明和生态环境有着强大的延续性。因此，非洲环境史研究在充分认识殖民主义所造成的负面影响的同时，也需要理解自然环境本身的历史能动性，关注种族、宗教、性别、文化以及科学在社会与环境互动中的作用与嬗变。

在休闲文化领域，殖民主义、资本主义和城镇发展改变了休闲的性质，尤其是对于时间和空间的重新定义。殖民资本主义和传教活动改变了农村和城镇环境中的非洲人生活。铁路和公路等殖民地基础设施推动了农村—城镇迁徙，同时也增强了农村和城镇地区的社会交往。殖民时代以前已经存在的旧城镇居民试图维持在这些城镇中的独立地位，并且抵制殖民者试图重新界定空间；旧城和新城镇中的农村移民在复制乡村网络基础上确立新的社会网络和生活方式，以减轻工资

---

① 《马克思恩格斯全集》，第 9 卷，第 247—248 页。

劳动和城镇生活所造成的疏离感。与此同时，居住在新兴城镇中的年轻人时常面临有限经济机会，他们时常是新休闲活动的推动者，希望以此来获得某些现代性概念，保持相对于年长者和殖民官员的独立性。娱乐休闲是理解殖民时代非洲社会和政治变迁的重要视角，娱乐休闲史研究表明，在某些情况下所谓的文化霸权的胜利，很可能成为抵抗工具。透过分析殖民时代大众媒体、饮酒、舞蹈音乐和体育运动等方面的变化，可以更好地理解殖民时代非洲社会剧烈变革。

四 非洲社会变迁与非殖民化

在"二战"前的"保守型"殖民主义阶段，殖民统治变革目标十分有限；而在"二战"后的"发展型"殖民主义阶段，殖民者在残暴镇压殖民地反抗（例如法国在马达加斯加和阿尔及利亚，以及英国在肯尼亚）的同时，也开始推行全面的经济社会变革，这与非洲社会内部变革以及国际格局的变化密切相关。非殖民化正是在这样的历史条件下发生的。"二战"后英、法两国放弃殖民地财政自给自足原则，为殖民地发展注入大量资金，并积极推动非洲殖民地全方位的经济社会变革。在殖民宗主国和殖民地政府积极推动下，非洲殖民地的资本主义商品和生产关系加速发展。随着非洲工人力量逐渐发展壮大，各个殖民地频频发生的罢工事件极大地改变了殖民官员对于非洲社会的认知。英、法殖民官员此前对于非洲社会有着相似的认知，都认为非洲社会是由"部落"农民和受教育的西化精英这两部分所组成，而在矿山、城镇和种植园中的非洲劳动力被视作"去部落化"农民。然而，这些罢工事件使得殖民者认识到这些非洲工人并非"去部落化"农民，而是城镇无产阶级，应当允许他们像欧美工人一样组织工会，只有这样才能维持城镇的稳定。在殖民者不允许殖民地发展政治组织的情况下，这些工会成为民族独立运动重要的支持力量，这也是很多非洲民族主义领导人是从领导劳工运动起家的重要原因。

20世纪40年代前后，英国殖民统治者日益强调非洲农村的环境破坏和土壤侵蚀问题的严峻性，并着手实施殖民地农业发展计划，希望以此维护非洲农村的社会稳定，并消除民族主义的影响。然而，这些计划未能有效地维护非洲农村稳定，反而使得非洲民族主义原本无力动员的农村民众也成为反抗殖民统治的重要力量。

这些殖民地社会冲突直接聚焦于殖民地国家。随着民族主义组织在整个殖民地范围内的兴起，基层殖民政权和酋长机构的合法性岌岌可危，殖民主义的政治和意识形态结构开始坍塌。到 20 世纪 50 年代，原先的统治模式难以维持，殖民地国家开始成为殖民地冲突焦点，并日益成为帝国本土与非洲民族主义力量达成和解的障碍，这是非殖民化重要的历史背景。

五　反思"殖民遗产"

马克思在论述英国在印度的殖民统治时曾经指出："英国在印度要完成双重的使命：一个是破坏性的使命，即消灭旧的亚洲式的社会；另一个是建设性的使命，即在亚洲为西方式的社会奠定物质基础。"① 马克思所提出的这一"双重使命论"，对于理解英属非洲殖民地社会变迁具有重要的指导意义。②

关于殖民统治对于非洲的影响，非洲史学家的观点存在很大反差：一种观点认为，这是"持续流动的非洲历史中的一个插曲"，而另一些非洲史学家则认为，殖民统治破坏了古老的非洲传统，这一传统之前已经经受住了奴隶贸易的冲击。③ 非洲史学家之所以对于殖民时期非洲史的认知存在较大分歧，是因为殖民统治的影响在不同地区的表现截然不同，尼日利亚西部和比属刚果分别代表了这两种极端情况。这两种观点差异也是因为殖民变迁过程极为复杂。资本主义、城镇化、宗教皈依、政治组织、社会结构、族群的形成与演变、家庭和性别关系，所有这些都在殖民统治时期发生深刻变化。非洲人试图重塑所有这些以满足自身的需求与传统。过于强调殖民主义对非洲传统的破坏，容易导致低估非洲社会的活力；而倘若将殖民主义仅仅视作是一个"插曲"，则低估了工业文明对非洲社会的影响。殖民统治时期非洲历史不只是短暂的，同时也是痛苦的。④

殖民统治对于非洲殖民地的社会结构产生了深刻影响，这一影响在不同殖民地呈现出巨大差异，同时也存在一定的相似性。结构主义经济史学家和马克思主

---

① 《马克思恩格斯选集》第 2 卷，人民出版社，1972，第 70 页。
② 郑家馨：《关于殖民主义"双重使命"的研究》，《世界历史》1997 年第 2 期，关于中国的非洲学界围绕着这一问题进行的讨论，参见舒运国《非洲史研究入门》，北京大学出版社，2012，第 133—141 页。
③ J. F. A. Ajayi, "The Continuity of African Institutions under Colonialism," in Terrence O. Ranger, ed., *Emerging Themes of African History*, London: Heinemann, 1968, p. 194.
④ John Iliffe, *Africans: The History of a Continent*, p. 219.

义史学家认为，殖民时期历史是导致非洲不发达的关键因素。[①] 在列宁经典论述的基础上，很多经济史学家认为殖民主义是彻头彻尾的剥削过程，目的是为殖民者创造利润，阻止非洲经济的资本积累，并且使得它们对于商品和进口的依赖永久化。有学者列举出殖民当局决定性地阻止工业化，并且重新分配盈余以有利于帝国本土资本。[②] 殖民统治时期，种植园主和矿主剥削廉价的、强制的劳动力；他们的出口产业构成殖民地经济的"飞地"，产业上下游很少购买当地供应，也很少为当地制造业发展创造机会，移民劳工很少形成阶级。殖民统治奠定了极为狭隘的、依附性的发展路径，并且是很难逃脱的；后殖民时代的非洲领导层，不过是买办资产阶级，更愿意享有城镇财产以及保护"新殖民"利益所带来的租金收益，而不愿意冒险创办实业，因而只是"通过其他方式来延续帝国主义"。[③] 欧洲统治者引入的国家结构和政策破坏了土著的统治形式、发展轨迹和社会安排，严重阻碍了社会发展进步。[④] 殖民政府地图绘制员拼凑起来的国家缺少凝聚力，而对于殖民地国家的抵制，导致独立后的非洲民族主义者对于公共空间本身的厌恶，几内亚比绍民族主义者阿米尔卡·卡布拉（Amilcar Cabral）总结道："我们认为完全有必要破坏、打破或者减少我们国家各方面的殖民主义，只有这样才能实现民众福祉。"[⑤]

殖民主义的经济和社会影响并未随着独立而消失，殖民主义的历史遗产仍然在后殖民时代的非洲持续存在，"西方殖民主义对非洲的侵略和掠夺所产生的严重后果是客观存在的，它们绝不会随着非洲国家独立而自行消失，还会长期起作用，影响非洲国家的政局稳定、经济和社会发展"。[⑥] 帝国史学家则通常将英国视作殖民地历史推动者和塑造者。早在1922年出版的《英属热带非洲的双重使命》一书中，卢加德断言："倘若（殖民地）发生骚动，并且希望实现独立……

[①] Walter Rodney, *How Europe Underdeveloped Africa*, p. 308.

[②] E. A. Brett, *Colonialism and Underdevelopment in East Africa: The Politics of Economic Change, 1919-1939*, Portmouth: Heinemann, 1981.

[③] John Lonsdale, "Have Tropical Africa's Nationalisms Continued Imperialism World Revolution by Other Means?" *Nations and Nationalism*, Vol. 21, No. 4 (2015), p. 611.

[④] George Klay Kieh, *Beyond State Failure and Collapse: Making the State Relevant in Africa*, Lanham: Lexington Books, 2007.

[⑤] Robin Cohen, "The State in Africa," *Review of African Political Economy*, Vol. 3, No. 5 (1976), pp. 1-3.

[⑥] 陆庭恩：《非洲国家的殖民主义历史遗留》，《国际政治研究》2002年第1期。

这是因为我们教会了他们自由和解放的价值，几个世纪以来这些人根本不懂得这一点。他们的不满恰恰是衡量他们进步的标准。"①

非洲学家让－弗朗西斯·巴亚特强调"非洲国家的历史性"，认为现代非洲政治不仅仅是后殖民时代发展失败的结果，而是漫长历史时期所形成的独特治理模式的产物。② 研究者们试图探讨殖民时期历史经历对于当代非洲国家特性、社会结构和发展道路等方面的重大影响。克劳福德·杨在研究刚果（金）历史的基础上，强调后殖民时代非洲国家危机的根源蕴藏于殖民统治时期，认为殖民地国家彻底重构了非洲社会的政治空间、社会分层和生产方式，而这些是后殖民时代非洲国家发展的前提和基础。③ 马哈姆德·马穆达尼认为，殖民统治导致非洲社会形成了一种二元社会结构：一类是以权利、责任和民主等西方政治概念为基础的公民，主要包括前殖民政府首都的行政官员、欧洲人口以及某些小规模移民群体，属于法律理性领域；另一类是乡规民约管辖下的臣属，他们处于间接统治之下，这里是国王、酋长和年长者等中间权威（Intermediary Authority）统治的领域。"二战"后的殖民统治末期，殖民宗主国曾试图将一部分非洲人纳入法律理性力量范畴之内，但未获成功。20 世纪 60 年代，在非洲国家独立后，官僚制伴随着行政机构的非洲本土化而得以扩展，与此同时，行政体系也受到非正式关系的严重冲击。这种长期存在的二元社会结构使得非洲国家具有典型的新恩庇主义特征。④ 非洲史学家弗里德里克·库珀则提出了"守门人国家"（Gatekeeper State）理论，他也强调当代非洲国家发展经历与殖民时期历史有着密切关联。他认为，殖民地政府统治基础脆弱，无法控制殖民地的社会和文化领域，它所关注的是"守住大门"。后殖民时代的非洲国家继承了"守门人国家"特征，因而在独立之后，很快就出现了控制大门的激烈竞争，并引发严重的政治动荡，这主要表现为独立之后的政变和反政变怪圈。⑤

殖民地国家是非洲民族国家得以形成的重要前提。殖民主义客观上导致非洲

① Frederick Lugard, *The Dual Mandate in British Tropical Africa*, London：Frank Cass, 1965, p. 618.

② Jean-Francois Bayart, *The State in Africa：the Politics of the Belly*, London：Polity, 1993；Jean-Francois Bayart, "Africa in the World：A History of Extraversion," *African Affairs*, Vol. 99, No. 395 (2000), pp. 217 – 267.

③ Crawford Young, *The African Colonial State in Comparative Perspective*.

④ Mahmood Mamdani, *Citizen and Subject*.

⑤ Frederick Cooper, *Africa since* 1940, p. 156.

国家能力的增强，1960 年的非洲国家通常要比欧洲殖民征服期间所推翻的那些非洲国家规模大得多，并且国家之间的边界通常变得更具社会意义。[①] 殖民统治时期，交通和通讯技术的发展有助于非洲殖民地的人口、思想和习惯的交流，对于被殖民者的旅行、衣着、处事、饮食和医疗卫生都产生深刻影响。由于与英国人和其他外来移民的交往加剧，以及非洲人口迁徙速度加快，尤其是前往城镇地区，非洲社会认同发生变化。除了以宗教、派别和语言为基础的集体认同之外，非洲民族主义也开始出现，它开始强调殖民地边界之内包含着一个有着共同遗产和政治命运的群体。[②] 在殖民统治结束时，非洲国家的权力要比以往更为集中并且更大，非洲民族国家的雏形到这时已经是呼之欲出。

---

① Gareth Austin, "The Economics of Colonialism in Africa," in Celestin Monga, and Justin Yifu Lin, eds, *The Oxford Handbook of Africa and Economics*, Vol. 1: *Context and Concepts*, Oxford: Oxford University Press, 2015, pp. 524 – 525. p. 531.

② Heather J. Sharkey, *Living with Colonialism*, p. 3.

附 录

附录一　英属非洲殖民地大事年表
（19 世纪至 20 世纪 60 年代）

1807 年	英国人单方面取缔大西洋奴隶贸易
1817 年	恰卡成为祖鲁部落首领
1824 年	英国军队被阿散蒂王国击败
1825 年	姆济利卡成为恩德贝莱人的首领
1828 年	祖鲁王国建立者恰卡被同父异母兄弟丁刚杀死
1835 年	英国人发动第一场针对科萨人的战争
1838 年	血河战役，丁刚率领的祖鲁人被布尔人击败
1839 年	阿曼苏丹迁都至桑给巴尔
1854 年	德兰士瓦省和奥兰治自由邦宣布独立
1859 年	南非第一条铁路竣工
1860 年	首批印度签约工被卖到南非
19 世纪 60 年代	欧洲军队开始普遍用后装式步枪
1867 年	奥兰治自由邦发现钻石
1869 年	苏伊士运河通航
1874 年	英国人洗劫阿散蒂首都库玛西
1876 年	利奥波德国王建立"国际非洲协会"
1879 年	纳塔尔爆发祖鲁人抵抗战争
1881 年	苏丹马赫迪运动爆发
1884—1885 年	柏林会议，欧洲殖民列强瓜分非洲
1884 年	英国宣布对巴苏托兰实行保护；英属南非公司占领林波波河以北

1885 年	马赫迪军队突破喀土穆的英军防御工事，戈登将军被击毙
1890 年	可可被引进到黄金海岸；英属南非公司在林波波河北岸升起英国国旗
1894 年	英国宣布对乌干达及中部非洲腹地实行保护
1895 年	英国宣布对东非领地实行保护，包括肯尼亚、乌干达、桑给巴尔
1896 年	英国人入侵阿散蒂并宣布实行保护；英国宣布对塞拉利昂实行保护
1897 年	恩德贝莱人反抗；阿散蒂金矿有限公司成立
1898 年	马赫迪运动失败；塞拉利昂爆发反对征收茅屋税斗争；英法商定尼日利亚边界
1899 年	南非布尔战争爆发；北罗得西亚宣告成立；英国和埃及对苏丹实行共管；铁路经南非修至索尔兹伯里；坦噶尼喀特许有限公司成立；英国选对赞比西河以北地区实行保护
1900 年	英国宣布对北尼日利亚实行保护；英国军事探险队与由萨义德·穆罕默德率领的索马里抵抗力量首次交战
1901 年	铁路从蒙巴萨经东非修到维多利亚湖畔
1903 年	英国人击败索科托哈里发
1910 年	开普、纳塔尔、奥兰治自由邦、德兰士瓦组成南非联邦
1911 年	黄金海岸成为世界最大的可可出口国
1912 年	南非非洲人国民大会成立
1913 年	南非土著人土地法
1914 年	英国宣布对埃及实行保护；卢加德出任尼日利亚总督
1915 年	尼亚萨兰奇仑布韦起义
1919 年	英国开始对坦噶尼喀的委任统治
1920 年	英属东非保护地改称肯尼亚殖民地；H. 苏库在肯尼亚建立基库尤青年协会；英属西非国民大会成立；利弗兄弟买下尼日尔公司；兰德非洲矿工大罢工
1921 年	塞缪尔·约翰逊的《约鲁巴人历史》一书正式出版

1922 年	埃及独立，但仍然处于英国控制之下；尼日利亚扩大殖民地立法委员会；兰德白人矿工罢工
1923 年	南罗得西亚成为白人完全自治的英国直辖殖民地
1924 年	英国政府从英属南非公司手中接管北罗得西亚；赫尔佐格政府上台
1925 年	黄金海岸颁布殖民地新宪法；D. 卡梅伦出任坦噶尼喀总督
1926 年	南非非洲人国民大会和印度人国民大会举行会议
1927 年	南罗得西亚非洲工人罢工
1929 年	尼日利亚的阿巴妇女抗税暴动；坦噶尼喀非洲人协会成立
1930 年	南罗得西亚颁布土地分配法
1931 年	塞拉利昂发现钻石
1933 年	D. F. 马兰重组国民党
1934 年	黄金海岸的 J. B. 丹夸博士率团赴伦敦请愿
1935 年	北罗得西亚铜带爆发非洲矿工大罢工
1936 年	南非颁布新的种族隔离法；赫尔佐格出任总理
1937 年	黄金海岸爆发要求可可涨价运动；北罗得西亚非洲人大会成立
1938 年	苏丹成立毕业生大会
1939 年	尼日利亚军团招募 15 个营士兵；史末资出任总理，南非对德宣战
1941 年	英国在东非打败意大利军队
1943 年	英属非洲籍军队在缅甸同日军作战；尼亚萨兰非洲人大会成立
1945 年	南、北罗得西亚非洲铁路工人罢工
1946 年	黄金海岸新宪法允许非洲人在权力有限的立法机构中获得多数席位；约莫·肯雅塔返回肯尼亚
1947 年	尼日利亚新宪法在允许非洲人权力有限的立法机构中占有多数席位；北罗得西亚成立第一批非洲人工会；东非高级专员署成立
1948 年	南非国民党掌权并推行种族隔离政策

1949 年	人民大会党在黄金海岸成立；南北罗得西亚和尼亚萨兰（白人殖民者代表）在南罗得西亚举行非官方会议，筹备成立由欧洲移民统治的联邦
1950 年	行动派和北方进步分子联盟在尼日利亚成立；塞拉利昂人民党成立；1950 年南非颁布新的种族隔离法
1951 年	尼日利亚和冈比亚分别颁布新宪法；黄金海岸在恩克鲁玛领导下实现内部自治；北方人民大会党在尼日利亚成立
1952 年	肯尼亚宣布进入紧急状态
1955 年	非洲人国民大会及其支持者在南非共和国发布《自由宪章》；坦噶尼喀实施新宪法
1956 年	苏伊士危机；苏丹独立；北罗得西亚铜带省实行紧急状态法；尼日利亚发现石油；韦伦斯基出任中非联邦总理
1957 年	黄金海岸独立，并改名为加纳；塞拉利昂人民党在大选中获胜
1958 年	加纳召开泛非人民大会；H. K. 班达返回尼亚萨兰；反对中非联邦运动兴起
1959 年	尼日利亚北部实现内部自治
1960 年	非洲年；英国首相麦克米伦在南非议会发布"变革之风"演说
1963 年	非洲统一组织成立；中非联邦解体；津巴布韦非洲民族联盟成立，随即被取缔
1965 年	罗得西亚白人少数政权单方面宣布独立；南罗得西亚阵线竞选获胜，伊恩·史密斯政府单方面宣布脱离英国独立
1966 年	加纳政变，恩克鲁玛被推翻；津巴布韦游击队开始武装反抗种族主义统治的解放战争；维沃德总理在南非议会被暗杀，J. B. 沃斯特接任总理
1966 ~ 1969 年	尼日利亚内战
1967 年	塞拉利昂发生军事政变；加纳发生未遂政变；坦桑尼亚尼雷尔总统发布阿鲁沙宣言；肯尼亚、乌干达和坦桑尼亚组成东非共同体
1970 年	尼日利亚内战结束；中国开始援建坦赞铁路

附录二　英属非洲殖民地历史概况

地区	历史概况
巴苏陀兰 1868—1966	今莱索托。1868 年英国吞并了该地区,1871 年交由好望角殖民政府管辖,1884 年英国恢复对其的直接管辖。1966 年独立。
贝专纳 1884—1966	今博茨瓦纳。1884 年英国远征军到达该地,1885 年宣布其为英国的保护国,1895 年贝专纳部分地区交由好望角殖民政府管辖,其余部分继续直接隶属于英国的管辖之下。1966 年独立。
英属多哥 1918—1960	原为德国的殖民地,“一战”后被分为法属多哥和英属多哥。战后英国对该地区进行委任统治,1919 年被并入黄金海岸,加纳独立后成为其领土的一部分。
英属喀麦隆 1922—1961	原为德国殖民地,“一战”后英国对其部分地区进行委任统治,1961 年英属与法属喀麦隆合并宣布独立。
冈比亚 1888—1965	自 1661 年起该国就是英国商人的要塞,1821 年被并入塞拉利昂,1888 年成为独立的英国殖民地,1894 年部分内陆地区也被宣布成为英国的保护国,1965 年获得独立。
黄金海岸 1874—1957	今加纳。自 1631 年起英国商人就开始在此聚居,1821—1874 年是英属塞拉利昂的下设行政区,其中 1828—1843 年曾由商人控制。1830 年起其领土开始向内陆扩张,1874 年英国设立黄金海岸殖民地,1904 年其边界最终被确定。1919 年将英属多哥并入,1957 年独立。
埃及 1882—1922	1882 年埃及被英国占领,1914—1922 年期间是英国的保护国,1922 年获得独立,但对英国履行必要的条约义务,英国军队在该国持续驻军直到 1954 年。
肯尼亚 1895—1963	1886 年英国与德国瓜分东非后获得肯尼亚,1888 年将其并入英国东非公司管辖,1895 年由英国政府取代东非公司直接管理。1920 年成立肯尼亚殖民地,1963 年独立。
毛里求斯 1814—1968	1814 年英国从法国手中夺得毛里求斯,1968 年独立。
尼日利亚 1900—1960	1851 年在建领事馆,1861 年吞并部分地区,1885 年成立尼日尔地区保护地,1886 年交由英国皇家尼日尔公司管理,1892—1898 年间英国继续占领尼日利亚的剩余领土,1900 年英国政府开始直接对尼日利亚施行统治。1914 年南北尼日利亚合并,1919 年将英属喀麦隆并入尼日利亚,1960 年独立。
北罗得西亚 1891—1964	今赞比亚。1891 年起划归英属南非公司统治,1924 年英国政府开始直接统治该地,1953 年北罗得西亚与尼亚萨兰和南罗得西亚成立中非联邦,1964 年独立。
尼亚萨兰 1891—1964	今马拉维。1875 年起就有传教士在此建立据点,1891 年英国在此建立中非保护地,1907 年被命名为尼亚萨兰,1953 年与南北罗得西亚合并成立中非联邦,1964 年独立。
塞拉利昂 1807—1961	自 1787 年起塞拉利昂就是英国公司进行黑奴贸易的重要据点,1807 年成为英国殖民地,1896 年其内陆地区被宣布为英国的保护国,1961 年独立。
南罗得西亚 1893—1980	今津巴布韦。1893 年英国夺得南罗得西亚,并由英属南非公司管理,1923 年成立责任政府,由英国政府管理,1953—1964 年间与北罗得西亚和尼亚萨兰组成中非联邦,1965 年该国的白人少数政府自行宣布独立,只获得南非等少数国家承认。1980 年白人政权与黑人族群达成共治协议,更名津巴布韦,成为获广泛承认的主权国家。

续表

地区	历史概况
英属索马里兰 1884—1960	1884 年成为亚丁的保护国,1897 年划定边界,1905 年成为单独的殖民地,1940—1941 年间曾被意大利短暂占领,1960 年并入索马里后独立。
南非 1795—1910	1795 年和 1806 年英国从荷兰人手中两次夺得好望角的部分领土,1814 年全面吞并好望角,1872 年起受英国直接管辖。英国占领了这个原属荷兰的殖民地后,荷兰裔白人开始向奥兰治自由邦和德兰士瓦移民,英国在 1900 年布尔战争后吞并了这两个地区。纳塔尔则于 1843 年被英国吞并并成为其殖民地。1910 年由上述殖民地合并组成南非联邦,成为一个自治领。
西南非洲 1919—1990	今纳米比亚。1878 年纳米比亚的沃尔维斯港被宣布为英国领地,1884 年被并入好望角殖民地,1915 年英国吞并了该港周围的德国殖民地,于 1919 年成立南非委任统治地。1990 年独立。
斯威士兰 1890—1968	1890 年英国与德兰士瓦对斯威士兰统治者进行联合保护,1906 年英国单独对其保护,1968 年独立。
苏丹 1898—1956	苏丹原是埃及的殖民地,后在 19 世纪 80 年代埃及统治被马赫迪推翻;1898 年英国以埃及的名义重新占领苏丹,并与埃及共同对苏丹进行统治。1956 年苏丹独立。
坦噶尼喀 1919—1961	原为德国在东非的殖民地,1919 年英国开始对其进行委任统治,1961 年独立,1964 年与桑给巴尔组成坦桑尼亚。
桑给巴尔 1890—1963	1841 年英国在该岛建立领事馆,1890 年宣布其为英国的保护国,1963 年独立,次年与坦噶尼喀合并组成坦桑尼亚。
乌干达 1894—1962	1890 年英国东非公司与布干达王国签订条约,1894 年布干达正式成为英国的保护国,1896 年其他几个地区陆续加入保护国,1905 年成立乌干达殖民地,1962 年独立。

参考文献

一　中文论著

A. 阿杜·博亨主编《非洲通史》（第七卷：殖民统治下的非洲，1880—1935年），屠尔康等译，中国对外翻译出版公司，1991。

C. A. 贝利：《现代世界的诞生》，于展、何美兰译，商务印书馆，2013。

E. P. 汤普逊：《英国工人阶级的形成》，钱乘旦等译，译林出版社，2001。

M. 德弗勒、E. 丹尼斯：《大众传播通论》，颜建军译，华夏出版社，1989。

埃里克·吉尔伯特、乔纳森·T. 雷诺兹：《非洲史》，黄磷译，海南出版社，2007。

艾瑞克·霍布斯鲍姆、特伦斯·兰杰主编《传统的发明》，顾杭、庞冠群译，译林出版社，2004。

艾周昌、郑家馨主编《非洲通史》近代卷，华东师范大学出版社，1995。

艾周昌：《殖民地时期加纳土地制度的变化》，《西亚非洲》1991年第5期。

巴兹尔·戴维逊：《现代非洲史：对一个新社会的探索》，舒展等译，中国社会科学出版社，1989。

包茂红：《环境史学的起源与发展》，北京大学出版社，2012。

包茂宏：《非洲史研究的新视野——环境史》，《史学理论研究》2002年第1期。

包茂宏：《南非土壤保护的思想与实践》，《世界历史》2001年第5期。

包茂宏：《英帝国环境史研究——以殖民科学研究为中心》，《思想战线》2013年第4期。

柴玲玲、周海金：《论西方殖民主义对非洲伊斯兰教的影响》，《世界宗教文化》2013年第3期。

陈令霞、张静芬：《东非三国》，四川人民出版社，2002。

陈晓律等：《海洋意识与英国的发展》，《历史教学问题》2016年第1期。

陈仲丹：《加纳：寻找现代化的根基》，四川人民出版社，2000。

丹尼尔·布兰奇:《肯尼亚:在希望与绝望之间》,李鹏涛译,中国社会科学出版社,2016。

费晟:《环境史研究的全球化与"南方视角"问题》,《社会科学战线》2016年第9期。

弗朗兹·法农:《黑皮肤,白面具》,万冰译,译林出版社,2005。

弗朗兹·法农:《全世界受苦的人》,万冰译,译林出版社,2005。

高岱、郑家馨:《殖民主义史》(总论卷),北京大学出版社,2003。

高岱:《帝国主义概念考析》,《历史教学》2007年第2期。

高岱:《英法殖民地行政管理体制特点评析(1850—1945)》,《历史研究》2000年第4期。

高岱:《殖民主义的终结及其影响》,《世界历史》2000年第1期。

高国荣:《全球环境史在美国的兴起及其意义》,《世界历史》2013年第4期。

高晋元:《论英国在非洲的"间接统治"》,《西亚非洲》1989年第3期。

高晋元:《英国——非洲关系史略》,中国社会科学出版社,2008。

高科:《美国国家公园建构与印度安人命运变迁》,《世界历史》2016年第2期。

杭聪:《非殖民化时期英帝国暴力机制研究(1945—1964)——以英属撒哈拉以南非洲为例》,《西南大学学报》(社会科学版)2015年第6期。

杭聪:《近二十年来英美学者关于英属黑非洲帝国衰落原因的研究》,《史林》2010年第4期。

杭聪:《论20世纪种族隔离的工会制度对南非社会稳定的影响》,《史学集刊》2014年第4期。

杭聪:《西方矿业公司与英属中非联邦解体》,《史林》2012年第4期。

杭聪:《移民殖民主义与英语非洲非殖民化》,《史林》2015年第3期。

杭聪:《战后英美在英属撒哈拉以南非洲的经济伙伴关系(1945—1964)》,《世界历史》2016年第6期。

何芳川、宁骚等主编《非洲通史》,华东师范大学出版社,1995。

何芳川:《古代东非沿海的城邦》,《世界历史》1983年第5期。

洪霞:《文化相对主义与间接统治制度》,《世界历史》2013年第2期。

洪霞：《英帝国话语霸权的兴起及其消解》，《北京大学学报》（哲学社会科学版）2013 年第 4 期。

黄玉沛、张忠祥：《非洲对世界反法西斯战争贡献的再认识》，《历史教学问题》2015 年第 4 期。

蒋俊：《从多元到聚合：尼日利亚约鲁巴民族的历史透视》，《世界民族》2015 年第 4 期。

克瓦米·恩克鲁玛：《新殖民主义：帝国主义的最后阶段》，北京编译社译，世界知识出版社，1966。

李安山：《论"非殖民化"：一个概念的缘起与演变》，《世界历史》1998 年第 4 期。

李安山：《殖民主义统治与农村社会反抗——对殖民时期加纳东部省的研究》，湖南教育出版社，1999。

李继东：《古代印度洋贸易及历史影响——黑非洲与环印度洋诸国历史交往初探》，《西亚非洲》1992 年第 3 期。

李继东：《英属非洲白人种植园经济略论》，《西亚非洲》2004 年第 2 期。

李鹏涛：《特伦斯·兰杰及其非洲史研究》，《史学理论研究》2016 年第 3 期。

李鹏涛：《英属中部和东部非洲殖民地的城镇劳动力政策》，《世界历史》2017 年第 2 期。

李维健：《"黑人伊斯兰教"——殖民时期法国学者的西非伊斯兰教研究》，《伊斯兰文化》2011 年第 1 期。

李维健：《西非的苏菲主义：历史、现状与新苏菲教团》，《世界宗教研究》2008 年第 3 期。

李文刚：《浅析非洲伊斯兰教与欧洲殖民主义的关系》，《亚非纵横》2015 年第 1 期。

刘鸿武：《从部族社会到民族国家——尼日利亚国家发展史纲》，云南大学出版社，2000。

刘鸿武、王严：《非洲实现复兴必须重建自己的历史——论 B. A. 奥戈特的非洲史学研究与史学理念》，《史学理论研究》2015 年第 4 期。

刘金源：《单一经济及其依附性后果——以加纳为例》，《西亚非洲》2002 年第 4 期。

刘兰：《南非白人政府在非洲人城市化进程中的作用》，《湖南师范大学社会科学学报》2015 年第 5 期。

刘明周：《英帝国解体的研究范式评析》，《世界历史》2013 年第 2 期。

刘伟才：《范西纳的非洲史研究》，《世界历史》2016 年第 6 期。

刘伟才：《赞比亚政教关系的历史透视》，《史学集刊》2017 年第 1 期。

刘文明：《全球史视域的 1918 年流感与尼日利亚木薯种植》，《华中师范大学学报》（人文社会科学版）2012 年第 3 期。

陆庭恩、彭坤元主编《非洲通史》现代卷，华东师范大学出版社，1995。

陆庭恩：《非洲国家的殖民主义历史遗留》，《国际政治研究》2002 年第 1 期。

罗伯特·马克森：《东非简史》，王涛等译，世界知识出版社，2012。

罗建国：《合法贸易与非洲传统政治结构》，《西亚非洲》1994 年第 1 期。

罗杰·S. 戈京：《加纳史》，李晓东译，中国大百科全书出版社，2011。

罗兰·奥利弗、安东尼·阿特莫尔：《1800 年以后的非洲》，李广一等译，商务印书馆，1992。

梅雪芹：《环境史：看待历史的全新视角》，《光明日报》2016 年 8 月 27 日。

梅雪芹：《环境史研究叙论》，中国环境科学出版社，2011。

沐涛：《试论黑奴贸易与伊格博族奴隶制的发展》，《西亚非洲》1988 年第 1 期。

潘兴明：《二元型殖民地与非殖民化》，《安徽史学》2007 年第 1 期。

潘兴明：《中非"白人国家"及其崩溃之原因》，《世界历史》1993 年第 6 期。

钱乘旦、许洁明：《英国通史》，上海社会科学院出版社，2002。

庆学先、罗春华：《西非三国》，四川人民出版社，2006。

尚宇晨：《种族隔离制度下南非白人政府的黑人城市化政策》，《世界历史》2018 年第 1 期。

沈晓雷：《津巴布韦殖民时期的土地剥夺、种族隔离与民族反抗》，《世界民族》2016 年第 4 期。

沈燕清：《乌干达阿明政府的印度人政策探析》，《世界民族》2012 年第 6 期。

舒运国、刘伟才：《20 世纪非洲经济史》，浙江人民出版社，2013。

舒运国：《1890 年代—1930 年代东非人口发展的历史考察》，《世界历史》1992 年第 4 期。

舒运国：《阿拉伯人在东非沿海地区的活动，自公元前至 19 世纪 60 年代初》，《阿拉伯世界研究》1988 年第 1 期。

舒运国：《泛非主义与非洲一体化》，《世界历史》2014 年第 2 期。

舒运国：《非洲史研究入门》，北京大学出版社，2012。

舒运国：《国外非洲史研究动态述评》，《上海师范大学学报》（哲学科学版）2015 年第 6 期。

舒运国：《试析 20 世纪非洲经济的两次转型》，《史学集刊》2015 年第 4 期。

舒运国：《试析非洲经济的殖民地化进程（1890—1930 年）》，《世界历史》1994 年第 1 期。

舒运国：《试析肯尼亚社会的经济和政治变迁，19 世纪 90 年代至 20 世纪 30 年代》，《上海师范大学学报》1993 年第 1 期。

宋云伟：《英国在英属印度时期的森林政策及"帝国森林学"的形成》，《华中师范大学学报》（人文社会科学版）2014 年第 5 期。

宋云伟：《英国殖民统治期间对印度森林的管理开发状况研究（1858—1947）》，《世界历史》2014 年第 1 期。

孙红旗：《殖民主义与非洲专论》，中国矿业大学出版社，2008。

孙晓萌：《语言与权力：殖民时期豪萨语在北尼日利亚的运用》，社会科学文献出版社，2014。

唐同明：《战后英属东非的工人运动》，《西亚非洲》1987 年第 3 期。

汪津生：《塞西尔·罗得斯与南部非洲政治格局的形成》，《国际关系学院学报》2011 年第 6 期。

王三义：《英国在热带非洲和西亚的委任统治比较》，《复旦学报》（社会科学版）2010 年第 3 期。

威廉·H. 麦克尼尔：《瘟疫与人》，余新忠、毕会成译，中国环境科学出版社，2010；

威廉·贝纳特、彼得·科茨：《环境与历史：美国和南非驯化自然的比较》，包茂红译，译林出版社，2008。

夏吉生：《略伦南非城镇黑人问题》，《北京大学学报》1981 年第 3 期。

徐济明：《西非城市发展的历史考察》，《西亚非洲》1986 年第 1 期。

亚当·斯密：《国民财富的性质和原因的研究》（下卷），姚大力、王亚南译，商务印书馆，1983。

杨立华：《南非黑人工人运动在民族解放斗争中的地位与作用》，《西亚非洲》1988 年第 5 期。

张宏明：《基督教、伊斯兰教对非洲社会发展的影响：爱德华·布莱登的宗教思想透视》，《西亚非洲》2007 年第 5 期。

张瑾：《非洲经济史研究的历程和视角》，《学术探索》2015 年第 6 期。

张顺洪：《关于殖民主义史研究的几个问题》，《河南大学学报》（社会科学版）2005 年第 1 期。

张顺洪：《英国海外粮食公司活动考察》，《史学集刊》2011 年第 2 期。

张顺洪：《英国殖民地开发公司活动述评》，《世界历史》2002 年第 2 期。

张顺洪：《英属东非公职机构本土化初考》，《世界历史》2010 年第 4 期。

张顺洪：《战后英国关于殖民地公职人员的政策（1945—1965）》，《历史研究》2003 年第 6 期。

张顺洪等：《大英帝国的瓦解——英国的非殖民化与香港问题》，社会科学文献出版社，1997。

张永宏、王涛：《非洲历史的整合与分割——非洲史研究的当代走向》，《世界历史》2013 年第 4 期。

张忠祥：《20 世纪 70 年代以来非洲史学的新进展——以医疗史研究为个案》，《史学集刊》2015 年第 4 期。

张忠祥：《20 世纪非洲史学的复兴》，《史学理论研究》2012 年第 4 期。

张忠祥：《口头传说在非洲史研究中的地位和作用》，《史学理论研究》2015 年第 2 期。

郑家馨主编《殖民主义史（非洲卷）》，北京大学出版社，1999。

郑家馨：《关于殖民主义"双重使命"的研究》，《世界历史》1997 年第 2 期。

郑晓霞：《书写"她"的历史——非洲妇女史的兴起与发展》，《史学理论研究》2017 年第 2 期。

周倩:《肯尼亚的印度人》,《世界民族》2014年第1期。

朱明:《建构和争论中的印度洋历史》,《全球史评论》第七辑,中国社会科学出版社,2015。

二 英文论著

Aiyar, Sana, "Empire, Race and the Indians in Colonial Kenya's Contested Public Political Sphere, 1919 – 1923," *Africa*, Vol. 81, No. 1 (2011).

Akyeampong, Emmanuel, and Charles Ambler, "Leisure in African History: An Introduction," *The International Journal of African Historical Studies*, Vol. 35, No. 1 (2002).

Akyeampong, Emmanuel, "Race, Identity and Citizenship in Black Africa: The Case of The Lebanese in Ghana," *Africa*, Vol. 76, No. 3 (2006).

Akyeampong, Emmanuel, *Drink, Power and Cultural Change*, Portsmouth: Heinemann, 1996.

Akyeampong, Emmanuel, ed. , *Themes in West Africa's History*, London: James Currey, 2006.

Alexander, Jocelyn, *The Unsettled Land: Statemaking and the Politics of Land in Zimbabwe, 1893 – 2003*, London: James Currey, 2006.

Allina, Eric, *Slavery by Any Other Name, African Life under Company Rule in Colonial Mozambique*, Charlottesville: University of Virginia Press, 2012.

Allman, Jean, "The Youngmen and the Porcupine: Class, Nationalism and Asante's Struggle for Self-Determination, 1954 – 1957," *The Journal of African History*, Vol. 31, No. 2 (1990).

Allman, Jean, *et al.* , eds. , *Women in African Colonial Histories*, Bloomington: Indiana University Press, 2002.

Ambler, Charles, "Alcohol, Racial Segregation and Popular Politics in Northern Rhodesia," *The Journal of African History*, Vol. 31, No. 2 (1990).

Ambler, Charles, "Popular Films and Colonial Audiences, The Movies in Northern Rhodesia," *The American Historical Review*, Vol. 16, No. 1 (2001).

Amin, Samir, "Underdevelopment and Dependency in Black Africa: Origins and

Contemporary Forms," *The Journal of Modern African Studies*, Vol. 10, No. 4 (1972).

Anderson, David, and David Killingray, eds. , *Policing the Empire: Government, Authority and Control*, 1830 – 1940, Manchester: Manchester University Press, 1991.

Anderson, David, and Richard Rathbone, eds. , *Africa's Urban Past*, London: James Currey, 2000.

Anderson, David, "Depression, Dust Bowl, Demography, and Drought: The Colonial State and Soil Conservation in East Africa during the 1930s," *African Affairs*, Vol. 83, No. 332 (1984).

Anderson, Jens A. , "Administrators' Knowledge and State Control in Colonial Zimbabwe: The Invention of the Rural-Urban Divide in Buhera District, 1912 – 1980," *The Journal of African History*, Vol. 43, No. 1 (2002).

Apter, Andrew, "On Imperial Spectacle: The Dialectics of Seeing in Colonial Nigeria," *Comparative Studies in Society and History*, Vol. 44, No. 3 (2002).

Arnold, David, ed. , *Imperial Medicine and Indigenous Societies*, Manchester: Manchester University Press, 1988.

Askew, Kelly, *Performing the Nation: Swahili Music and Cultural Politics in Tanzania*, Chicago: University of Chicago Press, 2002.

Austin, Gareth, *Labour, Land and Capital in Ghana: From Slavery to Free Labour in Asante, 1807 – 1956*, Rochester: Rochester University Press, 2005.

Austin, Gareth, "Capitalists and Chiefs in the Cocoa Hold-Ups in South Asante, 1927 – 1938," *The International Journal of African Historical Studies*, Vol. 21, No. 1 (1988).

Baker, Pauline, *Urbanization and Political Change: The Politics of Lagos, 1917 – 1967*, Berkeley: University of California Press, 1974.

Banton, Michae, *West African City*, London: Oxford University Press, 1957.

Barnes, Teresa, "The Fight for Control of African Women's Mobility in Colonial Zimbabwe, 1900 – 1939," *Signs*, Vol. 17, No. 3 (1992).

Barnes, Teresa, "*We Women Worked So Hard*": *Gender, Urbanization and Social Reproduction in Colonial Harare, Zimbabwe, 1930 – 1956*, Portsmouth: Heinemann, 1999.

Bates, R. H., et. al., eds., *Africa and the Disciplines: The Contributions of Research in Africa to the Social Sciences and Humanities*, Chicago, 1993.

Bates, R. H., *Markets and States in Tropical Africa: The Political Basis of Agricultural Policies*, Berkeley, 1981.

Bayart, Jean-Francois, "Africa in the World: A History of Extraversion," *African Affairs*, Vol. 99, No. 395 (2000).

Bayart, Jean-Francois, *The State in Africa: The Politics of the Belly*, London: Polity, 1993.

Beinart, William, "Soil Erosion, Conservationism and Ideas about Development," *Journal of Southern African Studies*, Vol. 11, No. 1 (1984).

Berger, Iris, *Women in Twentieth-Century Africa*, Cambridge: Cambridge University Press, 2016.

Berman, Bruce, and John Lonsdale, "Coping with the Contradictions: The Development of the Colonial State in Kenya, 1895 – 1914," *The Journal of African History*, Vol. 20, No. 4 (1979).

Berman, Bruce, and John Lonsdale, "Crisis of Accumulation, Coercion and the Colonial State: The Development of the Labor Control System in Kenya, 1919 – 1929," *Canadian Journal of African Studies*, Vol. 14, No. 1 (1980).

Berman, Bruce, and John Lonsdale, *Unhappy Valley: Conflict in Kenya and Africa*, London: James Currey, 1992.

Berry, Sara, "Hegemony on a Shoestring: Indirect Rule and Access to Agricultural Land," *Africa*, Vol. 62, No. 3 (1992).

Beusekom, Monica M. Van, and Dorothy L. Hodgson, "Lessons Learned? Development Experiences in the Late Colonial Period," *The Journal of African History*, Vol. 41, No. 1 (2000).

Bissell, William Cunningham, *Urban Design, Chaos and Colonial Power in Zanzibar*, Bloomington: Indiana University Press, 2011.

Blacker, J., "The Demography of Mau Mau: Fertility and Motality in Kenya in the 1950s, A Demographer's Viewpoint," *African Affair*, Vol. 106, No. 423 (2007).

Blake, G. H., ed., *Imperial Boundary Making: A Diary of Captain Kelly and the*

Sudan-Uganda Boundary Commission of 1913, Oxford: Oxford University Press, 1997.

Bonneuil, Christophe, "Development as Experiment: Science and State Building in Late Colonial and Postcolonial," *Osiris*, 2nd Series, Vol. 15 (2000).

Branch, Daniel, "Imprisonment and Colonialism in Kenya, c. 1930 – 1952: Escaping the Carceral Archipelago," *The International Journal of African Historical Studies*, Vol. 38, No. 2 (2005).

Bratton, M., "Settler State, Guerrilla War and Rural Underdevelopment in Rhodesia," *Issue: A Journal of Opinion*, Vol. 9, No. 1/2 (1979).

Brempong, Owusu, "Highlife: An Urban Experience and Folk Tradition," *Journal of Performing Arts*, Vol. 2, No. 2 (1996).

Brennan, James R., "Lowering the Sultan's Flag: Sovereignty and Decolonizationin Coastal Kenya," *Comparative Studies in Society and History*, Vol. 50, No. 4 (2008).

Brennan, James R., *Taifa, Making Nation and Race in Urban Tanzania*, Athens: Ohio University Press, 2012.

Brenner, Louis, *Controlling Knowledge: Religion, Power and Schooling in a West African Muslim Society*, London: Hurst, 2000.

Brett, E. A., *Colonialism and Underdevelopment in East Africa: The Politics of Economic Change, 1919 – 1939*, Portmouth: Heinemann, 1981.

Brode, Heinrich, *Tippoo Tib: The Story of His Career in Zanzibar&Central Africa*, London: Arnold, 1907.

Bucher, Jesse, "The Skull of Mkwawa and the Politics of Indirect Rule in Tanganyika," *Journal of Eastern African Studies*, Vol. 10, No. 2 (2016).

Bujra, Janet M., "Women 'Entrepreneurs' of Early Nairobi," *Canadian Journal of African Studies*, Vol. 9, No. 2 (1975).

Burke, Timothy, *Lifebuoy Men, Lux Women: Commodication, Consumption and Cleanliness in Modern Zimbabwe*, Durham: Duke University Press, 1996.

Burns, James, "John Wayne on the Zambezi: Cinema, Empire and the American Western in British Central Africa," *The International Journal of African Historical Studies*, Vol. 35, No. 1 (2002).

Burton, Andrew, "Townsmen in the Making: Social Engineering and Citizenship in Dar es Salaam, c. 1945 – 1960," *The International Journal of African Historical Studies*, Vol. 36, No. 2 (2003).

Burton, Andrew, "Urchins, Loafers and the Cult of the Cowboy: Urbanization and Delinquency in Dar es Salaam, 1919 – 1961," *The Journal of African History*, Vol. 42, No. 2 (2001).

Burton, Andrew, *African Underclass: Urbanization, Crime and Colonial Order in Dar es Salaam, 1919 – 1961*, London: James Currey, 2005.

Busia, K. A., *The Position of the Chief in the Modern Political System of Ashanti*, London: Oxford University Press, 1958.

Butler, L. J., *Copper Empire: Mining and the Colonial State in Northern Rhodesia, c. 1930 – 1964*, Houndmills: Palgrave Macmillan, 2007.

Byerley, Andrew, "Becoming Jinja: The Production of Space and Making of Place in an African Industrial Town," PhD. Thesis, Stockholm University, 2005.

Cain, P. J., and A. G. Hopkins, *British Imperialism 1688 – 2000*, Harlow: Pearson Education, 2002.

Callbert, Ralph, "African Mobility and Labor in Global History," *History Compass*, Vol. 14, No. 3 (2016).

Campell, Chloe, *Race and Empire: Eugenics in Colonial Kenya*, Manchester: Manchester University Press, 2007.

Chanock, Martin, *Law, Custom and Social Order: The Colonial Experience in Malawi and Zambia*, Portmouth: Heinemann, 1985.

Chauncey Jr., George, "The Locus of Reproduction: Women's Labour in the Zambian Copperbelt, 1927 – 1953," *Journal of Southern African Studies*, Vol. 7, No. 2 (1981).

Cheater, A. P., "Contradictions in 'Modelling' Consciousness: Zimbabwean Proletarians in the Making," *Journal of Southern African Studies*, Vol. 14, No. 2 (1988).

Collins, Michael, "Decolonisation and the 'Federal Moment'," *Diplomacy & Statecraft*, Vol. 24, No. 1 (2013).

Collins, Robert, "The Sudan Political Service: A Portrait of the 'Imperialists',"

African Affaris, Vol. 71, No. 284 (1972).

Comaroff, Jean, and John Comaroff, *Of Revelation and Revolution：Christianity, Colonialism and Consciousness in South Africa*, Chicago：University of Chicago Press, 1991.

Comaroff, John, "Images of Empire, Contests of Conscience：Models of Colonial Domination in South Africa," *American Ethnologist*, Vol. 16, No. 4 (1989).

Conklin, Alice, *A Mission to Civilize：The Republican Idea of Empire in France and West Africa, 1895 – 1930*, Stanford：Stanford University Press, 1997.

Cooper, Frederick, "Conflict and Connection：Rethinking African Colonial History," *American Historical Review*, Vol. 99, No. 5 (1994).

Cooper, Frederick, *Africa since 1940：The Past of the Present*, Cambridge：Cambridge University Press, 2002.

Cooper, Frederick, "Possibility and Constraint: African Independence in Historical Perspective," *The Journal of African History*, Vol. 49, No. 2 (2008).

Cooper, Frederick, *Citizenship between Empire and Nation, Remaking France and French Afirca, 1945 – 1960*, Princeton：Princeton University Press, 2014.

Cooper, Frederick, *Colonialism in Question：Theory, Knowledge, History*, Berkeley：California University Press, 2005.

Cooper, Frederick, *Decolonization and African Society, The Labor Question in French and British Africa*, Oxford：Oxford University Press, 1996.

Cooper, Frederick, *From Slaves to Squatters：Plantation Labor and Agriculture in Zanzibar and Coastal Kenya, 1890 – 1925*, New Haven：Yale University Press, 1980.

Cooper, Frederick, *On the African Waterfront, Urban Disorder and the Transformation of Work in Colonial Mombasa*, New Haven：Yale University Press, 1987.

Coquery-Vidrovitch, Catherine, "From Residential Segregation to African Urban Centres：City Planning and the Modalities of Change in Africa South of the Sahara," *Journal of Contemporary African Studies*, Vol. 32, No. 1 (2014).

Coulson, Andrew, *Tanzania：A Political Economy*, New York：Oxford University Press, 1982.

Cronk, Lee, *From Mokogodo to Maasai：Ethnicity and Cultural Change in Kenya*,

Cambridge: Westview Press, 2004.

Crush, J., "The Colonial Division of Space: The Significance of the Swaziland Land Partition," *The International Journal of African Historical Studies*, Vol. 13, No. 1 (1980).

Curtin, Philip, *Disease and Empire: The Health of European Troops in the Conquest of Africa*, Cambridge: Cambridge University Press, 1998.

Curtin, Philip, "Medical Knowledge and Urban Planning in Tropical Africa," *American Historical Review*, Vol. 90, No. 3 (1985).

Curtin, Philip, *The Image of Africa: British Ideas and Action, 1780 – 1850*, Madison: University of Wisconsin Press, 1965.

Daly, M. W., *Empire on the Nile: The Anglo-Egyptian Suda, 1898 – 1934*, Cambridge: Cambridge University Press, 1986.

Danquah, Francis K., "Rural Discontent and Decolonization in Ghana, 1945 – 1951," *Agricultural History*, Vol. 68, No. 1 (1994).

Datta, Kusum, "Farm Labour, Agrarian Capital and the State in Colonial Zambia: The African Labour Corps, 1942 – 1952," *Journal of Southern African Studies*, Vol. 14, No. 3 (1988).

Dawson, Marc H., "The Social History of Africa in the Future: Medical-Related Issues," *African Studies Review*, Vol. 30, No. 2 (1987).

Deutsch, Jan-Georg, "Celebrating Power in Everyday Life: The Administration of Law and the Public Sphere in Colonial Tanzania, 1890 – 1914," *Journal of African Cultural Studies*, Vol. 15, No. 1 (2002).

Dovers, Stephen, et. al., eds., *South Africa's Environmental History: Cases and Comparisons*, Athens: Ohio University Press, 2002.

Durrani, Shiraz, *Never Be Silent: Publishing and Imperialism in Kenya, 1884 – 1963*, London: Vita Books, 1992.

Fair, Laura, " 'It's Just No Fun Anymore': Women's Experiences of Taarab before and after the 1964 Zanzibar Revolution," *The International Journal of African Historical Studies*, Vol. 35, No. 1 (2002).

Fair, Laura, "Dressing Up: Clothing, Class and Gender in Post-Aboliton

Zanzibar," *The Journal of African History*, Vol. 39, No. 1 (1998).

Fair, Laura, *Pastimes and Politics: Culture, Community and Identity in Post-Abolition Urban Zanzibar, 1890 – 1945*, Athens: Ohio University Press, 2001.

Falola, Toyin, *Colonialism and Violence in Nigeria*, Bloomington: Indiana University Press, 2009.

Feierman, Steven, *Peasant Intellectuals: History and Anthropology in Tanzania*, Madison: University of Wisconsin Press, 1990.

Fieldhouse, D. K., *Colonialism, 1870 – 1945: An Introduction*, New York: St Martin's Press, 1981.

Fieldhouse, D. K., *Black Africa: Economic Decolonisation and Arrested Development*, London: Unwin Hyman, 1986.

Frederiksen, Bodil Folke, "Print, Newspapers and Audiences in Colonial Kenya: African and Indian Improvement, Protest and Connections," *Africa*, Vol. 81, No. 1 (2011).

Freund, Bill, *African City History*, Cambridge: Cambridge University Press, 2012.

Freund, Bill, *The Making of Contemporary Africa: The Development of African Society since 1800*, Bloomington: Indiana University Press, 1984.

Gardner, Leigh A., *Taxing Colonial Africa: The Political Economy of British Imperialism*, Oxford: Oxford University Press, 2012.

Geiger, Susan, *TANU Women: Gender and Culture in the Making of Tanganyika Nationalism, 1955 – 1965*, Portsmouth: Heinemann, 1997.

Geschiere, Peter, "Chiefs and Colonial Rule in Cameroon: Inventing Chieftaincy, French and British Style," *Journal of the International African Institute*, Vol. 63, No. 2 (1993).

Glassman, Jonathon, *War of Words, War of Stones, Racial Thought and Violence in Colonial Zanzibar*, Bloomington: Indiana University Press, 2011.

Gluckman, Max, "Anthropological Problems Arising from the African Industrial Revolution," in A. Southall, ed., *Social Change in Modern Africa*, Oxford: Oxford University Press, 1961.

Goldthorpe, John E. , "Attitudes to the Census and Vital Registration in East Africa," *Population Studies*, Vol. 6, No. 2 (1952).

Green, Erik, "Indirect Rule and Colonial Intervention: Chiefs and Agrarian Change in Nyasaland, c. 1933 to the Early 1950s," *The International Journal of African Historical Studies*, Vol. 44, No. 2 (2011).

Green, Erik, "On the Size and Shape of African States," *International Studies Quarterly*, Vol. 56, No. 2 (2012).

Gregory, Robert, *South Asians in East Africa, An Economic and Social History, 1890 – 1980*, Boulder: Westview Press, 1993.

Grier, Beverly, "Underdevelopment, Modes of Production and the State in the Colonial Ghana," *African Studies Review*, Vol. 24, No. 1 (1981).

Hailey, Lord, *An African Survey*, Oxford: Oxford University Press, 1938.

Hall, Richard, *Zambia, 1890 – 1964: The Colonial Period*, London: Longman, 1976.

Harlow, Vincent, and E. M. Chilver, eds. , *History of East Africa*, Oxford: Clarendon Press, 1965.

Havinden Michael, and David Meredith, *Colonialism and Development: Britain and Its Tropical Colonies, 1850 – 1960*, London: Routledge, 1993.

Hellermann, Pauline von, and, Uyilawa Usuanlele, "The Owner of the Land: The Benin Obas and Colonial Forest Reservation in the Benin Division, Southern Nigeria," *The Journal of African History*, Vol. 50, No. 2 (2009).

Herbst, Jeffrey, *State and Power in Africa: Comparative Lessons in Authority and Control*, Princeton: Princeton University Press, 2000.

Hitchcock, Robert K. , et al. , "Settler Colonialsim, Conflicts and Genocide: Interactions between Hunter Gatherers and Settlers in Kenya and Zimbabwe and Northern Botswana," *Settler Colonial Studies*, Vol. 5, No. 1 (2015).

Hodge, Joseph M. , et al. , eds. , *Developing Africa: Concepts and Practices in Twentieth-Century Colonialism*, Manchester: Manchester University Press, 2014.

Hodge, Joseph M. , *Triumph of the Expert: Agrarian Doctrines of Development and the Legacies of British Colonialism*, Athens: Ohio University Press, 2007.

Hodgkin, Thomas, *Nationalism in Colonial Africa*, London: Frederick Muller, 1956.

Hodgson, Dorothy L. , "Pastoralism, Patriarchy and History: Changing Gender Relations among Maasai in Tanganyika, 1890 – 1940," *The Journal of African History*, Vol. 40, No. 1 (1999) .

Hogg, Richard, "The New Pastoralism: Poverty and Dependency in Northern Kenya," *Africa*, Vol. 5, No. 3 (1986).

Home, Robert, *Of Planting and Planning: The Making of British Colonial Cities*, London: Routledge, 1997.

Hopkins, A. G. , "Back to the Future: From National History to Imperial History," *Past and Present*, Vol. 164, No. 1 (1999).

Hopkins, A. G. , "Economic Aspects of Political Movements in Nigeria and the Gold Coast, 1918 – 1939," *The Journal of African History*, Vol. 7, No. 1 (1966).

Hopkins, A. G. , "Property Rights and Empire-building: Britain's Annexation of Lagos, 1861," *Journal of Economic History*, Vol. 40, No. 4 (1980).

Hughes, Deborah, "Kenya, India and the British Empire Exhibition of 1924," *Race&Class*, Vol. 47, No. 4 (2006).

Hyam, R. , ed. , *The Labour Government and the End of Empire, 1945 – 1951*, Vol. 1, London: Stationery Office Books, 1992.

Ibhawoh, Bonny, "Stronger than the Maxim Gun: Law, Human Rights and British Colonial Hegemony in Nigeria," *Journal of the International African Insitute*, Vol. 72, No. 1 (2002).

Iliffe, John, "TANU and the Colonial Office," *Tanzania Zamani: A Journal of Historical Research and Writing*, Vol. 3, No. 2 (1997).

Iliffe, John, *A Modern History of Tanganyika*, Cambridge: Cambridge University Press, 1979.

Iliffe, John, *African Poor: A History*, Cambridge: Cambridge University Press, 1987.

Iliffe, John, *Africans: The History of A Continent*, Cambridge: Cambridge University Press, 1995.

Isaacman, Allen, "Peasants and Rural Social Protest in Africa," *African Studies Review*, Vol. 33, No. 2 (1990).

Ittman, Karl, et al., ed., *The Demographics of Empire: The Colonial Order and the Creation of Knowledge*, Athens: Ohio University Press, 2010.

Jackson, Will, "White Man's Country: Kenya Colony and the Making of a Myth," *Journal of Eastern African Studies*, Vol. 5, No. 2 (2011).

Jackson, Will, "Dangers to the Colony: Loose Women and the 'Poor White' Problem in Kenya," *Journal of Colonialism and Colonial History*, Vol. 14, No. 2 (2013).

Jeater, Diana, "Imagining Africans: Scholarship, Fantasy and Science in Colonial Administration, 1920s Southern Rhodesia," *The International Journal of African Historical Studies*, Vol. 38, No. 1 (2005).

Jeater, Diana, *Marriage, Perversion and Power: The Construction of Moral Discourse in Southern Rhodeisa, 1894 – 1930*, Oxford: Clarendon Press, 1993.

Jennings, Michael, "Building Better People: Modernity and Utopia in Late Colonial Tanganyika," *Journal of Eastern African Studies*, Vol. 3, No. 1 (2009).

Jones, Hilary, "Rethinking Politics in the Colony: The Metis of Senegal and Urban Politics in the Late Nineteenth and Early Twentieth Century," *The Journal of African History*, Vol. 53, No. 3 (2012).

Jones, William O., "Food-Crop Marketing Boards in Tropical Africa," *The Journal of Modern African Studies*, Vol. 25, No. 3 (1987).

Kanduza, Ackson M., *The Political Economy of Underdevelopment in Northern Rhodesia, 1918 – 1960*, Latham: University Press of America, 1986.

Kanogo, Tabith, *Squatters and the Roots of Mau Mau*, London: James Currey, 1987.

Kay, Geoffrey, *The Political Economy of Colonialism in Ghana*, Cambridge: Cambridge University Press, 1972.

Kay, George, *Rhodesia: A Human Geography*, London: University of London Press, 1970.

Kennedy, Dane, *Islands of White: Settler Society and Culture in Kenya and Southern*

Rhodesia, *1890 - 1939*, Durham: Duke Univerisity Press, 1987.

Kennedy, Dane Keith, *The Highly Civilized Man: Richard Burton and the Victorian World*, Cambridge: Harvard University Press, 2009.

Kerr, David, "The Best of Both Worlds? Colonial Film Policy and Practice in Northern Rhodesia and Nyasaland," *Critical Arts: South-North Cultural and Media Studies*, Vol. 7, No. 1 - 2.

Keshodkar, Akbar, "Marriage as the Means to Preserve 'Asianness': The Post-Revolutionary Experience of the Asians of Zanzibar," *Journal of Asian and African Studies*, Vol. 45, No. 2 (2010).

Killingray, David, " 'A Swift of Government': Air Power in British Colonial Afirca, 1916 - 1939," *The Journal of African History*, Vol. 25, No. 4 (1984).

Killingray, David, "The Maintenance of Law and Order in British Colonial Africa," *African Affairs*, Vol. 85, No. 340 (1986).

Kirk-Greene, A. H. M., "The Thin White Line: The Size of the British Colonial Service in Africa," *African Affairs*, Vol. 79, No. 314 (1980).

Kuczynski, Robert R., *Demographic Survey of the British Colonial Empire*, London: Oxford University Press, 1949.

Law, Robin, ed., *From Slave Trade to "Legitimate" Commerce: The Commercial Transition in Nineteenth-Century West Africa*, Cambridge: Cambridge University Press, 1995.

Law, Robin, *Ouidah: The Social History of a West African Slaving Port, 1727 - 1892*, London: James Currey, 2004.

Lee, Christopher Joon-Hai, "The 'Native' Undefined: Colonial Categories, Anglo-African Status and the Politics of Kinship in British Central Africa, 1929 - 1938," *The Jounral of African History*, Vol. 46 (2005).

Lee, J. M., " 'Forward Thinking' and War: The Colonial Office during the 1940s," *The Journal of Imperial and Commonwealth History*, Vol. 6, No. 1 (1977).

Lentz, Carol, and Paul Nugent, eds., *Ethnicity in Ghana: The Limits of Invention*, Basingstoke: St. Martin's Press, 2000.

Leonardi, Cherry, "South Sudanese Arabic and the Negotiation of the Local State,

c. 1840 – 2011," *The Journal of African History*, Vol. 54, No. 3 (2013).

Lewis, Ioan M., *A Modern History of the Somali: Nation and State in the Horn of Africa*, Athens: Ohio University Press, 2002.

Lindsay, Lisa A., "Domesticity and Difference: Male Breadwinners, Working Women and Colonial Citizenship in the 1945 Nigerian General Strike," *American Historical Review*, Vol. 104, No. 3 (1999).

Lonsdale, John, "Agency in Tight Corners: Narrative and Initiative in African History," *Journal of African Cultural Studies*, Vol. 13, No. 1 (2000).

Lonsdale, John, "States and Social Processes in Africa: A Historiographical Survey," *African Studies Review*, Vol. 24, No. 2/3 (1981).

Lovett, Margot, "'She Thinks She's Like a Man': Marriage and (De) Constructing Gender Identity in Colonial Buha, Western Tanzania, 1943 – 1960," *Canadian Journal of African Studies*, Vol. 30, No. 1 (1996).

Lugard, Frederick, *The Dual Mandate in British Tropical Africa*, London: William Blackwood & Sons, 1922.

Machingaidze, Victor E. M., "Agrarian Change from above: The Southern Rhodesia Native Land Husbandry Act and African Response," *The International Journal of African Historical Studies*, Vol. 24, No. 3 (1991).

Mack, Beverly, and Jean Boyd, *One Woman's Jihad: Nana Asma'u, Scholar and Scribe*, Bloomington: Indiana University Press, 2000.

Maddox, Gregory, and James Giblin, eds., *In Search of a Nation: Histories of Authority and Dissidence in Tanzania*, London: James Currey, 2005.

Maddox, Gregory, "Famine, Impoverishment and the Creation of a Labor Reserve in Central Tanzania," *Disasters*, Vol. 15 (1991).

Maddox, Gregory, "Njaa: Food Shortages and Famines in Tanzania between the Wars," *The International Journal of African Historical Studies*, Vol. 19, No. 1 (1986).

Mamdani, Mahmood, *Politics and Class Formation in Uganda*, Portsmouth: Heinemann, 1976.

Mandala, Elias, *Work and Control in a Peasant Economy: A History of the Lower Tchiri Valley in Malawi, 1859 – 1960*, Madison: University of Wisconsin Press, 1990.

Mann, Kristin, and Richard Roberts, eds. , *Law in Colonial Africa*, Portsmouth: Heinemann, 1991.

Mann, Kristin, "Marriage Choices among the Educated African Elite in Lagos Colony, 1880 – 1915," *The International Journal of African Historical Studies*, Vol. 14, No. 2 (1981).

Mann, Kristin, "The Dangers of Dependence: Christian Marriage among Elite Women in Lagos Colony, 1880 – 1915," *The Journal of African History*, Vol. 24, No. 1 (1983).

Mann, Kristin, "Women, Landed Property and the Accumulation of Wealth in Early Colonial Lagos," *Signs*, Vol. 16, No. 4 (1991) .

Manning, Patrick, "African and World Historiography," *The Journal of African History*, Vol. 54, No. 3 (2013).

Marks, Shula, "What Is Colonial about Colonial Medicine? and What Happened to Imperialism and Health?" *Social History of Medicine*, Vol. 10, No. 2 (1997) .

Martin, Phyllis, *Leisure and Society in Colonial Brazzaville*, Cambridge: Cambridge University Press, 1995.

Martin, William G. ,"The Rise of African Studies (USA) and the Transnational Study of Africa," *African Studies Review*, Vol. 54, No. 1 (2011).

Matera, Marc, et al. , *The Women's War of 1929: Gender and Violence in Colonial Nigeria*, New York: Palgrave Macmillan, 2011.

Mbilinyi, Marjorie, "Runaway Wives in Colonial Tanganyika: Forced Labour and Forced Marriage in Rungwe District, 1919 – 1961," *International Journal of the Sociology of Law*, Vol. 16 (1988).

McCann, Gerard, "From Diaspora to Third Worldism and the United Nations: India and the Politics of Decolonizing Africa," *Past & Present*, Vol. 218, Issue Supplement 8 (2013).

McCann, James, *Maize and Grace: Africa's Encounter with a New World Crop, 1500 – 2000*, Cambridge: Harvard University Press.

McCaskie, T. C. , *State and Society in Pre-colonial Asante*, Cambridge: Cambridge University Press, 1995.

McCracken, John, "Experts and Expertise in Colonial Malawi," *African Affairs*, Vol. 81, No. 322 (1982).

McCracken, John, *A History of Malawi, 1859 – 1966*, London: James Currey, 2012.

McCulloch, Jock, *Black Peril, White Virtue*: *Sexual Crime in Southern Rhodesia, 1902 – 1935*, Bloomington: Indiana University Press, 2000.

McIntosh, Majorie Keniston, *Yoruba Women, Work and Social Change*, Bloomington: Indiana University Press, 2009.

Meredith, David, "The Colonial Office, British Business Interests and the Reform of Cocoa Marketing in West Africa, 1937 – 1945," *The Journal of African History*, Vol. 29, No. 2 (1988).

Mitchell, Henry, "In Search of Green Pastures: Labour Migration from Colonial Malawi, 1939 – 1960," *The Society of Malawi Journal*, Vol. 66, No. 2 (2013).

Monson, Jamie, *Africa's Freedom Railway*: *How a Chinese Development Project Changed Lives and Livelihoods in Tanzania*, Bloomington: Indiana University Press, 2011.

Moore, Sally Falk, "Treating Law as Knowledge: Telling Colonial Officers What to Say to Africans about Running 'Their Own' Native Courts," *Law & Society Review*, Vol. 26, No. 1 (1992).

Morgan, D. J., *The Official History of Colonial Development*, Vol. 4: *Changes in British Policy, 1951 – 1970*, London: Macmillan, 1980.

Morrow, Sean, "'No Girl Leaves the School Unmarried': Mabel Shaw and the Education of Girls at Mbereshi, Northern Rhodesia, 1915 – 1940," *The International Journal of African Historical Studies*, Vol. 19, No. 4 (1986).

Morrow, Sean, "'On the Side of the Robbed': R. J. B. Moore, Missionary on the Copperbelt, 1933 – 1941," *Journal of Religion in Africa*, Vol. 19, No. 3 (1989).

Mosley, Paul, *The Settler Economies*: *Studies in the Economic History of Kenya and Southern Rhodesia, 1900 – 1963*, Cambridge: Cambridge University Press, 1983.

Mungazi, Dickson A., "A Strategy for Power: Commissions of Inquiry into

Education an Government Control in Colonial Zimbabwe," *The International Journal of African Historical Studies*, Vol. 22, No. 2 (1989).

Musemwa, Muchaparara, "Contestation over Resources: The Farmer-Miner Dispute in Colonial Zimbabwe, 1903 – 1939," *Environment & History*, Vol. 15, No. 1 (2009).

Mwangi, Wambui, "Of Coins and Conquest: The East African Currency Board the Rupee Crisis and the Problem of Colonialism in the East African Protectorate," *Comparative Studies in Society and History*, Vol. 43, No. 4 (2001).

Mwatwara, Wesley, and Sandra Swart, "Better Breeds?' The Colonial State, Africans and the Cattle Quality Clause in Southern Rhodesia, c. 1912 – 1930," *Journal of Southern African Studies*, Vol. 42, No. 2 (2016).

Newbury, David, "Contradictions at the Heart of the Canon: Jan Vansina and the Debate over Oral Historiography in Africa, 1960 – 1985," *History in Africa*, Vol. 34 (2007).

Ng'ong'ola, Clement, "The State and Indigenes in the Evolution of Land Law and Policy in Colonial Malawi," *International Journal of African Historical Studies*, Vol. 23, No. 1 (1990).

Nurse, Derek, and Thomas Spear, *The Swahili: Reconstructing the History and Language of an African Society, 800 – 1500*, Philadelphia: University of Pennsylvania Press, 1985.

Odhiambo, E. S. Atieno, "Foreword: A Critique of the Postcolony of Kenya," in Waiyaki Otieno, ed., *Mau Mau's Daughter: A Life History*, Boulder: Lynne Rienner, 1998.

Omolo-Okalebo, Fredrick, et. al., "Planning of Kampala City, 1903 – 1962: The Planning Ideas, Values and Their Physical Expression," *Journal of Planning History*, Vol. 9, No. 3 (2010).

Omoniyi Adewoye, *The Legal Profession in Nigeria, 1865 – 1962*, Ikeja: Longman, 1977.

Osborn, Emily Lynn, "'Circle of Iron': African Colonial Employees and the Interpretation of Colonial Rule in French West Africa," *The Journal of African History*,

Vol. 44, No. 1 (2003).

Osborne, Myles, *Ethnicity and Empire in Kenya*: *Loyalty and Martial Race among the Kamba*, *c.* 1800 *to the Present*, Cambridge: Cambridge University Press, 2014.

Overton, John, "War and Economic Development: Settlers in Kenya, 1914 – 1918," *The Journal of African History*, Vol. 27, No. 1 (1986).

Packard, Randall, "The Invention of the 'Tropical Worker': Medical Research and the Quest for Central African Labor on the South African Gold Mines, 1903 – 1936," *The Journal of African History*, Vol. 34, No. 2 (1993).

Pallaver, Karin, "Labor Relations and Population Developments in Tanzania: Sources, Shifts and Continuities from 1800 to 2000," *History in Africa*, Vol. 41 (2014).

Palmer, Robin, "White Farmers in Malawi: Before and after the Depression," *African Affairs*, Vol. 84, No. 335 (1985).

Palmer, Robin, "Working Conditions and Worker Responses on Nyasaland Tea Estates, 1930 – 1953," *The Journal of African History*, Vol. 27, No. 1 (1986).

Pape, John, "Black and White Peril: The 'Perils of Sex' in Colonial Zimbabwe," *Journal of Southern African Studies* Vol. 16, No. 4 (1990).

Parker, John, and Richard Rathbone, *African History*: *A Very Short Introduction*, Oxford: Oxford University Press, 2007.

Parker, John, and Richard Reid, eds., *The Oxford Handbook of Modern African History*, New York: Oxford University Press, 2013.

Parker, John, *Making the Town*: *Ga State and Society in Early Colonial Accra*, Portsmouth: Heinemann, 2000.

Parsons, Timothy, "Being Kikuyu in Meru: Challenging the Tribal Geography of Colonial Kenya," *The Journal of African History*, Vol. 53, No. 1 (2012).

Peel, J. D. Y., *Religious Encounter and the Making of the Yoruba*, Bloomington: Indiana University Press, 2000.

Peterson, Derek R., "Morality Plays: Marriage, Church Courts and Colonial Agency in Central Tanganyika, c. 1876 – 1928," *American Historical Review*, Vol. 111, No. 4 (2006).

Phimister, Ian and Charles van Onselen, "The Political Economy of Tribal Animosity: A Case Study of the 1929 Bulawayo Location Faction Fight," *Journal of Southern African Studies*, Vol. 6, No. 1 (1979).

Phimister, Ian, *An Economic and Social History of Zimbabwe, 1890 – 1948: Capital Accumulation and Class Struggle*, London: Longman, 1988.

Phiri, Bizeck Jube, "The Capricorn Africa Society Revisited: The Impact of Liberalism in Zmabia's Colonial History, 1949 – 1963," *The International Journal of African Historical Studies*, Vol. 24, No. 1 (1991).

Phoofolo, Pule, "Holy Weddings, Unholy Marriages: Christian Spouses and Domestic Discords in Early Colonial Lesotho, 1870 – 1900," *Journal of Religious History*, Vol. 31, No. 4, (2007).

Plageman, Nate, " 'Accra Is Changing, Isn't It?': Urban Infrastructure, Independence and Nation in the Gold Coast's Daily Graphic, 1954 – 1957," *International Journal of African Historical Studies*, Vol. 43, No. 1 (2010).

Plageman, Nate, *Highlife Saturday Night, Popular Music and Social Change in Urban Ghana*, Bloomington: Indiana University Press, 2012.

Plange, Nii-K., "The Colonial State in Northern Ghana: The Political Economy of Pacification," *Review of African Political Economy*, Vol. 11, No. 31 (1984).

Raftopoulos, Brian, and Tsuneo Yoshikuni, eds., *Sites of Struggle: Essays in Zimbabwe's Urban History*, Harare: Weaver Press, 1999.

Raftopoulos, Brian, "Nationalism and Labour in Salisbury, 1953 – 1965," *Journal of Southern African Studies*, Vol. 21, No. 1 (1995).

Ranger, Terrence, and O. Vaughan, eds., *Legitimacy and the State in Twentieth Century Africa*, Basingstoke: Macmillan, 1993.

Ray, Carina E., "Decrying White Peril: Interracial Sex and the Rise of Anticolonial Nationalism in the Gold Coast," *American Historical Review*, Vol. 119, No. 1 (2014).

Reid, Richard, "Horror, Hubris and Humanity, The Internatioanl Engagement with Africa, 1914 – 2014," *International Affairs*, Vol. 90, No. 1 (2014).

Reid, Richard, "Past and Presentism: The 'Precolonial' and the Foreshortening of

African History," *The Journal of African History*, Vol. 52, No. 2 (2011).

Reid, Richard, *A History of Modern Africa*, Chichester: Willey-Blackwell, 2012.

Rennie, J. K., "White Farmers, Black Tenants and Landlord Legislation: Southern Rhodesia, 1890 – 1930," *Journal of Southern African Studies*, Vol. 5, No. 1 (1978).

Reynolds, Glen, *Colonial Cinema in Africa, Origins, Images and Audiences*, Jefferson: McFarland & Company Inc., 2015.

Richards, Audrey, *Land, Labour and Diet in Northern Rhodeisa: An Economic Study of the Bemba Tribe*, Oxford: Oxford University Press, 1939.

Roberts, A. D., ed., *Cambridge History of Africa*, Vol. 7, Cambridge: Cambridge University Press, 1986.

Roberts, Richard, "Text and Testimony in the Tribunal de Premiere Instance in Dakar during the Early Twentieth Century," *The Journal of African History*, Vol. 31, No. 3 (1990).

Roberts, T. W., "The Trans-Saharan Railway and the Politics of Imperial Expansion, 1890 – 1900," *The Journal of Imperial and Commonwealth History*, Vol. 43, No. 3 (2015).

Robertson, Claire, *Trouble Showed the Way: Women, Men and Trade in the Nairobi Area, 1890 – 1990*, Bloomington: Indiana University Press, 1997.

Robertson, Clarie, "Black, White and Red All Over: Beans, Women and Agricultural Imperialism in Twentieth Century Kenya," *Agricultural History*, Vol. 71, No. 3 (1997).

Robinson, David, "French 'Islamic' Policy and Practice in Late Nineteenth Century Senegal," *The Journal of African History*, Vol. 29, No. 3 (1988).

Robinson, Ronald and John Gallagher, *Africa and the Victorians: The Climax of Imperialism in the Dark Continent*, New York: St. Martin Press, 1961.

Ross, Corey, "The Plantation Paradigm: Colonial Agronomy, African Farmers and the Global Cocoa Boom, 1870s – 1940s," *Journal of Global History*, Vol. 9, No. 1 (2014).

Ross, Robert, *Status and Respectability in the Cape Colony, 1750 – 1870: A*

Tragedy of Manners, Cambridge: Cambridge University Press, 2000.

Roth, Alan R. , " 'European Court Protect Women and Witches': Colonial Law Courts as Redistributors of Power in Swaziland, 1920 – 1950 ," *Journal of Southern African Studies*, Vol. 18, No. 2 (1992) .

Schapera, Isaac, *A Handbook of Tswana Law and Custom*, Oxford: Oxford University Press, 1938.

Schmidt, Elizabeth, "Negotiated Spaces and Contested Terrain: Men, Women and the Law in Colonial Zimbabwe, 1890 – 1939 ," *Journal of Southern African Studies*, Vol. 16, No. 4 (1990).

Schmidt, Elizabeth, *Mobilizing the Masses: Gender, Ethnicity and Class in the Nationalist Movement in Guinea, 1939 – 1958*, Portsmouth: Heinemann, 2005.

Shadle, Brett L. , "Rape in the Courts of Gusiiland, Kenya, 1940s – 1960s ," *African Studies Review*, Vol. 51, No. 2 (2008).

Shadle, Brett L. , *The Souls of White Folk, White Settlers in Kenya, 1900s – 1920s*, Manchester: Manchester University Press, 2015.

Sharkey, Heather J. , "Chronicles of Progress: Northern Sudanese Women in the Era of British Imperialism," *The Journal of Imperial and Commonwealth History*, Vol. 31, No. 1 (2003).

Sharkey, Heather J. , *Living with Colonialism, Nationalism and Culture in the Anglo-Egyptian Sudan*, Berkeley: University of California Press, 2003.

Shutt, Allison, and Tony King, "Imperial Rhodesians: The 1953 Rhodes Centenary Exhibition in Southern Rhodesia," *Journal of Southern African Studies*, Vol. 31, No. 2 (2005) .

Shutt, Allison, "The Settlers' Cattle Complex: The Etiquette of Culling Cattle in Colonial Zimbabwe, 1938 ," *The Journal of African History*, Vol. 43, No. 2 (2002).

Simelane, Hamilton Sipho, "Colonial Policy, Male Opposition and the Integration of Swazi Women into Wage Employment, 1935 – 1955 ," *African Historical Review*, Vol. 43, No. 1 (2011) .

Smith, R. , "Education in British Africa," *Journal of the Royal African Society*,

Vol. 31, No. 122 (1932).

Spear, Thomas, "Neo-traditionalism and the Limits of Invention in British Colonial Africa," *The Journal of African History*, Vol. 44, No. 1 (2003).

Steele, Murray Cairns, *The Foundations of a "Native" Policy: Southern Rhodesia, 1923 – 1933*, Simon Fraser University, PhD. Thesis, 1972.

Stoler, Ann Laura, "Rethinking Colonial Categories: European Communities and the Boundaries of Rule," *Comparative Studies in Society and History*, Vol. 31, No. 1 (1989).

Summers, Carol, *Colonial Lessons: Africans' Education in Southern Rhodesia, 1918 – 1940*, Portsmouth: Heinemann, 2002.

Sunseri, Thaddeus, "Labour Migration in Colonial Tanzania and the Hegemony of South African Historiography," *African Affairs*, Vol. 95, No. 381 (1996).

Suriano, Maria, "Making the Modern: Contestations over Muziki wa Dansi in Tanganyika, ca. 1945 – 1961," *African Studies*, Vol. 70, No. 3 (2011).

Swanson, M., "The Sanitation Syndrome: Bubonic Plague and Urban Native Policy in the Cape Colony, 1900 – 1909", *The Journal of African History*, Vol. 18, No. 3 (1977).

Thomas, Lynn M., *Politics of the Womb: Women, Reproduction and the State in Kenya*, Berkeley: University of California Press, 2003.

Throup, D. W., *Economic and Social Origins of Mau Mau, 1945 – 1953*, London: James Currey, 1988.

Tignor, Robert, *Colonial Transformation of Kenya: The Kamba, Kikuyu and Maasai, 1900 – 1939*, Princeton: Princeton University Press, 2015.

Tosh, John, "The Cash-Crop Revolution in Tropical Africa: An Agricultural Reappraisal," *African Affairs*, Vol. 79, No. 314 (1980).

Vail, Leroy, ed., *The Creation of Tribalism in Southern Africa*, London: James Currey, 1989.

Vaughan, Megan, *Curing Their Ills: Colonial Power and African Illness*, Stanford: Stanford University Press, 1991.

Vickery, Kenneth P., "Saving Settlers: Maize Control in Northern Rhodesia,"

Journal of Southern African Studies, Vol. 11, No. 2 (1985).

Waller, Richard, "Rebellious Youth in Colonial Africa," *The Journal of African History*, Vol. 47, No. 1 (2006).

Watson, Ruth, *Civil Disorder in the Disease of Ibadan: Chieftaincy & Civic Culture in a Yoruba City*, Athens: Ohio University Press, 2003.

Weitzberg, Keren, "The Unaccountable Census: Colonial Enumeration and Its Implications for the Somali People of Kenya," *The Journal of African History*, Vol. 56, No. 3 (2015).

West, Michael O., "Liquor and Libido: 'Joint Drinking' and the Politics of Sexual Control in Colonial Zimbabwe, 1920s – 1950s," *Journal of Social History*, Vol. 30, No. 3 (1997).

West, Michael O., *The Rise of an African Middle Class: Colonial Zimbabwe, 1898 – 1965*, Bloomington: Indiana University Press, 2002.

West, Michael O., "'Equal Rights for All Civilized Men': Elite Africans and the Quest for 'European' Liquor in Colonial Zimbabwe," *International Review of Social History*, Vol. 37, No. 3 (1992).

White, Luise, *The Comforts of Home, Prostitution in Colonial Nairobi*, Chicago: University of Chicago Press, 1990.

Willis, Justin, "'Hukm': The Creolization of Authority in Condominium Sudan," *The Journal of African History*, Vol. 46, No. 1 (2005).

Willis, Justin, *Potent Brews: A Social History of Alcohol in East Africa, 1850 – 1999*, Athens: Ohio University Press, 2002.

Wright, Marcia, "East Africa, 1870 – 1905," in Ronald Oliver, and G. N. Sanderson, eds., *The Cambridge History of Africa*, Vol. 6, Cambridge: Cambridge University Press, 1985.

Willis, Justin, "Tribal Gatherings: Colonial Spectacle, Native Administration and Local Government in Condominium Sudan," *Past & Present*, No. 211 (2011).

Youé, Christopher, "Black Squatters on White Farms: Segregation and Agrarian Change in Kenya, South Africa and Rhodesia, 1902 – 1963," *The International History Review*, Vol. 24, No. 3 (2002).

Young, Crawford, *The African Colonial State in Comparative Perspective*, New Haven: Yale University Press, 1994.

Zeleza, Paul Tiyambe, "African Studies and Universities since Independence," *Transition*, No. 101 (2009).

图书在版编目（CIP）数据

殖民主义与非洲社会变迁：以英属非洲殖民地为中
心：1890 - 1960 年 / 李鹏涛著 . -- 北京：社会科学文
献出版社，2019.5
ISBN 978 - 7 - 5201 - 4665 - 4

Ⅰ. ①殖… Ⅱ. ①李… Ⅲ. ①英国 - 殖民统治 - 历史
- 非洲 - 1890 - 1960②社会变迁 - 历史 - 非洲 - 1890 -
1960 Ⅳ. ①K404

中国版本图书馆 CIP 数据核字（2019）第 065108 号

殖民主义与非洲社会变迁
—— 以英属非洲殖民地为中心（1890—1960 年）

著　　者 / 李鹏涛

出 版 人 / 谢寿光
责任编辑 / 宋浩敏
文稿编辑 / 陈素梅　袁宏明

出　　版 / 社会科学文献出版社·联合出版中心（010）59367150
　　　　　 地址：北京市北三环中路甲 29 号院华龙大厦　邮编：100029
　　　　　 网址：www. ssap. com. cn
发　　行 / 市场营销中心（010）59367081　59367083
印　　装 / 三河市龙林印务有限公司

规　　格 / 开　本：787mm × 1092mm　1/16
　　　　　 印　张：19.75　字　数：339 千字
版　　次 / 2019 年 5 月第 1 版　2019 年 5 月第 1 次印刷
书　　号 / ISBN 978 - 7 - 5201 - 4665 - 4
定　　价 / 98.00 元